本書出版得到國家古籍整理出版專項經費資助

中國佛教典籍選刊

居士傳校注

〔清〕彭紹昇 撰
張培鋒 校注

中華書局

圖書在版編目(CIP)數據

居士傳校注/(清)彭紹昇撰;張培鋒校注. —北京:中華書局,2014.6(2022.6 重印)
(中國佛教典籍選刊)
ISBN 978-7-101-09856-3

Ⅰ.居… Ⅱ.①彭…②張… Ⅲ.居士-列傳-中國-古代 Ⅳ.B949.92

中國版本圖書館 CIP 數據核字(2013)第 277087 號

責任編輯:鄒　旭
責任印製:陳麗娜

中國佛教典籍選刊
居士傳校注
〔清〕彭紹昇 撰
張培鋒 校注
*
中 華 書 局 出 版 發 行
(北京市豐臺區太平橋西里 38 號　100073)
http://www.zhbc.com.cn
E-mail:zhbc@zhbc.com.cn
三河市宏盛印務有限公司印刷
*
850×1168 毫米 1/32 · 18⅞印張 · 2 插頁 · 344 千字
2014 年 6 月第 1 版　2022 年 6 月第 4 次印刷
印數:4901-5900 册　定價:65.00 元

ISBN 978-7-101-09856-3

中國佛教典籍選刊編輯緣起

佛教是世界三大宗教之一，約自東漢明帝時開始傳入中國，但在當時並没有産生多大影響。到魏晋南北朝時期，佛教和玄學結合起來，有了廣泛而深入的傳播。隋唐時期，中國佛教走上了獨立發展的道路，形成了衆多的宗派，在社會、政治、文化等許多方面特别是哲學思想領域産生了深刻的影響。這時佛教已經中國化，完全具備了中國自己的特點。而且，隨着印度佛教的衰落，中國成了當時世界佛教的中心。宋以後，隨着理學的興起，佛教被宣布爲異端而逐漸走向衰微。但是，佛教的部分理論同時也被理學所吸收，構成了理學思想體系中的有機組成部分。直到近代，佛教的思想影響還在某些著名思想家的身上時有表現。總之，研究中國歷史和哲學史，特别是魏晋南北朝隋唐時期的哲學史，佛教是一項重要内容。佛學作爲一種宗教哲學，在人類的理論思維的歷史上留下了豐富的經驗教訓。因此，應當重視佛學的研究。

佛教典籍有其獨特的術語概念以及細密繁瑣的思辨邏輯，研讀時要克服一些特殊的困難，不少人視爲畏途。解放以後，由於國家出版社基本上没有開展佛教典籍的整理出版工作，因此，對於系統地開展佛學研究來説，急需解決基本資料缺乏的問題。目前對佛學有較深研究的專家、學者，不少人年事已高，如果不抓緊組織他們整理和注釋佛教典籍，將來再開展這項工作就會遇到更多困難，也不利於中青年研究工作者的成長。爲此，我們在廣泛徵求各方面意見的基礎上，初步擬訂了中國佛教典籍選刊的整理出版計劃。其中，有重要的佛教史籍，有中國佛教幾個主要宗派（天台宗、三論宗、唯識宗、華嚴宗、禪宗）的代表性著作，也有少數與中國佛學淵源關係較深的佛教譯籍。所有項目都要選擇較好的版本作爲底本，經過校勘和標點，整理出一個便於研讀的定本。對於其中的佛教哲學著作，還要在此基礎上，充分吸取現有研究成果，寫出深入淺出、簡明扼要的注釋來。

由於整理注釋中國佛教典籍困難較多，我們又缺乏經驗，因此，懇切希望能夠得到各方面的大力支持和協助，使這項工作得以順利完成。

中華書局編輯部

一九八二年六月

目録

校注説明……一
居士傳序……一
居士傳發凡……二
題居士傳偈……八
居士傳一……九
牟融……九
安元……一三
支恭明 支讖 支亮……一三
竺叔蘭……一五
竺長舒……一六
闕公則……一七

孫興公……一八
謝慶緒 戴逵……二二
居士傳二……二五
劉遺民……二五
居士傳三……二九
張萊民……二九
張秀實……二九
王喬之……三〇
宗少文……三一
周道祖……三四
雷仲倫……三五
居士傳四……三七
安陽沮渠侯……三七
董吉……三九
何曇遠……四〇

魏世子……四〇
陳參軍……四一
劉謙之……四二
嚴恭 荀生……四三
居士傳五……四四
何彦德 求 點 遁 胤……四四
周彦倫……四七
到茂灌……四九
裴幾原 劉士深 任孝恭……五〇
劉彦和……五一
傅宜事……五二
居士傳六……五六
竟陵文宣王……五六
居士傳七……六九
傅大士……六九

居士傳八 …… 七三

荆山居士 …… 七三

居士傳九 …… 七七

昭明太子 …… 七七

居士傳十 …… 八五

劉靈預 …… 八五

明休烈 仲璋 山賓 …… 八六

劉士光 彦度 …… 八九

庾彦寶 …… 九〇

劉宣文 張文逸 阮士宗 …… 九一

向居士 …… 九二

馮衮 …… 九四

李子約 …… 九五

居士傳十一 …… 九八

張洪賑 …… 九八

張廷珪 李嶠 …… 九九
辛替否 …… 一〇一

居士傳十二 …… 一〇三

江含潔 …… 一〇三
劉士烜 …… 一〇四
張孝始 …… 一〇四
司馬喬卿 …… 一〇五
李觀 …… 一〇五
元紫芝 …… 一〇五
萬敬儒 …… 一〇六
朱康叔 …… 一〇六
吴璋 …… 一〇七
吴君平 …… 一〇八
彭信宇 …… 一〇八
高彙旃 …… 一〇九

居士傳十三 …… 一一三
李師政 …… 一一三
梁敬之　李華 …… 一一八
裴公美 …… 一二三
居士傳十四 …… 一二四
李山龍　史阿誓　薛嚴 …… 一二四
樊元智 …… 一二五
牛思遠 …… 一二六
于昶 …… 一二六
商居士 …… 一二六
鄭牧卿 …… 一二七
馬子雲 …… 一二七
陸康成 …… 一二八
李知遥 …… 一二八
居士傳十五 …… 一四〇

李長者……一四〇
居士傳十六……一四六
顔清臣……一四六
韋城武……一四九
居士傳十七……一五三
龐居士……一五三
居士傳十八……一五六
王敬初……一五六
陳操……一五七
甘行者……一五八
張秀才……一五九
居士傳十九……一六一
王摩詰……一六一
柳子厚……一六三
白樂天……一六五

居士傳二十……一七〇
楊大年……一七〇
李公武 端愿……一七三
居士傳二十一……一七六
晁明遠……一七六
王子正……一七八
文寬夫……一八〇
富彦國……一八〇
張安道……一八一
趙閲道……一八二
居士傳二十二……一八五
楊次公 王仲回……一八五
王敏仲 葛繁……一九〇
居士傳二十三……一九七
張平叔 王邦叔……一九七

居士傳二十四……二〇二

鍾離瑾 景融 松……二〇二
孫良……二〇三
陸淩……二〇四
張迪……二〇四
孫十二郎……二〇五
馬仲玉 永逸……二〇五
左伸……二〇六
范儼……二〇七
胡達夫……二〇七
孫忭……二〇八
朱進士……二〇八
王無功……二〇九
王衷……二一〇
吴信叟……二一〇

張掄……二二一
李秉……二二二
陸子元……二二三
閻邦榮……二二四
錢同伯……二二四
昝省齋 計公……二二六
吴復之……二二六
陳君璋……二二七
居士傳二十五……二二九
劉興朝……二二九
潘延之……二三二
許叔矜……二三三
郭功父……二三四
陳體常……二三五
吴德夫 王韶……二三六

居士傳二十六……二二八
蘇子瞻 子由……二二八
黄魯直……二三二
晁無咎 以道……二三四
居士傳二十七……二三九
鄭介夫……二三九
鄒志完……二四〇
江民表……二四二
陳瑩中……二四三
居士傳二十八……二四七
張天覺……二四七
居士傳二十九……二五三
李伯紀……二五三
居士傳三十……二六〇
宗汝霖 陳允昌……二六〇

張德遠……二六三
居士傳三十一……二六七
李似之趙表之……二六七
李德遠嚴康朝……二六八
李漢老……二六九
馮濟川……二七一
蔡子應劉子羽……二七二
吴元昭……二七四
吴十三……二七五
顏丙……二七五
吕鐵船……二七六
葛謙問……二七六
余放牛……二七七
張功甫……二七八
居士傳三十二……二八一

張子韶……二八一
居士傳三十三……二八七
王虛中 張安國 李彥弼……二八七
居士傳三十四……二九二
真希元 陳貴謙……二九二
吴毅夫……二九五
居士傳三十五……二九九
李純甫 劉謐 沈士榮……二九九
王子彧……三〇二
董國華……三〇三
鄭所南……三〇三
胡汲仲 馮子振……三〇五
居士傳三十六……三〇九
耶律晉卿……三〇九
國寶……三一一

居士傳三十七……………………三一四
宋景濂……………………三一四
居士傳三十八……………………三二二
劉祖庭……………………三二二
萬民望……………………三二三
李文進……………………三二四
王道安……………………三二六
薛元初……………………三二七
居士傳三十九……………………三二九
趙大洲 小洲……………………三二九
居士傳四十……………………三三五
嚴敏卿 澂 樸 澤 拭 濟……………………三三五
陸與繩 馮開之 陸伯貞……………………三三九
居士傳四十一……………………三四五
楊邦華……………………三四五

唐體如……三四六
戈以安……三四六
孫叔子……三四六
朱綱……三四七
郭大林……三四七
劉通志……三四八
郝熙載……三四八
杜居士……三四八
吴大恩……三四九
吴用卿……三四九
張愛……三四九
居士傳四十二……三五二
殷時訓……三五二
陳廷祼……三五四
顧清甫……三五五

朱元正……三五六
周楚峰……三五七
蔡槐庭……三五七
虞長孺 僧儒……三五九
黄平倩……三六一
莊復真……三六二
鮑性泉……三六三

居士傳四十三……三六六

李卓吾……三六六

居士傳四十四……三六九

管登之……三六九
楊貞復……三七二
陶周望 奭齡……三七四
焦弱侯……三七九
唐宜之……三八二

瞿元立 朱兆隆 鍾伯敬 王弱生 王平仲 王與遊 王宇泰 吴體中 吴應賓 董元宰……三八四
居士傳四十五……三九四
袁了凡……三九四
居士傳四十六……四〇四
袁伯修 中郎 小修 登……四〇四
居士傳四十七……四一七
曾端甫……四一七
趙凡夫……四二四
劉玉受 楊子澄 楊維斗 楊公幹 李子木 徐九一 劉公旦 姚文初……四二五
居士傳四十八……四二九
王孟夙……四二九
丁劍虹……四三〇
朱白民 婁子柔……四三〇
莊平叔……四三一
黄元孚……四三三

聞子與……四三三
黄子羽……四三四
錢伯韞……四三四
吴瞻樓……四三五
王先民……四三五
陳用拙……四三六
駱見於……四三七
程季清……四三七
居士傳四十九……四四〇
周景文……四四〇
姚孟長……四四二
居士傳五十……四四九
馬邦良……四四九
徐成民……四五〇
居士傳五十一……四五三

蔡維立……四五三
劉長倩……四五五
黄元公……四五七
黄介子……四六〇
黄藴生 唐昌全 黄淵耀 陳俶 侯元演 侯元潔 夏雲蛟……四六一
居士傳五十二……四六六
金正希……四六六
熊魚山 姜如農 張大圓……四七二
居士傳五十三……四七九
温月峰……四七九
崔應魁……四八〇
蔣虎臣……四八〇
李生 洞庭生……四八一
居士傳五十四……四八四
嚴仲慤 周知微……四八四

宋文森……四八六
畢紫嵐……四八八
居士傳五十五……四九二
周安士……四九二
居士傳五十六……四九八
知歸子……四九八
居士傳跋……五〇一
附録一　彭紹昇傳記資料……五〇二
一行居集卷首知歸子傳後空空子跋……五〇二
國朝宋學淵源記卷下附記彭尺木居士……五〇三
净土聖賢録續編卷二彭紹昇傳……五〇六
附録二　校注參考書目……五一一
人名索引……一

校注説明

一、彭紹昇與居士傳

彭紹昇(一七四〇—一七九六),字允初,號尺木,又號知歸子及二林居士,受菩薩戒之法名爲際清。生於江蘇長洲縣(今蘇州)。早年業儒,後讀明高僧真可紫柏全集,始歸心佛法。繼讀蓮池、憨山、蕅益諸人著作,深信浄土法門,自號知歸了。乾隆三十八年(一七七三)從蘇州華藏庵聞學受菩薩優婆塞戒。彭紹昇早年慕明代高攀龍之爲人,學佛後又慕廬山劉遺民之逸行,因高、劉二人往來修學之地同名東林,乃自題其居曰二林,並以爲號。其著作有無量壽經起信論三卷,觀無量壽佛經約論一卷,阿彌陀經約論一卷,一乘決疑論一卷,華嚴經念佛三昧論一卷,居士傳五十六卷,善女人傳二卷,二林居集二十四卷,一行居集八卷,二林唱和詩、觀河集、測海集各一卷,以及由他發起編纂,經其從子彭希涑等編成的浄土聖賢録九卷。

彭紹昇所著居士傳，五十六卷，收集從東漢至清乾隆年間在家奉佛的男性居士三百一十二人的事跡，編成列傳體裁的專傳或合傳五十五篇（第五十六篇爲彭紹昇自作知歸子傳，有羅有高評語），爲記載歷代居士事跡比較完備的一部書。彭氏有感於此前有關記載佛教居士事跡之書，多有繁簡不當或只限於一朝一代、一宗一派之病，發心編輯一部完整的居士傳，遂廣泛收集弘明集、廣弘明集、佛法金湯編、名公法喜志、居士分燈録、先覺宗乘、佛祖統紀、佛祖歷代通載、傳燈録、五燈會元等書所録居士言行，復徵引史傳、諸家文集、諸經序録、百家雜説等二百餘種書，歷時近七年，方始編纂而成。詳述各人學道經歷，不限於一家之言、一宗一派之範圍。此書編成後，被公認爲研究中國居士佛教、士大夫佛教發展的重要參考資料。

二、版本情況

居士傳現存版本主要有兩種：

（一）乾隆四十年（一七七五）長洲彭氏刻本，爲此書初刻本，續修四庫全書子部第一二八六册據此本影印；

（二）光緒四年（一八七八）錢塘許氏刻本（以下簡稱光緒本），收入卍續藏第八八册，另有廣陵古籍刻印社一九九一年影印本。

此外，本書尚有今人趙嗣滄點校本，由成都古籍書店於二〇〇〇年出版。該書以光緒本爲底本，糾正了原書若干刻印錯誤。但由於未核檢初刻本及彭氏所引書籍，多憑己意出校，疏漏甚多，且在排印中又産生了一些新的錯誤。

三、校注凡例

（一）本次整理，以續修四庫全書所收乾隆四十年初刻本爲底本，校以光緒本及趙嗣滄點校本，並參校彭氏所引諸書及其他相關典籍。

（二）由於本書須勘校之處相對較少，故不單獨出校，而採用與注文結合的方式。底本顯誤，且有對校或他校依據者，改正出校。本書所引資料，多有爲彭氏删改、節略者，如不影響文意，不作校改；如有明顯錯誤，則校注糾正。

（三）凡異體字、俗體字一般改作通行繁體字；字形明顯誤刻或缺筆避諱字，徑予改正，不出校。

（四）爲方便一般讀者閱讀，對書中出現的重要佛教名詞，佛教人物、著作、典故及所引典籍出處，略加注釋，一般文字、名詞則不作注，並對原書中一些明顯錯誤做出簡要考辨。

本着爲古代居士佛教研究提供較爲準確、完善資料的目的，校注本儘可能彙集更多傳主資料信息，故在標明彭氏所引書的同時，亦附上其他相關資料。

（五）書後附録彭紹昇傳記資料、校注參考書目和人名索引，方便讀者檢索利用。

居士傳序

同學汪縉〔一〕撰

知歸子現居士身説法，著居士傳，屬予爲之序。序曰：知歸子學佛，歸心浄土，發決定往生之願者也。究論往生之因，因於一念之浄，一念之浄，即成往生之因，況念念相繼，有不決定往生，得覲彌陀者乎？知歸子修浄土，念念相繼，其學佛也可謂密矣。仰前修之匪遠，表萬法之同歸，自度度人，度人自度，著書之心可謂切矣。若知歸子，可以現居士身而説法矣。予故歡喜序之，以告世之讀居士傳者。

〔一〕汪縉（一七二五—一七九二），字大紳，江蘇蘇州人。博通百家而不樂仕進，與彭紹昇等友好，奉佛持戒，禮誦無懈。居士傳每卷末除有彭紹昇按語外，亦多有汪縉評語。彭紹昇一行居集卷四載兩人論道之書七通；汪縉逝後，彭紹昇「搜其平生與人往覆書，及評斷古今文字有關浄土者，彙而録之」，題書名爲染香別録。

居士傳發凡

佛門人文記載，其專繫宰官白衣者，故有祐法師宏明集〔一〕、宣律師廣宏明集〔二〕、心泰佛法金湯〔三〕、姚孟長金湯徵文録〔四〕、夏樹芳法喜志〔五〕。其以沙門爲主，兼收外護者，則有

〔一〕弘明集，十四卷，南朝梁僧祐撰。輯録東漢以下至梁代的佛教文論計一百八十三篇，以書表爲主，間附論敵辯難之文。原書「弘」字爲避清諱皆作「宏」，下「廣宏明集」同此。

〔二〕廣弘明集，有三十卷本（宋、元、高麗諸藏）和四十卷本（明南、北藏和龍藏）兩種，唐僧道宣撰，爲弘明集之續編。收文三百餘篇，按内容歸類分編爲歸正、辯惑、佛德、法義、僧行、慈惻、誡功、啓福、滅罪、統歸等十部分。

〔三〕佛法金湯編，十六卷，明僧岱宗心泰編。集録自西周昭王至元順帝時期兩千餘年間之歷代帝王、宰臣、名儒、碩學等三百九十八位護法者的傳略與護教言論。

〔四〕明代姚希孟編佛法金湯徵文録，十卷，有明崇禎七年姚氏紫薇堂刻本。姚希孟，字孟長，號現聞，吴縣人，萬曆四十七年進士。事跡見本書卷四十九。

〔五〕名公法喜志，四卷，明夏樹芳編，收録自西漢東方朔至元末明初楊維楨等歷代二百零八位名士傳記，以參禪者爲主。

志磐佛祖統紀〔一〕、念常佛祖通載〔二〕，以及傳燈録、續傳燈録、五燈會元〔三〕、東林傳〔四〕、往生傳〔五〕。諸書所録事言，互有詳略，或失之冗，或失之疏。至朱時恩居士分燈録、郭凝之先覺宗乘、李士材居士禪燈録〔六〕，並本五燈，止揚宗乘，於諸三昧法門有所未備。

〔一〕佛祖統紀，五十四卷，南宋僧志磐編。以天台宗立場仿正史體編寫，分本紀、世家、列傳、表、志等五科。上起周昭王廿六年（前一〇二七），下迄宋度宗咸淳五年（一二六九），時間横跨兩千二百多年，爲重要佛教歷史典籍。

〔二〕佛祖歷代通載，二十二卷，元僧念常撰。成書於至正元年（一三四一），從七佛叙起，終止於元統元年（一三三三），爲重要的編年體佛教史料。

〔三〕燈能照暗，禪宗祖祖相授，以法傳人，猶如傳燈，故名。宋代道源編著景德傳燈録、李遵勖編著天聖廣燈録、惟白編著建中靖國續燈録、悟明編著聯燈會要、正受編著嘉泰普燈録，共計一百五十卷，合稱爲「五燈」。南宋普濟將「五燈」删繁汰複，編爲二十卷五燈會元。又，明代圓極居頂編著續傳燈録。以上諸書爲中國禪宗重要燈録，載禪宗宗門傳承，間亦記載學佛居士事跡。

〔四〕東林十八高賢傳，一卷，作者不詳，又作蓮社高賢傳。輯録晋宋時以慧遠爲首的僧人、居士十八人之事跡。卷首有李伯時作於元豐三年的蓮社十八賢圖及黄汝亨序，書末附百二十三人傳、不入社諸賢傳等。

〔五〕明代袾宏編往生集三卷；不著撰人之往生西方浄土瑞應傳一卷；彭紹昇發起編纂，經其從子彭希涑等編成的浄土聖賢録九卷等，皆屬浄土宗學人之專門傳記。

〔六〕明朱時恩輯居士分燈録二卷，輯録維摩居士、傅大士、龐居士等七十二人（附三十八人）事跡。明郭凝之編著先覺宗乘五卷，收録師承明確之居士一百一十一人，及無名之居士七十二人，共計一百八十四人之機緣語要。又明代李士材編著有居士禪燈録一卷。

今節取諸書者十之五，别徵史傳、諸家文集、諸經序録、百家雜説，視諸書倍之，裁别綴屬，成列傳五十餘篇，詳其入道因緣，成道功候，俾有志者，各隨根性，或宗、或教、或净土，觀感願樂，具足師資。但自唐以前，簡册無多，披覽易徧；自宋以後，文字浩瀚，耳目聞見，搜討難周，更望博雅君子，惠以珍藏，佐其不逮。

護法之文，須從般若光明海中自在流出，乃爲可貴。是書所載，非其真實有關慧命者，概弗列焉。如王簡栖頭陀寺碑〔一〕、王子安釋迦成道記〔二〕，誠爲典贍。然文過其質，於道何有？柳子厚制諸沙門碑銘，爲蘇子瞻所推服。然如曹溪一碑，和會儒釋，與六祖壇經之旨全無交涉，況摩詰、夢得之文，抑又遜之。元明士大夫文字，類多出入儒佛，亦必其行解相應，始堪采擇，否則祇成戲論，何足數也。

宗門冒濫者多，如夏竦、吕惠卿、章惇之徒，既不足道，即白、蘇二公，其在佛門，亦别有長處，與宗門無與，諸書所載機緣，無可取者。他如韓退之、李習之、周茂叔、歐陽永叔諸先生，平生願力，全在護儒，一機一境，偶然隨喜，不足增重佛門，豈宜附會牽合，莊點門庭，反

〔一〕王中，字簡栖，南朝齊琅琊臨沂人。所作頭陀寺碑文，收入昭明文選卷五十九，文詞巧麗，爲時所重。

〔二〕王勃，字子安，唐初文人，所作釋迦如來成道記一文，收入全唐文卷一百八十二。

成謬妄，此於教理違背非小。故予是書，持擇之間，頗存微指，不敢將就影響，以誣古人，以誣自心，以誣教理。

龐居士之於宗，李長者之於教，劉遺民之於浄土，百世之師矣。三公者各專傳，尊師也。其他立專傳者，大都軼邁等倫，難爲匹儷。雖不盡以三公爲繩，亦庶幾近之者也。登地證果，根基五戒，而五戒者，全體五常，不踐五常，何有五戒！南北朝諸臣，罔明忠孝之義，妄談般若，禆販如來。至如魏收、蔚宗，浪附通人；沈約、江總，濫廛戒品，以身清浄海中不受死屍，削而投之，豈爲刻核。若王摩詰、柳子厚、郭功甫、張天覺之徒，先迷後復，情罪可原，善善從長，亦庶幾春秋之指與。

自昔言三教者，其莫善於大珠乎！或問三教異同，曰：「大量者用之即同，小機者執之即異。總從一性起用，機見差別成三，迷悟在人，不在教之同異也。」〔二〕達此義者，其宋之李伯紀、明之趙大洲乎？南北之朝，釋道相争，唐宋之時，儒佛相角，總由不知性真常中，本無同異，尋枝摘葉，安有了期。至如周彦倫、明休烈、張天覺、李純甫數子之論，解紛挫

〔二〕景德傳燈録卷二十八大珠慧海和尚章：「問：『儒道釋三教同異如何？』師曰：『大量者用之即同，小機者執之即異。總從一性上起用，機見差别成三，迷悟由人，不在教之同異。』」

銳，不謂無功，究其實際，亦多離合。獅子咬人，韓盧逐塊〔一〕，智者覩指知歸，昧者雙迷指月，世又安得盡大珠與之暢談三教哉！

列傳中有不得詳其事跡者，文、富諸公是也，非繫於佛法，弗録其事跡，自載正史，舉而著之，非此書體也。有不容略其事跡者，如宗汝霖、趙大洲、周景文、熊魚山諸公是也。舉其應於世者，其學佛之精神也，一切治生諧偶，皆與實相不相違背，不其然乎！不其然乎！

是書始事於庚寅之夏，削稿於乙未之秋〔二〕，中間辨味淄澠，商量去取，則吴縣汪子大紳之助爲多。瑞金羅子臺山往來過蘇，每相切磋，訂其離合〔三〕。最後書成，婺源王子顧庭諷

〔一〕五燈會元卷十二萬壽慧素禪師：「師子驀咬人，狂狗盡逐塊。」卷二十大溈法寶禪師：「直須師子咬人，莫學韓獹逐塊。」韓盧，犬名，駿犬韓盧追逐土塊，比喻白費力氣，徒耗精神，禪門用以批評拘泥於語言文字而不解實義者。

〔二〕庚寅爲乾隆三十五年（一七七〇），乙未爲乾隆四十年（一七七五）。

〔三〕羅有高，字臺山，瑞金人，有尊聞居士集八卷。與汪縉皆爲彭紹昇學佛道友。居士傳卷末間有羅有高按語。

誦一周〔一〕，讚歎歡喜，捐金付刻。普願見聞隨喜，發菩提心，證圓滿果，是則區區七年纂述，功不虛施，青蓮華海，香光無垠，一念歸誠，同登彼岸，不亦樂乎！

〔一〕王廷言，字顧亭，號養空居士。曾出資刻印居士傳並作跋。一行居集卷四有與王顧庭書兩通，謂其爲「執事」。馮金伯詞苑萃編卷八介遵詠物詞則謂：「介遵詠物諸詞，研摹刻畫，託寄高遠，巧不傷雅，濃不病華。（方致士按：光耿，婺源人。有蓼花詞一卷，版已漶漫，同里王顧亭使君重梓以問世。）」袁枚隨園詩話補遺卷六「適王顧亭太守見訪」云云，並可參。

題居士傳偈

菩薩戒弟子彭際清述

我聞觀世音，應身三十二。華嚴善知識，亦有五十三。比丘居士身，種種天人趣。譬如空中雲，隨風無定形。又如海上波，從日現五色。衆生眼所見，分別每熾然。豈知妙明心，非一云何二。憶我無始來，一念不自覺。生死六道中，念念入輪回。貪染習已深，真色成晦昧。無明力所牽，顛倒惡叉聚。因緣值此生，得聞無上法。深心發悲淚，長跪向佛前。誓盡此報身，永息輪回苦。一念阿彌陀，究竟成佛道。虔恭秉浄戒，懺悔從前非。諦觀法界身，如幻不思議。況逢此震旦，大乘所出處。火中生蓮華，時時現希有。良哉東林賢，善權開方便。亦有龐與李，宗教扶雙輪。傳燈代有人，如虛空無盡。今雖末法中，典刑幸未沫。網羅舊文字，放此不夜光。如日月衆星，昭回四天下。一多互相攝，畢入菩提場。願以此功德，回施諸有情。現在及當來，有緣同聚會。讀我所著書，各發無上心。南無佛陀耶，同生極樂國。

居士傳一

牟安支二竺闞孫謝傳

佛法之東，自漢明帝始。永平三年，帝夢見神人，身長丈六尺，項有日光，飛在殿前。明日博問群臣：「何神人也？」傅毅進曰：「臣按周書異記云：昭王二十四年四月八日平旦時，大風起，宮殿民居震動。其夜有五色光氣貫太微，徧於四方，作青赤色。王問太史蘇由曰：『是何祥也？』對曰：『西方有大聖人降生，後一千年，聲教被此土。』王使鐫石記之，瘞於南郊天祠前。以年計之，今一千一十年矣。陛下所夢將是乎？」帝以爲然，遣郎中蔡愔，博士蔡景、王遵等十有八人，西訪其道。至大月氏國，遇迦葉摩騰、竺法蘭，持優填王所造氎像並四十二章經而東，遂與偕至洛陽。帝爲立寺雍門外，由是象教興焉。其後王公貴人禱祀祈福者衆，實罕明其道。學士大夫格以五經之文，斥爲異術。

有蒼梧牟融〔一〕者，作理惑論以解之。

問曰：「何以正言佛？佛何謂也？」牟子曰：「佛乃道德之元祖，神明之宗緒。佛之言覺也，恍惚變化，分身散體，能圓能方，或小或巨，或隱或彰。蹈火不燒，履刃不傷，在汙不染，在禍無殃，欲行則飛，坐則揚光，故號爲佛。」

問曰：「何以謂之道？道何類也？」牟子曰：「道之言導也，導人致於無爲，牽之無前，引之無後，舉之無上，抑之無下，視之無形，聽之無聲。四表爲大，宛延其外，毫氂爲細，間關其内，故謂之道。」

〔一〕牟子之名，向有爭議。弘明集卷一題爲漢牟融。題名下有小注：「一云蒼梧太守牟子博傳。」佛法金湯編卷一謂：「牟子，融之後，蒼梧儒生。」參看湯用彤漢魏兩晉南北朝佛教史第四章的考論：「此書原名理惑論，陳援菴先生史諱舉例引北山録注解牟子書原名治惑論（理字係唐人避諱改）。其名牟子，則以作者得名。隋志、兩唐志均著録有牟子二卷。隋志並注漢太尉牟融撰。但章帝時爲太尉之牟融，字子優，范書有傳，與在靈帝撰論之牟子自非一人。今據論文，自稱爲『牟子』。法論亦只云『牟子』。出三藏記集十二所載之弘明集目録亦僅曰『牟子理惑』，原無『論』字，並不著牟融之名。現在大藏經弘明集明本乃有『漢牟融』三字，然宋元麗本無之，此三字自係晚近人所加。」

問曰：「孝經言：『身體髮膚，受之父母，不敢毁傷。』曾子臨歿，啓予手足〔一〕。今沙門剃頭，何其違聖人之語，不合孝子之道也？」牟子曰：「昔齊人乘船渡江，其父墮水。其子攘臂，捽頭顛倒，水從口出，父命得蘇。夫捽頭顛倒，不孝莫大，然以全父之身。若拱手修孝子之常，父命絶水矣。孔子曰：可與適道，未可與權，所謂時宜施者也。且泰伯斷髮文身，自從吴越之俗，違於身體髮膚之義，然孔子稱之『其可謂至德矣』〔二〕。由是而觀，苟有大德，不拘於小。沙門捐家財，棄妻子，不聽音，不視色，讓之至也，何違聖語、不合孝乎？」

問曰：「佛言人死當復更生，僕不信此言也。」牟子曰：「身譬五穀之根葉，魂神五穀之種實。根葉生必當死，種實豈有終亡？」

問曰：「佛道崇無爲，樂施與，持戒兢兢。今沙門耽好酒漿，或畜妻子，取賤賣貴，專

〔一〕論語泰伯：「曾子有疾，召門弟子曰：『啓予足！啓予手！』」朱熹集注：「曾子平日，以爲身體受於父母，不敢毁傷，故於此使弟子開其衾而視之。」

〔二〕論語泰伯：「泰伯，其可謂至德也已矣！三以天下讓，民無得而稱焉。」邢昺疏引鄭玄注：「泰伯，周太王之長子，次子仲雍，次子季歷。太王見季歷賢，又生文王，有聖人表，故欲立之，而未有命。太王疾，泰伯因適吴越采藥，太王歿而不返。季歷爲喪主，一讓也；季歷赴之，不來奔喪，二讓也；免喪之後，遂斷髮文身，三讓也。」

行詐紿，此得謂之無爲耶？」牟子曰：「工輸〔一〕能與人斧斤繩墨，而不能使人巧。聖人能授人道，不能使人履而行之。皋陶能罪盜人，不能使貪夫爲夷齊。五刑能誅無狀，不能使惡人爲曾閔。堯不能化丹朱，周公不能訓管蔡。豈唐教之不著，周道之不備哉？然無如惡人何也。」

問曰：「吾子之説，其辭富，其文熾，是子之辨也。」牟子曰：「非辨也，見博，故不惑耳。」問曰：「見博亦有術乎？」牟子曰：「由佛經也。吾未解佛經之時，惑甚於子，雖誦五經，適以爲華，未成實矣。吾既覩佛經之説，覽老子之要，守恬淡之性，觀無爲之行，還視世事，猶臨天井而闚溪谷，登嵩岱而見邱垤矣。」

問曰：「吾昔在京師，入東觀，遊太學，視俊士之所規，聽儒林之所論，未聞修佛道以爲貴，自損容以爲上也，吾子曷爲耽之哉？」牟子曰：「老子曰：『名者身之害，利者行之穢。』『赴趣間隙，務合當世，此下士之所行，中士之所廢也。』況至道之蕩蕩，上聖之所行乎？杳兮如天，淵兮如海，不合闚牆之士、數仞之夫，固其宜也。彼見其門，我覩其室。彼采其華，我取其實。彼求其備，我守其一。子速改路，吾請履之。」

〔一〕「工輸」，底本作「工輪」，誤。據弘明集卷一改。

論凡三十七條，其大指如此。融才甚高，通百家之説，見漢末天下擾亂，屢被州辟不起。太守復委以使命，以母喪不果行。既而歎曰：「老子絶聖棄智，修身保真，萬物不干其志，天下不易其樂，故可貴也。」於是鋭志佛法，兼研老子五千言，肆志相羊，終身不仕。佛祖通載、宏明集〔一〕

安元〔二〕，安息國人也。志性貞白，爲優婆塞，嚴秉法戒，博通群經。漢靈帝末，遊宦洛陽，官騎都尉，常與沙門講論道義。時僧佛調〔三〕方譯法鏡經〔四〕，元口譯梵文，佛調筆受，詞旨兩得，見述後代。出三藏記集〔五〕

支恭明，名謙，一名越，大月支人也。大父法度，以漢靈帝世，率國人數百歸化，拜率善

〔一〕見佛祖歷代通載卷五，弘明集卷一牟子理惑。牟融事跡又見佛法金湯編卷一牟子，佛祖統紀卷三十五獻帝。

〔二〕「安元」，出三藏記集卷十三等作「安玄」，居士傳因避清諱而改。

〔三〕嚴佛調，漢代僧，臨淮（江蘇盱眙）人。自幼玄思睿敏，博通能文，與安玄同拜於安世高門下，共譯經典，後出家。

〔四〕法鏡經一卷，安玄譯，嚴佛調筆受。内容爲釋尊應郁伽長者之請，爲在家、出家之菩薩説戒行。

〔五〕見出三藏記集卷十三安玄傳。安玄事跡又見慧皎高僧傳卷一支樓迦讖傳、卷九竺佛調傳。

中郎將。恭明年七歲，騎竹馬戲於鄰家，爲狗所嚙，傷脛，鄰人欲殺狗取肝傅瘡，恭明曰：「天生此狗，爲人守吠，我若不來，終不見嚙，失在於我，非關於狗，殺之得差，尚不可爲，況無益而招大罪？」由是鄉人數十家感其言，悉不復殺生。

十歲學書，十三歲學梵書，通六國語，博覽經籍，兼綜藝術。嘗受業於支亮〔一〕，亮又受業於支讖〔二〕。當桓靈世，新出佛經多讖所譯，當世稱之曰：「天下博知，無出三支。」

獻帝末，遭寇亂，恭明與鄉人數十，避地歸吴。初發日，惟有一被，有客隨之，大寒無被，恭明呼與共卧。夜將半，客奪被而去。明旦，同侣問被所在，語以故。咸曰：「何不相告？」答曰：「我若相告，卿等必以劫罪罪之，豈宜以一被而殺一人乎？」聞者歎服。

既至吴，吴主孫權聞其博學有才，即召見之，問經中深隱之義。恭明應機釋難，無疑不

〔一〕支亮，漢末三國時代僧人，字紀明。爲支婁迦讖之弟子，支謙之師。

〔二〕支婁迦讖，簡稱支讖，後漢桓帝末年（約一六七）從月氏來到洛陽的譯師。譯有般若道行經十卷、般舟三昧經二卷、首楞嚴經二卷等大乘佛教經典。

析。權甚悦，拜爲博士，使輔導東宮。嘗譯摩詰〔一〕、大般泥洹〔二〕、法句〔三〕、瑞應本起〔四〕等二十七經，辭旨文雅，盛傳於世。

其後太子即位，遂隱於穹窿山，不交世務。從道人竺法蘭更煉五戒。凡所遊從，皆沙門而已。年六十，卒於山中。出三藏記集〔五〕

竺叔蘭，本天竺人也。其大父婁陀，好學有節操。時國王無道，有爲將者得罪懼誅，欲要婁陀共反，婁陀拒之，遂殺婁陀以作亂。婁陀子達摩尸羅，先在他國，聞亂，即與其婦兄

〔一〕維摩詰經主要有六種譯本：（一）後漢嚴佛調譯，一卷，名古維摩詰經；（二）吴支謙譯，二卷，名維摩詰説不思議法門經；（三）西晋竺法護譯，一卷，名維摩詰所説法門經；（四）西晋竺叔蘭譯，三卷，名毗摩羅詰經；（五）姚秦鳩摩羅什譯，三卷，名維摩詰所説經；（六）唐玄奘譯，六卷，名説無垢稱經。嚴譯本及二竺譯本現已不存。

〔二〕支謙所譯大般泥洹經爲二卷本，爲最早之涅槃類經典譯本之一，今已不存。

〔三〕法句經，印度法救撰集，係收集諸經中佛之自説偈編集而成。漢譯本二卷，三十九品，通常題爲吴天竺沙門維祇難等譯，支謙應爲該經主要翻譯者之一。

〔四〕太子瑞應本起經，二卷，支謙譯。記述釋迦牟尼成道事跡。有關四門出游、出城前内殿之描寫，與車匿訣别，尤其降魔成道等記載，氣勢磅礴雄渾，爲重要佛傳文獻。

〔五〕見出三藏記集卷十三支謙傳。支謙事跡又見高僧傳卷一康僧會傳。

二人之爲沙門者奔晉，居於河南，生叔蘭。叔蘭幼從二舅受經法，一聞輒悟，通華梵語及書。然性輕躁，好遊獵。嘗遇虎墮馬，折其右臂。母數呵禁，終不改，已而爲之蔬食，乃止。頃之暴亡，三日而蘇。自言入一朱門，金銀爲堂，見一人，自云是其大父，謂叔蘭曰：「吾修善累年，今得此報。汝罪人，何得來耶？」守門者以杖驅之，入竹林中，見其獵伴爲鷹犬所啄齧，流血號叫。叔蘭走避數十步，值牛頭人，欲扠之。叔蘭曰：「吾累世佛弟子，常供二沙門，何罪見治？」牛頭曰：「此雖有福，不救獵罪。」俄而見其兩舅來，語牛頭曰：「我等二人恒受其供，惡少善多，可得相免。」二舅遂導之還家，俄而蘇。於是改節修慈，專志經法。以晉元康元年，譯出放光經〔一〕及異維摩詰經十餘萬言。旋遭母喪，葬畢，遇石勒之亂，避之荆州。後無疾忽告知識曰：「吾將死矣。」數日便卒。出三藏記集〔二〕

竺長舒，亦天竺人也。晉初内徙，居於吴。奉法精至，尤虔誦觀世音經。比鄰失火，長

〔一〕參看出三藏記集卷七放光經記：「時執胡本者，于闐沙門無叉羅，優婆塞竺叔蘭口傳，祝太玄、周玄明共筆受。……至太安二年十一月十五日，沙門竺法寂來至倉垣水北寺求經本，寫時撿取現品五部并胡本，與竺叔蘭更共考校書寫。」

〔二〕見出三藏記集卷十三竺叔蘭傳。

舒家在下風，敕家人不得動，唯一心念觀世音，頃之火忽自熄。有諸少年心怪之，後一夕，密束炬擲其屋，四擲皆滅，乃大驚，以爲神，各走還家。明晨相率詣長舒，稽顙謝，自説昨事。長舒曰：「我無神力，止念觀世音力耳。諸君但當洗心信向，毋自恐也。」於是鄉里間咸知奉法。辨正論〔一〕

闕公則者，趙人也。晋武帝時居於洛陽，蕭然恬放。日常誦正法華經〔二〕。既卒，其友爲設會於白馬寺。至夕轉經，忽聞空中有聲，仰視，一人形色光麗，曰：「我闕公則也，生西方安樂世界，與諸上人來此聽經。」堂中人共見之。有汲郡衛士度者，受業於公則，其母常飯僧，是日將中，忽空中下鉢，正落母前。諦視之，乃公則常所用鉢也。有飯滿中，其香充堂，食者七日不飢。支道林爲之讚曰：「大哉闕公，歆虚納靈。神化西域，跡應東京。徘徊

〔一〕辯正論，八卷，唐沙門法琳著，又稱辨正論、辯正理論。本節出自辯正論卷七。竺長舒事跡又見智顗觀音義疏卷上引觀世音應驗傳，道宣集神州三寶感通録卷上振旦神州佛舍利感通序，法苑珠林卷二十三感應緣。

〔二〕正法華經，十卷，西晋竺法護譯，爲法華經現存三譯本中之最古者。

霄墟，流響耀形。豈欽一贊，示以匪冥。」大唐内典録；念佛寶王三昧論〔二〕○按他書撰引，公則爲東林社中人，今據二書正之。

孫興公，名綽，太原中都人，遷會稽。早慕淵泊之行，與名僧支遁游，放曠山水。撰喻道論，其略曰：

或有疑至道者，喻之曰：夫六合遐邈，庶類殷充，千變萬化，渾然無端。是以有方之類，各岐所見。鱗介之物不達皋壤之事，毛羽之族不識流浪之勢，自得於窞井者則怪游溟之量，翻翥於數仞者則疑沖天之力焉。復覩夫方外之妙趣，寰中之元照乎？

夫佛也者，體道者也；道也者，導物者也。應感順通，無爲而無不爲者也。無爲

〔二〕大唐内典録，十卷，佛教重要目録書，唐道宣撰。收録東漢至唐初譯者二百二十人，經典二千四百八十七部、八千四百七十六卷。檢此録未載闕公則事跡，應出自道宣所撰集神州三寶感通録卷下或法苑珠林卷四十二之感應緣，居士傳出處有誤。念佛三昧寶王論，三卷，唐沙門飛錫撰。此節見於念佛三昧寶王論卷中，據其「遠公從佛陀跋陀羅三藏授念佛三昧，與弟慧持、高僧慧永，朝賢貴士、隱逸清信宗炳、張野、劉遺民、雷次宗、周續之、謝靈運、闕公則等一百二十三人，鑿山爲銘，誓生淨土」等語，知此論亦將闕公則歸入東林社中人，此外，東林十八高賢傳亦載闕公則事跡，彭氏之辨不確。

故虚寂自然，無不爲故神化萬物。萬物之情，高卑不同，故訓教之術，或精或麤。悟上識則舉其宗本，遇中材則示以禍福。歷觀古今禍福之證，皆有由緣，豈可掩哉。何者？陰謀之門，子孫不昌，三世之將，道家明忌。斯非兵凶戰危，積殺之所致耶？夫魏顆從治，而致結草之報；子都守信，而受驄驥之賜；齊襄委罪，故有墜車之禍；晉惠棄禮，故有斃[一]韓之困，斯皆死者報生之驗也。立德闇昧之中，慶彰萬物之上。陰行陽耀，自然之利至也。

或難曰：「報應之事，誠皆有徵，則周孔之教，何不去殺？」答曰：「客可謂達教聲而不體教情者也，謂聖人有殺心乎？」曰：「無也。」答曰：「誠知其無心於殺，殺固百姓之心耳。夫時移世易，物有薄淳。結繩之前，陶然太和。暨於唐虞，禮法始興。爰逮三代，刑網滋章。刀斧雖嚴而猶不懲，至於君臣相滅，父子相害，吞噬之甚，過於豺虎。聖人知人情之固，於殺不可一朝而息，故漸抑以求厥中。猶蝮蛇螫足，斬之以全身，癰疽附體，決之以救命，亡一以存十，亦輕重之所權。舉兹以求，足以悟其歸矣。」

或難曰：「周孔適時而教，佛欲頓去之，將何以懲暴止姦，統理群生哉？」答曰：

[一]「斃」，據弘明集卷三，應作「弊」。

「周孔即佛，佛即周孔。佛者覺也，覺之爲義，悟物之謂。應世軌物，蓋亦隨時。周孔救極弊，佛教明其本，共爲首尾，其致不殊。即如堯舜世夷，二后高讓；湯武時難，兩君揮戈，淵默之與赫斯，其跡則胡越，然其所以跡者，何嘗有際哉！故逆尋者每見其二，順通者無往不一。」

或難曰：「周孔之教，以孝爲首。三千之責，莫大無後。而沙門之道，委離所生。生廢色養，終絶血食，背理傷情，莫此之甚，而云宏道敦仁，廣濟群生，皮之不存，毛將焉附？」答曰：「父子一體，惟命同之。父隆則子貴，子貴則父尊。故孝之爲貴，貴能立身行道，永光厥親。若匍匐懷袖，日御三牲，而不能令萬物尊己，舉世我賴，以之養親，其榮近矣。昔佛爲太子，棄國學道，垂條爲宇，結草爲茵，端坐六年，道成號佛。於是游步三界之表，恣化無窮之境，大範群邪，遷之正路，衆魔小道，靡不遵服。於斯時也，天清地潤，品物咸亨，蠢蠕之生，浸毓靈液，枯槁之類，化瘁爲榮，還照本國，廣敷法音。父王感悟，亦升道場，以此榮親，何孝如之！而俗人不詳其源流，未涉其場肆，瞽言妄説，輒生攻難。以螢燭之見，疑三光之盛；芒隙之滴，怪淵海之量，可謂狎大人而侮天命者也。」

既襲父爵，爲長樂侯，哀帝朝，官散騎常侍，領著作郎。桓温將遷都洛陽，人情疑懼，興

公上疏力争。温大愠，然卒莫能難也。尋轉廷尉，卒，年五十八。晋書；宏明集〔一〕

謝慶緒，名敷，會稽山陰人。性澄静寡欲，隱於太平山十餘年。篤信大法，長齋奉佛，招引同事，化納不倦。自注安般守意經〔二〕，爲之叙曰：

夫意也者，衆苦之萌基，背正之元本。荒迷放蕩，浪逸無涯，彈指之間，九百六十轉，一日一夕，十三億想念，一身所種，滋蔓彌劫。凡在三界倒見之徒，弱喪淵流，莫能自反。正覺慈愍，開正慧路，漸塞忿欲之微兆，爲啓安般之要徑。泯生滅以冥寂，伸道品以養恬，建十慧以入微，縶九神之逸足，防七識之洪流，故曰守意也。若乃制伏麤垢，拂剗漏結，閉色聲於視聽，遏廛想以禪寂，乘静泊之禎祥，納色天之嘉祚。然正志荒於華樂，昔習没於交逸，福田矜執而日零，毒根迭興而罪襲。是以輪回五趣，億劫難拔，嬰羅欲網，有劇深牢。由於無慧樂定，不惟道門使其然也。至於乘慧入禪，亦有三輩。或畏苦滅色，樂宿泥洹，志存自濟，不務兼利者，爲無著乘；或仰希妙相，仍有遺

〔一〕見晋書卷五十六孫楚傳附孫綽傳，弘明集卷三孫綽喻道論。孫綽事跡又見佛法金湯編卷二孫綽傳。

〔二〕大安般守意經，後漢安世高譯。出三藏記集卷六載釋道安安般注序和謝敷安般守意經序。安般，新譯爲「阿那波那」，意爲「數息觀」。

無，不建大悲，練盡緣縛者，則號緣覺；菩薩者，深達本有，暢因緣無。達本者有有自空，暢無者因緣常寂。自空故不出有以入無，常寂故不盡緣以歸空。苟厝心領要，觸有悟理者，則不假外以静内，不因禪而成慧，故曰阿惟越致，不隨四禪也。若欲塵翳心，慧不常立者，乃假以安般，息其馳想，猶農夫之净地，明鏡之瑩剗。然則耘耨不以爲地，地净而種滋，瑩剗非以爲鏡，鏡净而照明矣。

又嘗手寫首楞嚴經，置都下白馬寺。寺爲鄰火所延，其什物及他經並燼，而此經文字獨完，惟毁紙邊而已。尋以母老，還南山若耶中。内史郗愔表薦之，徵博士，不起。會月犯少微，占者以隱士當之，人言當應在戴逵。俄而慶緒卒。

逵字安道，譙郡人，亦有高行。孝武時，累徵不就。善屬文，兼工藝事。欲造無量壽佛，積思三年，雕刻方就，迎置山陰靈寶寺。郗超見而作禮，撮香在手，勃然煙上，極目雲表，衆皆歎其神異。子顒，能世其業。出三藏記集；晉書；冥祥記；法苑珠林〔一〕

〔一〕見出三藏記集卷六安般守意經序，晉書卷九十四謝敷傳、戴逵傳，法苑珠林卷十八晉居士謝敷（出冥祥記）、卷十六晉譙國戴逵。戴逵事跡又見張彦遠歷代名畫記卷五。

知歸子曰：當牟子之世，佛法未盛行，而牟子篤信其道，豈非獨往之士哉。安、支、竺、闞之徒，宏法扶戒，導信化疑，亦甚爲希有者矣。東晋之初，風教漸廣，王導、庾亮、周顗、謝鯤、桓彝之屬，皆嘗與梵僧尸利密多羅游。謝安居東山，降心支遁，遁奉詔入禁中講經，會宗遺文，守文者陋之，安聞而歎曰：「此九方歅之相馬，略元黄取神駿者也。」〔一〕至如王羲之、坦之、珣、珉，許詢，習鑿齒，各與緇流津接，大率名言相永，自標遠致而已。咸康中，庾冰輔政，奏沙門應盡禮王者，下禮官議，何充等以爲不宜壞其本法，執奏至三，冰議遂寢。充篤信佛法，飯僧造寺，所費不訾。阮裕嘗謂之曰：「卿志大宇宙，勇邁終古。」充問其故，裕曰：「我圖數千户郡未得，卿圖作佛，不亦大乎？」〔二〕蓋嘲之也。充弟準，高尚寡欲，散帶衡門，日誦佛經。其他士大夫，信向雖衆，修行軌則罕有聞焉，不得而著也。迨至晋宋之交，始有東林之盛，應化神靈，繼此騰集矣。予録牟子以下諸賢行業及其論議，雖未詣淵微，而其意已遠。岷江之流，始於濫觴，又可少乎哉！

〔一〕謝安語見高僧傳卷四支遁傳。
〔二〕阮裕語見世説新語排調。

汪大紳云：爲傳中不可少之文，所記事言雖淺，然亦近實。千經萬典流傳，有外於四十二章之旨乎？千聖萬賢出没，有外於導人以無爲之化乎？佛者覺也，盡之矣。

居士傳二

劉遺民傳

劉遺民者，名程之，字仲思，彭城人。漢楚元王之後也。少孤，事母孝，善老莊言，不委蛇於時俗。初爲府參軍，晉司徒王謐、丞相桓元、侍中謝琨、太尉劉裕先後引薦，皆力辭。時慧遠法師止於廬山東林寺，修念佛三昧，遺民往依之。遠師曰：「官禄巍巍，云何不爲？」遺民曰：「晉室無磐石之固，物情有壘卵之危，吾何爲哉！」劉裕以其不屈，乃以遺民之號旌焉。同時宗少文、周道祖、雷仲倫、張萊民、張秀實、畢士穎，咸來廬山。遠師曰：「諸君之來，能無意於淨土乎？」乃造西方三聖像，建齋立社。衆至百二十有三人。遺民鑱石爲誓，其辭曰：

夫緣化之理既明，則去來之兆顯矣；遷感之數既符，則善惡之報必矣。推交臂之潛淪，悟無常之期切；審三報之相催，知險趣之難拔。此其同志諸賢，所以夕惕朝勤，仰思攸濟者也。蓋神者可以感涉，而不可以跡求。必感之有物，則幽路咫尺；苟求之無主，則渺茫何津。今幸以不謀而感，僉心西境，叩篇開信，亮情天發，乃機象通於寢夢，欣歡百於子來。於是雲圖表暉，影侔神造，功由理諧，事非人運。兹實天啓其誠，冥運來萃者矣。然其景績參差，功德不一，雖晨祈云同，夕歸攸隔。即我師友之眷，良可悲矣。是以慨焉胥命，整襟法堂。等施一心，亭懷幽極。誓兹同人，俱游絶域。其驚出絶倫，首登神界，則無獨善於雲嶠，忘兼全於幽谷。然後妙覲天儀，啓心貞照，識以悟心，形由化革。藉芙蓉於中流，蔭瓊柯以咏言。飄雲衣於八極，泛香風以窮年。臨三塗而緬謝，傲天宮而長辭。紹衆靈以繼軌，指大覺以爲期。究兹道也，豈不弘哉！

遺民度西林澗北，别立禪坊，精研元理，兼持禁戒。嘗貽書關中，與什公、肇公揚榷經義〔一〕。著念佛三昧詩〔二〕。居半載，即於定中見佛光照地，皆作金色。更十五年，於正念佛

〔一〕出三藏記集卷十二著録：釋心無義（劉遺民）；般若無名論（釋僧肇；劉遺民難，肇答）；與竺道生書（劉遺民）。

〔二〕世所流傳之念佛三昧詩四首爲王喬之所作，見廣弘明集卷三十。據佛祖統紀卷二十六「令劉遺民著發願文，而王喬之等復爲念佛三昧詩以見志」云云，似劉遺民未有念佛三昧詩之作。然慧遠既有念佛三昧詩集序，則當時廬山十八賢或皆有同題詩作，未可確知，參看本書卷三王喬之傳。

時，見阿彌陀佛玉毫光照，垂手慰接。遺民曰：「安得如來爲我摩頂，覆我以衣。」俄而佛爲摩頂，引袈裟以被之。他日又夢入七寶池，見蓮華青白色，其水湛湛，有人項有圓光，胸出卍字，指池水曰：「八功德水，汝可飲之。」遺民飲水甘美，及寤，異香發於毛孔，乃語人曰：「吾浄土之緣至矣。」請僧轉妙法蓮華經近數百周。遺民對像焚香，再拜而祝曰：「我以釋迦遺教，知有阿彌陀佛。此香當先供養釋迦如來，次供養阿彌陀佛，復次供養妙法蓮華經，所以得生浄土，由此經功德。願與一切有情俱生浄土。」即與衆別，卧牀上，面西合掌，泊然化去。預敕子雍即土爲墳，勿用棺槨。時義熙六年，年五十九。後六年，遠師宴坐龕中，從定起，見阿彌陀佛身滿虚空，觀音、勢至左右侍，遺民及社中僧先化者皆在側，前揖遠師曰：「師早發心，何來之晚。」乃展期，七日而逝。東林傳；出三藏記集〔一〕

知歸子曰：佛法入兹土，始昌於晉，而士大夫之息心浄土者罕聞焉。至遺民一唱，遠近傾動，雖遠師實成之，亦由遺民精誠内激，冥孚衆志。初遺民與周道祖、陶淵

〔一〕見不著撰人東林十八高賢傳，僧祐出三藏記集卷十二。劉程之事跡又見慧皎高僧傳卷六慧遠傳，佛祖歷代通載卷七等。

明稱潯陽三隱，道祖既入社，遠師以書招淵明。淵明曰：「許我飲酒則諾。」許之，遂造焉，無何，攢眉而去〔二〕。志尚雖高，於道闊矣，惜哉！

汪大紳云：此真冷淡生活，淡得盡時方好。知歸子已入此保社矣，大佳，大佳！

〔二〕事見東林十八高賢傳不入社諸賢傳陶潛，佛祖統紀卷二十六，佛祖歷代通載卷七等。

居士傳三

二張王宗周雷傳

張萊民，名野，尋陽人也。性孝友，田宅悉推與弟，甘苦與九族共之。州郡屢辟不應，朝命拜散騎常侍，亦不就。入廬山白蓮社，稱遠公門人。義熙十四年與家人別，入室端坐而逝，年六十九。東林傳〔一〕

張秀實，名詮，野之族子也。尚情高逸，好古樂道，荷鉏力田，帶經不釋。以散騎常侍徵，不起。庾悦憐其貧，薦爲尋陽令，亦不應。已而入廬山，依遠公，研窮佛經，深有悟入。宋景平元年，西向念佛，無疾而卒，年六十五。東林傳〔二〕

〔一〕見不著撰人東林十八高賢傳。

〔二〕見不著撰人東林十八高賢傳。

王喬之，琅邪人，官臨賀太守，已而入白蓮社，事遠公。與劉遺民諸賢作念佛三昧詩，而喬之詩獨傳於世。詩曰：

妙用在兹，涉有覽無。神由昧徹，識以照麤。積微自引，因功本虚。泯彼三觀，忘此毫餘。

其二曰：

寂寞何始，履元通微。融然忘適，乃廓靈暉。心遊緬域，得不踐機。用之以沖，會之以希。

其三曰：

神姿天凝，圓映朝雲。與化而感，與物斯群。應不以方，受者自分。寂爾淵鏡，謝彼塵紛。

其四曰：

慨自一生，夙乏慧識。托崇淵人，庶藉冥力。思轉毫功，在深不測。至哉之念，注心西極。

遠公爲作序云：

夫稱三昧者何？專思寂想之謂也。思專則志一不分，想寂則氣虚神朗；氣虚則智悟其照，神朗則無幽不徹。是二者，自然之元符，會一而致用也。又諸三昧，其名甚衆，功高易進，念佛爲先，何者？窮元極寂，尊號如來，體神合變，應不以方。故令入斯定者，昧然忘知，即所緣以成鑒，鑒明則内照交映，而萬象生焉，非耳目之所暨，而聞見行焉。於是靈相湛一，清明自然，元音叩心，滯情融朗。非天下之至妙，孰能與於此哉。所以奉法諸賢，咸思一揆之契，感寸陰之將頹，懼來儲之未積。洗心法堂，整襟清向，夜分忘寢，夙興唯勤。庶夫貞詣之功，以通三乘之志，仰援超步，拔茅之興，俯引弱進，垂策其後。以此覽衆篇之揮翰，豈徒文詠而已哉！宏明集；廬山集○喬之一作齊之，或其字也〔二〕。

宗少文，名炳，南陽人。妙善琴書，精於理論。殷仲堪、桓元、劉裕並以主簿辟，不就。乃入廬山事遠師，築室依白蓮社，居之。既而兄臧爲南平守，偪與俱還江陵，閑居絶俗，頗營稼穡以給其家。衡陽王義季親訪之，少文角巾布衣，引見不拜。王曰：「處先生以重禄

〔二〕王喬之念佛三昧詩及慧遠序不見弘明集，出廣弘明集卷三十統歸篇。王喬之，廬山記卷四、佛祖統紀卷二十六等皆同，唯廣弘明集卷三十作王齊之。

可乎？」對曰：「禄如秋草，時過即腐。」宋受禪，三徵不應。雅好山水，西陟荆巫，南登衡岳。以疾還江陵，歎曰：「老病俱至，名山不可再登，唯澄懷觀道，卧以游之。」凡所遊履，悉圖之於壁，謂人曰：「撫琴動操，欲令衆山皆響。」嘗著神不滅論〔一〕。其略云：

群生之神，其極雖齊，而隨緣遷流，成麤妙之識。夫舜生於瞽，舜之神也必非瞽之所生，則商均之神又非舜之所育，生育之前，素有麤妙矣。既本立於未生之先，則知不滅於既死之後矣。

神也者，妙萬物而爲言矣。若資形以造，隨形以滅，則以形爲本，何妙以言乎！誠能澄不滅之本，稟日損之學，損之又損，以至無爲，無爲則無當於生矣。無生則無身，無身而有神，法身之謂也。今黄帝、虞舜、姬公、孔父，世之所仰而信者也，觀其縱轡升天，龍潛鳳䫻，反風起禾，絶粒弦歌，亦皆由窮神爲體，故神功所應，倜儻無方也。夫洪範庶徵休咎之應，皆由心來。逮白虹貫日，太白入昴，寒谷生黍，崩城隕霜之類，皆發自人情而遠形天事，固相爲形影矣。夫形無無影，聲無無響，亦情無無報矣，豈直貫日隕霜之類哉。莫不隨情曲應，物無遁形，但或結於身，或播於事，交賒紛綸，顯昧

〔一〕宗炳之作，本名明佛論，見弘明集卷二。居士傳所載，乃彭氏縮節原文而成。

渺漫，孰覩其際哉。衆變盈世，群象滿目，皆萬世以來精感之所集矣。故佛經云：「一切諸法，從意生形。」又云：「心爲法本，心作天堂，心作地獄。」義由此也。是以清心潔情，必妙生於英麗之境；濁情滓行，必永滯於三塗之域。夫神聖圓照而無思營之識者，由心與物絶，唯神而已，故虚明之本，終始長住，不可凋矣。

今以悟空息心，心用止而情識歇，則神明全矣。顔子知其如此，故處有若無，撫實若虚，不見有犯而不校也。今觀顔子之「屢空」〔一〕，則知其有之實無矣。且舟壑潛謝，變速奔電，將來未至，過去已滅，現在不住，瞬息之頃，無一毫可據，將欲何守而以爲有乎？甚矣，僞有之蔽神也！

今有明鏡於斯，紛穢集之，微則其照藹然，積則其照朏然，彌厚則照而昧矣，人之神理，有類於此。僞有累神，成精麤之識；識附於神，故雖死不滅。漸之以空，必將習漸至盡，而窮本神矣，泥洹之謂也。

〔一〕論語先進：「子曰：『回也其庶乎！屢空。賜不受命，而貨殖焉，億則屢中。』」四書章句集注謂：「屢空，數至空匱也。不以貧窶動心而求富，故屢至於空匱也。言其近道，又能安貧也。」弘明集卷三宗炳答何承天書謂：「自古千變萬化之有，俄然皆已空矣。當其盛有之時，豈不常有也？必空之實，故俄而得以空耶？……故顔子庶乎屢空，有若無，實若虚也。自顔以下，則各隨深淺而味其虚矣。」是以佛理解儒，可以參看。

夫自古所以不顯至道者，將存其生也，而苦由生來，昧者不知矣。且時則無止，運則無窮，既往積劫，無數無邊，皆一瞬所閲，以及今耳。今積瞬以至百年，曾幾何時，而又鮮克半焉！夫物之媚於朝露之身者，類無清遐之實矣，何爲甘臭腐於漏刻，以枉長存之神，而不自疏於遐遠之風哉！

元嘉二十年卒，年六十九。宋書；東林傳；宏明集〔一〕

周道祖，名續之，雁門人。父殁，過江，居豫章。年十二，詣范甯受業，通五經、五緯。養志窮居，精研老易。既而入廬山白蓮社，以爲身不可遺，餘累宜絶，遂終身不娶妻，布衣蔬食。朝命徵太學博士，不就。劉裕北伐，世子守彭城，迎之，館於安東寺〔二〕，延入講禮，月餘還山。裕還鎮，復遣使迎之。宋受禪，爲開館東郭外，招集生徒以禮經教授。或問：「身爲處士，時踐王庭，何也？」答曰：「心馳魏闕者，以江湖爲桎梏；情致兩忘者，市朝亦巖穴

〔一〕見宋書卷九十三隱逸傳，東林十八高賢傳，弘明集卷二明佛論。宗炳事跡又見弘明集卷三宗居士炳答何承天書難白黑論，佛法金湯編卷二宗炳傳等。

〔二〕安東寺，宋書卷九十三、東林十八高賢傳等作安樂寺。

耳。」時號通隱先生。未幾，移疾鍾山。景平元年卒，年六十七。宋書〔一〕

雷仲倫，名次宗，南昌人。少入廬山事遠師，篤志好學，不交世務。精於毛詩、三禮之學。本州辟從事，朝以員外散騎侍郎徵，並不就。年五十餘，與子侄書，以言所守曰：

夫生之修短，咸有定分，定分之外，不可以智力求，但當於所稟之中，順而勿害耳。吾少嬰羸患，爲性好閒，故在童稚之年，已懷遠跡之意。暨於弱冠，遂托業廬山，逮事釋和尚。於時師友淵源，務訓弘道，外慕等夷，内懷悱發，於是洗氣神明，玩心墳典，勉志勤躬，夜以繼日。爰有山水之好，晤言之歡，實足以通理輔性，成夫亹亹之業。樂以忘憂，不知朝日之晏矣。自游道餐風，二十餘載，淵匠既傾，良朋凋索，續以釁逆違天，備嘗荼蓼。疇昔誠願，頓盡一朝，心慮荒散，情意衰損，故遂與汝曹歸耕壟畔，山居谷飲，人理久絶。日月不處，忽復十年，崦嵫將迫，前塗幾何？及今耄未至昏，衰不及頓，尚可厲志於所期，縱心於所托。棲誠來生之津梁，專氣暮年之攝養。在心所期，盡於此矣。自今以往，家事大小，一勿見關。

〔一〕見宋書卷九十三隱逸傳。「心馳魏闕者，以江湖爲桎梏；情致兩忘者，市朝亦巖穴耳」等語不見於宋書，實出自廬山記卷三、東林十八高賢傳等。

宋元嘉十五年，徵至京師，開館雞籠山，聚徒教授。除給事中，不就，頃之，還廬山。二十五年，又徵詣京師，爲築室鍾山西巖下，謂之招隱館，使爲皇太子諸王講喪服經。是歲卒，年六十三。宋書〔一〕

知歸子曰：白蓮社一百二十三人，居士之可得紀者七人焉。才敏如康樂，欲求入社，遠公拒之〔二〕，誠慎所與哉！而七人之外，流風遺書不可得而見矣，予亦不得而稱之也。

〔一〕見宋書卷九十三隱逸傳。雷次宗事跡又見佛法金湯編卷二雷次宗傳等。

〔二〕見東林十八高賢傳不入社諸賢傳謝靈運：「靈運嘗求入社，遠公以其心雜而止之。」

居士傳四

安陽董何魏陳劉嚴[一]傳

安陽沮渠侯京聲者，天水臨城縣人，河西王蒙遜[二]之從弟也。爲人疏通彊識，幼稟五戒，鋭意内典。少時嘗到于闐國，經衢摩帝太寺[三]，遇天竺法師佛陀斯陀[四]。咨問道義，

〔一〕據本卷嚴恭傳補。
〔二〕沮渠蒙遜（三六八—四三三），匈奴人，十六國時期北涼君主，謚武宣王，廟號太祖。
〔三〕出三藏記集卷九禪要祕密治病經記、卷十四沮渠安陽侯傳作「衢摩帝大寺」。慧皎高僧傳卷二曇無讖傳作「瞿摩帝大寺」。
〔四〕出三藏記集卷九禪要祕密治病經記、卷十四沮渠安陽侯傳、慧皎高僧傳卷二曇無讖傳作「佛陀斯那」，即佛大先。

從受禪要祕密治病經〔一〕。既而東歸高昌，求得觀世音、彌勒二觀經各一卷〔二〕。及還河西，即譯出禪要。居數年，魏主燾破河西，安陽奔宋。晦志卑身，不交世務，常游止塔寺。初出觀世音、彌勒二觀經，丹陽尹孟顗見而善之，請與相見，厚設供養。至孝建二年，比丘尼慧濬聞其諷禪經，請得傳寫，遂出爲五卷。其年於鍾山定林寺續出佛母泥洹經〔三〕一卷。安陽居絶妻孥，不樂榮利，從容法侣，宣通經典，是以緇白交敬禮焉。大明末，遘疾而卒。出三藏記集〔四〕

〔一〕又名治禪病祕要法、治禪病祕要經等，收於大正藏第十五册。

〔二〕通常皆作「觀世音彌勒二觀經」，據文意，應爲兩種經典。吉藏彌勒經遊意謂：「問：『此經凡有幾種？』答：『略有五種。一大成佛經一卷……二有彌勒本願經一卷，是竺法護以晋大安二年七月十七日出；三彌勒觀經一卷，是爲安陽侯以宋孝建中出；四彌勒問戒經一卷；五彌勒光身經一卷。』」吉藏法華玄論卷六亦引彌勒觀經之語。此經與觀世音觀經似皆未流傳。

〔三〕佛母般泥洹經，收於大正藏第二册。述佛母大愛道比丘尼（即釋迦牟尼姨母摩訶波闍波提）入滅送終等事跡。西晋白法祖譯之大愛道般泥洹經爲本經異譯。

〔四〕見出三藏記集卷九禪要祕密治病經記、卷十四沮渠安陽侯傳。出三藏記集未言沮渠名京聲，彭氏乃據後世佛經目録等確定。據道宣大唐内典録卷四宋朝傳譯佛經録載，沮渠京聲共譯出佛典三十五部三十六卷。而智昇開元釋教録卷五總括群經録上之五載沮渠京聲所譯佛典爲二十八部二十八卷，蓋入唐後其所譯經典已有佚失。

董吉，於潛人也。奉法三世，至吉尤精進，恒齋戒誦首楞嚴經。所居村人有疾病，請吉誦經輒愈。同縣何晃亦奉法，卒中毒，請吉往。會溪水暴漲，不得度。吉默禱於大士，裸而戴囊經以度，及岸，忽囊經爲水漂没，甚悲恨。至晃家，懺悔自責。俯仰之間，乃見經囊在高座上，啓視之，未嘗沾濕。於是縣人一時皆奉法〔一〕。

吉家西北有山高險，中多妖魅，犯害居民。吉欲降之，乃闢山地四五畝，構造小屋，設高座，轉首楞嚴經百餘日，民害遂止。後有數人來謁曰：「聞君德行清肅，故來相觀，並請一事，想當見聽。吾世有此山，今君來止，慮相犯冒，當更作界分，以殺樹爲斷。」吉知是山鬼，乃曰：「僕貪此寂静，讀誦經典，不干君等，願見祐助。」鬼許諾而去。越一宿，自吉所闢

〔一〕此節文字來源，實據錢謙益大佛頂首楞嚴經疏解蒙鈔卷十證本第二，而與法苑珠林卷十八感應緣所引冥祥記差異甚大，兹引法苑珠林文以補充之：「同縣何晃者，亦奉法士也。咸和中，卒得山毒之病，守困，晃兄惶遽馳往請吉。董、何二舍，相去六七十里，復隔大溪。五月中大雨，晃兄初渡時，水尚未至，吉與期設中食，比往，而山水暴漲，不復可涉。吉不能泅，遲回嘆息，坐岸良久，欲下，不敢渡。吉既信直，必欲赴期，乃惻然發心自誓曰：吾救人苦急，不計軀命，克冀如來大士，當照乃誠。便脱衣以囊經戴置頭上，徑入水中。量其深淺，乃應至頸，及吉渡，正著膝耳。既得上岸，失囊經，甚惋恨。進至晃家，三禮懺悔，流涕自責。俯仰之間，便見經囊在高座上。吉悲喜取看，浥浥如有濕氣，開囊視經，尚燥如故。於是村人一時奉法。」

地，四際之外，樹皆枯死如焚焉。冥祥記〔一〕

何曇遠，廬江人，宋御史中丞萬壽之子也。少奉法，持菩薩戒。年十八，居父喪，哀毀成疾，遂歸心浄土。請僧數人，於家懺悔宿業，久而益虔。一夕轉經竟，衆僧已眠，曇遠忽自歌誦，僧異而問之，曰：「見佛身黄金色，光丈餘，自西而至。幡花翼從，充滿虚空，佛熙怡微笑，詔曇遠速去。」曇遠素羸弱，至是神色壯厲，便取香花散之空中，至五更，忽然而終，宅中芬香，數日乃歇。冥祥記〔二〕

魏世子，梁郡人。生當宋世，奉佛精進，率諸子女修西方浄業，唯婦獨不信。其女病死，七日復蘇，即升高座，誦無量壽經。下啓父言：「兒去，便往無量壽國，兒及父兄池中各有大蓮華，當生其内，唯母獨無，不勝此悲，故歸啓報。」語竟而瞑。母自是亦奉法焉。冥祥記〔三〕

〔一〕見法苑珠林卷十八引冥祥記。又見太平廣記卷一百一十二董吉，文字小異。
〔二〕見法苑珠林卷十五引冥祥記。又見太平廣記卷一百一十四何曇遠。
〔三〕見法苑珠林卷十五引冥祥記。又見太平廣記卷一百一十四魏世子。

陳參軍，名鋮，荆州華容人，天台智者禪師〔一〕之兄也。仕梁爲晉安王〔二〕中兵參軍。年四十，遇仙人張果，謂之曰：「吾觀汝相，陽算已盡，死在期月。」參軍懼，以白智者。智者授以童蒙止觀〔三〕，教行方等懺法。先具十法：一者明信因果；二者生重怖畏；三者深起慚愧；四者求滅罪方法，所謂大乘經中明諸行法，應當如法修行；五者發露先罪；六者斷相續心；七者起護法心；八者發大誓願，度脱衆生；九者常念十方諸佛；十者觀罪性無生。具此十法，莊嚴道場，著潔浄衣，燒香散華，於三寶前，如法修行，一七、三七，一月、三月，乃至經年，專心懺悔，即得重罪消滅，禪定現前。參車奉教修習，夙夜不怠。未及一載，復見果，果大驚異，曰：「服何藥而致此？」曰：「但修懺法，未嘗服食。」果以手加額曰：「奇哉道力，越死超生。」後參軍於禪定中升天宫，見金殿，榜曰：「陳鋮之室，後十五年，當生於

〔一〕智顗（五三八—五九七），陳、隋時高僧，天台宗實際創立者，俗姓陳，字德安，十八歲出家。著有法華玄義、法華文句、摩訶止觀等。

〔二〕「晉安王」，底本作「普安王」，誤。據梁書卷四簡文帝本紀、佛祖統紀卷九、隋天台智者大師别傳等改。

〔三〕修習止觀坐禪法要，又名小止觀、坐禪法要、童蒙止觀。係天台智顗爲其俗兄陳鋮所作，旨在爲初學佛者説止觀坐禪要門。收於大正藏第四十六册。

此。」及期，徧謁親知，言別，端坐而逝。佛祖統紀；小止觀〔一〕

劉謙之，魏孝文帝時中官也。太和中，自傷刑餘〔二〕，奏乞入山修道。齎華嚴經一部，晝夜禮誦，絶粒飲水。經三七日，忽鬚髭盡生，復丈夫相。神思通悟，洞曉幽旨。遂殫精造華嚴經論共六百卷，奏聞，孝文倍加敬信。華嚴一教遂盛於時。大唐内典録；華嚴經疏鈔○疏鈔以謙之爲北齊人，又言感第三王子焚身供養文殊事，因而發心。按北齊無太和年號，且魏齊諸王子盡列於史，並無焚身事，今據内典録削之〔三〕。

〔一〕見佛祖統紀卷九智者大禪師旁出世家。此事最早出處爲灌頂隋天台智者大師別傳，湛然止觀輔行傳弘決卷八之三。

〔二〕指受過宫刑之閹人。

〔三〕見大唐内典録卷十歷代衆經應感興敬録，清凉澄觀大方廣佛華嚴經疏卷三，大方廣佛華嚴經隨疏演義鈔卷十五。道宣大唐内典録固未嘗言王子燒身事，而同爲道宣所著之續高僧傳卷二十五明隱傳則明言之，謂「西北上八里許，有王子燒身塔。寺元是齊帝第三子，性樂佛法，思見文殊，故來山尋，如其所願，燒身供養，因而起塔。所將内侍劉謙之，於此寺中七日行道，祈請文殊。既遇聖者，掩復丈夫，曉悟華嚴經義，乃造華嚴論六百卷」云云，是故彭氏之論亦不確。「太和」爲北魏孝文帝年號，疏鈔等或誤記爲北齊耳。又，大方廣佛華嚴經感應傳、古清凉傳卷上古今勝跡三等皆記劉謙之與王子燒身塔事。

嚴恭，泉州人也，隋開皇中客於揚州。造精舍，寫法華經，道俗崇敬，常送錢供給。後有人從貸經錢一萬，恭不獲已，與之。貸者載至中路，船覆失錢。是日恭入庫，見一萬錢如新出水，怪之，已而其人以船覆告，乃知庫中錢即其所貸也。一商人至䢼亭湖祭神，夜夢神云：「請君以所贈物與嚴法華，爲書經用也。」其他感應甚衆。恭遂以書經終。大業末，子孫猶傳其業。群盜相約不入其里，里人賴之。

同時益州新繁有苟生者，居縣西三十里許，曰王李村。工書，然自重不肯爲人書，人雖辱毆之，不顧也。一日，把筆走前村，向空中四面書般若經，數日而畢。曰：「好令諸天讀之。」人初不覺其異，其後大雷雨，牧牛小兒住其地，中可丈許，雨不能濕。自後遇雨，牧兒輒避雨其處。武德中，有異僧語村人曰：「此地空中有般若經，諸天於上設蓋覆之，不可輕踐。」村人遂以闌楯周之，齋日設供，每聞天樂聲。冥報記；三寶感通記〔一〕

知歸子曰：數君之奉法，可謂專且勤矣。其能格天人而度生死也，宜哉！夫陽氣奮而萌芽作，秋風至而木葉零，至誠而不動者，不亦鮮乎？

〔一〕見法苑珠林卷十八引冥報記，集神州三寶感通録卷下。嚴恭事跡又見弘贊法華傳卷十、大唐内典録卷十歷代衆經應感興敬録、法華靈驗傳卷上等，記載較詳。苟生事跡亦見大唐内典録卷十。

居士傳五

何周到裴劉傳

何彥德，名尚之，廬江灊人也。少頗不馴，長而折節蹈道。起家臨津令，累遷左衛將軍。宋元嘉十二年，京尹蕭謨之請制建寺鑄像，文帝以問彥德及吏部羊元保，曰：「朕少讀經不多，因果之事，昧然未究。所以不敢立異者，以卿輩時秀，率皆信敬耳。比見顏延之折達性論〔一〕、宗炳難白黑論〔二〕，其說汪洋，大明至理。若使率土之民皆敦此化，則朕坐致太平矣，夫復何事？昨蕭謨之請制，即以相示委卿增損，必有以戒遏浮淫，無傷宏獎者，乃當著令耳。」

〔一〕顏延之釋何衡陽達性論，載弘明集卷四。

〔二〕宗炳答何承天書難白黑論，載弘明集卷三。弘明集卷十一謂：「是時有沙門慧琳，假服僧次而毀其法，著白黑論。衡陽太守何承天，與琳比狎，雅相擊揚，著達性論，並拘滯一方，詆呵釋教。永嘉太守顏延之、太子中舍人宗炳，信法者也，檢駁二論，各萬餘言。」

尚之對曰：「横目之俗，多不信法，以臣庸蔽，更荷褒拂，非所敢當。然前代群英，王導、周顗、庾亮、王蒙、謝安、郗超、王坦之、王恭、王謐、郭文舉、謝敷、戴逵、許詢，及亡高祖兄弟、王元琳昆季、范汪、孫綽、張元、殷覬，或宰輔冠冕，或人倫羽儀，或致情天人之際，或抗跡雲霞之表，靡不傾心歸依至教。慧遠法師云：『釋迦之化，無所不可，適道固是教源，濟俗亦爲要務。』竊味此言，有契至理，何則？百家之鄉，十人持五戒，則十人淳謹；千室之邑，百人修十善，則百人和睦。傳此風教，以周寰區，編户億千，則仁人百萬。夫能行一善，則去一惡，一惡既去，則息一刑，一刑息於家，萬刑息於國，此明詔所謂坐致太平者是也。故圖澄適趙，三石減暴；靈塔放光，符健損虐。神道助化，昭然可觀。謨之請制，不謂全非，但傷蠹道俗，本在無行僧尼，而情僞難分，去取未易。至土木之工，雖若靡費，且植福報恩，不可頓絶。」

羊元保進曰：「此談蓋天人之學，非臣愚所宜預聞。竊恐秦楚論强兵之術，孫吴畫吞併之計，無取於此。」

彦德曰：「夫禮隱逸則戰士息，貴仁德則兵氣消。倘以孫吴爲志，動期吞併，則將無取於堯舜之道，豈特釋教而已哉！」

帝悦，謂彦德曰：「佛門之有卿，猶孔氏之有季路也。」自是帝留神釋典，益重元化。

二十三年，爲尚書左僕射。文帝有所興造，彦德輒苦言諫止。律身簡約，妻亡不再娶，旁無姬侍。大明中，以左光禄開府儀同三司領中書令，卒於官，贈司空，謚曰簡穆。

孫求，字子有，清退寡嗜慾。居吴，隱波若寺，人莫見其面。除永嘉太守。一夕，乘小船逃去，隱虎邱山。齊永明四年，拜太中大夫。不就，卒。

求弟點，字子晳，父鑠，素有瘋疾，無故害其妻，坐法死。點年十一，居憂，幾至滅性，長傷家禍，遂絶意仕宦。兄求卒，點菜食，不飲酒，訖於三年。歷宋、齊、梁，並徵不出，雅好佛道。

從弟遁，以東籬門園居之，招名德沙門，與諸勝侣，清言竟日。嘗於吴中石佛寺講經，晝夢一道人授藥一丸，服之，夙患溷利，自此而差。天監二年卒。

點弟胤，字子季。嘗入鍾山定林寺聽習釋典，通義學。仕齊，歷官至中書令，拜表解職，隱若耶山雲門寺。梁武帝即位，詔爲特進光禄大夫，遣使者以手敕喻意，胤辭曰：「吾年已五十七，月食四斗米不盡，何容復有宦情？」使者還奏。敕給白衣尚書禄，固辭。又敕山陰月給庫錢五萬，亦不受，乃敕何子期〔一〕、孔壽等六人於東山受學。已而至吴，居虎邱西

〔一〕「何子期」，梁書卷五十一處士傳、南史卷三十何尚之傳作「何子朗」。

寺，講釋典，注百法論〔一〕、十二門論各一卷。晚而斷肉，有虞人逐鹿，鹿徑趨胤，伏不動。又有異鳥，如鶴而赤毛，集講堂，馴狎不去。中大通三年卒。宏明集；南史〔二〕

周彦倫，名顒，汝南安城人也。初爲宋益州刺史蕭惠開府主簿，隨惠開還都。明帝頗好名理，以彦倫曉佛經，引入殿内宿直。帝所爲慘毒事，彦倫不敢顯諫，輒誦經中罪福因緣，帝心動，爲之小止。嘗著三宗論，闡空假不空假義。時長史張融作門論〔三〕，謂道之與佛，致本則同，達跡成異。彦倫難之曰：「言道家者，以二篇爲主；言佛教者，以般若爲宗。二篇所貴，義極虛無；般若所觀，照窮法性。夫有之爲有，物知其有，無之爲無，人識其無。老氏之言有無，無出斯域，是吾三宗鄙論，所謂取捨驅馳也。佛教之所以義奪情靈，言詭聲

〔一〕「百法論」應爲「百論」，「法」字衍，梁書卷五十一處士傳並誤，南史卷三十何尚之傳、廣弘明集卷二十六不誤。百論乃提婆造論，鳩摩羅什譯，乃中觀三論之一。而百法論爲大乘百法明門論之略稱，世親造論，玄奘翻譯，爲瑜伽行派之重要論典，南北朝時尚未傳入中國。

〔二〕見弘明集卷十一，南史卷三十何尚之傳。何尚之事跡亦見宋書卷六十六，高僧傳卷七慧嚴傳等。何點、何胤等事跡又見梁書卷五十一處士傳。

〔三〕張融所作應爲門律，見弘明集卷六，此卷並載周顒之問難。

律者，蓋謂即色非有，故擅絶於群家耳。此塗未明，紛紛橫沸，皆由著有。既患由有滯，而有性未明，矯有之家，因崇無術，盡有盡無，非極莫備，非有非無，三宗所蘊，惟足下其眄之。」

歷官至中書郎，於鍾山西立隱舍，休沐則歸之。清貧寡欲，斷肉食，雖有妻子，常樂獨處。將軍王儉謂彦倫曰：「卿山中何所食？」答曰：「赤米、白鹽、緑葵、紫蓼。」文惠太子問曰：「菜食何味最勝？」答曰：「春初早韭，秋末晚菘。」時何子季亦好佛法，然未能斷肉。太子問彦倫：「精進何如胤？」答曰：「各有其累。」太子曰：「何累？」答曰：「周妻何肉。」

初，彦倫嘗貽子季書，令斷肉，其略曰：

變之大者，莫過死生，生之所重，無逾性命。性命之於彼極切，滋味之於我何賒，而終身資之，以永歲月。彼就怨酷，莫能自伸，我業長久，吁哉可畏。且區區微卵，脆薄易矜，歎彼弱麑，顧步宜愍。觀其飲啄飛沉，使人憐悼。況其甘心撲摝，加復恣意吞嚼，至乃野牧成群，閑〔一〕豢重圈，量肉揣毛，以俟支剥，如土委地。僉謂常理，可爲愴息。一往一來，生死常事，傷心之慘，行亦自及。丈人於血氣之類，雖弗身踐，至於升

〔一〕「閑」，底本作「閒」，據廣弘明集卷二十六改。

鼻沉鯉，不能不取備屠門。財貝一經盜手，猶爲廉士所棄，生性之一啓鸞刀，寧復慈心所忍？騶虞雖飢，非自死之草不食，聞其風者，豈不使人多媿！子季得書感動，末年亦斷肉焉。宏明集；南史〔一〕

到茂灌，名溉，彭城武原人也，仕梁，歷官至吏部尚書。以清白自修，不好聲色，虛室單牀，旁無姬侍。冠履十年一易，傳呼清路，示有朝章而已。後因疾失明，詔以散騎常侍，就第養疾。生平敬信佛法，初與弟洽共居一齋，洽卒，便捨爲寺。蔣山有延賢寺，茂灌先世所立也，每得祿俸，皆充二寺。已而斷腥羶，別營小室，朝夕從僧禮誦。武帝爲月致三淨饌〔二〕。太清二年卒，臨終屬其友張綰、劉之遴，敕子孫薄葬，曰：「氣絶便殮，殮以法服。殮竟便葬，不須擇日。」屏家人，請僧讀經贊唄，及卒，顏色不變，手屈二指。南史〔三〕

〔一〕見弘明集卷六，南史卷三十四周朗傳附周顒傳。周顒與何胤書見廣弘明集卷二十六。周顒事跡又見南齊書卷四十一周顒傳，佛法金湯編卷三周顒傳等。

〔二〕南史卷二十五到溉傳謂：「武帝每月三致淨饌，恩禮甚篤。」語義較明。

〔三〕見南史卷二十五到溉傳。到溉事跡又見梁書卷四十到溉傳，佛法金湯編卷四到溉傳等。

裴幾原，名子野，河東聞喜人。少好學，工文，有至性。居父喪盡禮，每之墓所，哭泣處，草爲之枯，有白兔馴擾其側。梁天監中，爲著作郎，掌國史及起居注。大通初，累遷鴻臚卿，尋領步兵校尉。在禁省十餘年，静默自守，未嘗有所請謁，所得俸，悉以分戚黨之貧者。借官地二畝，起屋數間，妻子恒苦飢寒。晚年深信佛法，持其教戒，飯麥食蔬終其身。大通二年卒。先是預尅死日，及期，自省移病，詣同官劉之亨曰：「吾其逝矣，遺命喪葬，務從節制。」謚曰貞子。

同時劉士深，名杳，平原人。亦好學彊記，天監初，官太學博士，後代幾原爲著作郎，累遷尚書左丞，大同二年卒。士深自讀佛經，常行慈忍。中年喪母，便長斷腥血，治身清儉，無他嗜好。性不自伐，不論人長短。臨終遺命以法服殮，載以露車，還葬舊墓，勿設靈筵，勿致祭醊。其子遵行之。

又有任孝恭者，臨淮人，亦善屬文，武帝時官司文侍郎。初從蕭寺雲法師讀經論，明佛理，已而蔬食持戒。太清二年，侯景陷臺城，爲所殺。梁書〔一〕

〔一〕裴、劉、任三人事跡分見梁書卷三十裴子野傳、卷五十文學傳。

劉彥和，名勰，東莞莒人。少孤，篤志好學。家貧不娶，依沙門祐法師〔一〕，居十餘年，遂博通經論。因區分部類，録而序之，定林寺經藏，其所定也。天監初，除南康王記室兼東宮通事舍人。時七廟饗薦已用蔬果，而二郊農社猶有犧牲，彥和表言：「二郊農社宜與七廟同改。」詔付尚書議，如所請。尋遷步兵校尉。其爲文長於佛理，時有道士造三破論〔二〕，排抑佛道，彥和作滅惑論以斥之，其略曰：

至道宗極，理歸乎一。妙法真境，本固無二。佛之爲道，空元無形，而萬象並應，寂滅無心，而元智彌照。幽數潛會，莫見其極，冥功自用，靡識其然。顯跡則金容以表聖，應俗則王宮以現生；拔愚以四禪爲始，進慧以十地爲階。總龍鬼而均誘，涵蠢動而普慈。權教無方，不以道俗乖應；妙化無外，豈以華戎阻情。是以一音演法，殊譯共解，一乘敷教，異經同歸。經異由權，故孔釋教殊而道契；解同由妙，故梵漢語隔而化通。但感有精麤，故教分道俗；亦地有東西，故國限內外。其彌綸神化，陶鑄群生，無異也。然至道雖一，岐路生迷，九十六種，俱號爲道。聽名則邪正莫辨，驗法則真僞

〔一〕即著出三藏記集等之高僧僧祐。高僧傳卷十一僧祐傳載：祐圓寂後，劉勰爲撰碑文。

〔二〕三破論或謂爲道士顧歡僞託張融所作，南齊書卷五十四有顧歡傳，未言顧歡作三破論。

自分。若以麤笑精，以僞謗真，是瞽對離朱，而曰我明也。尋有敕與沙門慧震於定林寺證經，功畢，啓求出家，先燔鬢髮以自誓。敕許之，遂於寺變服，改名慧地。未期而卒。梁書〔一〕

傅宜事，名縡，北地靈州人。好學能屬文，居母喪，哀毁骨立，士友稱之。陳文帝聞其名，召爲撰史學士，除司空府記室。宜事篤信佛法，從興皇寺惠朗法師〔二〕受三論，盡通其學。時有大心暠法師〔三〕，著無諍論以詆惠朗，宜事著明道論以釋其難，其略云：

無諍論言：「比有宏三論者，歷毁諸師，非斥衆學，論中道而執偏心，語忘懷而競獨勝。方學數論，更爲讎敵，讎敵既構，諍鬭大生。以此之心而成罪業，罪業不止，豈

〔一〕見梁書卷五十文學傳。劉勰著滅惑論破斥三破論，不載於梁書，見弘明集卷八。有關劉勰事跡，可參看楊明照文心雕龍校注拾遺卷十梁書劉勰傳箋注。

〔二〕法朗，南朝三論宗僧，世稱「興皇法朗」，陳書稱惠朗。徐州沛郡人，俗姓周。梁大通二年（五二八）出家於青州，後至攝山止觀寺，從僧詮聽受三論經義，專弘龍樹宗風。陳武帝永定二年（五五八）奉敕住揚都興皇寺。其後二十餘年，講四論及華嚴、大品等各二十餘。太建十三年示寂，世壽七十五。弟子有吉藏等人。

〔三〕「大心嵩法師」，陳書傅縡傳作「大心暠法師」。

不重增生死苦聚？」答曰：「三論之興，爲日久矣。龍樹創其源，除内學之偏見；提婆揚其旨，蕩外道之邪執。欲使大化流而不擁，元風闡而無墜。其言曠，其意遠，其道博，其流深。斯固龍象之騰驤，鯤鵬之摶運，蹇乘決羽，豈能望其間哉。頃代澆薄，時無曠士，苟習小學，以化蒙心，漸染成俗，遂迷正路。唯競穿鑿，各肆營造，枝葉徒繁，本源日翳。一師解説，復異一師，更改舊宗，各立新意。同學之中，取寤復別，如是輾轉，添糅倍多。總而用之，心無的準，擇而行之，何者爲正？豈不渾沌傷竅，嘉樹弊芽，雖復人説非馬，家握靈蛇，以無當之巵，同畫地之餅矣。攝山〔一〕之學則不如是，守一尊本，無改作之愚；約文申意，杜臆斷之情。言無預設，理非宿構，覩緣爾乃應，見敵然後動，或彌綸而不窮，或消散而無所。凡相酬對，隨理詳覈，有何嫉詐，干犯諸師？且諸師所説，爲是可毁，爲不可毁。若可毁者，毁故宜然，若不可毁，毁自不及，法師何獨蔽護不聽毁乎？且教有大小，備在聖誥，大乘之文，則指斥小道，今宏大法，

〔一〕僧朗，新三論學派之鼻祖。又稱大朗，生卒年不詳。高句麗遼東城人，朝鮮長壽王（四一二—四九一）末期入中國。初於北朝研究僧肇系統之三論學，劉宋末年轉赴南朝，其後依止法度，住攝山（棲霞山）數十年。梁天監十一年（五一二），武帝仰其德風，特勤選僧詮等十名學僧，從師受學。後僅僧詮一人受師之法，僧詮再傳法朗，法朗再傳至吉藏，三論宗正式成立。

寧得不言大乘之意耶？」

無諍論言：「無諍之道，通於内外。子所須諍者，此用末而救本，失本而營末者也。何則？若依外典，尋書契之前，至淳之世，質朴其心，行不言之教，當於此時，復有何諍？固知本來不諍，是物之真矣。」答曰：「諍與無諍，不可偏執，本之與末，又安可知？由來不諍，寧知非末？於今而諍，何驗非本？夫居後而望前則爲前，居前而望後則爲後，而前後之事猶如彼此，彼呼此爲彼，此呼彼爲彼，彼此之名，的居誰處？以此言之，萬事可知矣。本末前後，是非善惡，可恒守耶？何得自信聰明，廢他耳目。夫水泡生滅，火輪旋轉，入牢穽受羈紲，生憂畏起煩惱，其失何哉？不與道相應而起諸見故也。相應者則不然，無爲也，無不爲也，善惡不能偕，而未曾離善惡，生死不能至，亦終然在生死，故得永離而任放焉。明月在天，衆水咸見，清風在林，群籟畢響，吾豈逆物哉？不入鮑魚，不甘腐鼠，吾豈同物哉？誰能知我，共行斯路，浩浩堂堂，豈復見有諍爲非，無諍爲是？必欲考真僞、觀得失，無過依賢聖之言，檢行藏之理，始終研究，表裏綜覈，使浮辭無所用，詐道自然消，請待後筵以觀其妙矣。」

歷散騎侍郎、太子庶子僕。後主即位，遷秘書監右衛將軍兼中書通事舍人，掌制誥。

宣事雖以文章爲後主所重，然性剛直，與朝士不相中。會施文慶、沈客卿〔一〕以便佞干政，而宣事益疏，乃共譖宣事受高麗使金，遂下之獄。宣事獄中上書，極論後主過失，後主大怒。頃之遣使謂曰：「我欲赦卿，卿能改過不？」對曰：「臣心如面，面可改則臣心可改。」後主益怒，遂賜死獄中，年五十五。其後三年而隋滅陳。陳書〔二〕

知歸子曰：彦德宏法以佐治，彦倫護生以全仁，三何肥遯於邱園，茂灌陸沉於朝市。至如裴、劉諸子，文稱其質，行浮於名，彬彬乎有君子之風矣。梁、陳之際，士大夫名學佛者甚衆，然往往持禄保位，視鼎社之遷如去涕唾焉。嗚呼！此豈佛教使然與！吾所以不忘夫傅子也。

汪大紳云：竟體旃檀香，無復有亂之者矣。贊極雅正，轉覺妙遠不測。

〔一〕施、沈爲陳朝亂國奸臣，見南史卷七十七。

〔二〕見陳書卷三十傳縡傳。

居士傳六

竟陵文宣王傳

竟陵文宣王蕭子良者，字雲英，齊武帝第二子也。宋順帝昇明三年，爲會稽太守，督五郡，封聞喜公。自孝武時，徵求急速，以郡縣遲緩，始遣臺使，自此公役勞擾。齊既受禪，文宣盡陳其弊，請罷之。建元二年，以母憂去官，仍爲丹陽尹，開私倉賑屬縣貧人，請修復古塘，並墾荒田數千頃，高帝納之，會遷官，事寢。武帝即位，封竟陵郡王。永明二年，爲護軍將軍，兼司徒。四年，進號車騎將軍。時水旱不時，請原除逋租，又請寬刑息役，輕賦省徭，及罷征交州兵。五年，正位司徒，移居雞籠山西邸，招致名僧，講論佛法，造經唄新聲。武帝初好射雉，文宣諫止之。及永明末，將復射雉，文宣復上書曰：

忽聞外議，當更射雉。臣下情震越，心懷憂悚。夫衛生保命，人獸不殊，重軀愛體，彼我無異。故禮云：「聞其聲不食其肉，見其生不忍其死。」〔一〕豈可以萬乘之尊，降同匹夫之樂？天殺無辜，傷仁害福，菩薩不殺，壽命得長，施物安樂，自無恐怖，不惱衆生，身無患苦。臣見此果報，所以日夜劬勤，厲身奉法。陛下常日，捨財修福，臣私心顒顒，尚恨其少，豈可今日復見此事？一損福業，追悔便難。願陛下照臣此誠，曲加三思。

帝雖不盡納，而深見寵嘉。居常與文惠太子同好釋氏，甚相友悌，文宣敬信尤篤。數於邸園營齋戒，大集朝臣、僧衆，賦食行水，或躬親其事。一夕，夢東方普光世界天王如來說淨住淨行法門，因著淨住子〔二〕。淨住者，梵語布薩，謂淨身口意，如戒而住也。書凡三十一篇，其歸信門云：

〔一〕孟子梁惠王上：「君子之於禽獸也，見其生，不忍見其死；聞其聲，不忍食其肉。是以君子遠庖厨也。」漢書卷四十八賈誼傳：「三代之禮：……其於禽獸，見其生不食其死，聞其聲不食其肉，故遠庖厨，所以長恩，且明有仁也。」

〔二〕蕭子良撰淨住子二十卷，全稱淨住子淨行法門，叙述佛道修行要旨。原書已佚失不傳，據唐代道宣統略淨住子淨行法門序（載廣弘明集卷二十七），全文分皇覺辨德門、開物歸信門、滌除三業門、修理六根門等三十一條，解說各條目所揭舉之義。

如來愍念衆生，愛同一子。所以垂形丈六，表現靈儀，顯發衆生，欣樂瞻覩，聞聲者證道，見形者解脱。今者雖稟精靈，昏惑障重，進不覩相好莊嚴，退不聞八音辨說。將由罪業深重，煩惱牢固，深憂惡道，無由可絶，豈容順默，使流晏安。自不堅强其志，忘身捨命，捍勞忍苦，銜悲惻愴者，將恐煩惱熾火，無由而滅，無明重闇，開了未期。譬如牢獄重囚，具嬰衆苦，抱長枷，梏大械，帶金鉗，負鐵鎖，膿瘡穢爛，臭惡纏匝，而欲以此狀，求見國主貴臣，雖復一心無怠，何由而果？何以故？以其具諸罪惡，不離苦具故。若去枷脱鎖，洗垢嚴服，王不我礙，自然而現。今欲歸信，亦復如斯，將見如來相好光明者，先當浄身、口、意，洗除心垢。六塵愛染，永滅不起，十惡重障，浄盡無餘。業累既除，表裏俱浄，方可運明想於迦維〔一〕，標清心於寶剎。去諸塵勞，入歸信門，必然仰覩法身無礙。敬禮諸佛，求哀懺悔。既悔已後，常行柔軟調和心、堪受心、不放逸心、寂滅心、真正心、不雜心、無貪悋心、勝心、大心、慈悲安樂心、善歡喜心、度一切心、守護衆生心、無我所心、如來心。發如是等廣勝妙心，專求多聞，修離欲定，奉戒清浄，念報恩德，常懷悦豫，不捨衆生。

〔一〕迦維羅衛之略稱，釋迦牟尼生身之地。

其尅責身心門云：

身爲苦本，自所造集，於生死中，復增惡業，是故特須深自尅責。經云：「見人之過，口不得言；己身有惡，則應發露。」〔一〕書云：「君子揚人之美，不伐其善。」〔二〕内外之教，其本均同。所以稱内外者，本非形分，但由心異。若出家之人，觀空無常，厭離生死，行出世法，是則爲内，乖此爲外。在家之人，歸崇三寶，持戒修善，奉行禮義，是則爲内，乖此爲外。若欲修行，先自尅責，當知求進是假名，退檢是實法，愚闇滅則慧光發，四相遷則戒德顯。故知廉退者，進之兆也；貪進者，退之萌也。夫求而獲者虚，情有所著，則取傾危失墜之苦，此外道之法也；退而獲者實，意無所戀，故得常安涅槃之樂，斯佛道之法也。當知尅責心口，是八正之路，檢察身行，是解脱之蹤。

其慚愧門云：

經云：「慚愧得具足，能滅闇障故。」又云：「慚愧如鐵鉤，能制人非法。」〔三〕若無慚

〔一〕法苑珠林卷八十二引遺教經：「見人之過，口不得言；己身有惡，則應發露。」此語不見通行本遺教經。

〔二〕荀子不苟篇有「君子崇人之德，揚人之美，非諂諛也；正義直指，舉人之過，非毁疵也」等語。所謂「書云」，未明所本。

〔三〕遺教經：「慚恥之服，於諸莊嚴最爲第一，慚如鐵鉤，能制人非法。」

愧，與諸禽獸無相異也。慚愧之義，以不及爲本。今既理妙難精，觸向乖背，一念之間，造過無量，過無量故，慚愧亦應無量，其中枝派，不可縷述，姑舉一端：養生之急，在於衣食，由此衣食，勞亂極深。所須繒纊皮革，無不損生殘命，着他皮肉，還養皮肉。乃至食噉一粒之食，非用功夫，無由入口，推度前功，商量我腹，上入下出，常流不止，而於其中，選擇精肥，進納軟滑，貪嗜美味，無羞無耻，須臾變改，臭不可近。何有智者，於食生貪，若生貪者，大須慚愧，與彼畜獸，復何取別？

其大忍惡對門云：

夫道從苦生，不由樂果；德憑功建，非情所集。故經云：「忍辱第一道。」〔一〕於諸衆生心無礙故，以其在苦，則多礙多惱，起不善業。今所以得無礙者，良以在礙而修無礙，故礙而不爲礙。既於礙而無所礙，豈非忍力之所致乎？經云：「婆娑世界，五濁之刹，五痛五燒，具諸惡報。」〔二〕是故發大乘者多來此土，以救苦爲資糧，以拔惱爲要行，此土一日修善，勝於他方淨國百千萬劫。夫欲發廣大心，行菩薩行，自必履危涉

〔一〕法集要頌經卷三：「忍辱第一道，佛説圓寂最。」

〔二〕佛説無量清淨平等覺經卷四：「今我於是世間爲佛，於五惡、五痛、五燒之中，作佛爲最劇，教語人民，令絶五惡，令去五痛，令去五燒，降化其心。」

險，備受艱難，蹈熾火，歷冰霜，攖苦切，甘楚毒。於萬苦中能忍受者，則道場可踐，若無此惱，忍何從生？藉此煩惱，起我諸善，所謂塵勞之儔，爲如來種。當知忍者，有力大人功德之本，所謂忍痛癢，忍思想，忍疾病，忍飢苦，忍疲勞，忍寒暑，忍憂悲，忍熱惱。忍惡駡，無恥辱；忍撾打，無恚礙；忍貪欲，無愛著；忍憍慢，無背道。忍所難忍，忍所難行，忍所難作，忍所難辦。能行此者，真可謂大忍辱矣。

其勸請增進門云：

勸請者，殷勤之至意也，由發殷勤之意，則願善之情深矣。勸請有二：勸請衆生修行戒善，具諸德本；勸請諸佛救護衆生，説法久住。

十方四惡趣，我今悉勸請，修持諸戒行，獲得於人身。
十方一切人，我今悉勸請，令修十善業，得生於天上。
十方諸天人，我今悉勸請，立登正定聚，得離於惡道。
十方諸學人，我今悉勸請，覺察諸煩惱，速登無學地。
十方阿羅漢，我今悉勸請，知非究竟位，唯有一佛乘。
十方辟支佛，我今悉勸請，成就大悲智，教化諸衆生。
人天二乘衆，我今悉勸請，體覺如來藏，修習菩薩行。

一切諸菩薩，我今悉勸請，修行十度行，速登於十地。兜率天菩薩，我今悉勸請，常轉不退輪，速下度群生。菩薩智未明，我今悉勸請，金剛滅塵累，顯發真實相。十方一切佛，初成正覺者，我請轉法輪，安樂諸衆生。十方一切佛，若欲捨壽命，我今歸命請，願久住於世。如是佛菩薩，我今皆勸請，發此殷勤心，是故稽首禮。

其隨喜萬善門云：

衆生以愚惑故，多懷嫉妒增上之心，是以見人行善，則生惡想，摧毁破壞，不令成就。然彼前人，未必損行，而嫉妒者，妄增惱熱，增長惑業，生死不絶。是以聖人調心制意，行此隨喜，亦復勸請衆生，如説奉行。

十方一切衆，所有微細善，仁義及禮智，孝養謙恭等，慈和及愛敬，廉貞清潔行，若有如是善，我今悉隨喜。

離欲在家人，奉修如來戒，三歸五八戒，十善菩薩戒，清淨諸律儀，離惡名聞者，如是諸功德，我今悉隨喜。

飯僧施法衣，浴除煩惱垢，救攝諸貧窮，飢寒露窨者，疾病艱危苦，施藥悲憐業，如是等功德，我今悉隨喜。

曠路作好井，橋船度人物，園林池花果，施佛並供僧，渴乏除熱惱，其福實無量，如是等功德，我今悉隨喜。

造經流法教，然燈發慧明，習誦及轉讀，決了諸義趣，若復爲人説，倍增歡喜心，如是諸功德，我今悉隨喜。

建立諸塔廟，堂殿及寶剎，彩畫及木像，金銀銅石等，傳寫諸相好，顯示於法身，如是諸功德，我今悉隨喜。

若有造僧房，牀帳及卧具，令彼息心者，安意於禪林，出入苦空門，次第寂滅觀，如是諸功德，我今悉隨喜。

如來大慈悲，善説諸法門，發生隨喜行，令我等修學。隨喜諸聲聞，忍苦度生死。隨喜諸菩薩，不捨惡道受。隨喜十方佛，無畏天人尊，能於三界獄，引出諸衆生，願令衆生類，悉得於佛道，是故我隨喜，稽首禮諸佛。

其回向佛道門云：

回向者，以不著爲義，原一切衆生，備修萬行，捨身命財，所以不得解脱生死者，皆緣耽著果報，不能捨離。若能不執其心，修行攝度，隨有微福，回施群生，向於佛道者，則於果報不復生著，便於生死蕭然解脱。故經云：「如所説修行，回向爲大利。」〔一〕是以一切所作善業，皆應回向，兼勸衆生，不著果報。

十方諸衆生，所行微善業，仁孝及謙敬，慈愛柔和等，忠正修禮智，矜逮賑孤窮，如是世俗善，悉回向佛道。

一切諸外道，種種勤苦行，五熱炙其身，投巖赴水火，反縛塗炭等，無量諸邪見，今皆爲回向，同歸正覺道。

一切清信士，歸戒行十善，乃至諸女人，亦能修福德，又能善説法，開化衆妙福，回向施群生，共成無上道。

一切弟子衆，聞聲即解悟，善來成比丘，乃至四道果，方便及初觀，空苦非常想，亦回施群生，共向無上道。

十方諸辟支，自然成緣覺，深悟在別世，曉了因緣法，隱顯化衆生，獨處樂善寂，如是兼一切，盡回向佛道。

十方諸菩薩，讀誦於經法，入禪出禪者，勸總行衆善，如是等三善，一切衆德本，亦

〔一〕維摩詰所説經卷中文殊師利問疾品第五：「如所説修行，回向爲大利。」

回施衆生，歸向無上道。

一切諸善等，乃至賢聖果，解空未能窮，有無不雙盡，悉令與一切，同入真妙境，著回有相心，皆向解脱道。如是諸菩薩，我今勸回向，發此無著心，是故稽首禮。

其他文多不具載。書成，開筵廣第，集士庶爲設講，往復懇到，皆灑然動容，嘆未曾有。九年，都下大水，吴興偏劇，文宣開倉賑救貧病，於第北立廨收養，給衣及藥。十年，領尚書令揚州刺史，本官如故。尋解尚書令加中書監。武帝不豫，詔使文宣輔政，文宣素不樂世務，乃推西昌侯鸞，詔以鸞佐之。隆昌元年，進督南徐州。其年疾篤，謂左右曰：「門外應有異。」遣人視之，見淮中魚無算，浮水上向城門。尋薨，年三十五。齊書；廣宏明集〔一〕

知歸子曰：余嘗考田獵不見於古帝王之世。虞書曰：「疇若予上下草木鳥獸。」〔二〕商書曰：「暨鳥獸魚鱉咸若。」〔三〕其及物之仁如此。驅而殺之，豈其心乎？余

〔一〕見南齊書卷四十竟陵文宣王子良傳，廣弘明集卷二十七統略浄住子浄行法門序。蕭子良事跡又見南史卷四十四竟陵文宣王子良傳，佛法金湯編卷三蕭子良等。

〔二〕尚書舜典：「帝曰：疇若予上下草木鳥獸？」孔傳：「上謂山，下謂澤。」

〔三〕尚書伊訓：「山川鬼神，亦莫不寧，暨鳥獸魚鱉咸若。」

觀齊梁間君臣論議，往往能慈心愛物矣，充是心也，勝殘去殺之風不難覯也。文宣所著淨住子，行願深淨，悲智兩足，其游於佛海久如，不可以世智詳矣。於是采著其言尤切要者，而以諫獵一書首之。

汪大紳曰：敘論具大悲心眼。齊梁間學佛人如蕭子良者，誠爲希有，其尅責身心一門尤爲法要也。

○允初〔一〕近與吾書，自述往日超佛越祖大願力，原來只是放失其心而不知求。近來始信得千聖萬賢總法門，出不得「求放心」一語，此是衆生往來三界，疲極自息證驗也。然吾不敢輒爲之助喜，以允初有求心甚深甚重，以有求心求放心，將心覓心，求而又求，又要弄出無數伎倆，捏出無數鬼怪，放心不益甚乎！來書儒佛雙關，一念捨不得佛，一念又捨不得儒。儒佛交爭，朱子嘗判爲隱微深痼之疾〔二〕，此放心之病之大者，允初其能覺之乎？允初性燥，每喜捻着一面令牌，道「急急如律令」者，安知不奉孟子爲太上老君，硬捉一物把持定了，爲護身符乎？此瞞心之大者，非但放失其心而已。

〔一〕彭紹昇，字允初。此書見一行居集卷四與汪大紳一。

〔二〕宋史卷四百三十四儒林四：「及熹守南康，九淵訪之，熹與至白鹿洞，九淵爲講君子小人喻義利一章，聽者至有泣下。熹以爲切中學者隱微深痼之病。」

如上種種諸病，吾皆爲允初打算過來，吾安敢爲之助喜？吾於是如法思維，不輕不重，爲允初打算出一「退」字來，又恐允初承虚接響過了，適檢子良傳，説那段因緣極是法要，直判出外道佛道，界限極是分明。吾遂決意將那「退」字助喜，留此一段因緣在傳後發揮去者。第一要講明求放心法要，入手處朱子道得好，不是將心覓心，只是一念悚然，心便在這裏了。徹始徹終處，程子道得好：聖賢千言萬語，只是要人將已放之心收入腔子裏，自能尋向上去。此兩則公案若能透得，以上所説病痛，頓爾消煞去矣。允初、允初，你説那求放心一句子，爲學佛關鍵也，説得有來歷，你看釋迦老子至達摩以下諸位先生，與諸魔及一切外道做盡冤家對頭，你道是甚意思？只爲諸魔外道放失其心，流轉三界，輪回六道，萬劫長夜，所以諸位先生苦苦哀哀勸他學問。佛説恒河沙數，祖説一字不立，只是要覺他本心而已。諸魔外道本心頓覺便是佛，便是祖，本是一家眷屬，你何苦放他去做出事來，爲魔爲外道，自取長夜之不妙乎？允初所説，豈不有來歷？然必如子良判出佛道外道，界限方得分明，魔道外道俱是絶頂聰明人，聰明反被聰明誤，貪進不已，放失其心，咄！魔了也，咄！外道了也。釋迦老子也曾放失其心，貪進不已，直走到非非想天，咄！外道了也。一念悚然，忽然退位本心，方得發現。所以子良説那求進是假名，退檢是實法，真是法要也。你看釋迦老子，不獨與諸魔外道做盡冤家對頭，且向一身中與五蘊、六根、六塵及一切山河大地做盡冤家對頭，是甚意思？只爲五蘊是放心的大浪子，走了走了，走向六根去也；走了走了，走向六塵去也；走了走了，走向一切山河大地去也；走了走了，走向輪回三界，流轉六道去也。吾佛悲之，所以苦苦哀哀，勸他學問，唤轉他耳。多嘴老漢説到此，允初舊病復發，肚裏打算道：原來釋迦老子與一切人天作眼目，果然大慈父、大恩師。大紳佛學果然透徹，吾今要奉勸大紳，與渠破除世覺，專心尊奉釋迦，求佛覺去也。咄！允初又放失其心矣！不見惠能道得好：「佛法在世間，不離世間覺，離世覓菩提，恰如求兔角。正見名出世，邪見名世間，邪正盡打卻，菩提性宛然。」〔二〕咄！

〔二〕見六祖大師法寶壇經般若第二。

居士傳七

傅大士傳

傅大士者，名翕，號善慧，義烏人也。齊建武四年，生於雙林鄉傅宣慈家，十六納劉氏女，曰妙光，生二子，曰普建、普成。會有天竺嵩頭陀訪之，曰：「吾與汝毗婆尸佛所發誓，今兜率宫衣鉢見在，何日當還？」因命臨水觀影，見圓光寶蓋。大士笑曰：「爐鞴之所多鈍鐵，良醫之門足病人，度生爲急，何思彼樂乎？」嵩指松山頂曰：「此可棲也。」大士躬耕而居之。有人盜菽麥瓜果，大士即與籃籠盛去。日常營作，夜歸行道，見釋迦、金粟、定光三如來，放光襲其體，自謂得首楞嚴定，苦行七年，欲導群品。

梁武帝時，遣弟子奉書詣闕曰：「雙林樹下，當來解脱善慧大士，白國主救世菩薩：條上、中、下善，希能受持。其上善，略以虚懷爲本，不著爲宗，無相爲因，涅槃爲果。其中善，略以治身爲本，治國爲宗，天上人間，果報安樂。其下善，略以護養衆生，勝殘去殺，普令百姓，皆禀六齋。今聞皇帝崇法，欲申論義，未遂襟懷，故遣弟子傅暀告白。」太樂令何昌以書進，詔遣迎至。武帝問：「從來師事何人？」答曰：「從無所從，來無所來，師事亦爾。」異日，武帝請講金剛經，大士纔升座，以尺揮案一下，便下座，帝愕然。大士曰：「陛下會不？」曰：「不會。」大士曰：「大士講經竟。」一日講經次，帝至，衆皆起，大士端坐不動，衆報曰：「聖駕臨此，何不起？」大士曰：「法地若動，一切不安。」尋還雙林，著心王銘云：

觀心空王，元妙難測。無形無相，有大神力。能滅千災，成就萬德。體性雖空，能施法則。觀之無形，呼之有聲。爲大法將，心戒傳經。水中鹽味，色裏膠青。決定是有，不見其形。心王亦爾，身内居停。面門出入，應物隨情。自在無礙，所作皆成。了本識心，識心見佛。是心是佛，是佛是心。念念佛心，佛心念佛。欲得早成，戒心自律。浄律浄心，心即是佛。除此心王，更無别佛。欲求成佛，莫染一物。心性雖空，貪嗔體實。入此法門，端坐成佛。到彼岸已，得波羅蜜。慕道真士，自觀自心。知佛在内，不向外尋。即心即佛，即佛即心。心明識佛，曉了識心。離心非佛，離佛非心。非佛莫測，無所堪任。執空滯寂，於此漂沉。諸佛菩薩，非此安心。明心大士，悟此元音。身心性妙，用無更改。是故智者，放心自在。莫言心王，空無體性。能使色身，作邪作正。非有非無，隱顯不定。心性離空，能凡能聖。是故相勸，好自防慎。剎那造作，還復漂沉。清淨心智，如世黃金。般若法藏，並在身心。無爲法寶，非淺非深。諸佛菩薩，了此本心。有緣遇者，非去來今。

又有偈曰：

夜夜抱佛眠，朝朝還共起。起坐鎮相隨，語嘿同居止。纖毫不相離，如身影相似。欲識佛去處，秖這語聲是。

又曰：

有物先天地，無形本寂寥。能爲萬象主，不逐四時凋。

又曰：

空手把鋤頭，步行騎水牛。人從橋上過，橋流水不流。

太建元年，嵩頭陀先於柯山靈巖寺入滅。大士曰：「嵩公兜率待我，不可留也。」四月二十四日示衆曰：「此身衆苦所集，甚可厭惡，須慎三業，精修六度，若墜地獄，卒難得出。」弟子曰：「師之發跡，可得聞乎？」曰：「我從第四天來，爲度汝等，次補釋迦。大品云：有菩薩從兜率天來，諸根猛利，疾與般若相應，即吾身是也。」言訖趺坐而終，年七十三。五燈會

元；佛祖通載〔一〕

知歸子曰：初祖入梁，機不契，去而之少林，人以此爲梁武惜。然當時如寶誌公、傅大士，並傳佛心印，闡大乘法，徘徊於梁，而梁武執着福罪因緣，貪圖小果，醉有爲佛事，沉湎不醒。一微戔漢，遮蓋本真，皎日當空，覆盆絶照，豈不哀哉！菩薩深慈，衆生迷倒，於大士傳可觀焉。

汪大紳云：自家屋裏人，説自家屋裏話，讀之通身毛孔皆笑。朱子於大士偈蓋嘗有取焉〔二〕，予安得游朱子之門，日夕饜飫家常話乎？

○五宗興而説法如雷，連那「即心即佛」，送他一拳，連那「萬象主」，與他一脚，傅大士竟成老婆禪去矣。門外漢試猜看，畢竟是同是别？

〔一〕見五燈會元卷二善慧大士，佛祖歷代通載卷九。傅翕事跡又見景德傳燈録卷二十七婺州善慧大士、卷三十傅大士心王銘，佛法金湯編卷四傅翕傳等。唐代樓穎編有善慧大士語録四卷，見卍續藏第六十九册。

〔二〕如朱子語類卷四：「伊川言氣質之性，正猶佛書所謂水中鹽味，色裏膠清。……氣禀之偏難除，釋氏云『如水中鹽，色中膠』，取不出也。」卷十三：「莊子『神鬼神帝，生天生地』，釋氏所謂『能爲萬象主，不逐四時凋』，他也窺見這個道理。」卷一百二十六：「因舉佛氏之學與吾儒有甚相似處，如云『有物先天地，無形本寂寥，能爲萬象主，不逐四時凋』。」等。

居士傳八

荆山居士傳

荆山居士陸法和者，不知何許人也，齊梁間隱於江陵百里洲，衣食居處，一與戒行沙門同，耆老自幼見之，容色常定〔一〕，人莫能測也。既居荆州高要縣〔二〕紫石山，無故捨去，俄而有蠻亂。

侯景之降梁也，居士謂南郡朱元英曰：「貧道助檀越擊之。」元英曰：「侯景爲國立效，擊之何也？」不省。及景圍臺城，居士時在青溪山，元英往問曰：「景事云何？」居士曰：「凡人取果，宜待熟時，不撩自落。檀越但待景熟時，何勞問也。」固問之，則曰：「亦克亦不克。」景遣其將任約擊湘東王〔三〕於江陵，居士乃詣湘東乞征約，召諸蠻子弟八百人，誓之江

〔一〕趙嗣滄點校本據北齊書，於「定」字前補一「不」字。按，「容色常定」謂容貌長久未變，亦可通。

〔二〕荆州無高要縣。錢大昕北史考異訂正爲「高安」，中華書局北史、北齊書校訂本皆從之。

〔三〕蕭繹，梁武帝蕭衍第七子，初封湘東王，後即位，即梁元帝。

津。且發，湘東復遣胡僧祐領兵千餘益其軍。居士笑曰：「吾兵馬甚盛，何須此！」江陵多神祠，人俗祈禱即驗。自居士軍出，祈禱無驗者，人以爲神皆從行也。至赤沙湖，與約相對，居士乘輕舟，不甲冑，沿流而下，去約軍一里而還，謂將士曰：「吾觀彼龍軍睡不動，吾軍之龍甚踴躍。」即攻之，逐縱火舫於前，而風逆，居士執白羽扇麾風，風即返。約衆見梁兵步水上，遂大潰，衆皆投水死，而約逃竄不知處。居士曰：「明日日中當得。」及期未得，人問之，居士曰：「吾前於此洲水涸時建一刹，語檀越等，此雖爲刹，實賊標，今何不向標下求？」如其言，果於水中見約抱刹，仰頭纔出鼻，遂擒之。約見居士，求死，居士曰：「檀越與王有緣，決無他慮，王於後且當得檀越力也。」湘東果釋之，用爲郡守。及魏圍江陵，約以兵赴救力戰，如居士言。

居士既平約，會蜀賊將至，請守巫峽待之，乃總諸軍而往。親運石以填江，三日水不流，橫以鐵鎖。武陵王紀果遣蜀兵來渡，峽口勢蹙，進退不可。居士與王琳一戰，殄之。

居士爲人，言若不出口，及有所論，則雄辨無敵。生平多諸靈異。嘗於襄陽城北大樹下，畫地方二尺，令弟子掘之，得一龜，長尺半，以杖叩之曰：「汝欲出不能，數百歲矣，不逢我者，豈見天日乎？」爲授三歸。

初，八疊山[一]多惡疾人，居士爲采藥療之，率不過三服即差，即求爲弟子。山中毒蟲猛獸，授以禁戒，即不復噬螫。所泊江湖，每於岸側表云：「此處放生。」漁者即皆無所得。得即大風雷，放之乃定。將兵時，禁諸軍漁捕甚嚴，有竊違者，中夜即有猛獸來，欲噬之，或亡其船纜。有小弟子戲截蛇頭，已而詣居士，居士曰：「何殺蛇？」弟子愕。指曰：「是非汝所殺者乎？」弟子乃見蛇頭齚袴襠，振之不落，則恐。居士使懺悔，爲蛇作功德。又有人以牛試刀，斷牛頭，已而詣居士，居士曰：「有一斷頭牛，就卿徵命殊急，若不爲作功德，一月内報至。」其人弗信，少日果死。

梁元帝即位，以居士爲都督郢州刺史，封江乘縣公[二]，已而加司徒。部曲數千人，通呼爲弟子，唯以道術爲化，不以法獄。其市法，以空櫝鎖置道間，上開一孔受錢，賈人計貨輸税，自委諸櫝中。及夕，有司開櫝，條其税目，輸之庫。

居士在江夏，大聚兵艦，欲襲襄陽，入武關。元帝使止之，居士曰：「法和求佛之人，尚不希釋梵天王坐處，豈規王位？但於空王佛所，與主上有香火因緣，見主上應有報至，故

[一]「八疊山」，底本作「入疊山」，據神僧傳卷四、北史卷八十九等改。
[二]「江乘縣」，底本作「江業縣」，據北史卷八十九、北齊書卷三十二等改。

相援耳。今既被疑，業定不可改也。」及魏舉兵，居士自郢入漢口，將赴江陵，元帝又使止之，曰：「此間自能破賊，但鎮郢州，不須動也。」居士乃還州，堊其城門，著麤白布衫、布袴、邪巾，大繩束腰，坐葦席，終日乃脱之。及聞元帝敗滅，復著前凶服，哭泣受弔。齊文宣使清河王岳將兵攻魏救梁，會江陵陷，居士乃舉州入齊。文宣以爲大都督十州諸軍事、太尉公。居士入朝，不稱臣，但云荆山居士。文宣親宴之，賜錢百萬、物千段、甲第一區、田一百頃、奴婢二百人，生資什物稱是。居士所得奴婢，盡免之，曰：「各隨緣去。」錢帛散施，一日便盡。以官所賜宅營佛寺，自居一房。三年間，再爲太尉。無疾，預告弟子死期，至時，燒香禮佛，坐繩牀而終。浴訖將斂，尸小縮至三尺許。既文宣令開棺視之，空棺而已。居士有讖語，預道齊事，後一一皆驗。北史〔一〕

知歸子曰：吴人汪生言：「居士在佛門，得吟風弄月，吾與點也之趣。」瑞金羅生以汪生之言爲然。或乃以靈異震居士也，悲夫！

〔一〕見北史卷八十九陸法和傳。陸法和事跡又見北齊書卷三十二陸法和傳，神僧傳卷四陸法和傳，佛祖統紀卷三十七、卷三十八，佛法金湯編卷六陸法和傳等。

居士傳九

昭明太子傳

昭明太子統，字德施，梁武帝長子也。母丁貴嬪，仁恕恭儉，虔精奉佛，居常蔬食。受戒日，甘露降於殿前，能通經義，所受供賜，悉以充法事，普通七年薨。太子生而聰叡，三歲受孝經、論語，五歲徧讀五經。天監元年，立爲皇太子，十四年正月朔，武帝臨軒，冠太子於太極殿。時武帝大宏佛教，太子亦深心信奉，徧覽衆經。於宮内别立慧義殿，招引名僧講論。嘗撰解二諦義云：「明道之方，其由非一，舉要論之，不出境智，或時以境明義，或時以智顯行。至於二諦，即是就境明義，若迷其方，三有不絶，若達其智，萬累斯遣。所言二諦者，一是真諦，一名俗諦，真諦離有離無，俗諦即有即無；即有即無，斯是假名，離有離無，此爲中道。真是中道，以不生爲體，俗既假名，以生法爲體。」慧超咨曰：「浮僞起作，名之爲俗，離於有無，名之爲真。未審浮僞，爲當與真一體？爲當有異？」答曰：「世人所知，生法爲體，出世人所知，不生爲體。依人作論，應如是説：

若論真，即有是空；俗，指空爲有。依此義明，不得別異。」

又咨：「真俗既云一體，未審真諦亦有起動？起動不關真諦？」答曰：「真諦寂然無起動相，凡夫惑識，横見起動。」

又咨：「未審有起動而凡夫横見，無起動而凡夫横見？」答曰：「若有起動，則不名横見，以無動而見，所以是横。」

咨：「若法無起動，則唯應一諦。」答曰：「此理常寂，此自一諦；横見起動，復是一諦。唯應有兩，不得言一。」

蕭疇咨曰：「真諦稱真，是實真否？」答曰：「得真實真。」

又咨：「菩薩會真之時，爲忘俗忘真否？」答曰：「忘俗忘真，故説會真。」

又咨：「忘俗忘真，何得實真？」答曰：「若存俗存真，何謂實真？正由兩遣，故謂實真。」

法雲咨曰：「聖人所知之境，此是真諦，未審能知之智，爲是真諦？爲是俗諦？」答曰：「能知是智，所知是境，智來冥境，得言即真。」

又咨：「有智之人，爲是真諦？爲是俗諦？」答曰：「若呼有智之人，即是俗諦。」

又咨：「未審俗諦之人，何得有真諦之智？」答曰：「聖人能忘於俗，所以得有真諦。」

法寵咨曰：「若使凡夫見有，聖人見無，便應凡夫但見世諦有，聖人應見太虛無。」答曰：「太虛亦非聖人所見，太虛得名，由於相待，既由待生，並凡所見。」又咨：「凡夫所見空有，得言是一否？」答曰：「就凡爲語，有實異無；約聖作談，無不異有。」

敬脱咨曰：「未審聖人見真，爲當漸見？爲當頓見？」答曰：「漸見。」又咨：「無相虛懷，一見此理，萬相並寂，未審何故見真得有由漸？」答曰：「自凡之聖，解有淺深，真自虛寂，不妨見有由漸。」又咨：「未審一得無相，並忘萬有，爲不悉忘？」答曰：「一得無相，萬有悉忘。」

解法身義云：「法身虛寂，遠離有無之境，獨脱因果之外，不可以知知，不可以識識，豈是稱謂所能論辨？將欲顯理，不容默然。天竺云達摩舍利[一]，此土謂之法身，若以當體，則是自性之目，若以言説，則是相待立名。法者，軌則爲旨，身者，有體之義，軌則之體，故曰法身。粗陳其體，是常住身，是金剛身。重加研覈，其則不爾，若定是金剛，即爲名相，定是常住，便成方所。所謂常住，本是寄名，稱曰金剛，本是譬説，及談實體，則性同無生，故

[一] 達摩舍利意爲「法身」，梵語dharma-kāya之音譯，指佛的自性真身。

云佛身無爲，不墮諸法。故涅槃經説：『如來之身，非身是身，無量無邊，無有足跡，無知無形，畢竟清淨。』〔一〕無知清淨，而不可爲無，稱曰妙有，而復非有，離無離有，所謂法身。」

法雲咨曰：「未審法身常住，是萬行得否？」答曰：「名相道中，萬行所得。」又咨：「既爲萬行所得，豈是無相？若必無相，豈爲萬行所得？」答曰：「無名無相，何曾有得？寄以名相，假言有得。」又咨：「實有萬行，實得佛果，安可言無相全無所得？」答曰：「問者住心，謂實有萬行；今謂萬行自空，豈有實果可得？」又咨：「現有衆生，修習萬行，未審何故全謂爲無？」答曰：「凡俗所見，謂之爲有，理而檢之，實無萬行。」又咨：「經説常住，以爲妙有，如其假設，何謂妙有？」答曰：「寄以名相，故説妙有，理絶名相，何妙何有？」

法寵咨曰：「未審法身之稱，爲止在妙本？金姿丈六，亦是法身？」答曰：「通而爲

〔一〕見大般涅槃經卷三金剛身品第二：「如來之身，非身是身，不生不滅，不習不修，無量無邊，無有足跡，無知無形，畢竟清淨，無有動摇。」

論，本跡皆是，別而爲語，止在常住。」

又咨：「若止在常住，不應有身，若通取丈六，何爲法身？」答曰：「常住既有妙體，何得無身？丈六亦能軌物，故可通稱法身。」

又咨：「若常住無累，方稱法身，丈六有累，何謂法身？」答曰：「衆生注仰，妄見丈六，丈六非有，有實何累？」

普通元年四月，甘露降於慧義殿。太子爲人，孝敬篤至，每宴居，一坐一起，不敢南面。被召當入，輒危坐達旦。丁貴嬪有疾，太子朝夕侍，衣不解帶，及喪，水漿不入口，每哭輒慟絶。奉武帝敕，彊進飲食。比至葬日，進麥粥一升，不嘗菜果。體素壯，至是減削過半。自加元服，武帝使省萬幾。百司奏事填委，太子明於庶事，辨析可否，纖毫必白。其有過失，徐令改正，未嘗糾彈一人，平斷法獄，多所全宥。出宫二十餘年，不畜聲伎，時招引文學之士，討論篇籍而已。會大軍北伐，京師穀貴，太子菲衣減膳。每霖雨積雪，遣左右周行道路，視貧困家有流離者，密加賑賜。又出綿帛，多作襦褲，方冬施凍人。其死亡無以斂者，爲備棺櫝。每聞遠近百姓賦役勤苦，輒斂容色。大通二年，詔發吴郡、吴興、義興民，開漕大瀆，以瀉浙江，太子以吴興被水，請權停此役，武帝優詔報之。三年三月寢疾，自知不起，

終不以狀上聞。四月薨，年三十一，謚曰昭明。梁書；廣宏明集〔一〕

知歸子曰：予觀昭明太子之論，可謂了了見佛法者，非梁君臣之所及也。太子仁孝寬明，動合規矩，若使撫有梁祚，勤施四方，淳和之風可日俟也。天步方艱，前星遽殞，一夫作難，而江國土崩，豈不哀哉！文中子言：齋戒修而齊梁亡，非釋迦之罪也〔二〕。蓋定業使然，天亦不能純佑命於太子也，悲夫！

汪大紳云：其行事頗與六度經相應，昭明真佛種也。吾不重其佛法，重其仁孝寬明，是爲佛種。論法到極入微處，只是所知愚也，惜其未遇達摩以下諸大作家，痛與錐劄，脱卻所知愚，只管要離有離無，依舊只管在有無上之乎者也。之乎者也到没奈何去處，且上文選樓青黄赤白黑去者。此處是文人根種，非佛種也。那得有天子福分？那得有帝王事業？以渠脚跟插在秀才和尚們隊裏，弄得虚花花故也。嗚呼！以彼仁孝寬明根種，又曾念過孝經、論語、五經者，弄得下梢頭毫没收拾，不亦惜哉！

〔一〕見梁書卷八昭明太子傳，廣弘明集卷二十一法義篇第四之四。蕭統事跡又見佛法金湯編卷四蕭統傳等。
〔二〕見文中子中説卷四周公篇。

○爲甚金剛經、心經、七佛偈、壇經，汪大紳喜歡奉行？朱子嘗判得千是萬是，曰：六朝人佛學，只是説，只是清言家數而已，説得來清虚惹厭。所以達摩入中國來，一切掃去，傳至惠能，始有下手做工夫處。

○可惜許多聰明絶特有志之士，難得入此門來。及入此門來，又有漫天荆棘，一個個陷入其中，出身不得，弄得一個個毫没收拾，千病萬痛，總祇爲做工夫的，祇在動静上轉换，講道理的，祇在有無上拈放，箇箇認指爲月，何曾識得月耶？入此門來，不是小可的事情，千生萬劫，於此一了無不了，於此不了，盡未來劫，總未有了期，豈可貪圖説得去，做得好看便罷。若只是説得去，做得好看便罷，鄉里小兒中，這般人如麻似粟，此門中不勞尊駕光輝也。雖然，事不可一向，既承尊駕光輝，不妨打開方便法門，請來游戲一回者。你要游戲此法門，切不可在動静上轉换、有無上拈放，動静只是境，有無只是意根卜度，與心了不相干也。你若有大力量，動也一棒，静也一棒，有也一棒，無也一棒，打得有無動静諸魔腦袋子都裂去也，影兒都不見也，自然心光發露。咄！連那心光也送他一棒，因！跳出心量了也，心量拘他不住了也，尊駕豈非超佛越祖一個好人乎？老漢這裏輕心慢心待人，想你文謅謅的書生如何下得此手？罷罷罷！且用箇小小法兒去者，也不要管他是心是境是意根，遇着静時只看静的相在那裏，遇着動時只看動的相在那裏，遇着無的時候只看無的相在那裏，遇着有的時候只看有的相在那裏，看得來呆呆癡癡，顛顛倒倒，逢人不知是人，見物不知是物，過了這箇時候，送到大知識門下喫棒去，尊駕乃有收拾，此是光輝法門的勾當。

○微聞秀才和尚們相商道：若使臨濟、德山〔一〕棒入汪大紳手，須瞎卻天下人眼。誠哉是言！

〔一〕唐代德山宣鑒禪師常以棒打爲接引學人之法，形成特殊之家風，世稱德山棒。景德傳燈録卷十五：「師尋常遇僧到參，多以拄杖打。臨濟聞之，遣侍者來參，教令：『德山若打汝，但接取拄杖，當胸一拄。』侍者到，方禮拜，師乃打，侍者接得拄杖與一拄，師歸方丈。……師上堂曰：『問即有過，不問又乖。』有僧出禮拜，師便打。」

居士傳十

劉明劉庾劉向馮李傳

劉靈預，名虬，南陽人〔一〕，徙居江陵。宋太始中爲當陽令，罷官歸。豫章王辟爲荆州別駕，不應。齊永明三年徵爲通直郎，亦不就。竟陵王聞靈預精釋教，致書通意，要其東下，曰：「僕跡塵珪組，心逸江湖，未面自親，聞風如舊。而同駕之念徒軫，式閭之禮無階〔二〕。君矯然獨遠，確乎難拔，宣習質文，昭辨空有，所謂忘言之人，可論天人之際，豈能鳳舉鶴翻，有心儀萃，覘濠射之冥遊，屈祇鷲之法侶，闡三乘於窮了〔三〕，發二諦於困蒙。有是因也，何其暢與？」答曰：「虬四節卧病，三時營灌，暢餘音於山澤，託暮情於魚鳥。寧非唐虞厚

〔一〕南齊書卷五十四高逸傳作「南陽涅陽人」。

〔二〕式閭，車過里門，人立車中，俯憑車軾，以示敬意。

〔三〕窮子，法華七喻之一。三界生死之衆生如無功德法財之窮子，佛如大富長者。以窮子受大富長者之教化而得寶藏，喻如來大慈大悲，以種種善巧方便，攝二乘之人同歸一佛乘。

恩，周召宏施，遠澤既灑，仁規先著。敢收樵牧之嫌，敬報軾鼃之義〔一〕。」家居衣麤布衣，禮佛長齋，注法華經，講涅槃大小品〔二〕。以江陵西沙洲去人遠，乃徙居之。建武二年，詔徵國子博士，不就。其冬得疾，正晝，有白雲徘徊檐户間，香氣滿室，空中磬聲鏗然。是日卒，年五十八。南齊書，廣宏明集〔三〕

明休烈〔四〕，名僧紹，平原鬲人。元嘉中，再舉秀才，宋齊之交，隱居教授，累辟不出。尋居攝山，聞僧遠夙德，往候於定林寺。齊高帝欲就寺見之，遠問休烈曰：「天子若來，居士若何相對？」答曰：「山藪之人，正當鑿坏以遁〔五〕。若辭不獲命，便當依戴公故事。」昔戴顒高卧不起，朝命以山人之服加其身，故云。旋遁還攝山，高帝賜以竹根如意、筍籜冠。初至

〔一〕軾鼃，趙曄吳越春秋勾踐伐吳外傳載，越王勾踐將伐吳，出，見怒鼃，勾踐俯憑車前橫木爲敬。從者問其故，勾踐謂：「吾思士卒之怒久矣，而未有稱吾意者，今鼃蟲無知之物，見敵而有怒氣，故爲之軾。」

〔二〕劉虯注法華經等未流傳。尚有無量義經序一文，載出三藏記集卷九。

〔三〕見南齊書卷五十四高逸傳，廣弘明集卷十九與荆州隱士劉虯書。劉虯事跡又見佛法金湯編卷三劉虯傳。

〔四〕南齊書卷五十四作「字承烈」。南史卷五十作「休烈……一字承烈」。佛法金湯編卷三亦作「休烈」。

〔五〕鑿坏，謂隱居不仕。淮南子齊俗訓：「顏闔，魯君欲相之而不肎，使人以幣先焉，鑿坏而遁之。」

山中，野老諫曰：「山多毒蛇猛虎，不可居也。」休烈曰：「毒中之毒，無過三毒。忠信之人，可蹈水火，蛇虎何能爲？」遂居焉，棲心静泊，二十年許。

時道士顧歡作夷夏論，意在抑佛伸老〔一〕。休烈論之曰：「若夫學鏡生靈，中天設教，觀象測變，存而不論，經世之深，孔老之極也。爲於未有，盡照窮緣，殊生共理，練僞歸真，神功之正，佛教之宏也。是以佛明其宗，老全其生，守生者蔽，明宗者通。然静止大方，乃雖蔽而非妄；動由其宗，則理通而照極。故夫學得所學，則可以資全生靈，而教尊域中矣；爲於無爲，將乃滅習反流，而邈天人矣。」

嘗與法度禪師講無量壽經，中夜，忽見金光照室，光中有樓閣及化佛菩薩。永明七年捨宅爲棲霞寺，夢巖間有佛放光，志欲創造，未果而卒。次子仲璋遂與法度造無量壽佛像三丈一尺餘，並建觀音、勢至像，以終父志。

少子山賓，字孝若，能世其家業。梁普通中，官至散騎常侍。時范縝著神滅論，蕭琛、曹思文並立義難之。武帝亦下敕排縝論，令釋法雲示王公貴人凡二十六人，各有答書，申

〔一〕夷夏論見南齊書卷五十四。有關顧歡此論之論辯，詳載於弘明集卷六、卷七。除明僧紹正二教論外，謝鎮之與顧道士折夷夏論、釋慧通駁顧道士夷夏論等皆爲與顧歡論辯文章。

不滅之旨，而山賓書辭義尤切，其文曰：

辱告惠示敕旨，答：臣下審神滅論，源深趣遠，豈鹿兔所測，隨類得解，或亦各欣所見，奉以周旋，不勝舞躍。論者限於視聽，豈達曠遠。目覩百年，心惑三世，謂形魄既亡，神魂俱滅。斯則既遠釋典，復乖孔教矣，焉可與言至道、語妙理者哉！夫明則有禮樂，幽則有鬼神，是以孔宣垂范，以知死酬問；周文立教，以多才代終。詩稱「三后在天」〔一〕，書稱「祖考來格」〔二〕，此皆陳之載籍，彰彰其明者也。夫緣假故有滅，業造故無常，是以五陰合成，終同煙盡，四微虛構，會均火滅。竊謂神明之道，非業非緣，非業非緣故，雖遷不滅，能緣能業，故苦樂殊報。此能仁之妙唱，搢紳之所抑也。雖教有殊途，理還一致。皇上智周空有，照極神源，爰發聖衷，親染宸翰，弘獎至教，啓悟重昏，令學者永祛疑惑，眷逮不遺，良兼欣戢〔三〕。

〔一〕詩經大雅下武：「三后在天，王配於京。」

〔二〕尚書益稷：「戛擊鳴球，搏拊琴瑟以詠，祖考來格。」孔傳：「此舜廟堂之樂，民悦其化，神歆其祀，禮備樂和，故以祖考來至明之。」

〔三〕「戢」，光緒本作「戚」。

後假節攝北兖州事，卒於官，贈侍中，謚曰質。南史；宏明集〔一〕

劉士光，名歊，平原人也。年十一，讀莊子逍遥篇，即能爲客説其大義。及長，博學有文，已而精心學佛，不娶不仕。神僧誌公遇之於興皇寺，驚起曰：「隱居學道，清淨登真。」如此三説。年三十一，著革終論，其略曰：

夫形也者，無知之質也；神也者，有知之性也。有知不獨存，依無知以自立。故形之於神，逆旅之館耳。及其死也，神去此而適彼也，神已去此，館何用存？神已適彼，祭何所祭？而姬孔之教不然者，其有以乎。蓋禮樂之興，出於澆薄，俎豆綴兆，生於俗敝。施靈筵，陳棺槨，設饋奠，建邱隴，蓋欲孝子有追思之地耳。今欲剪截煩厚，務從儉易，不傷存者之念，有合至人之道。氣絶不須復魄，盥洗而斂，以一千錢市棺，單故裙衫，衣巾枕履。此外送往之具，棺中常物及餘閣之祭，一不得有所施。斂畢，載以露車，歸以舊山。隨得一地，地足爲埳，埳足容棺，不須博甓，不勞封樹，勿設祭饗，

〔一〕見南史卷五十明僧紹傳，弘明集卷十五經博士明山賓答。明僧紹事跡又見南齊書卷五十四高逸傳，佛法金湯編卷三明僧紹傳，法苑珠林卷三十六、卷八十九感應緣等。

勿置几筵。其蒸嘗繼嗣，言像所絶，事止余身，無傷世教。明年春，有人爲其庭中栽柿。士光曰：「吾不及見此實矣。」至秋而亡。親故誄其行，謚曰貞節先生。

族弟彦度，名訏，少喪二親，哀毁幾滅性。及長，事伯父母及兄姊，友孝篤至，性愛潔清。兄爲娶妻有日矣，彦度聞而逃，乃已。本州辟爲主簿，不就，主者强起之，乃掛檄於樹，復逃去。彦度深信佛法，曾與士光聽講於鍾山諸寺，因共卜筑宋熙寺東澗，有終焉之志。天監十七年卒於士光舍，年三十一。遺言勿立後嗣，其他終制，與士光略同。宗友相與刊碑立銘，謚曰元貞處士。梁書〔一〕

庾彦寶，名詵，新野人也。博通經史緯候之學，而性尚夷簡，特愛林泉。十畝之宅，山池居半，蔬食敝衣，不修産業。嘗乘舟從沮中山舍還，載米一百五十石，有人寄載三十石。及至家，寄載者曰：「君三十石，我百五十石。」彦寶默然，恣其取足。鄰人或被誣爲盜，妄攀彦寶，彦寶矜之，因以所藏書質錢二萬，令門生詐爲其親，代酬之。鄰人獲免來謝，彦寶

〔一〕見梁書卷五十一處士傳。劉歊、劉訏事跡又見南史卷四十九劉懷珍傳附劉歊傳，佛法金湯編卷三等。

曰：「吾矜天下無辜，豈期謝也。」梁武帝少與彦寶善，及起兵，署爲平西府記室，不屈。普通中，詔以爲黄門侍郎，稱疾不起。晚年於宅内建道場，六時禮懺，誦法華經，每日一遍。夜中忽見一道人自稱願公，容止甚異，呼彦寶爲上行先生，授香而去。中大通四年，晝寢，忽驚覺曰：「願公復來，不可久住。」言訖而逝，舉室咸聞空中唱云：「上行先生已生彌陀淨域矣。」時年七十八。武帝聞之，詔謚貞節先生。南史〔一〕

劉宣文〔二〕，名慧斐，彭城人也。少博學能文，起家梁安成王法曹行參軍。嘗還都，途經匡山，遇處士張文逸，相得甚歡，有終焉之志，遂居於東林。又於山北構園，號離垢園，時人稱爲離垢先生。研精釋典，兼工篆隸，在山手寫佛經二千餘卷，常所誦者百餘卷。晝夜行道，孜孜不怠，遠近欽慕之。簡文臨江州，遺以几杖。論者云：自遠師没後將三百年，始有

〔一〕見南史卷七十六隱逸傳。又見梁書卷五十一處士傳。

〔二〕「宣文」，梁書卷五十一作「文宣」，南史卷七十六作「宣文」。

張、劉之盛矣〔一〕。大同三年卒。

文逸〔二〕，名孝秀，南陽宛人，仕州中從事史，徙尋陽。性通率耐冷，好佛氏書，謹持戒律。居東林，力田以供山衆。僧有敗行，輒集衆佛前，爲羯磨〔三〕而笞之，多有悔過者。普通三年卒，室中聞有非常香氣。

同時阮士宗，名孝緒，陳留人，亦以清隱著名。末年蔬食斷酒，虔精事佛。其恒供養石像，先有損壞，心欲補之，罄心敬禮，一夜忽然完復。南史〔四〕

向居士，遺其名，北齊人也。幽栖林野，木食澗飲，默契心法。天保初，聞二祖可公〔五〕

〔一〕南史卷七十六隱逸傳：「論者云，自遠法師没後將二百年，始有張、劉之盛矣。」應爲居士傳所本。梁書卷五十一處士傳、名公法喜志卷二亦作「二百年」。慧遠卒於公元四一六年，距劉、張等人不足二百年，居士傳作「三百年」，誤，當依南史等作「二百年」。

〔二〕依本書體例，應作「張文逸」。張孝秀（文逸）撰有廬山僧傳一書，事見慧皎高僧傳序，應補此事跡。

〔三〕羯磨，於受戒、懺悔、結界等有關戒律行事的場合，意指生善滅惡等作法。受戒之際，受戒者因羯磨而得戒體。

〔四〕見南史卷七十六隱逸傳。數人事跡亦見梁書卷五十一處士傳。

〔五〕慧可（四八七—五九三），一名僧可。俗姓姬，虎牢人。少爲儒生，後拜菩提達摩爲師，爲禪宗二祖。事跡見續高僧傳卷十六僧可傳、景德傳燈録卷三等。

風教甚盛，致書曰：

影由形起，響逐聲來。弄影勞形[一]，不識形爲影本；揚聲止響，不知聲是響根。除煩惱而趣涅槃，喻去形而滅影；離衆生而求佛果，喻默聲而求響。故知迷悟一途，愚智非別，無名作名，因其名則是非生矣；無理作理，因其理則爭論起矣。幻化非真，誰是誰非？虚妄無實，何空何有？將知得無所得，失無所失。未及造謁，聊申此意，伏望答之。

二祖復以偈曰：

備觀來意皆如實，真幽之理竟不殊。本迷摩尼謂瓦礫，豁然自覺是真知[二]。無明智慧本[三]無異，當知萬法即皆如。愍此二見之徒輩，申辭措筆作斯書。觀身與佛不差別，何須更覓彼無餘。

[一] 景德傳燈録卷三此句下有注謂：「弄影當作棄影，唯恐當時筆誤耳。蓋第三十卷鎮國大師答皇太子問心要云：若求真去妄，猶棄影勞形；若體妄即真，似處陰休影。此用莊子之説，勞形謂走而避影也。」

[二] 景德傳燈録卷三「知」字作「珠」。

[三] 景德傳燈録卷三「本」字作「等」。

居士得偈，即往禮覲，密承印記。五燈會元〔一〕

馮衮，北齊冀州人。以儒生被貢入臺，聞惠光法師〔二〕演化鄴城，私自惟曰：元素兩教，頗曾究懷，至於釋宗，生未信重，試往候光，以擇所從。既至，值光開講，傾聽久之，疑滯頓釋，頓足稽首，愿畢命皈依，遂爲弟子。究心法要，常自檢責，有叩擊者，應病予藥，多至感泣。其言曰：「諸行者不得信此無明昏心，覓長覓短。須識詐賊，覓他過惡，不求其長，則吾我漸歇。常須看心，自己多過，雖在世間，無有滋味。此心將我，上至非想，還下地獄，常誘誑我，如怨家，如愛奴，豈可長養賊心，使覓名利、造疽蠹也？故經云：常爲心師，不師於心〔三〕。八歲能誦，百歲不行，不救急也。」時有傳寫其言者，世號捧心論焉。衮在光門，低頭斂氣，日營飯粥，奉僧既了，躬自滌器。夜宿竈前，取蒿一束，半以藉

〔一〕此出處有誤。向居士事跡最早附見於道宣續高僧傳卷十六僧可傳。又見景德傳燈録卷三、居士分燈録卷上、五燈全書卷三等，唯不載於五燈會元一書。

〔二〕續高僧傳卷二十一等皆作「慧光」。慧光（四六八—五三七），北魏義學高僧，以弘揚地論宗聞名，示寂於鄴城大覺寺。

〔三〕曇無讖譯大般涅槃經卷二十八師子吼菩薩品：「寧當少聞，多解義味，不願多聞，於義不了，願作心師，不師於心。」續高僧傳卷二十一慧光傳作「當爲心師」。

背，半以坐之，明相纔動，粥便已熟。午後擔食，送彼獄囚，往還所經，識者開路。或至稠人廣衆，率先供給，若水若火，若掃若帚，隨所應用，莫不備焉。作務少暇，口隨説法，初不告倦。遂卒光門。續高僧傳〔一〕

李子約，名士謙，趙郡平棘人。髫年喪父，事母孝。年十二，魏廣平王贊辟開府參軍，自齊迄隋，累徵不應。遭母喪，哀毁骨立。服闋，遂捨宅爲伽藍，脱身游學。博覽内外經教，皈心佛乘，終身不飲酒不食肉，口無殺害之言。親賓來萃，陳樽俎，危坐終日，少長肅然，莫敢弛惰。退而相謂曰：「既見君子，方覺吾徒之不德也。」

性仁而好施，州里有分財不均，相鬩訟，子約出財，補其少者，令與多者埒。兄弟内慚，更相推讓焉。偶出，見盜刈其菜，默而避之。家僮執盜粟者，子約慰而遣之曰：「窮困所致，無相責也。」嘗出粟數千石貸鄉人，年飢，鄉人無以償，皆來致謝。子約設酒食勞之，舉契對鄉人焚之，曰：「債了矣，幸勿介意也。」明年大熟，債家争來償粟，不受。已而又大飢，設粥食餓人，所全活以萬計。爲大冢，收瘞道殣。至春，則出穀種給貧乏。趙人德之，撫其

〔一〕 見續高僧傳卷二十一慧光傳附。

子孫曰：「此李參軍所活也。」

客謂子約多陰德。子約曰：「所謂陰德者，譬猶耳鳴，己獨聞之，人無知者。今吾所行，子皆知之，何謂陰乎？」客又謂子約：「報應之説，佛書載之，世典獨無，何也？」子約曰：「『積善餘慶，積惡餘殃，高門待封，掃墓望喪〔一〕』，非報應乎？佛經云：輪轉五道，無有窮已，非即賈誼所言『千變萬化，未始有極』之謂耶？至如鯀爲黄能，望帝爲杜宇，褒君爲龍，牛哀爲獸，彭生爲豕，黄母爲黿，宣武爲鼈，鄧艾爲牛，徐伯爲魚，非即佛家變受異形之謂耶？」客曰：「邢子才〔二〕云：『豈有松柏後身，化爲樗櫟？』僕以爲然。」子約曰：「此不類之談也，變化由心，木豈有心？」客不能難。

開皇八年終於家，年六十六。趙之士女莫不流涕曰：「我曹不死，而令李參軍死乎！」會葬者萬餘人。其妻范陽盧氏，有賢德，子約亡，賻贈無所受，謂其州里父老曰：「參軍生

〔一〕漢書于定國傳載：于定國父于公爲縣獄吏，治獄公平，自謂有陰德，子孫必有興者，因高大其門，令能容高車駟馬。漢書酷吏傳嚴延年載：嚴延年遷河南太守，其母自東海來，欲從延年臘祭。到洛陽，適見報囚，母大驚。待臘禮畢，謂延年曰：「天道神明，人不可獨殺。我不意當老見壯子被刑戮也。行矣，去女東歸，掃除墓地耳。」後歲餘，果敗。劉孝標辯命論：「且于公高門以待封，嚴母掃墓以望喪。」

〔二〕邢卲，字子才，事跡見北齊書卷三十六邢卲傳。

平好施，今雖終，安可奪其志哉。」更散粟五百石。隋書〔一〕

知歸子曰：余論次劉、明以下諸君子，跡其行事，大都遺世纓綱，翱翔物外，息心清浄之域，勤身慈忍之途。洵足静躁，競於末流，播淳風於百世。至如向居士者，識自本心，深達祖道，斯又絶類離倫，妙遠不測者矣。他若顔之推、王固、姚察、徐孝克之徒，亦能淡泊自居，修持罔間，而委蛇亂朝，歷事異姓，效揚氏之草元，媿莊生之曳尾，吾無取焉。後之學者，謹去就之幾，審清濁之辨，嚴浄毗尼，超越塵累，斯可謂之度諸疑謗，報佛深恩者矣。

〔一〕見隋書卷七十七隱逸傳。李士謙事跡又見北史卷八十八隱逸傳，佛法金湯編卷六李士謙傳，名公法喜志卷二李子約傳等。

居士傳十一

張洪賑張廷珪辛替否傳

張洪賑，名普惠，常山九門人。其學精於三禮，兼善春秋百家之說。仕魏爲諫議大夫，每朝廷有大議，必據經義，反覆陳論，無少屈。時孝明帝不親視朝，郊廟之事，都委有司，營造寺像，略無休息。洪賑上書曰：

臣聞明德卹祀，成湯光六百之祚；嚴父配天，孔子稱周公其人也。故能馨香遠聞，福傳遐世。伏惟陛下重暉纂統，欽明文思，天地屬心，百神佇望，故宜敦崇祀禮，咸秩無文。而告朔朝廟，不親於明堂；嘗禘郊社，多委於有司。殖不急之冥業，損巨費於生民。減禄削力，近供無事之僧；崇飾雲殿，遠邀未然之報。昧爽之臣，稽首於外，元寂之僧，遨遊於內，愆禮忤時，人靈未穆。愚謂從朝夕之因，求祇劫之果，未若先萬國之歡心，以事其親，使天下和平，災害不生者也。伏願淑慎威儀，萬邦作式，躬致郊廟之虔，親紆朔望之禮。釋奠成均，竭心千畝，孝道可以通神明，德教可以光四海。則一人有慶，兆民賴之，然後精進三寶，信心如來。道由化深，故諸漏可盡，法隨禮積，故彼岸可登。量撤僧寺不急之奉，還復百官久折之秩。已興之構，務從簡成，將來之造，權令停息，庶節用愛人，法俗俱賴。

尋遷尚書右丞，出爲東豫州刺史。卒，謚宣恭。魏書；廣宏明集〔一〕

張廷珪，河南濟源人。爲人慷慨有志節，則天朝累遷監察御史。長安中，稅天下僧尼出錢，欲於白司馬坂營建大佛像，廷珪上疏諫曰：

夫佛者，以覺知爲義，因心而成，不可以諸相見也。經云：「若以色見我，以音聲求我，是人行邪道，不能見如來。」此真如之果，不外求也。陛下信心皈依，發宏誓願，壯其塔廟，廣其尊容，已徧於天下久矣。蓋有住於相而行布施，非最上第一希有之法。經云：「若人滿三千大千世界七寶以用布施，及恒河沙等身命布施，其福甚多。若人於此經中受持及四句偈等，爲人演說，其福勝彼。」〔二〕如佛所言，則陛下傾四海之財，殫

〔一〕見魏書卷七十八張普惠傳，廣弘明集卷六辯惑篇第二之二。張普惠事跡又見北史卷四十六張普惠傳。

〔二〕本節所引佛經皆出自金剛般若波羅蜜經。

萬人之力，窮山之木以爲塔，極冶之金以爲像，勞則甚矣，費則多矣，而所獲福不愈於一禪房之匹夫。菩薩作福德不應貪著，蓋有爲之法，不足高也。況此營建，事殷土木，開發盤礴，峻築基階，輾壓蟲蟻，動盈巨億，豈佛標坐夏之義，愍蠢動而不忍害其生哉！又役鬼不可，惟人是營。通計工匠，率多貧窶，朝驅暮役，勞筋苦骨，簞食瓢飲，晨炊星飯，飢渴所致，疾疹交集，豈佛標徒行之義，愍畜獸而不忍殘其力哉！又營築之費，僧尼是税，雖乞匄所致，而貧闕猶多。州縣徵輸，星火逼迫，或謀計靡所，或鬻賣以充，怨聲載路，和氣未洽，豈佛標隨喜之義，愍愚蒙而不忍奪其産哉！且邊朔未寧，軍裝日給，天下虛竭，海内勞弊，伏惟陛下慎之重之，思菩提之行，爲利益一切衆生，應如是布施，則其福德若南西北東四維上下虛空不可思量矣。何必勤於住相，凋蒼生之業，崇不急之務乎？臣以時政論之，則宜先邊境，畜府庫，養人力；以釋教論之，則宜救苦厄，滅諸相，崇無爲。伏願陛下察臣之愚，行佛之意，務以理爲尚，不以人廢言，幸甚幸甚！

則天召見，深慰賞之。時祭酒李嶠亦言：「造像錢見有一十七萬餘貫，若將散施貧窮，人與二千，濟得一十七萬餘户。拯飢寒，省勞役，順諸佛慈悲之心，普聖君亭育之德，則神人胥悦，功德無窮。」則天不能用。

開元初，廷珪爲禮部侍郎，嘗應詔極論時政。遷黄門侍郎。後以少府監致仕。卒年七十餘，贈工部尚書，謚貞穆。唐書〔一〕

辛替否〔二〕，京兆萬年人。景龍中，官左拾遺，時中宗盛興佛寺，百姓勞敝，帑藏耗竭。替否諫曰：

夫釋教者，以清浄爲基，慈悲爲主，故常體道以濟物，不利己以損人，當去己以全真，不榮身以害教。經云：「菩薩心住於法而行布施，如人入闇，即無所見。」誠減雕琢之費以賑貧下，是有如來之德；息穿掘之苦以全昆蟲，是有如來之仁。陛下緩其所急，急其所緩，失真實而冀虚無，臣竊痛之。

既奏不納。睿宗朝切論時政，遷右臺殿中侍御史。天寶初卒。唐書〔三〕

知歸子曰：經言：「若諸菩薩隨順衆生，則爲隨順供養諸佛。若於衆生尊重承

〔一〕見舊唐書卷一百一張廷珪傳，新唐書卷一百一十八張廷珪傳。
〔二〕新唐書卷一百一十八辛替否傳謂：「辛替否，字協時。」依居士傳體例，此處當作：「辛協時，名替否。」
〔三〕見舊唐書卷一百一辛替否傳，新唐書卷一百一十八辛替否傳。

事，則爲尊重承事如來。何以故？諸佛如來，以大悲心而爲體故。」〔一〕季世之君，重斂黷兵，殘民以逞，乃欲窮土木之工，耀金玉之飾，以希福報，蓋重愆，不亦闊乎？善乎孟子之言曰：「行一不義，殺一不辜，而得天下，有不爲也。」〔二〕斯可語於淨戒矣。書亦有之：「一夫不獲，時予之辜。」〔三〕菩薩所爲，度盡衆生方成佛道也，張、辛諸賢，實有見於是。録其言，有國君子可以觀焉。

〔一〕般若譯大方廣佛華嚴經卷四十普賢行願品：「菩薩如是平等饒益一切衆生，何以故？菩薩若能隨順衆生，則爲隨順供養諸佛。若於衆生尊重承事，則爲尊重承事如來。若令衆生生歡喜者，則令一切如來歡喜。何以故？諸佛如來，以大悲心而爲體故。」

〔二〕見孟子公孫丑上。

〔三〕尚書説命下：「一夫不獲，則曰：『時予之辜！』」

居士傳十二

江劉張司馬李元萬朱二吴彭高傳

江含潔，名紑，濟陽考城人。父蒨，爲梁光禄大夫。含潔年十三，父病眼，含潔侍疾，將期月，衣不解帶。夜夢一僧云：「患眼者，飲慧眼水必差。」其叔父禄與草堂寺智者法師善，往訪之，智者曰：「無量壽經云：『慧眼見真，能度彼岸。』」蒨乃同智者啓聞，捨同夏縣界牛屯里宅爲寺，乞賜嘉名，敕曰：「慧眼是五眼之一，可以慧眼爲名。」〔二〕寺成，泄故井，水清洌異常，乃悟所夢，取水洗眼，並以煮藥，而病遂差。南康王爲南州，召含潔爲主簿。含潔頗好老莊，尤善佛義，不樂仕進。及父卒，廬於墓，頃之，亦卒。梁書〔一〕

〔一〕梁書卷四十七載梁武帝敕書全文爲：「純臣孝子，往往感應。晋世顔含，遂見冥中送藥。近見智者，知卿第二息感夢，云飲慧眼水。慧眼則是五眼之一號，若欲造寺，可以慧眼爲名。」又見全梁文卷五。

〔二〕見梁書卷四十七孝行傳。

劉士烜，名霽，平原人。梁天監中，起家奉朝請，尋爲建康正，引疾歸。母明氏寢疾，士烜年已五十，晝夜侍，閲七旬，誦觀音經，數至萬徧。夜夢一僧謂曰：「夫人算盡，君精誠篤至，當延數旬耳。」後六十餘日乃亡。居喪廬墓，有雙白鶴翔於廬，服未終，亦卒。梁書〔一〕

張孝始，名元，河北芮城人。祖成，仕周，假平陽郡守。父延儁，歷州郡功曹主簿。孝始性仁孝，敬信佛法。兒時見邨陌間有棄狗子者，收養之。其叔父怒之曰：「何用爲？」對曰：「有生之類，莫不重其性命，天生之而人棄之，非其道也，見而不收，是不仁也。」其祖喪明三年，孝始年十六，晝夜誦佛經，禮拜祈福。後讀藥師經，見「盲者得視」之言，遂請七僧然七燈，七日七夜，轉藥師經。唱言：「元爲孫不孝，使祖喪明，今以燈光普施法界，願祖目復明。元罪深重，願瞎元眼。」至第七日，夢一老翁以金鎞刮其祖目，後三日，祖目果明。縣博士楊軌等上其孝行，詔表其門。北史〔二〕

〔一〕見梁書卷四十七孝行傳。

〔二〕見北史卷八十四孝行傳。張元事跡又見周書卷四十六孝義傳。

司馬喬卿，河内人，唐永徽中，官揚州户曹。遭母喪，毁瘠，刺胸前血，寫金剛經一卷。所居廬上生芝草二莖，經九日，長尺有八寸，緑莖朱蓋，日瀝汁一升，食之味如蜜。盡而復生，如是數四。一時士大夫多傳異之。法苑珠林〔一〕

李觀，隴西人，顯慶中，寓滎陽。遭父喪，刺血寫金剛般若、心經、隨願往生經各一卷。異香發於院，郁然連日，香及其鄰。法苑珠林○按此李觀與唐書所載字元賓者，先後相懸，法喜志、金湯録合爲一人，非也〔二〕。

元紫芝，名德秀，河南人。開元中，登進士第。母喪，廬墓側，食無鹽酪，藉無茵席，刺血繪像、寫佛經。已而官魯山令，歲滿，攜一縑，駕柴車還。愛陸渾山水，居焉。家無僕妾，

〔一〕見法苑珠林卷十八感應緣。

〔二〕名公法喜志卷二：「李觀，字元賓，華之從子。貞元中舉宏辭，善屬文，一洗前人時調，與韓愈相上下，卒年二十九。退之爲作墓銘。其居父憂也，刺血寫金剛經，奇香發其舍，郁然連日，香及其鄰。」將唐顯慶年間與貞元年間兩人誤合爲一人，彭氏所糾是也。所引出處見法苑珠林卷十八感應緣。然珠林本作「李虔觀」（見中華書局校注本法苑珠林第六一〇頁），太平廣記卷一百三所引誤作「李觀」，後世遂沿廣記之誤。蓋彭氏亦並未檢法苑珠林原文，實據太平廣記等書。

歲饑，或日一爨，酌酒鼓琴自娛，生六十年未嘗識女色。天寶十三年卒。唐書〔一〕

萬敬儒，合肥人。親亡，廬墓側十八年，刺血寫佛經，斷手二指輒復生。宣宗表其家，改所居曰成孝鄉。佛法金湯〔二〕

朱康叔，名壽昌，揚州天長人，以父蔭爲將作監。宋治平中，歷官知閬州廣德軍。康叔七歲，父官長安，出其母劉氏，嫁民間。康叔既仕，念母，行四方求之，飲食罕御酒肉。每於佛前灼臂燒頂，刺血寫經，冀遂其志。熙寧初，棄官入秦，與家人訣，誓不見母不復還。行次同州，得焉。康叔念報母恩，欲度衆苦，觀諸教門，切近周至，莫如梁武所著懺法。然其文繁旨秘，觀者不能盡了，乃更爲韻語，使一切人歌詠讚嘆，俱獲福利。蘇子瞻爲說偈曰：

〔一〕見舊唐書卷一百九十文苑傳，新唐書卷一百九十四卓行傳。元德秀事跡又見佛法金湯編卷八元德秀傳，名公法喜志卷二元魯山傳等。

〔二〕見佛法金湯編卷九萬敬儒傳，又見新唐書卷一百九十五孝友傳。全唐文卷七百九十二載盧潘萬敬儒孝行狀碑一文，應爲有關萬敬儒最原始資料。

長者失母，常自念言，母本生我，我生母去，有我無母，不如無我。誓以此生，出生入死，母若不見，我亦隨盡。在衆人中，猶如狂人，終日皇皇，四十餘年，乃見其母。我初不記，母之長短，大小肥瘠，云何一見，便知是母？母子天性，自然冥契，如磁石針，不謀而合。我未見母，不求何獲，既見母已，即無所求。諸佛子等，歌詠懺文，既懺罪已，當求佛道，如我所說，作求母觀。

尋起通判河中，居數年，母卒，涕泣失明，有白烏集其墓上。後知鄂州，代還，卒於家。

東坡文集；東都事略〔一〕

吳璋，江南吳江人。母陸氏，當明永樂中，以孀婦選給内廷，母與焉。宣德中，隨淮王就封韶州。璋往求之，舟中供觀音大士像，日夕哀禱，願必見母。中途下痢，遇一僧療之獲瘳。既至韶，淮王已徙饒州，復徒步往饒。足指膚裂，卧野寺中，復遇一道人塗以藥，立起。

〔一〕見東坡全集卷九十九朱壽昌梁武懺贊偈並序。蘇軾並作有朱壽昌郎中少不知母所在刺血寫經求之五十年去歲得之蜀中以詩賀之一詩以記其事，見東坡全集卷四。此外，東坡志林卷二、東軒筆録卷十、東都事略卷一百十七等皆記其事，並見宋史卷四百五十六孝義傳。夢溪筆談卷九謂：「士人爲之傳者數人，丞相荆公而下，皆有朱孝子詩數百篇。」

過嶺，蛇囓其足，仆於地，復見前道人再塗以藥，乃如故。一夕宿孤邨，有婦奔之，不納。方雪，急走出門，入一古廟前，道人迎，笑謂曰：「子其賢哉。」出餅啖之。天明至饒，訪母，果在。乃啓王乞奉母歸，不許，復以死自誓，而後許之。大慈録〔一〕

吴君平，浙江桐鄉人，生明萬曆間。少孤，長而業儒。館於靈隱寺，每念父母，涕泣如初喪。有僧謂言：「欲報親恩，莫如寫佛經。」君平然之。食淡四十九日，刺胸前血，寫金剛經一卷。既畢，僧俗聚觀，驗創痕，凡十有一，皆合掌嘆曰：「希有事也，但補闕真言未寫，奈何？」君平復刺胸出血補之。其夜夢父母立雲中謂曰：「賴爾寫經功德，我二人已得生淨土矣。佛憫爾誠，且畀爾一善童子。」是年果生子。數月後，與以肉食，輒閉口不食，君平亦遂長齋誦經，終其身。金剛持驗記〔二〕

彭信宇，名有源，湖廣益陽人。少奉觀音大士，日誦諸經以祈親壽。父疾亟，封臂肉和

〔一〕大慈録一書未見。吴璋事跡又見觀世音持驗記卷下，較此傳所記略詳，謂出鞭心録。江南通志卷一百五十七亦載其事，卷三十八並謂吴江縣有吴孝子祠。

〔二〕見歷朝金剛經持驗記卷下，謂吴君平事出靈隱寺紀事。

藥以進，尋愈。父殁，母亦病，疽發於掌。夜夢見大士謂曰：「汝母壽盡，若得人肝服之，猶可救也。」晨起視母，母方思食羊肝。信宇曰：「天啓之矣。」至夜禱於大士，持刀刺胸，血涌膜開，至五六刺，砉然心出，緣心得肺，緣肺得肝，而信宇痛且絶矣。頃之蘇，呼其妻煮肝進母。母食之而甘，病尋已。然其肺既出，不復收。衆爲禱於大士，大士見夢曰：「是孝子肺，收之無難。但世無孝子，欲出之百日，令衆徧見之耳。」卻後百日，肺既收，創合如故。明文偶鈔〔一〕

高彙旃，名世泰，江南無錫人。崇禎中舉進士，官禮部郎中，出爲湖廣提學。秩滿歸，母李氏精修淨土，無疾而逝。彙旃日跪柩前，誦妙法蓮華經。越三虞，庭中枯蘭忽榮，一莖三華，内外純白。有聚沙居士〔二〕者異其事，推論之曰：

高子之感斯瑞也，有二因焉。一者，世間孝子，但知榮名利養，生事死哀。世緣牽率，多生父母眷屬積骨如須彌山，積淚成大海水，沉没生死洄淵，不克自出。高子當沉

〔一〕明文偶鈔爲彭氏同時人程崟所輯，未見。彭有源事跡又見觀世音持驗記卷下，謂出於啓禎野乘。

〔二〕聚沙居士乃錢謙益之自號。因錢氏之著當時屬禁書，故彭氏録其文而隱其名。此文亦未載錢謙益文集，乃錢氏逸文。

痛昏迷，肝腸崩潰，乃能歸命法王，捧持妙典，下佛種於身田殘壞之中，抽法芽於火宅焚燒之内，以念母因緣，轉而念佛念法，其自利最勝。二者，末法士大夫少知歸心佛門，輒眩惑於邪師魔民，掠影宗門，抹撥經教，種植邪因，違背正果。高子持誦契經，獲斯靈感，使末法中人，信知金口所宣，龍宫所藏，是菩提資糧，是金剛寶藏，一字染神，萬劫不壞。以念母因緣，再轉而破魔網、樹法幢，其利他最勝。是二因緣，皆從念母而生，積劫之浄因與宿生之善根，在愛别離苦中種子逼現，豈非五濁惡世甚難希有者乎！遂説偈曰：稽首妙蓮華，諸佛所宣説。若能爲人説，乃至竊一句。即是如來遣，告報於異生。共宿摩其頂，法利無量數。而况有孝子，跪誦以報母。晝夜六時中，持誦準漏刻。雙趺印入泥，血淚積成穴。經聲哀痛聲，上達夜摩天。諸天相傳報，贊嘆未曾有。乃遣主林神，示現庭中花。一叢而三莖，晶瑩如玉雪。發生彫枯叢，尤爲奇特事。我聞諸供養，花爲最勝妙。弄花生諸天，胎花生浄土。今於庭砌内，粲此潔白花。表是母與子，皆捨垢染故。我聞妙蓮華，一華具一切。十大千世界，微塵數蓮華。重重作主伴，以爲其眷屬。又以一蓮華，攝入一切華。多華及餘華，一一成伴義。故知此蘭華，即是妙蓮華。皆是蓮眷屬，隨機而出現。如是浄妙華，開演戒定葉。方便爲枝幹，六度爲繁密。無漏法樹林，何憂不增長。佛説孝順果，等補處菩薩。以是十方佛，咸重四恩故。哀哀孝子心，供養生身佛。即名供養佛，佛心隨順故。孝子即身花，果花無有二。心花開敷時，蓮花與俱故。我願十方界，一切諸衆生。咸思報佛恩，誓願爲孝子。孝心同佛心，諸佛所加被。十方諸孝子，即是微塵佛。

彙旃自國變後不復出，主東林書院三十餘年，闡程朱之學，學者宗之。卒於家。明文偶鈔〔一〕

知歸子曰：經云：「孝名爲戒。」〔二〕又言：「祀天地鬼神，不如孝其二親。」〔三〕或疑佛氏既已捨其家，毁其身矣，復何孝之云？殊不知捨其家者，盡虛空而爲家者也。毁其身者，偏法界而爲身者也。故曰佛者覺也，覺也者，反始而合本之謂也，反始而合本，孝莫大於是。世之君子誠欲孝其二親，則舍佛將奚之焉？如江、劉以下諸賢，其有以知之矣。

〔一〕高世泰爲高攀龍之侄，事跡見李桓國朝耆獻類徵初編卷四百二。熊賜履撰有高彙旃先生傳，載東林書院志卷十一。
〔二〕見梵網經卷下。
〔三〕見注四十二章經。

汪大紳云：知歸子之於佛，可謂知之明、信之篤矣。現居士身而説法，不毁身、不捨家，可也。

居士傳十三

李師政梁敬之裴公美傳

李師政者，上黨人也，唐初官門下典儀。武德中，太史令傅奕七上書，請除佛法，僕射蕭瑀爭之力。事雖不行，然猶下沙汰僧道之令。議者率謂：「三王無佛而年永，二石〔一〕有僧而政虐；損化由於奉佛，益國在於廢僧。」師政駁之曰：

亡秦者胡亥，時無佛而土崩。興佛者漢明，世有僧而國治。周除佛寺而天元之祚不永，隋宏釋教而開皇之令無虐。盛衰由布政，治亂在庶官，歸咎佛僧，實非通論。且佛唯宏善，不長惡於臣民。戒本防非，何損害於家國？若人人守善，家家奉戒，則刑罰何得而廣，禍亂無由而作。項籍喪師非范增之無算，石氏興虐豈浮圖之不仁？但爲違之而暴亂，未有遵之而凶虐者也。

〔一〕指十六國後趙君主石勒與石虎，均尊奉佛圖澄。

於是著論三篇，辨惑第一，明邪正之通蔽。通命第二，辨殃慶之倚伏。空有第三，破斷常之執見。其空有一篇最爲精造，辭曰：

或有惡取於空以生斷見，無所慚懼，自謂大乘，此正法所深戒也。其斷見者曰：「經以法喻泡影，生同幻化。」又云：「罪福不二，業報非有，故知殖因收果之談，天堂地獄之説，無異相如述上林之橘樹，孟德指前路之梅園，權誘愚蒙，假稱珍怪，有其語焉，無其實矣。至如冉疾顔夭，彭壽聃存，貴賤自然而殊，苦樂偶其所遇，譬諸草木區以別矣。若乃異臭殊味，千品萬形，何業而見重？何因而被輕？何由而速斃？何功而久生？人之殊命蓋亦如是。然則無是無非，大乘之深理；明善明惡，小乘之淺教，何爲捨惡趣善，而起分別之心乎？」

論曰：若夫如夢如幻，如響如泡，無一法而不爾，總萬像而俱包。上士觀之以至聖，至聖體之而獨超，大浸稽天而不溺，大風偃岳而無飄，具六通而自在，越三界而逍遥。然理不自了，正觀以昭，心不自寂，静攝斯調，障不自遣，對治方消，德不自備，勤修乃饒。六蔽既除，則真如可顯，三障未滅，則菩提極遥。故真諦離垢淨之相，俗諦立是非之條。指事必假於分別，論法豈宜於混淆。六度不可爲墜苦之業，三毒不可爲出世之橋，投谷難以無墜，赴火何由不燒，何得同因果於兔角，匹罪福於龜毛乎？雖引大乘之妙言，不得妙之真致，説之於口若同，用之於心則異。正法以空去其貪，邪説以空資其愛；智者觀空以除恚，惑者論空而肆害；達者行空而慧解，迷者取空以狂悖；大士體空而進德，小人説空而善退。其殊若此，豈同致乎？良由反用正言以生邪執矣！

夫妙道之元致，即群有以明空，既觸實而知假，亦就殊而照同。譬如對明鏡而旁觀，臨碧池而俯映。衆像粲而在目，可見而無實性。緣生有而成形，有離緣而表〔一〕質。水遇寒而冰壯，冰涉温而堅失。凡從緣而爲有，雖大有其何實？故大與我皆虛，我與萬物爲一。菩提不得謂爲有，何況群生與衆術。故察於物而非物，取諸身而非身。善惡殊塗而不二，聖凡異等而常均。尋夫經論之大旨也，從緣以明非有，緣起以辨非無，事有而無妙實，義空而非太虛。道智了空而絶縛，俗情滯有以常拘。人與業報而非有，業報隨人而不無。何乃取空言而背旨，援卉木而比諸，獨謂鄙行空而不戒，善法空而不遵，三惑應捨而未悛，五德應修而反棄。不觀空以遣累，但取空而廢善，此豈浄名不二之深致，莊周齊物之元旨乎？

〔一〕「表」，廣弘明集卷十四作「喪」。

大矣哉！至人之體空也，證萬物之本寂，知四大之爲假。視西施如行厠，比南金於碎瓦，五欲不能亂其心，四魔無以變其雅。智日明而德富，惑日除而過寡。截手足而無憾，乞頭目而能捨。八法不生二相，萬物觀如一馬，故能證無上智爲薩婆若〔一〕。得其理也，解脱如此；失其旨者，過患如彼。何得爲非而不懼、崇邪以爲是？

夫見舟見水，皆非真諦，而將涉大川，非舟不濟。病體藥性，均是空虛，而人由病隕，病因藥除。罪福之性，平等不二，而福以善臻，禍因惡致。善惡諸法，等空無相，而善法助道，惡法生障。故知萬法真性同一如矣，因緣法中有萬殊矣，空有二門不相違矣，真俗二諦同所歸矣。若謂小乘有罪福之言，大乘無是非之語，似胡越之殊趣，若矛盾之相拒。童子尚羞翻覆，聖人豈爲首鼠，良以道聽而塗説，遂使謬量而惡取，若博考而深思，必疑釋而迷愈矣。

若夫方等一乘，波若八部，聖慧之極，大乘之首，莫不廣述受持之利，深陳毁謗之

〔一〕　薩婆若，意譯爲一切種智，即諸佛究竟圓滿果位之大智慧。

咎。經又云：「深信因果，不謗大乘。」〔一〕何謂大乘之埋都無因果乎？夫取相而爲善，則善而未精，見相而斷惡，則斷已復生。若悟善性寂而無作，了惡體空而何斷，乃令三障冰消而寂滅，萬德雲集以彌滿。智慧如海，不可酌之以一蠡；道邁人天，豈得闚之以寸管。夫說空而恣情者，不能無所苦也，疾痛惱之，則寢不安矣；刀鋸傷之，則體不完矣；終日不食，則受其飢矣；無裘禦冬，則苦其寒矣。然則致苦之業，豈可輕而不避乎？千品萬端，皆業爲主，三界六趣，隨業而處。百卉無情，故美惡非關於業報；四生有命，則因緣不同於草莽。斤斧伐木不驚，刀杖加人則懼，比有情於無知，何非倫而引喻。三世因果，佛不我欺，十方勸戒，聞當不疑。勸之者應修，戒之者宜遠。抑凡情之所耽，行聖智之所願。何得違經論之所明，以胸臆而爲斷，而謂善惡都空，無損益乎？夫法眼明了，無法不悉，舌相廣長，言無不實。其析有也，則一毫爲萬，其等空也，則萬象皆一。防斷常之死生，兼空有以除疾，彼菩提之妙理，實甚深而微密，厭塵勞而求解慧，當謹慎而無放佚。非聖者必凶，順道者終吉，勿謂不信，有如皎日。廣宏明

〔一〕見佛說觀無量壽佛經。

集；大唐内典録〔一〕

梁敬之，名肅，安定人。建中朝，官翰林學士守右補闕，侍皇太子。學天台教於荆溪法師，深得心要。以止觀文義宏博，覽者費日，乃削定爲六卷，撰統例云：

夫止觀何爲也？導萬法之理而復於實際者也。實際者何也？性之本也。物之所以不能復者，昏與動使之然也。照昏者謂之明，駐動者謂之静。明與静，止觀之體也，在因謂之止觀，在果謂之智定，因謂之行，果謂之成。行者行此者也，成者證此者也。原夫聖人有以見惑足以喪志，動足以失方，於是乎止而觀之，静而明之，使其動而能静，静而能明。因相待以成法，即絶待以照本。立大車以御正，乘大事而總權。消息乎不二之場，鼓舞於説三〔二〕之域。至微以盡性，至賾以體神。語其近則一毫之善可

〔一〕見廣弘明集卷十四内德論。大唐内典録卷五謂：「貞觀初年，門下典儀李師政之所作也。政家上黨，學識攸歸，少玩大方，長遂通洽。每與諸朝士共談玄奥，多陷名相，以佛宗爲虚誕；同迷緣業，以聖理爲捫虚。政乃著論三篇，初明顯正，喻傅氏之讒誹，中明運業，曉今古之迷濫，後述因果，辯成報之非謬。文極該要，統史籍之前言，義寔明冠，拔沉冥之滯結。」

〔二〕據天台宗教義，佛之出世，意欲直説法華，蓋因衆生根機不等，乃於一乘道分别説三，後至法華時，會三乘之小行，歸廣大之一乘。

通也，語其遠則重元之門可闢也。用至圓以圓之，物無偏也。用至實以實之，物無妄也。聖人舉其言，所以示也，廣其目，所以告也。優而柔之，使自求之，擬而議之，使自至之。此止觀所由作也。

夫三諦者何也？一之謂也。空假中者何也？之目也。空假者，相對之義，中道者，得一之名。此思議之説，非至一之旨也。至一即三，至三即一，非相含而然也，非相生而然也，非數義也，非强名也，自然之理也。言而傳之者，跡也，理謂之本，跡謂之末。本也者，聖人所至之地也。末也者，聖人所示之教也。由本以垂跡，則爲小，爲大，爲通，爲別，爲頓，爲漸，爲顯，爲秘，爲權，爲實，爲定，爲不定。循跡以返本，則爲一，爲大，爲圓，爲實，爲無住，爲中，爲妙，爲第一義。是三一之藴也，所謂空也者，通萬法而爲言者也；假也者，立萬法而爲言者也；中也者，妙萬物而爲言者也。破一切惑，莫盛乎空，建一切法，莫盛乎假，究竟一切性，莫大乎中。舉中，則無法非中；目假，則何法非假；舉空，則無法非空。成之謂之三德，修之謂之三觀。舉其要，則聖人極深研幾，窮理盡性之説乎？昧者使明，塞者使通，通則悟，悟則至，至則常，常則盡矣。明則照，照則化，化則成，成則一矣。聖人有以彌綸萬法而不差，旁礴萬劫而不遺，壽載恒沙而不有，復歸無物而不無，寓名之曰佛，强號之曰覺。究其旨，其解脱自在，莫大極妙之德乎？

夫三觀成功者如此，所謂圓頓者，非漸次，非不定，指論十章之義也。七章者，恢演始末，通道之關也。五略者，舉其宏綱，截流之津也。十境者，發動之機，立觀之諦也。十乘者，妙用所修，發行之門也。止於正觀而終於見境者，義備故也。闕其餘者，非修之要也。乘者何也？載萬物而運者也。十者何也？成載之事者也。如其境之妙，不行而至者，德之上也，乘一而已矣，豈籍夫九哉！九者，非他相生之説，未至者之所踐也。故發心者，發無所發；安心者，安無所安；破徧者，破無所破。爰至餘乘，皆不得已而説也。至於別其義例，判爲章目，推而廣之不爲繁，統而簡之不爲少，如連環不可解也，如貫珠不可雜也，如懸鏡不可掩也，如通川不可遏也。義家多門，非諍論也。按經證義，非虚説也。辯四教淺深，事有源也。成一事因緣，理無遺也。

噫！止觀其救世明道之書乎！非夫聖智超絶，卓爾獨立，其孰能爲乎？非夫聰明深達，得意忘象，其孰能知乎？或稱：「不思議境與不思議事，皆極聖之域，等覺至人猶所未盡。若凡夫生滅心行，三惑浩然，於言説之中，推上妙之理，是猶醯雞而説大鵬，夏蟲之議層冰，其不可見，明矣。今止觀之説，文字萬數，廣論果地，無益初學，豈如暗然自修，功至自至，何必以早計爲事乎？」是大不然。凡所爲上聖之域，豈隔闊遼敻，與凡境杳絶歟？是唯一性而已，得之爲悟，失之爲迷；一理而已，迷而爲凡，悟而爲聖。迷者自隔，理不隔也；失者自失，性不失也。止觀之作，所以離異同而究聖神，使群生正性而順理者也。正性順理，所以行覺路而至妙境也。不知此教者，則學何所入？功何所施？智何所發？譬如無目，昧於日月之光，行於重險之處，顛踣墮落，可勝既乎！

噫！去聖久遠，賢人不出，庸昏之徒，含識而已。致使魔邪詭惑，諸黨並熾，空有云云，爲沉爲阱。有膠於文句不敢動者，有流於漭浪不能住者，有太遠而甘心不至者，有太近而我身即是者，有枯木而稱定者，有竅號而稱慧者，有奔走非道而言權者，有假於鬼而言通者，有放心而言廣者，有罕言而爲密者，有齒舌潛傳而爲口訣者。凡此之類，自立爲祖，繼祖爲家，反經非聖，昧者不覺。仲尼有言：「道之不明也，我知之矣。」〔一〕由物累也，悲夫！

隋開皇十八年，智者大師去世，至皇朝建中，垂二百年，以斯文相傳，凡五家師。其始曰灌頂，其次曰晉雲威，又其次曰東陽小威，又其次曰左溪朗公，其五曰荆溪然

〔一〕禮記中庸：「子曰：『道之不行也，我知之矣，知者過之，愚者不及也。道之不明也，我知之矣，賢者過之，不肖者不及也。』」

公。頂於同門中，慧解第一，能奉師訓，集成此書。蓋不以文辭爲本故也，或失則煩，或得則野。當二威之際，緘授而已，其道不行。天寶中，左溪始弘解説，而知者蓋寡。荆溪廣以傳記，數十萬言，網羅遺法，勤矣備矣。荆溪滅後，知其説者適三四人，學者内病於蔽，外役於煩，以不能喻之師，教不領之弟子，止觀所以未光大於時也，予常戚戚。於是整其宏綱，提其機要，其理之所存，教之所急，或易置之，或引伸之。其義之迂，其辭之鄙，或薙除之，或潤色之。大凡浮疏之患，十愈其九，廣略之宜，三存其一。是祛鄙滯，道蒙童，貽諸他人，則吾豈敢。若同見同行且不以止觀罪我，亦無隱乎爾。建中上元甲子首事筆削三歲，歲在析木之津，功畢云爾。卒贈禮部郎中。時吏部郎中李華亦從荆溪學止觀，荆溪爲述止觀大意一篇〔一〕。散騎常侍崔恭、諫議大夫田敦，皆其同學云〔二〕。佛祖統紀；柳河東集〔三〕

〔一〕湛然止觀大意一卷，今存，載大正藏第四十六册。首有題記曰：「因員外李華欲知止觀大意，略報綱要。」

〔二〕見佛祖統紀卷十荆溪旁出世家，卷四十一法運通塞志。

〔三〕見佛祖統紀卷四十九名文光教志；柳河東集卷十二有先君石表陰先友記一文，其中謂梁肅：「梁肅，安定人。最能爲文，以補闕修史。侍皇太子。卒贈禮部郎中。」柳宗元文集中道及梁肅者，僅此也。梁肅事跡又見佛法金湯編卷九梁肅傳，名公法喜志卷二梁敬之傳等。

裴公美，名休，河東聞喜人也〔一〕。兒時與兄弟居家塾讀書，有饋鹿脯者共薦之，公美不食，曰：「疏食猶不足，今一啖肉，後將何繼？」家世奉佛，至公美益精進。有異僧自清涼來，貽舍利三顆並一簡，簡有梵書，莫能識已。得譯者，辨其文曰：「大士涉俗，小士居真，欲求佛道，豈離紅塵。」

長慶中，擢進士第，舉賢良方正異等，更內外任，官新安太守。屬希運禪師初自黄檗山捨衆，入大安精舍，混跡勞侶。公美入寺，觀壁間畫，問：「是何圖相？」主事者曰：「高僧真儀。」公美曰：「真儀可觀，高僧何在？」主事不能對。公美曰：「此間有禪人否？」主事曰：「近有一僧，投寺執役，頗似禪者。」乃請運至。公美舉前問，運朗聲曰：「裴休！」公美應諾。運曰：「在甚麽處？」公美當下知旨，如獲髻珠，遂延入府署，執弟子禮。復請住黄

〔一〕舊唐書卷一百七十七作「河内濟源人」，新唐書卷一百八十二作「孟州濟源人」。景德傳燈録卷十二等作「河東聞喜人」。

檗山，後遷宣城，復創精舍，請運居之〔一〕。

公美既徹法源，復博綜教相。與宗密法師〔二〕往來甚親。宗密有所著述，輒序而行之，其大方廣圓覺了義經略疏序曰：

夫血氣之屬必有知，凡有知者必同體，所謂真浄明妙，虚徹靈通，卓然而獨存者也。是衆生之本源，故曰心地；是諸佛之所得，故曰菩提；交徹融攝，故曰法界；寂静常樂，故曰涅槃；不濁不漏，故曰清浄；不妄不變，故曰真如；離過絶非，故曰佛性；護善遮惡，故曰總持；隱覆含攝，故曰如來藏；超越玄閟，故曰密嚴國；統衆德而大備，爍群昏而獨照，故曰圓覺。其實皆一心也。背之則凡，順之則聖；迷之則生死始，悟之則輪回息。親而求之，則止觀定慧；推而廣之，則六度萬行。引而爲智，然

〔一〕裴休集有黄檗山斷際禪師傳心法要一卷，並作斷際心要謂「有大禪師，法諱希運，住洪州高安縣黄檗山鷲峰下，乃曹溪六祖之嫡孫，西堂百丈之法侄，獨佩最上乘離文字之印，唯傳一心，更無别法。……予會昌二年廉於鍾陵，自山迎至州，憩龍興寺，旦夕問道。大中二年廉於宛陵，復去禮迎至所部，安居開元寺，旦夕受法。退而紀之，十得一二，佩爲心印」云云，可以參考。

〔二〕宗密（七八〇—八四一），果州（四川西充）人，俗姓何。世稱圭峰禪師、圭山大師，謚號定慧禪師，被尊爲華嚴宗第五祖。著有華嚴經綸貫、圓覺經大疏等。

後爲正智；依而爲因，然後爲正因。其實皆一法也。終日圓覺而未嘗圓覺者，凡夫也；欲證圓覺而未極圓覺者，菩薩也；具足圓覺而住持圓覺者，如來也。離圓覺無六道，捨圓覺無三乘，非圓覺無如來，泯圓覺無真法。其實皆一道也。三世諸佛之所證，蓋證此也。如來爲一大事出現，蓋爲此也。三藏十二部、一切修多羅，蓋詮此也。然如來垂教，指法有顯密，立義有廣略，乘時有先後，當機有深淺。非上根圓智，其孰能大通之？故如來於光明藏與十二大士密説而顯演，潛通而廣被，以印定其法，爲一切經之宗也。

圭峰禪師得法於荷澤嫡孫南印上足道圓和尚〔一〕，一日，隨衆僧齋於州民任灌家，居下位，以次受經。遇圓覺了義，卷未終軸，感悟流涕。歸以所悟告其師，師撫之曰：「汝當大弘圓頓之教，此經諸佛授汝耳。」禪師既佩南宗密印，受圓覺懸記，於是閲大藏經律，通唯識、起信等論，然後頓轡於華嚴法界，宴坐於圓覺妙場，究一雨之所霑，窮五教之殊致。乃爲之疏解，凡大疏三卷，大鈔十三卷，略疏兩卷，小鈔六卷，道場修證儀

〔一〕禪宗南宗荷澤宗一系以惠能弟子荷澤神會爲宗祖。據圭峰宗密禪門師資承襲圖所述，荷澤宗之師資相承爲神會——法如——南印——道圓——宗密。

一十八卷，並行於世。其序〔一〕教也圓，其見法也徹。其釋義也，端如析薪；其入觀也，明若秉燭。其辭也極於理而已，不虛騁；其文也扶於教而已，不苟飾。不以其所長病人，故無排斥之説；不以其未至蓋人，故無胸臆之論。蕩蕩然，實十二部經之眼目，三十五祖之骨髓，生靈之大本，三世之達道。後世雖有作者，不能過矣。其四依〔二〕之一乎？或淨土之親聞乎？何盡其義味如此也！

或曰：「道無形，視者莫能覩；道無方，行者莫能至，況文字乎？在性之而已，豈區區數萬言而可詮之哉？」對曰：「噫！是不足以語道也。前不云乎，統衆德而大備，爍群昏而獨照者，圓覺也。蓋圓覺能出一切法，一切法未嘗離圓覺。今夫經律論三藏之文，傳於中國者五千餘卷，其所詮者何也？戒定慧而已。修戒定慧而求者何也？圓覺而已。圓覺，一法也，張萬行而求之者何？衆生之根器異也。然則，大藏皆圓覺之經，此疏乃大藏之疏也。羅五千軸之文，而以數卷之疏通之，豈不至簡哉！何言其繁也？及其斷言語之道，息思想之心，忘能所，滅影像，然後爲得也，固不在詮

〔一〕「序」，大正藏第三十九册大方廣圓覺修多羅了義經略疏作「叙」。

〔二〕曇無讖譯大般涅槃經卷六：「如佛所説，是諸比丘當依四法，何等爲四？依法不依人，依義不依語，依智不依識，依了義經不依不了義經。」

表耳。」嗚呼！生靈之所以往來者，六道也。鬼神沈幽愁之苦，鳥獸懷獝狘之悲，修羅方瞋，諸天正樂，可以整心慮，趣菩提，唯人道能之耳。人而不爲，吾末如之何也，已矣！休嘗遊禪師之閫域，受禪師之顯訣，無以自效，輒直讚其法而普告大衆耳。

公美居官，操守嚴正，不爲皦察之行，而吏民畏信。大中初，官户部侍郎，領諸道鹽鐵轉運使，革除奸弊，責所在令長兼董漕運，賞勤而糾惰，舟無廢滯。又立税茶十二法，人以爲便。六年，同平章事，又五年罷，歷諸州軍節度觀察等使。咸通初卒，年七十四。

公美自中年後斷肉食，屏嗜慾，齋居焚香誦經，習歌唄爲樂。嘗著勸發菩提心文云：

大衆從無始來，常認爲我身者，是地水火風假合之身，旋聚旋滅，屬無常法，非我身也。大衆從無始來，常認爲我心者，是緣慮客塵虚妄之心，乍起乍滅，屬無常法，非我心也。我有真身，圓滿空寂者是也；我有真心，廣大靈知者是也。空寂靈知，神用自在，性含萬德，體絶百非，如浄月輪，圓滿無缺。惑雲所覆，不自覺知，妄惑既除，真心本浄。十方諸佛，一切衆生，與我此心，三無差別，此即菩提心體。捨此不認，而認臭身妄念，隨死隨生，與禽畜雜類比肩受苦，爲丈夫者不亦羞哉！

居常自言，能不爲俗染，可以説法度人。常著毳衲，於歌妓院，持鉢乞食。復發願世爲國王，宏護佛教。後于闐國王生太子，掌有文曰裴休，聞於中朝。公美子弢通書欲奉迎，不可，乃止。唐書；五燈會元；圓覺經略疏序；道院集；北夢瑣言〔一〕○按清涼通傳載：河東節度使李詵使五臺還，公美與之論佛法，其言甚辨。然詵使五臺乃貞元十一年事，公美年甫數歲，何由與詵問答？明爲後人附會，削之〔二〕。

〔一〕見舊唐書卷一百七十七裴休傳，新唐書卷一百八十二裴休傳，五燈會元卷二終南山圭峰宗密禪師，卷四洪州黄檗希運禪師、相國裴休居士，北夢瑣言卷六。裴休事跡又見佛法金湯編卷九裴休傳，名公法喜志卷三裴公美傳等。四庫全書總目提要卷一百四十五謂：「道院集要三卷，舊本題爲道院集，宋晁迥撰。宋史藝文志載道院集要三卷，注曰『不知作者』。考晁公武讀書志載道院別集十五卷，稱五世祖文元公撰。文元即迥謚也。又别載道院集要三卷，稱元祐中侍從王古編。並載古序曰：『文元晁公博觀内書，復勤於著述。其書曰道院别集，曰自擇增修百法，曰法藏碎金，曰隨因紀述，曰耄智餘書。余嘗徧閲之，以爲名理之妙，雖白樂天不逮也。輒删去重複，總集精粹以便觀覽。』則此書乃王古選録迥書，故名集要，舊本以爲即道院集者，誤也。」晁迥道院集、道院别集皆佚，彭氏所引當爲道院集要卷一裴相勸發菩提心文。又晁迥法藏碎金録卷一、卷三皆有論及裴休語。

〔二〕居士傳多次引用清涼通傳，然此書未見著録。武林梵志卷二謂：「僧宗林，字大章，號朽菴，弘治八年欽宣到京，提督五臺山，校正清涼通傳，入藏。」疑清涼通傳即明僧鎮澄所作清涼山志之别稱。清涼山志卷六載李詵與裴休之對話，節引如下：詵既至京，裴公問曰：「清涼之游樂乎？」詵曰：「風沙紫塞，何樂之有？……」公曰：「甚矣！子之謬也。子持熱惱之心，欲入清涼之界者，猶披麻而度火，欲其不燒，豈可得乎？夫清涼界者，初非有外也，不離當處，物莫能間。」云云，全屬長輩訓教晚輩語氣，與李詵、裴休兩人輩分不合，彭氏所考是也。

知歸子曰：唐世士大夫善説法要者，李、梁、裴三君子而已。典儀之論禪病，何其痛哉。梁之於荆溪，裴之於圭峰，皆能洪其教者。獨怪公美撰圭峰碑，謂六祖之道傳於荷澤，稱七祖，而南岳馬祖爲别系。夫公美既得法於黄檗矣，扶教而抑宗，此予所不解也。

汪大紳曰：空有篇句句字字，説透汪大紳凡夫病種。大紳凡夫病是久矣，偶讀六度經，見有大弟子欲以神通免難者，佛説有形之罪可免，其如無形之罪乎〔一〕？瞿然而起曰：善哉言乎！曾思周、程發聖人之藴，於此可悟入焉。曰「戒慎乎其所不覩，恐懼乎其所不聞」，曰「慎獨」，曰「正心誠意」，曰「静虚動直」，曰「擴然大公」，皆於無形之中，纖塵不立。纖塵纔立，便是放肆，便是偏著虚僞，便是擾擾，便是私曲。無形之中，罪惡如山，在儒則斥之曰「小人」，曰「異端」；在釋則斥之曰「魔」，曰「外道」。學聖學佛，到得纖塵不立境界，曰「誠」，曰「明」，曰「一真法界」，曰「圓覺」，於是出焉。乃大紳凡夫，於無形之中，好色，好名，好勝，藏垢納污，海深山積。兀自大言不慙，談空説妙，宣揚孔佛。咄！安得有無形之中罪惡如山，而能空者乎？咄！安得有無形之中罪

〔一〕六度集經卷五釋家畢罪經：「目連言：『吾能攘有形，無奈無形罪何！』」

惡如山，而能妙者乎？ 咄！ 安得有無形之中罪惡如山，埋卻聖種，而能宣揚孔者乎？ 咄！ 安得有無形之中罪惡如山，埋卻佛種，而能宣揚佛者乎？ 兀自無耻，狂心歇息不下，扯那性本無生，當體本空話頭，做個安心丸喫將去，好色過了喫一丸兒者，好名過了喫一丸兒者，好勝過了喫一丸兒者。 咄！ 你道一切本無生，一切本空，那水性本空本無生，你何不入水去？ 火性本空本無生，你何不入火去？ 毒性本空本無生，你何不喫砒礵去？ 你這裏來不得，可知是假。 你這凡夫，何不體究真空纖塵不立，去到那入水入火喫砒礵時，只是纖塵不立，再開口談空説妙，也未遲耳。 你這凡夫，原有些熱腸，原有些血性，你若到這地位，色心歇絶，轉爲大寶餤； 名心歇絶，逾於須彌山； 勝心歇絶，升爲不動尊。 你這熱腸血性發作時，原是大豪傑、大羅漢、大菩薩，決定能忠爾忘身，公爾忘私，國爾忘家，比不得那一班儒門酸子、禪門秃驢，連那好名、好色、好勝念頭動動時，還要滿面正經，便教他做正經人，有甚用頭？ 你若肯正經時候，如上所説，把這萬劫熱腸、潑天血性放出來時，了不得也！ 如何了不得？ 李師政來參，你便坐在萬仞崖巔，大棒子劈頭打下萬仞崖邊去也，管教這漢一條窮性命絲毫不留。 倘若這漢乖巧道是義學門徒，將那所講用紅格兒謄清，做着時文樣子，打聽得汪大紳處館時，恭恭敬敬送上求政，你便用着敗毛大筆頭判將去曰：「真實做工夫人，一句也背他不得。」一賞一罰多少分明，你這熱腸血性用得何等諦當。你何苦爲好色、好名、好勝用卻，做了凡夫，惹李老先生出你的醜。大紳現身説法竟，一切凡夫們聽者。

又曰：止觀之法，非獨爲台教綱宗，抑亦孔佛大總持也。堯舜禹相傳曰：「惟精惟一，允執厥中。」惟精，觀也；惟一，止也；允執厥中，止觀等也。湯曰：「聖敬日躋。」〔一〕聖，觀也；敬，止也；合言之，止觀等也。文曰：「於緝熙敬止。」〔二〕於緝熙，觀也；敬止，止也；合言之，止觀等也。孔顔相傳曰：「有不善未嘗不知，知之未嘗復行。」〔三〕知，觀也；未嘗復行，止也；合言之，止觀等也。曾思孟相傳張皇孔氏之學，曰「正心誠意」，止也；曰「致知格物」，觀也；曰「明善」，觀也；曰「誠身」，止也。曰「誠」者，止也；曰「思誠」者，觀也；合言之，止觀等也。濂洛關閩諸大儒之學以此推之，無不合矣。予所見佛書甚少，所及憶者尤少，所及見所及憶者，如金剛經言「云何降伏其

〔一〕詩經商頌長發。

〔二〕詩經大雅文王：「穆穆文王，於緝熙敬止。」

〔三〕論語雍也：「有顔回者好學，不遷怒，不貳過。」孔子家語弟子行：「子貢對曰：『夫能夙興夜寐，諷誦崇禮，行不貳過，稱言不苟，是顔回之行也。』」王肅注：「貳，再也。有不善未嘗不知，知之未嘗復行也。」

心」，觀也；「云何住」，止也；曰「無所住而生其心」，無所住，止也；生其心，觀也；合言之，止觀等也。圓覺經言之備矣，而楞嚴經「從聞思修入三摩地」，心經「觀自在」，由觀而止，層層深入，總不出止觀法門也。以是推之，千經萬典，自無不合，予以是知台宗甚大。然予於台宗書，自永嘉頌外，實未之寓目也，予何從而得之？予讀朱子書得之也。朱子言「存養」，止也；言「省察」，觀也；言「存養省察，交致互發」〔一〕，止觀等也。重提「主敬」，觀自在菩薩也；痛下「格物窮理」功夫，從聞思修入三摩地也；萬法總持，歸一「誠」字，無上正等正覺也。予讀朱子書，句句字字爲孔門金針，且爲釋迦氏金針。予讀釋迦氏書，句句字字爲孔門心印，即句句字字爲朱子心印，與孔朱異者，跡而已矣。後儒議朱子格物之學者多矣，由其說，得無釋迦氏所呵爲「窮空不盡」者乎？釋迦之爲釋迦，窮空極盡而已矣。吾孔氏之爲孔氏，窮理盡性以至於命而已矣。先儒有言：顔子與聖人未達一間，還爲那心粗。然則餘塵尚諸學，亦心粗而已矣。嗚呼！止觀之爲大總持也，而觀法尤要，未有不深於觀而能止者也。不觀而止，饒他八萬劫，

〔一〕如朱子語類卷六十二謂：「存養省察，是通貫乎已發未發功夫。未發時固要存養，已發時亦要存養。未發時固要省察，已發時亦要省察，只是要無時不做功夫。」

終是落空亡，可不慎與？所以儒門之學，格物爲要；佛門之學，觀法爲要。朱子精於格物，觀音大士精於觀法，所以爲儒佛之選也。嗚呼！予之爲是言也，一以爲怪談，一以爲曠論，皆非予之心也。予之心蓋欲一切人天究竟實義，無取中途之樂而已矣。

又曰：日用而不知者，凡夫也；知至至之，知終終之，菩薩也；通乎晝夜而知者，如來也。文中子曰：「元亨利貞，運行不匱者，智之功也。」〔一〕其於易也幾乎！公美之於圓覺，文中之於易，皆見得端緒。

又曰：之三君子者，佛門中之文質彬彬者也。

〔一〕見文中子卷五問易篇。

居士傳十四

李樊牛于商鄭馬陸李傳

李山龍，馮翊人，唐初官監門校尉。武德中暴亡，而胸微熱，家人伺之。尋蘇，自言死後有吏攝至一王府，庭中有囚數千，皆枷鎖北面立，王坐高牀，侍衛甚盛。山龍既至階下，王問曰：「汝平生作何福業？」對言：「鄉人每設齋，恒施物助之。」又問：「汝身作何善業？」對言：「誦法華經，日兩卷。」王曰：「大善！」即請升階上高座，王移座對之。山龍開經曰：「妙法蓮華經序品第一。」王便請下座，山龍下，則庭中諸囚忽已不見。王曰：「君誦經之福，非唯自利，衆囚聞經，皆已獲免，豈不善哉！今放君還。」謂吏曰：「可將此人，歷觀諸獄。」吏引東行百餘步，過一鐵城，云：「是罪人所居。」山龍憫然，稱南無佛。復行，見一大鑊，火猛湯沸，旁有二人坐卧。山龍問之，對言：「我等罪報，得此鑊湯，蒙賢者稱南無佛，故獄中囚得一日休息耳。」山龍又稱南無佛，便歸家，距歿時已七日矣。

同時有史阿誓者，居郊南福水之陰，誦法華經，行住不廢。充邑令史，出入城郭，必由小徑，低氣怡顔，緣念相續。平生未嘗乘馬，以依經云哀愍一切故也。病終時，香聞里許。後十年，妻死合葬，啓之，舌本如生。

又有薛嚴者，官忠州司馬，長齋奉佛，日誦金剛經三十遍。至年七十二，將終，幢蓋自空而下，天樂盈耳。其妻見嚴冉冉昇空而去，室中異香芬烈，家人莫不聞之。冥報記；法苑珠林；續高僧傳；報應記〔二〕○「阿誓」或作「呵擔」。

樊元智，安定人。弱齡好道，居京城南，依杜順和尚。杜順令習華嚴爲業，仍依經修普賢行。每誦經，口中頻獲舍利，前後數百粒。有時夜誦，口放光明，照及四十餘里，遠近驚異。年九十二，無疾而終，荼毗時，牙齒變爲舍利，得百餘粒，悉放光明，數日不歇。僧俗建塔以爲供養。華嚴經疏鈔；華嚴感應傳〔三〕

〔一〕李山龍事見冥報記卷中，又見法苑珠林卷二十感應緣、法華經持驗記卷上等。史阿誓事見法苑珠林卷十八感應緣，又見法華經持驗記卷上等。續高僧傳卷二十八遺俗傳、法華靈驗傳卷上記史阿誓事，名作「史呵擔」。

〔二〕薛嚴事見太平廣記卷一百六薛嚴，謂出報應記，又見金剛般若經集驗記卷下等。

〔三〕見大方廣佛華嚴經隨疏演義鈔卷十五，又見華嚴感應緣起傳。

牛思遠，名騰，不詳其里居。少挺異操，沉静寡言。早歲明經擢第，天后時，以舅裴炎得罪，貶爲牂牁建安丞。中丞崔察欲害之，有異人授以神咒得免，遂篤信佛道。雖已婚宦，如守戒僧，口不妄談，目不妄視。在牂牁大布釋教，置道場數處，夷人皆漬其化。居三年，莊州〔一〕獠反，轉入牂牁，遠近皆殺，長吏應之。建安大豪起兵劫思遠，坐樹下，將戮之。忽有旁人持刀斬守者頭，置思遠籠中，舁而走。事平，還視事。後宰數邑，皆計日受俸，人服其清。尋棄官，精心釋教，以終其身。紀聞〔二〕

于昶，不詳其里居。天后朝任并州録事，晝決曹務，夜判冥司。每知災咎，陰爲之備，凡六年。丁母憂，持金剛經日以爲課，更不復爲冥吏矣。年八十四，將終，忽聞奇香，遽謂左右曰：「西方聖人來迎我也。」即向西連稱佛名而逝。報應記〔三〕

商居士，遺其名，三河縣人。年七歲能通佛書，後廬於縣西田中，有佛書數百手卷，閱

〔一〕「莊州」，底本作「莊周」，據太平廣記卷一百一十二改。
〔二〕見太平廣記卷一百一十二牛騰，謂出紀聞，所記較居士傳爲詳。
〔三〕見太平廣記卷一百四于昶、佛祖統紀卷二十八往生續遺，皆謂出報應記。

誦未嘗一日廢，從而師者百輩。每行，其骨體珊然，若戛玉之音。年九十餘，一日湯沐，具冠帶，悉召門弟子會食，告之曰：「吾旦暮且死，當以火燼吾尸，慎無逆吾旨。」是夕坐逝，後三日焚之，視其骨，若鈎鎖之相屬也。於是里人建塔以奉焉。宣室志〔一〕

鄭牧卿，滎陽人。舉家修淨業。開元中，病篤，或勸進魚肉，不許。手執香爐，一心西向。忽聞異香蔚然，遂逝。其舅尚書蘇頲，夢寶蓮華開，牧卿坐其上。佛祖統紀〔二〕

馬子雲，不詳其里居。舉孝廉，任涇縣尉，充本郡租綱，督運入京。舟溺，沉米萬斛，繫獄中。子雲專心念佛，閲五年，遇赦得出。隱南陵山寺中，持一食齋。天寶十年，卒於涇。先謂人曰：「吾因數奇，遂精持内教。今西方業成，當往生安樂世界爾。」明日沐浴，衣新衣，端坐合掌，俄而異香滿室。子雲云：「佛來矣！」遂逝。紀聞〔三〕

〔一〕見太平廣記卷一百一商居士，謂出宣室志。
〔二〕見佛祖統紀卷二十八往生續遺。
〔三〕見太平廣記卷一百一馬子雲，謂出紀聞。馬子雲事跡又見佛祖統紀卷二十八往生續遺等。

陸康成，不詳其里居。官京兆法曹，公退，忽見已故吏抱案立於前，康成驚曰：「爾已下世，何得來？」曰：「此幽府文簿，皆來年兵刃死者。」康成曰：「得毋有我乎？」吏檢示之，康成瞿然曰：「奈何！」吏曰：「惟金剛經可託，特以報公。」言訖不見。康成遂取金剛經誦之，日數十遍。明年，朱泚反，署爲御史，康成叱泚曰：「賊臣敢干國士！」泚怒，令數百騎環而射之，康成默念金剛經，矢不能入，遂捨之。康成去之終南山，老焉。報應記〔一〕

李知遥，長安人。篤志淨土，爲五會念佛，導諸衆信。晚得疾，忽云：「和尚來也。」洗漱著衣，然香爐中，出堂頂禮。聞空中説偈云：「報汝李知遥，功成果自招。引君生淨土，將爾上金橋。」卻就牀坐，泊然而化，異香滿室，衆共聞之。淨土文〔二〕

知歸子曰：予觀百家所紀載，其言感應事詳矣，而或者以爲異。夫萬法一心，自感自應，如食充飢，如飲止渴，曾足異乎？觀山龍以下諸君事，固知心力不可思議矣。

〔一〕見太平廣記卷一百六陸康成，謂出報應記。陸康成事跡又見金剛經靈驗傳卷上等。

〔二〕見龍舒增廣淨土文卷五。李知遥事跡又見佛祖統紀卷二十八往生續遺，往生集卷二李知遥傳等。

與之言佛而不信者，其亦不自信其心者哉。

汪大紳云：心光爲業力所障，遂有地獄等事；業力爲心光所破，則地獄等事一時解釋矣。精心持佛語，久之心光自然發露，能救一切苦矣。知歸子撰此一傳，度苦之念，勸人之心，真至已極，伏願仁者敬而聽之。

居士傳十五

李長者傳

李長者，名通元〔一〕，唐宗室子也。爲人美鬚髯，朗眉目，丹脣紫肌，天禀超特而學無常師，跡不可測。少留情易道，妙盡微旨，年四十餘，專精内典。嘗遊五臺，入善住院，逢異僧授以華嚴大旨。將别，長者曰：「師去何之？」僧指北峰頂。其夜，望見北峰火光亘天。長者曳杖而登，見前僧在火光中樹紫金幢，帝冠者數百圍繞。長者湧身入，作禮而起，忽失前境。乃於巖上一坐三日，已而下山，遂發弘經之願。

在則天朝，會華嚴經新譯八十卷成，持至太原，寓高仙奴家。日食十棗、柏葉餅一枚。居三年，遷馬氏古佛堂。閲十年，又負經而去。行二十里，遇一虎當路，長者撫之曰：「吾將著論釋華嚴經，汝當爲我擇一棲止。」即以經囊負其背。至神福山下，有土龕焉，虎依龕

〔一〕「元」應作「玄」，居士傳爲避清諱而改。

而蹲，長者入龕，虎乃去。山中故無水，是夕風雷拔龕前松，出泉清洌甘美，山中人因號之曰長者泉。夕則吐白光，以代鐙炬。二女子不知其自來，日爲長者汲泉、炷香、奉紙墨，食時則具浄饌置長者前，食已徹去。起開元七年，至十八年著論畢，二女子亦遂去不見。長者自爲論序云：

夫以有情之本，依智海以爲源；含識之流，總法身而爲體。只爲情生智隔，想變體殊。達本情亡，知心體合。今此大方廣佛華嚴經者，明衆生之本際，示諸佛之果源。其爲本也，不可以功成；其爲源也，不可以行得。功亡本就，行盡源成。源本無功，能隨緣自在者，即此毗盧遮那也。以本性爲先，智隨根應，大悲濟物，以此爲名。依本如是，設其教澤，滂流法界，以潤含生。於是寄位四天，示形八相。菩提場内，現蘭若以始成；普光法堂，處報身之大宅。普賢長者〔一〕，舉果德於藏身；文殊小男，創啓蒙於金色。以海印三昧，周法界而降靈；用普眼法門，覩塵中之刹海。依正二報，身土交參，因果兩門，體用相徹。以釋天之寶網，彰十刹之重重；取離垢之摩尼，明十身而隱

〔一〕新華嚴經論卷一「長者」作「長子」。據新華嚴經論卷四：「文殊爲小男，普賢爲長子，二聖合體，名之爲佛。」應以作「長子」爲是。

隱。無邊剎境，自他不隔於毫端；十世古今，始終不離於當念。其爲廣也，以虛空而爲量；其爲小也，處極微而無跡。十方無卷，即小相而匪虧；纖塵不舒，含十方而非礙。於智海果德，顯殊分於五位之門；常住法堂，示進修於九天之上。此方如是，十剎同然，聖衆如雲，海會相入。智凡不礙，狀多鏡以納衆形；彼此無妨，若千燈而共一室〔一〕。

論中大要，明衆生性即諸佛性，迷即爲凡，悟即是佛。但能信入，從始發心，文殊理、普賢行，一時頓印，如將寶位直授凡庸。回觀世間，如夜夢千秋，覺已隨滅故。其「明十種發心」云：

賢首品中，從凡夫位，以信爲首，決定取佛大菩提故。從凡夫地，信十方諸佛心不動智，與自心無異智故，只爲無明所迷故，無明與十方諸佛心本來無二故。從凡夫地，信十方諸佛身根本智，與自身無異故，何以故？皆是一法性身、一根本智，猶如樹株，一根多生枝葉等，以因緣故，一樹株上，成壞不同故。從凡夫地，信如來十住、十行、十回向、十地，我悉盡能行之，何以故？自憶無始時來，波流苦海，無益之事，尚以行之，

〔一〕見新華嚴經論卷一，略有節改。

何況如今，菩薩萬行，濟衆生事，豈不能爲？ 從凡夫地，信十方諸佛，皆從三昧生，我亦當得，何以故？ 諸佛三昧，皆從如來自性方便生，我亦具有如來自體清淨之性，與佛平等。 從凡夫地，信十方佛一切神通，我亦當得，何以故？ 諸佛神通，依真智而得，我但依真性智中，無有煩惱，無明成智，一切業亡，唯有智慈，通化自在。 從凡夫地，信佛智慧，我亦當得，何以故？ 一切諸佛，悉從凡夫來故。 從凡夫地，信佛大悲，普覆一切，我亦當得，何以故？ 諸佛大悲，從大願起，我亦如諸佛發大願故。 從凡夫地，信佛自在，我亦當得，何以故？ 諸佛自在，於性起法門，智身法身，入衆生界，不染色塵，諸根自在，我亦不離性起如來智故。 從凡夫地，信自發心，經無盡劫，修功德行滿，位齊諸佛，不移一念，何以故？ 爲三世無時故。 如是從凡夫信解，始終徹佛果位，如上所發十種信者，必能決定成就十信之門，住於堅固之種，永不退轉〔二〕。

他所論暢演一乘，義至深廣，此其最切者。 長者常冠樺皮，衣麻衣，長裠博袖，散腰徒跣，放曠人天，靡所拘執。 一日出龕，遇山中人高會宴樂，長者語之曰：「汝等好住，吾將歸矣。」衆驚其去，有送者，至龕，謝遣之。 是夕煙雲凝布，巖谷震蕩，有白鶴翔空哀唳，其餘飛

〔二〕 見新華嚴經論卷四。

走，悲鳴滿山。山中人共往候之，則已端坐示寂於龕中矣，白光從頂而出，上徹於天。時開元十八年三月二十八日，壽九十有六。所著華嚴論四十卷、決疑論四卷、略釋一卷、解迷顯智成悲十明論一卷〔一〕。至於十玄、六相、百門義海、普賢行門、華嚴觀等及諸偈讚並傳於世〔二〕，宗教兩家咸推服焉。華嚴合論；決疑論序；賢首宗乘；清涼通傳；華嚴持驗記〔三〕

知歸子曰：予讀華嚴經，悲悔故見狹劣，闇大方，不知局此幾何世？然而渾渾乎其無涯，郁郁乎淵淵乎無所施，吾視聽也久之。得李長者論，紬繹之，恍乎其有會焉。吾願生生窮遊於華藏海中，其庶幾乎？

〔一〕解迷顯智成悲十明論一卷，今存，見大正藏第四十五册。

〔二〕以上所舉諸文皆已散佚，今不存。彭氏此句源自釋照明華嚴經決疑論序。

〔三〕見新華嚴經論卷一、卷四；釋照明華嚴經決疑論序，載大正藏第三十六册；賢首宗乘，清僧弘方著；華嚴經合論收入卍續藏第四册，卷首載釋志寧所作大方廣佛華嚴經合論序、釋大方廣佛華嚴經論主李長者事跡，叙李通玄圓寂後，「有一巨蛇，蟠當龕外，張目呀口，不可向近。衆乃歸誠致祝：某等今欲收長者全身，將營殯藏，乞潛威靈，願得就事。蛇因攝形不現，耆舊潸泣，舉荷擇地，於大山之陰，累石爲墳，蓋取堅浄，即神福山逝多蘭若，今方山是也。」故後世亦稱華嚴經合論爲方山合論。李通玄事跡又見清涼山志卷四，宋高僧傳卷二十二法圓傳附，佛法金湯編卷八李通玄傳，居士分燈録卷上李通玄長者等。

信也。汪大紳云：無相光中常自在，長者之謂矣。知歸子讀華嚴經，有得輒告吾，吾不信也。今觀傳贊，知所得於經論者，有以發其覆而遊於廣大高明之域。口吐白光代炬，爲說華嚴之始；白光從頂而出，上徹於天，爲說華嚴之終。長者其有以教我矣。

居士傳十六

顏清臣韋城武傳

顏清臣，名真卿，琅邪臨河人也。舉開元中進士，擢制科，天寶末年，爲平原太守。安禄山反，舉兵爲諸郡倡，扼其衝，大破賊。肅宗即位，赴行在，授憲部尚書，遷御史大夫。立朝嚴重，直道而行，不畏彊禦，以是不容於朝，屢外轉，乾元初，拜浙江節度使。清臣故信樂佛法，嘗受戒於湖州慧明，問道於江西嚴峻。時肅宗詔天下立放生池，清臣爲立碑，歌誦主德，助宣佛化，其文曰：

皇唐七葉，我乾元大聖光天文武孝感皇帝陛下，以至聖之姿，屬艱難之運，無少康一旅之衆，當禄山强暴之初，乾鞏勞謙，厲精爲理。推誠而萬方胥悦，克己而天下歸仁。恩信侔於四時，英威達於八表。功庸格天地，孝感通神明。故得回紇、奚霫、契丹、大食、盾蠻之屬，扶服萬里，决命而争先。朔方、河東、平盧、河西、隴右、安西、黔中、嶺南、河南之師，鳩[一]斕五年，椎鋒而效死。摧元惡如拉朽，舉兩京若拾遺。慶緒遁逃，已蒙赤族之戮；思明跧伏，行就沸湯之誅。拯已墜之皇綱，據再安之宗社。迎上皇於西蜀，申子道於中京。一日三朝，大明天子之孝；問安視膳，不改家人之禮。蒸蒸然，翼翼然，真帝皇之上儀，誥誓所不及。已而嫗煦萬類，勤勞四生，乃以乾元二年春三月己丑，端命左驍衛右郎將史元琮、中使張廷玉，奉明詔，布德音，始於洋州之興道，洎山南、劍南、黔中、荆南、嶺南、江西、浙江諸道，訖於昇州之江寧秦淮太平橋，臨江帶郭，上下五里，各置放生池，凡八十一所，蓋所以宣皇明而廣慈愛也。

易不云乎：信及豚魚[二]；書不云乎：鳥獸魚鱉咸若[三]。古之聰明睿智神武而不殺者，非陛下而誰？昔殷湯克仁，猶存一面之網[四]；漢武垂惠，纔致銜珠之荅。雖流

〔一〕「鳩」，光緒本作「虓」。

〔二〕周易中孚：「中孚，柔在内而剛得中。説而巽，孚乃化邦也。豚魚吉，信及豚魚也。」

〔三〕尚書伊訓：「山川鬼神亦莫不寧，暨鳥獸魚鱉咸若。」

〔四〕史記殷本紀：「湯出，見野張網四面，祝曰：『自天下四方，皆入吾網。』湯曰：『嘻，盡之矣！』乃去其三面，祝曰：『欲左，左；欲右，右。不用命，乃入吾網。』諸侯聞之，曰：『湯德至矣，及禽獸。』」

水救涸，寶勝稱名〔一〕，蓋事止於當時，尚介祉於終古，豈如今者，動者植者，水居陸居，舉天下以爲池，罄域中而蒙福。乘陀羅尼加持之力，竭煩惱海生死之津。揆之前古，曾何髣髴？微臣職忝方面，生丁盛美，受恩寖深，無以上報。謹緣皋陶、奚斯歌虞頌魯之義，述天下放生池碑銘一章，雖不足雍容明聖萬分之一，亦臣之情悃也。敢刻金石，著其辭曰：

明明皇帝，臨下有赫。至德光大，乾元啓贖。緯武勘亂，經文御歷。孝感神明，義形金石。仁覆華夏，恩加蠻貊。道冠巍巍，威深虩虩。遘兹多難，克廣丕績。慶緒致誅，史明辟易。人道助順，天道惡逆。撲滅之期，非朝伊夕。乘此寶祚，永康宗祏。業盛君親，功崇列辟。交禪之際，粲然明白。回映來今，孤高往策。去殺流惠，好生立辟。率土之濱，臨江是宅。遂其生性，庇爾鱗翮。環海爲池，周天布澤。致兹忠厚，罔弗怡懌。動植依仁，飛沉受獲。流水長者，從稱往昔。寶勝如來，疇庸允格。德力無競，慈悲孔碩。相時傳聞，尚賴弘益。矧在遭遇，其忘敷錫。真卿勒銘，敢告凡百。

〔一〕金光明經卷四流水長者子品，謂流水長者子，以象負水，救十千魚，生忉利天。又謂：「我等先於閻浮提内，墮畜生中，受於魚身，流水長者子，與我等水及以飲食，復爲我等解説甚深十二因緣，並稱寶勝如來名號，以是因緣，令我等輩得生此天。」

文成，復上表肅宗，乞御書其碑額〔一〕。肅宗詔曰：「朕以中孚及物，亭育爲心。凡在覆載之中，畢登仁壽之域。四靈是畜，一氣同依。江漢爲池，魚鱉咸若。卿慎徽盛典，潤色大文〔二〕，能以懿文，用刊樂石。體含飛動，韻合鏗鏘。成不朽之立言，結好生之上德。倡而必和，自古有之。情發於衷，予嘉乃意。所請者依。」德宗朝，官太子太師，爲宰相盧杞所嫉，李希烈反，請遣清臣往宣詔旨。希烈欲降之，萬方，終不屈，卒爲賊所殺，年七十七。淮泗平，子頵碩以其喪歸，將易棺以葬，發之，顏色如生。唐書；魯公文集；鐔津集〔三〕

韋城武，名皋，京兆萬年人也。生彌月，父飯僧祈福，一胡僧不召而至，坐之庭中。既

〔一〕顏真卿有乞御書天下放生池碑額表，見顏魯公集卷三。

〔二〕唐文粹卷六十五、全唐文卷四十四唐肅宗答顏真卿乞書天下放生池碑額批，「文」字作「猷」字。

〔三〕見舊唐書卷一百二十八顏真卿傳，新唐書卷一百五十三顏真卿傳；顏魯公集卷四天下放生池碑銘並序；契嵩鐔津文集卷一勸書第二，謂「魯公嘗以戒稱弟子於湖州慧明，問道於江西嚴峻」，爲此傳所本。宋高僧傳卷十四唐洪州大明寺嚴峻傳、卷十六唐撫州景雲寺上恒傳、卷二十九唐湖州杼山皎然傳等，皆記顏真卿與名僧之交往事，應補。

食，乳母抱兒出，胡僧忽升階，謂兒曰：「别久無恙乎？」兒目僧而笑。衆詰其故，胡僧曰：「此兒諸葛武侯後身也，夙有惠於蜀，他日當爲蜀帥，受蜀人之福。吾與之有舊，故來相視。」父因以武字之。

已而起家帥府，爲監察御史。德宗朝，知隴州行營留事。朱泚反，署爲御史，城武斬其使，遣兒平及弇赴行在。授隴州刺史，置奉義軍，拜節度使。貞元初，移劍南西川節度使，治蜀二十有一年。數出師破吐蕃，服南詔。府庫既實，三年一復其民賦，蜀人安之，封南康郡王。

雅信樂佛法，請清涼國師著法界觀元鏡一卷。嘗作鸜鵒舍利記曰：

元精以五氣授萬類，雖鱗介羽毛，必有感清英淳粹者矣。或炳耀離火，或稟奇蒼精，皆應乎人文以奉若時政，則有革彼禽類，習乎能言，了空相於一念，留真骨於已斃。殆由元聖示現，感於人心，同夫異緣，用一真化。

前歲有獻鸜鵒鳥者，河東裴氏以此鳥名載梵經，智殊常類，常狎而敬之。始告以六齋之禁，比及辰後，非時之食，終夕不視。或教以持佛名號者，當由有念以至無念，則仰首奮翼，若承若聽。其後或俾之念佛，則默然而不答，或謂之不念，即唱言阿彌陀佛，歷試如一，曾無爽異。予謂其以有念爲緣生，以無念爲真際。緣生不答，爲緣起也；真際離言，言本空也。每虚室戒曙，發和雅音，穆如笙竽，念念相續，聞之者莫不洗然而嘉善矣。以今年七月，悴而不懌，已而日甚，馴養者知其將盡，乃鳴磬告曰：「將西歸乎？爲爾擊磬。爾其存念，每一擊磬，一稱阿彌陀佛。」暨十擊磬，而十念成，斂羽委足，不震不仆，奄然而絶。

按釋典，十念成，往生西方。又云：得佛慧者，歿有舍利。遂命火以闍維之法，餘燼之末，果得舍利十餘粒，炯爾耀目，瑩然在掌，識者驚視，聞者駭聽。時有高僧慧觀，常詣五臺山，巡禮聖跡，聞説此鳥，涕淚悲泣，請以舍利，於靈山用陶甓建塔，旌其異也。予謂：古之所以通聖神，階至化者，女媧蛇軀以嗣帝，中衍鳥身而建侯，紀乎策書，其誰曰語怪。而況此鳥，有宏於道，聖證昭昭，胡可默也！是用不愧，直書於辭〔一〕。

順宗朝，王叔文等亂政，城武上表請太子監國，暴叔文等之姦。已而太子遂受禪，叔文等皆罷黜。是歲，卒於西川，贈太師，謚忠武。蜀民思其德，立廟祀之。唐書；宣室志；佛祖通載〔二〕

〔一〕成都文類卷三十六、全蜀藝文志卷三十八、唐文粹卷七十六等載此文，皆題作鸚鵡舍利塔記。

〔二〕見舊唐書卷一百四十韋臯傳，新唐書卷一百五十八韋臯傳；太平廣記卷九十六韋臯記胡僧預言事，謂出宣室志；佛祖歷代通載卷十四載鸚鵡舍利記，爲本傳所本。韋臯在蜀，尚有一事與佛教關係密切，即完成嘉州凌雲寺彌勒大像（即今所謂樂山大佛）之修建，並作嘉州凌雲寺大彌勒石像記（文見全唐文補遺第四輯），記其本末，應補此事。

知歸子曰：記稱顏公少遇道士陶八，八得煉神之術，期以他日待公於羅浮。公既死，有人至羅浮，見二客圍棋。一客顧之曰：「煩寄一書於北山顏氏。」乃受書而還。其子得書大驚曰：「此先太師手筆也。」〔二〕公之得仙，無足異者。然予讀公書，其於佛法信向久矣。若韋公者，其亦顏公之亞也，故合而論之。

汪大紳云：如此大人物，卻以兩篇文字作對，合而傳之，抑何妙遠不測。曰：慈悲心所發故，宏法深心所成故。

〔二〕此事載於歷世真仙體道通鑑卷三十二顏真卿，又三洞群仙録卷十四等，體道通鑑並載「家人啓柩，見狀貌如生，徧身金色，爪甲出手背，鬚髮長數尺」，「白玉蟾云：顏真卿今爲北極驅邪院左判官」云云，蓋道教謂顏真卿修道成仙也。

居士傳十七

龐居士傳

龐居士者，名蘊，字道元，襄陽人也〔一〕，父任衡陽太守。寓居城南，建菴於宅西，爲修行之所。

唐貞元初，參石頭禪師。問：「不與萬法爲侶者是甚麽人？」石頭以手掩其口，豁然有省。一日，石頭問曰：「子見老僧以來，日用事作麽生？」居士曰：「若問日用事，即無開口處。」乃呈偈曰：「日用事無别，惟吾自偶諧。頭頭非取捨，處處没張乖。朱紫誰爲號，邱山絶點埃。神通並妙用，運水及搬柴。」石頭然之。後參馬祖，復問：「不與萬法爲侶者是甚麽人？」祖曰：「待汝一口吸盡西江水，即向汝道。」道元於言下領旨。留駐二載，自後機鋒

〔一〕祖堂集卷十五、景德傳燈録卷八、龐居士語録序及歷代方志、地理志等皆作「衡州衡陽人」，唯佛祖綱目卷三十二作「襄陽人」，本傳從之，未爲審慎。

迅捷，諸方莫能難。

嘗以舟載家珍數萬，沈之湘流。元和初，歸襄陽，棲止巖竇，與妻子及女靈照市鬻竹器以自活。嘗作偈曰：「有男不婚，有女不嫁，大家團圞頭，共説無生話。」又作偈曰：「心如境如，無實無虚。不是賢聖，了事凡夫。」〔一〕

居士將入滅，謂靈照曰：「視日早晚，及午以報。」靈照遽報曰：「日已午矣，而有蝕也，可試觀之。」居士避席臨窗，靈照即據榻，趺坐而化。居士笑曰：「吾女鋒捷矣。」乃拾薪燔之，展期七日。太守于頔素與親厚，乃往問安。居士曰：「但願空諸所有，愼勿實諸所無，好住世間，皆如影響。」言訖，端躬若思，異香滿室。頔亟呼之，已逝矣。遺命焚棄江湖。頔遣使報其妻，妻曰：「這癡女與無知老漢，不報而去，何忍也！」因往告子，子方斸畬，釋鉏應曰：「嗄！」良久亦立而亡去。妻曰：「愚子癡何甚也。」亦燔之。未幾，徧詣鄉閭，告别隱去，不知所終。傳燈録；龐居士集序〔二〕

〔一〕此偈亦經彭氏删改，原作爲：「心如境亦如，無實亦無虚。有亦不管，無亦不拘。不是賢聖，了事凡夫。」

〔二〕見景德傳燈録卷八。所謂龐居士集未見著録，應爲署名于頔所編之龐居士語録，三卷，收入卍續藏第六十九册，前有序。龐蘊事跡又見祖堂集卷十五，五燈會元卷三，佛法金湯編卷九龐蘊傳，居士分燈録卷一龐居士傳等。

知歸子曰：予少讀寒山大士詩，樂之，如遊危峰邃澗，中聞懸泉滴乳，松籟徐吹，五藴聚落，一時杳寂。已而讀龐居士詩，又如刺船入海，天水空同，四大浮根，脱然漚謝。嗚呼！魚山清梵，伽陵仙音，刹刹塵塵，度生無盡矣。

汪大紳云：看龐家老老大大，游戲寂滅光中，一何似老杜詩云「穿花蛺蝶深深見，點水蜻蜓款款飛」也〔一〕。

〔一〕杜甫曲江詩句。禪門以杜詩此句供參悟者甚多，如雪巖和尚語録卷三：「妙喜頌云：『即心即佛莫妄求，非佛非心休别討。紅爐焰上雪花飛，一點清涼除熱惱。』且道紅爐焰上雪化飛，正恁麽時，是什麽境界？還有佛可求、心可覓麽？更聽山僧一頌：『語默俱忘非是非，聖凡情盡絶玄微。穿花蛺蝶深深見，點水蜻蜓款款飛。』」汪氏點評，亦此意也。

居士傳十八

王敬初陳操甘行者張秀才傳

王敬初，襄州人。初見睦州陳尊宿，尊宿曰：「今日何故入院遲？」敬初曰：「看打毬來。」尊宿曰：「人打毬？馬打毬？」答曰：「人打毬。」曰：「人困麽？」曰：「困。」曰：「露柱困麽？」敬初惘然，歸至私第，中夜忽然有省。明日見尊宿以告，尊宿曰：「露柱困麽？」曰：「困！」

歷官至常侍。視事次，米和尚至，敬初舉筆示之，米曰：「還判得虚空否？」敬初擲筆入宅，更不復出。米疑之，明日屬鼓山供養主探其意，米亦隨至，匿於屏間。供養主問曰：「昨日米和尚有何言句，便不相見？」答曰：「獅子咬人，韓盧逐塊。」〔一〕米聞，即省前過，遽

〔一〕韓盧，古代駿犬名，逐塊，追逐土塊，喻白費力氣，徒耗精神。嘉泰普燈録卷十八潭州大溈賨禪師：「上堂曰：喚作竹篦則觸，不喚作竹篦則背，直須師子咬人，莫學韓盧逐塊。」

出，笑曰：「我會也。」敬初曰：「試道看。」米曰：「請常侍舉。」敬初豎起一箸，米曰：「這野狐精。」敬初曰：「這漢徹也。」

一日問僧：「一切衆生還有佛性也無？」僧曰：「無。」敬初指壁上畫狗，曰：「這個還有也無？」僧不對。敬初代答曰：「看！咬著汝。」

又嘗與臨濟到僧堂，問曰：「這一堂僧還看經麽？」臨濟曰：「不看經。」曰：「還習禪麽？」曰：「不習禪。」敬初曰：「既不看經，又不習禪，畢竟作個甚麽？」曰：「總教伊成佛作祖去。」敬初曰：「金屑雖貴，落眼成翳。」臨濟曰：「將謂你是俗漢。」後嗣法溈山祐公〔一〕。

五燈會元；先覺宗乘〔二〕

陳操，不詳其里居，爲睦州刺史。參陳尊宿，一日，尊宿看金剛經，操問曰：「六朝翻譯，此當第幾譯？」尊宿舉經起云：「一切有爲法，如夢幻泡影。」有省，遂嗣法焉。後官至尚書，齋僧次，拈胡餅問僧：「江西湖南還有這個麽？」僧曰：「尚書適來喫個甚麽？」操

〔一〕靈祐（七七一—八五三），唐代溈仰宗初祖。唐憲宗元和末年，棲止潭州大溈山。住山凡四十年，大揚宗風，世稱溈山靈祐。

〔二〕見五燈會元卷九、卷十一，先覺宗乘卷二。王敬初事跡又見古尊宿語録卷二十九，指月録卷十三等。

曰：「敲鐘謝響。」復躬自行餅，一僧展手擬接，操卻縮手，僧無語，操曰：「果然。」嘗訪資福和尚，和尚見操，便畫一圓相，操曰：「弟子與麽來，早是不着便。」更畫一圓相，和尚於中著一點，操曰：「將謂是南番舶主。」和尚便歸方丈，閉卻門。五燈會元；先覺宗乘〔一〕

甘行者，名贄，池州人。嗣法南泉願禪師〔二〕，一日入南泉設齋，黄檗運爲首座。行者請施財，答曰：「財法二施，等無差別。」行者曰：「甚麽道，爭消得贄䞋〔三〕？」便將出去。須臾復入，曰：「請施財。」黄檗曰：「財法二施，等無差別。」乃䞋。行者嘗接待往來，有僧問曰：「行者接待不易。」行者曰：「譬如餧驢餧馬。」藥山〔四〕令供養主行乞至行者家，行者問從何來，曰：「藥山。」行者曰：「來作

〔一〕見五燈會元卷四，先覺宗乘卷二。陳操事跡又見景德傳燈録卷十二，古尊宿語録卷六，指月録卷十九等。

〔二〕普願（七四八—八三四），唐代禪僧。新鄭人，俗姓王，自稱「王老師」，貞元十一年（七九五），於池陽南泉山建禪院，自耕自足，三十餘年不出山，世稱南泉和尚。

〔三〕「䞋」，同「嚫」。廣韻：「嚫，施也。」

〔四〕惟儼（七五一—八三四），唐代禪僧。參謁石頭希遷，密領玄旨。次參謁馬祖道一，言下契悟，奉侍三年。後復還石頭，爲其法嗣。不久，至澧州藥山，廣開法筵，大振宗風。

麽？」曰：「教化行者。」曰：「將得藥來麽？」曰：「行者有甚麽病？」行者便捨銀兩錠。歸舉呈，藥山曰：「速還之，子着賊了也。」主即送還。行者曰：「彼中有人。」加銀施之。

巖頭奯禪師嘗舍行者家度夏，補衣次，行者趨過，巖頭以針作劄勢，行者整衣謝。妻問云：「作麽？」行者曰：「説不得。」妻曰：「也要大家知。」乃舉前話。妻頓悟，乃云：「此去三十年後，須知一回飲水一回咽。」其女子聞之，亦悟曰：「誰知盡大地人性命，被奯上座劄將去也。」五燈會元；先覺宗乘〔一〕

張秀才，名拙。謁石霜諸公〔二〕，石霜問秀才何名，曰：「名拙。」石霜曰：「覓巧尚不可得，拙自何來？」張忽有省，呈偈曰：「光明寂照徧河沙，凡聖含靈共我家。一念不生全體現，六根纔動被雲遮。斷除煩惱重增病，趨向真如亦是邪。隨順世緣無罣礙，涅槃生死等

〔一〕見五燈會元卷四、卷五，先覺宗乘卷二。甘贄事跡又見景德傳燈録卷十四，嘉泰普燈録卷五，指月録卷十七等。

〔二〕慶諸（八〇七—八八八），唐代青原派僧。爲洞山良价所識，舉住石霜山，世稱石霜慶諸，謚號普會大師。

空華。」五燈會元〔一〕

知歸子曰：自曹溪之化行，而居士之究心祖道者多矣。予閲傳燈諸録，録諸子問答機緣如此，其他行事不得而詳也。

〔一〕見五燈會元卷六。張拙事跡又見祖堂集卷六，指月録卷十七，居士分燈録卷上等。

居士傳十九

王摩詰柳子厚白樂天傳

王摩詰，名維。世爲祁縣人，後徙家於蒲，與弟縉俱有俊才。開元九年，擢進士第，歷官至監察御史。母博陵縣君崔氏，持戒安禪。摩詰於藍田營山莊，爲母經行之處。既卒，乃上表於朝，請施莊爲寺，詔許之。天寶末，爲給事中。安禄山陷京師，爲所得，以藥下痢，佯瘖。禄山迎置洛陽，迫爲給事中。賊平論罪，時縉已官刑部侍郎，請削官贖兄罪，乃左遷太子中允，累遷尚書右丞。在京師，從薦福寺道光禪師遊，日飯數十名僧。齋中無所有，唯藥鐺、茶臼、經案、繩牀而已。居常不茹葷血，不衣文彩。妻亡不再娶，三十年孤處一室。焚香獨坐，以禪誦爲業，時與友人裴迪往來山莊，彈琴嘯詠，樂之忘歸。

同時有魏處士者，高不仕之節，屢徵不應。摩詰爲書遺之曰：

聖人知身之不足有也，故曰欲潔其身而亂大倫；知名之無所着也，故曰欲使如來名聲普聞。古之高者曰許由，聞堯讓，臨水而洗其耳。耳非駐聲之地，聲無染耳之跡，惡外者垢内，病物者自我，豈入道者之門與？孔宣父云：「我則異於是，無可無不可。」〔一〕願足下思「可不可」之旨，無守默以爲絶塵，以不動爲出世也。

乾元二年七月有疾，以縉在鳳翔，索筆作別縉書。又與親故書數幅，多敦厲奉佛修心之旨，捨筆而逝。唐書，右丞文集〔二〕

柳子厚，名宗元，河東人。早歲登進士第，舉博學宏詞科，授校書郎，調藍田尉。貞元末，官監察御史。順宗即位，王叔文、韋執誼用事，引入禁中議政，轉禮部員外郎。俄而王、韋敗，子厚貶邵州刺史，未至，貶永州司馬。

子厚自幼信佛，求其道積三十餘年。韓退之嘗遺書規之，子厚荅曰：「浮屠之教，與易、論語合，雖聖人復生，不可得而斥也。」〔三〕既南遷，與諸禪人遊處，一時南方諸大德碑銘

〔一〕論語微子：「虞仲、夷逸隱居放言，身中清，廢中權。我則異於是，無可無不可。」

〔二〕見舊唐書卷一百九十下文苑傳，新唐書卷二百二文藝傳，王右丞集箋注卷十八與魏居士書。王維事跡又見佛法金湯編卷八王維傳，名公法喜志卷二王右丞傳等。

〔三〕見柳河東集卷二十五送僧浩初序。

之文，多出其手。其爲言尊尚戒律，翼贊經論，以豁達狂禪爲戒，嘗著文曰東海若〔一〕，闡浄土法門，其辭曰：

東海若陸遊，登孟諸之阿，得二瓠焉。刳而振其犀以嬉，取海水，雜糞壤蟯蚘而實之，臭不可當也。窒以密石，舉而投之海。逾時焉而過之曰：「是故棄糞耶？」其一徹聲而呼曰：「我大海也！」東海若呀然笑曰：「怪矣！今夫大海，其東無東，其西無西，其北無北，其南無南。旦則浴日而出之，夜則韜列星，涵太陰。揚陰火珠寶之光以爲明，其塵霾不處也，必汩〔二〕之西澨。故其大也、深也、潔也、光明也，無我若者。今汝，海之棄滴也，而與糞壤同體，臭朽之與曹，蟯蚘之與居，其狹咫也，又冥暗若是，而同之海，不亦羞而可憐也哉！子欲之乎？吾將爲汝抉石破瓠，蕩群穢於大荒之島，而同子於向之所陳者，可乎？」糞水泊然不悦曰：「我固同矣，吾又何求於若？吾之性也，亦若是而已矣。穢者自穢，不足以害吾潔；狹者自狹，不足以害吾廣；幽者自幽，不足以害吾明。而穢亦海也，狹幽亦海也，突然而往，于然而來，孰非海者？子去

〔一〕清僧省菴實賢著有東海若解一卷，載於卍續藏第六十二册。省菴法師語録序即爲彭紹昇所作，故知彭氏自柳宗元集中掘得此文，乃當時浄土宗學者之共識。

〔二〕「汩」，柳宗元柳河東集卷二十東海若作「泊」。

矣，無亂我！」其一聞若之言，號而祈曰：「吾毒是久矣！吾以爲是固然而不可易也。今子告我以海之大，又目我以故海之棄糞也，吾愈急焉。涌吾沫，不足以發其窒；旋吾波，不足以穴瓠之腹也。就能之，窮歲月耳，願若幸而哀我哉。」東海若乃抉石破瓠，投之孟諸之陸，蕩其穢於大荒之島，而水復於海，盡得向之所陳者焉。而向之一者，終與臭腐處而不變也。

今有爲佛者二人，同出於毘盧遮那之海，而汩於五濁之糞，而幽於三有之瓠，而窒於無明之石，雜於十二類之蟯蚘。人有問焉，其一人曰：「我，佛也，毘盧遮那、五濁、三有、無明、十二類，皆空也，一切無善、無惡、無因、無果、無修、無證、無佛、無衆生，皆無焉，吾何求也？」問者曰：「子之所言性也，有事焉。夫性與事，一而二，二而一者也。若守而一定，則大患者至矣。」其人曰：「子去矣，無亂我！」其一人曰：「嘻！吾毒之久矣，吾盡吾力而不足以去無明，窮吾智而不足以超三有、離五濁，而異夫十二類也。就能之，其大小劫之多不可知也，若之何？」問者乃爲陳西方之事，使修念佛三昧，一空有之説。於是聖人憐之，接而致之極樂之境，而得以去群惡、集萬行，居聖者之地，同佛知見矣。向之一人者，終與十二類同而不變也。夫二人之相違也，不若二瓠之水哉！今不知去一而取一，甚矣其愚也！

元和十年，遷柳州刺史。柳故夷，子厚導以禮義，恤其孤獨，經其生產，嫁娶葬埋，各有條法。三年，教化大行，柳民懷之。及卒，柳民爲立廟羅池，事具韓退之羅池廟碑。柳州文集；唐書；昌黎文集〔一〕

白樂天，名居易，太原下邽人〔二〕。貞元中，擢進士第，元和中，官左拾遺。彊直敢言，其所諫争，多軍國大體，憲宗屢納之。既而爲宰相所忌，出爲江表刺史，徙江州司馬。樂天好釋氏書，用以自理性情，能順適所遇，不以遷謫介意。立隱舍於廬山，與諸禪德遊處，或經月忘歸。長慶中，爲主客郎中，知制誥。穆宗好畋遊，獻續虞人箴以諷〔三〕。時河朔亂，出師無功，樂天上言制御之策，不用。乃求外任，出知杭州。太和二年，爲刑部侍郎，求爲分司官，尋除太子賓客。會朋黨事起，樂天見時不可爲，思退處散地以遠害，凡所居

〔一〕見柳河東集卷二十東海若、卷二十五送僧浩初序，舊唐書卷一百六十柳宗元傳，新唐書卷一百六十八柳宗元傳，韓愈昌黎文集卷三十一柳州羅池廟碑。柳宗元事跡又見佛法金湯編卷九柳宗元傳，名公法喜志卷二柳柳州傳等。

〔二〕舊唐書卷一百六十六白居易傳、新唐書卷一百一十九白居易傳皆謂白居易其先太原人，后徙下邽。按，下邽在今陝西渭南東北，本傳徑謂「太原下邽人」，誤。

〔三〕見新唐書卷一百一十九白居易傳，白氏長慶集卷三十九續虞人箴。

官，未嘗終秩，率以病免。會昌中，以刑部尚書致仕。與香山如滿禪師〔一〕結香火社，自稱香山居士。先是，太和中，樂天在東都長壽寺受八戒，與僧俗百四十人畫彌勒上生圖，共發願生兜率内院。及晚歲，得風痹疾，更捨錢三萬，命工畫西方極樂世界，高九尺，廣丈有三尺，阿彌陀佛居中，觀音勢至執侍左右，百萬人天恭敬圍繞，樓臺伎樂，水樹花鳥，七寶莊嚴，具如經説。既成，復發願言：

願此功德，回施一切衆生，一切衆生如我老者，如我病者，願皆離苦得樂，斷惡修善，不越南部〔二〕，便覩西方，大白毫光，應念來感，青蓮上品，隨願往生。以偈讚曰：極樂世界清淨土，無諸惡道及衆苦。願如我身病苦者，同生無量壽佛所。

又自以生平湛樂文字，放言綺語，往往有之，懼結來業，願以文字因緣回向實地，希於來世讚嘆佛乘，勸轉法輪，乃作六偈，唱於佛前：

讚佛偈曰：十方世界，天上天下，我今盡知，無如佛者。堂堂巍巍，爲天人師，故我禮足，讚嘆歸依。

〔一〕如滿禪師，馬祖道一門人，事跡見景德傳燈録卷六、五燈會元卷三等。白氏長慶集卷七十一有佛光和尚真贊，謂「和尚姓陸氏，號如滿，居佛光寺東芙蓉山蘭若，因號焉」。

〔二〕南部，即南贍部洲，又譯爲「南閻浮提」，佛教所説四大部洲之一，即此娑婆世界所在之處。

讚法偈曰：過現當來，千萬億佛，皆因法成，法從經出。是大法輪，是大寶藏，故我合掌，至心回向。

讚僧偈曰：緣覺聲聞，諸大沙門，漏盡果滿，衆中之尊。假和合力，求無上道，故我稽首，和南僧寶。

讚衆生偈曰：毛道〔一〕凡夫，火宅衆生，胎卵濕化，一切有情。善根苟種，佛果終成，我不輕汝，汝無自輕。

懺悔偈曰：無始劫來，所造諸罪，若輕若重，無小無大。我求其相，中間内外，了不可得，是名懺悔。

發願偈曰：煩惱願去，涅槃願住，十地願登，四生願度。佛出世時，願我得親，最先勸請，請轉法輪。佛滅度時，願我得值，最後供養，受菩提記。

會昌六年卒，年七十五。遺命斂以衣一襲，送以車一乘，無用鹵簿葬〔二〕，無以血食祭，

〔一〕毛道，爲梵語「縛羅」一詞之音意合譯，其意爲「凡夫」，謂凡夫心行不定，猶如輕毛之隨風飄蕩。

〔二〕鹵簿，原指古代帝王駕出時扈從的儀仗隊，後亦用於后妃、太子、王公大臣等。

無請太常謚，無建神道碑，可葬香山如滿禪師塔側，家人從之。無子，以從孫嗣。唐書；長慶集〔一〕

知歸子曰：摩詰、子厚，並以文術鳴當時、傳後世，然考其生平，視白公有愧焉。迷陽迷陽，無傷吾行〔二〕，古人所爲致悲者也。摩詰晚蓋於輞川，子厚激誠於海若，驚心垢藏，蟬蜕清虛，具此浄因，理宜解脱。而子厚乃復流連神趣，立威醉人，亦獨何哉！汪大紳云：三人同傳，而以白先生爲指歸，此傳引人入勝處也。王、柳名理妙絶，白先生則願力堅矣。

〇又云：知歸子贊已具隻眼者，二人生平卒不能無愧者，知歸子亦曾究其因乎？以二人乃文人根種故也，此等根種，最不濟事。吾近來尚喜歸震川、侯朝宗、汪鈍翁諸

〔一〕見舊唐書卷一百六十六白居易傳，新唐書卷一百一十九白居易傳，白氏長慶集卷七十畫彌勒上生幀記、畫西方幀記，卷七十一六贊偈。白居易事跡又見景德傳燈録卷十杭州刺史白居易，佛法金湯編卷九白居易傳，名公法喜志卷三白少傅傳等。

〔二〕迷陽，謂無所用心。莊子人間世：「迷陽迷陽，無傷吾行。」郭象注：「迷陽，猶亡陽也。亡陽任獨，不蕩於外，則吾行全矣。」

先生文，並及湯臨川、洪昉思曲子〔一〕，不濟事甚矣！真實學道人，案頭只宜看内外經典、先儒古德書、歷代史册，及韓、歐、李、杜詩文，乃無一字入陰界，記取吾語。「流連神趣」語尤好，只爲他趣根深耳。趣根亦從文根得來，其爲神者，以子厚生平子直故也。去其趣而存其直，則生天矣，記取吾語。

〔一〕歸有光，號震川；侯方域，字朝宗；汪琬，號鈍翁；湯顯祖，臨川人，人稱湯臨川；洪昇，字昉思。

居士傳二十

楊大年李公武傳

楊大年，名億，浦城人也。少能文，年十一，宋太宗召試詩賦，授秘書省正字。真宗朝，累遷至左司諫。咸平中，詔近臣議靈州棄守事，大年上書，極言征戍之苦，棄之便。真宗立劉后，后所出微，朝臣以爲不可。真宗欲得大年草制，使丁謂諭旨，大年難之。謂曰：「勉爲之，不愁不富貴。」大年曰：「如此富貴，非所欲也。」乃以命陳彭年，旋移疾歸。大年初不知有佛，後會翰林李維勉〔一〕，以宗門事相策發，遂生深信，著發願文〔二〕云：

十方常住一切諸佛，真净妙法，無生聖人，惟願以真實眼、真實智、真實平等，不捨

〔一〕應爲李維，作李維勉，誤。宋史卷二百八十二李沆傳附李維傳謂：「維，字仲方。」

〔二〕文見楊億武夷新集卷十八發願文上舍人沙門願安。

誓願，洞賜哀憐。切念億與法界衆生，從無始曠大劫來，未識佛時，未遇法時，未會僧時，於其中間，至於今日，趨塵背覺，迷失本心，閉解脱門，涉輪回道。蝐張見網，蜂喧妄塵，懸嗜慾之帆，鼓無明之浪，杯我慢酒，醉苦惱鄉。不憑歸向之誠，是滯因果之跡，如斯過咎，齊佛所知，惟佛所見，若輕若重。等與法界衆生有兹罪者，同共懺悔，願罪消滅。以億所集善根，隨時回向真如實際，承諸佛本誓願力、大威猛力、勝護念力，盡未來際，直至無上菩提，爲一切依正莊嚴具，爲一切自他解脱門，一切三昧門，一切陀羅尼門，一切安立衆生門。一一稱虚空、等法界，皆有我身，起勇猛心，捨身命財，興大佛事，作大利益，攝化有情。願諸有情見我身、聞我名，皆發菩提心，與我同回向無上菩提，心不退轉。願億與法界衆生未契心者，開佛知見，悟自本心。一念發明，諸境純浄，去來坐立，見聞覺知，咸以如實智相應，不相違背。從今去已，盡未來際，令菩提心相續不斷，所作利益常得現前。供養諸佛，利樂衆生，衆生成佛盡，然後成正覺。虚空有盡，我願無窮，法界有邊，願心無極。

病起，由秘書監出知汝州。謁廣慧禪師，問：「布鼓當軒擊，誰是知音者？」廣慧曰：

「來風深辨。」〔一〕大年曰：「恁麽則禪客相逢祇彈指也。」廣慧曰：「君子可入。」大年應諾。廣慧曰：「草賊大敗。」夜語次，廣慧曰：「公曾與何人道話來？」大年曰：「億曾問雲巖諒監寺：『兩個大蟲相咬時如何？』諒曰：『一合相。』億曰：『我祇管看。』未審得如此道否？」廣慧曰：「我即不然。」大年曰：「請和尚別轉一語。」慧以手作拽鼻勢，曰：「這畜生更踍跳在。」大年言下脱然，有偈曰：「八角磨盤空裏走，金毛獅子變作狗。擬欲將身北斗藏，更須合掌南辰後。」自後與廣慧遊從日密，遂嗣其法。嘗致書李維勉曰：

自遇廣慧師，請扣無方，蒙滯頓釋。半歲之後，曠然弗疑，如忘忽記，如夢忽覺，平昔礙膺之物，爆然自落，積劫未明之事，廓然現前。繼紹之緣，其在是矣。

天禧四年，爲翰林學士，代寇準奏請太子監國，斥丁謂奸邪，謂聞而深恨之。是歲微疾，環禪師往視之，大年曰：「憶四大將離，大師如何相救？」環槌胸三下，大年曰：「賴遇作家。」環曰：「幾年學佛法，俗氣猶未除。」大年曰：「禍不單行。」環作噓噓聲。大年書偈，遺李都尉曰：「漚生與漚滅，二法本來齊。欲識真歸處，趙州東院西。」都尉得偈曰：「泰山

〔一〕曉瑩羅湖野録卷下謂：「時廣慧有璉禪師在焉，公至，首謁之，問曰：『布鼓當軒擊，誰是知音者？』璉曰：『來風深辨。』」據五燈會元卷十一載：「汝州太師宋侯捨宅爲寺……至周廣順元年，賜額廣慧。」又同卷有「汝州廣慧院元璉禪師」則，故知廣慧乃汝州禪寺名，禪師之名爲元璉，而以廣慧爲號。

廟裏賣紙錢。」即往詣之，而大年逝矣。年四十七，謚曰文。武夷集；五燈會元；宋史〔一〕

李公武，名遵勗，上黨人也。舉進士，尚萬壽長公主爲駙馬都尉，累官至鎮國軍節度使。性尚樸素，有節概。天聖間，請太后歸政天子，論者韙之。居常探索宗要，無間寒暑，得心法於谷隱禪師，嘗作偈云：「學道須是鐵漢，著手心頭便判。直趨無上菩提，一切是非莫管。」公武不樂仕宦，請援唐韋嗣立故事，退處山林，不許。與楊大年及慈明禪師爲法門好友，大年卒，爲制服。

將卒之年，遣使邀慈明〔二〕於唐明，既至月餘，而公武得疾。臨終畫一圓相，作偈曰：「世界無依，山河匪礙。大海微塵，須彌納芥。拈起幞頭，解下腰帶。若覓死生，問取皮袋。」慈明問曰：「如何是本來佛性？」公武曰：「今日熱如昨日。」隨問曰：「臨行一句作麽生？」慈明曰：「本來無罣礙，隨處任方圓。」公武曰：「晚來倦甚。」更不答話，遂泊然而逝。

〔一〕見武夷新集卷十八發願文上舍人沙門願安，五燈會元卷十二，宋史卷三百五楊億傳。楊億事跡又見佛法金湯編卷十一楊億傳，名公法喜志卷三楊文公傳等。楊億曾屢奉詔命編製大藏目録，並在譯經院任潤文職，參與校刊景德傳燈録，爲北宋第一部禪宗燈録，應補。

〔二〕慈明，即石霜楚圓禪師（九八六—一〇三九），謚曰慈明禪師，事跡見五燈會元卷十二、續傳燈録卷三等。

仲子端愿，官太尉，亦篤志祖道。築室後圃，邀達觀禪師〔一〕處之，朝夕咨參，至忘寢食。一日問達觀曰：「天堂地獄，畢竟是有是無？」達觀曰：「諸佛向無中説有，眼見空花；太尉就有裏尋無，手撈水月。堪笑眼前見牢獄不避，心外聞天堂欲生，殊不知忻怖在心，善惡成境，太尉但了自心，自然無惑。」曰：「心如何了？」達觀曰：「善惡都莫思量。」曰：「不思量後，心歸何所？」達觀曰：「且請太尉歸宅。」曰：「衹如人死後，心歸何所？」達觀曰：「未知生，焉知死。」曰：「生則已知。」達觀曰：「生從何來？」端愿擬對，達觀揕其胸曰：「衹在這裏，思量則甚！」端愿曰：「會也，只知貪程不覺蹉路。」達觀拓開曰：「百年一夢。」端愿説偈曰：「三十八歲，懵然無知。及其有知，何異無知。滔滔汴水，隱隱隋堤。師其歸矣，箭浪東馳。」端愿立朝有直節，以太子太保致仕，終。五燈會元；宋史〔二〕

知歸子曰：楊、李二公不捨塵勞，頓明本有，遂超然於生死之際，偉哉！初機學

〔一〕達觀禪師，事跡見五燈會元卷十二潤州金山曇穎達觀禪師。

〔二〕見五燈會元卷十二，宋史卷四百六十四外戚傳。李遵勗事跡又見嘉泰普燈録卷二十二，佛法金湯編卷十三李遵勗傳，居士分燈録卷上李遵勗傳等。李遵勗曾撰集天聖廣燈録三十卷，爲宋代禪宗「五燈」之一，此事應補。李端愿事跡又見居士分燈録卷下李端愿傳，名公法喜志卷四李端愿傳等。

人，往往厭動求静，静不可得，煩惱攻中，業繫日强，妄希解脱，難矣！即奈何不取鏡於二公也？

汪大紳曰：廣慧、達觀，皆得臨濟機用，所以能了當人大事。近來知解之流，祇向人如何若何，怎麽怎麽，弄得人跨跳者只管跨跳去，貪程者只管貪程去，看你何日是了？悲夫！

居士傳二十一

晁王文富張趙傳

晁明遠，名迥，世爲清豐人，父佺，徙家彭門。明遠幼能文，太平興國五年，登進士第。至道末，官翰林學士。性樂易淳固，服道甚篤，歷官臨事，未嘗挾情害人，真宗數稱爲長者。初受學於劉海蟾，得煉形服氣之術，後學釋氏，以止觀爲宗。在禁苑中，與同僚偶坐，有汲水者趨而過，語同僚曰：「觀空純熟，目無全人。」所著書有道院別集〔一〕，多發明空理，其一云：

〔一〕陳垣中國佛教史籍概論卷五考證曰：「先是迥著書曰道院別集、曰法藏碎金、曰耄智餘書、曰昭德新編等，晁氏讀書志匯載入別集類中。……道院集要者，蓋即道院別集之節本，故晁志仍入別集類，陳（振孫）氏改入釋氏類。文獻通考二二七采陳氏，既入之釋氏，二三四采晁氏，又入之別集。……王古字敏仲，旦之曾孫，喜佛學，曾撰法寶標目十卷，今在藏中，陳氏著録目録類，通考著録釋氏類。」按，道院別集已佚，今唯存道院集要、法藏碎金録、昭德新編三書。

人生世間，其夢無數，無數之夢，一一稱我，一一之我，豈非空乎？歷劫之中，其身無數，無數之身，一一稱我，一一之我，又非空乎？夢既是空，身亦如夢，何以迷著，念念争空[一]？

又云：

人生有身，而後有名，人人各以身名，自執爲我。己之身名，自無始來，生化出没，亦已無數，不知定以何時何處之身執爲我耶？定以何時何處之名垂之不朽耶？静思好身後名者，不亦悠悠哉[二]！

又作七審：

一、一切妄念能息否？二、一切外緣稍簡省否？三、一切觸境能不動否？四、一切語言能慎密否？五、一切黑白滅分别否？六、夢想之間不顛倒否？七、方寸之中得恬愉否[三]？

書之座右，終身自考以驗道力。仁宗即位，以太子少保致仕。居昭德坊里，名其堂曰

[一] 見道院集要卷一。

[二] 見道院集要卷一。

[三] 見道院集要卷二，張邦基墨莊漫録卷四。

「凝寂」。時習安坐，鞭心入理，晝課心經，夜則數息，戒家人無輒有請。其夫人密覘之，見其瞑目端坐，鬢髮摇風，凝然如木偶。一夕夢遊西北方國，入大山洞中，群僧列而誦經，明遠合掌禮之，顧見一道士，向明遠作禮，趨而避之。居一月卒，年八十四，謚文元。其後李昌齡紀明遠事，謂其前生實浄居天主云〔一〕。東都事略；道院録；法藏碎金；文元逸事〔二〕

王子正，名隨，河陽人。登進士甲科，歷知州郡。其爲政，外嚴而内寬，居常慕裴公美之爲人，以御史中丞出鎮錢塘，往興教寺謁小壽禪師，機語契合，自是踐履日深，竟明大法。時長水法師子璿疏首楞嚴經既成，屬子正爲之序，序曰：

大佛頂〔三〕密因了義首楞嚴經者，乃竺乾之洪範，法苑之寶典也。昔能仁以出震五天，獨尊三界，舍〔四〕金輪而啓物，現玉毫而應世。觀四生之受苦也，惠濟庶物；愍群機

〔一〕宗曉樂邦遺稿卷下載：「李昌齡著樂善集，最爲龜鑑，其間有言：『……晁迥太傅前生是浄居天主。』」

〔二〕見東都事略卷四十六；據鐵琴銅劍樓藏書目録卷十八，明刊本法藏碎金録十卷，前有文元逸事數則，其本未見。晁迥事跡又見宋史卷三百五晁迥傳，居士分燈録卷上晁迥傳，名公法喜志卷三晁文元傳等。

〔三〕底本「頂」下衍「義」字，據大正藏第三十九册首楞嚴義疏注經卷首王隨首楞嚴經疏序删。

〔四〕「舍」，王隨首楞嚴經疏序作「假」。

之末悟也，力垂善誘。於是俯仰至理，述宣微言，闢大慈之門，廓真如之海。以爲一切諸法，唯依妄念而起，一切衆生，不出因緣而有。乃知生死輪轉，貪欲爲本；修證常樂，禪慧爲宗。則斯經也，可以辨識諸魔，破滅七趣。謂止及觀，修圓覺妙明之心；發真歸元，證上乘至極之道。懿夫般刺譯其義，房相筆其文。今釋璿師，學識兼高，辨才無礙，以是經典，爲時教於一代，分妙理於十門，功濟大千，道傳不二，信受則爲世津梁，開悟則入佛知見，乃題〔一〕經以作疏，因疏以明理。故可以開前疑而決後滯，披迷雲而覩慧日。隨志在外護，慚無内學，因獲覽閲，輒述序引。歸依法寶，幸精究於真詮；讚揚佛乘，願普霑於勝果。

嘗删次傳燈録爲玉英集〔二〕，行於世。明道中，參知政事。臨終書偈曰：「晝堂燈不滅，彈指向誰説。去住本尋常，春風掃殘雪。」贈中書令，謚章惠。（東都事略；五燈會元；楞嚴經疏序〔三〕）

〔一〕「題」，王隨首楞嚴經疏序作「顯」。

〔二〕傳燈玉英集十五卷，今存殘本九卷，收於藍吉富主編禪宗全書第三册、大藏經補編第十四册。

〔三〕見東都事略卷五十六，五燈會元卷十一，首楞嚴義疏注經卷一。王隨事跡又見宋史卷三百一十一王隨傳，佛法金湯編卷十一王隨傳，名公法喜志卷三王隨傳，居士分燈録卷上王隨傳等。

文寬夫，名彦博，汾州介休人也。歷仕仁、英、神、哲四朝，出入將相五十餘年，官至太師。嘗兼譯經潤文使，封潞國公。初鎮北京時，華嚴洞老來别，寬夫曰：「法師老矣，復何往？」曰：「入滅去。」寬夫以爲戲言，既去，使人候之，果入滅矣，大異之。及闍維〔一〕，親往臨視，以琉璃瓶置座前，祝曰：「佛法果靈，願舍利入吾瓶。」俄有煙自空而降入瓶中，傾之，獲舍利無算，乃皈信佛法。晚向道益力，專念阿彌陀佛，晨夕行坐，未嘗少懈。發願云：「願我常精進，勤修一切善。願我了心宗，廣度諸含識。」居京師，與淨嚴法師集十萬人爲淨土會〔二〕，年九十二卒，謚忠烈。東都事略；林間録；佛祖統紀；佛法金湯〔三〕

富彦國，名弼，河南人。慶曆中，與文寬夫並相，天下稱爲富、文，封鄭國公。趙閲道嘗貽書策之曰：「執事富貴已極，道德甚盛，所未甚留意者，如來一大事因緣而已，願益勉

〔一〕闍維，又譯爲「荼毗」，火葬之意。

〔二〕見西歸直指卷四，淨土聖賢録卷七等。

〔三〕見東都事略卷六十七，惠洪林間録卷一，佛祖統紀卷四十五，佛法金湯編卷十二文彦博傳。林間録稱「華嚴洞老」爲「魏府老元華嚴」，又據佛祖綱目卷三十六、宗統編年卷二十等，此僧名重元。文彦博事跡又見宋史卷三百一十三文彦博傳，名公法喜志卷三文潞公傳等。

之。」彦國以爲然。守亳州日，聞修顒禪師主投子〔一〕，遂往參謁，顒見即呼曰：「相公已入來，富弼猶在外。」彦國汗出浹背，有省。即延至府中居兩月，日有發明，後呈顒書曰：「弼遭遇和尚，即無始以來忘失事，一旦認得，此後定須拔出生死海，不是尋常恩知。雖盡力道斷，道不出也。」年八十餘卒。元祐初加太師，謚文忠。東都事略；五燈會元；湘湖野録〔二〕

張安道，名方平，宋城人。累官太子太師，敭歷中外，望重一世。慶曆中，爲滁州守。遊瑯琊山，抵藏院。偶見楞伽經，取視之，恍然如獲舊物。讀至「世間離生滅，猶如虛空華」，宿障冰釋，遂明心要，作偈曰：「一念在生滅，千機縛有無。神鋒輕舉處，透出走盤珠。」暮年以此經授蘇子瞻，輔以錢三十萬，使印施江淮間。

王介甫問安道曰：「孔、孟去世後千餘年，絕無人焉，何也？」安道曰：「豈爲無人，亦有過之者！」介甫曰：「何人？」安道曰：「馬祖一、汾陽無業、雪峰存、巖頭奯、丹霞然、雲

〔一〕見五燈會元卷十六、續傳燈録卷十四「舒州投子證悟修顒禪師」。

〔二〕見東都事略卷六十八，五燈會元卷十六，曉瑩羅湖野録卷一（本傳誤爲湘湖野録，蓋與曉瑩另一部筆記湘山野録相混淆；趙嗣滄點校本未檢出處，徑改爲湘山野録，亦誤）。富弼事跡又見宋史卷三百一十三富弼傳，佛法金湯編卷十二富弼傳，居士分燈録卷下富弼傳，名公法喜志卷三富文忠傳等。

門偃〔一〕。」介甫未喻。安道曰：「儒門淡泊，收拾不住，皆歸釋氏耳。」介甫嘆服。後以語張天覺，天覺撫几曰：「至哉此論也！」卒謚文定。東坡文集；佛祖統紀〔二〕

趙閲道，名抃〔三〕，衢州西安人。氣宇清逸，喜愠不形於色。仁宗朝，官御史，勁直敢言。神宗朝，擢參知政事，屢陳新法之害。歷知諸州，民懷其惠。

〔一〕道一禪師（七〇九—七八八），俗姓馬，時稱馬祖，南嶽懷讓法嗣，洪州禪之創立者；無業禪師，姓杜氏，唐汾州開元寺僧，謚大達國師；義存禪師，得法於德山宣鑒，唐懿宗咸通年間於福州雪峰山創禪院；鄂州巖頭全奯，姓柯氏，與雪峰義存同爲德山宣鑒法嗣；天然禪師，住鄧州丹霞山，石頭希遷法嗣；文偃禪師，姓張氏，住韶州雲門山，雪峰義存法嗣，雲門宗之創立者。

〔二〕見東坡全集卷九十三書楞伽經後：「太子太保樂全先生張公安道，以廣大心，得清浄覺。慶曆中嘗爲滁州，至一僧舍，偶見此經，入手恍然，如獲舊物，開卷未終，夙障冰解，細視筆畫，手跡宛然，悲喜太息，從是悟入。常以經首四偈，發明心要。軾游於公之門三十年矣，今年二月過南都，見公於私第。公時年七十九，幻滅都盡，惠光渾圜；而軾亦老於憂患，百念灰冷。公以爲可教者，乃授此經，且以錢三十萬使印施於江淮間。」記載時地皆甚詳盡，應補。張方平事跡又見佛祖統紀卷四十五，宋史卷三百一十八張方平傳，佛法金湯編卷十一王安石傳、卷十二張方平傳，居士分燈録卷上張方平傳，名公法喜志卷三張文定傳等。

〔三〕「抃」，底本作「忭」，據宋史卷三百一十六趙抃傳、東都事略卷七十三、嘉泰普燈録卷二十三等改。

閱道年四十餘，屏去聲色，居常蔬食，究心宗教。初在衢，與慧來禪師〔一〕遊，慧來不容措一辭。及在青州，時時冥坐，忽聞雷震，大悟，作偈曰：「默坐公堂虚隱几，心源不動湛如水。一聲霹靂頂門開，唤起從前自家的。」慧來聞而笑曰：「趙閱道撞彩耳。」元豐初，以太子太保致仕，作高齋居之，禪誦精嚴，日延一僧，與之對飯。嘗作偈曰：「腰佩黄金已退藏，個中消息也尋常。時人要識高齋老，只是柯村趙四郎。」注云：「切忌錯認。」日所爲事，夜必露香以告於天。七年卒，年七十七。先期徧辭親友，其子屼，見其形色異常，問後事，閱道厲聲叱之。遺慧來書曰：「非師平日警誨，至此必不得力矣。」少頃，趺坐而化。東都事略；五燈會元；趙清獻集〔二〕

知歸子曰：明遠之學於天台三觀之旨，知所致力矣。子正與楊大年並號參禪有

〔一〕據嘉泰普燈録卷二十三、五燈會元卷十六等載，趙抃「字悦道，年四十餘，擯去聲色，繫心宗教。會佛慧法泉禪師（號泉萬卷）來居衢之南禪」云云，知禪師之名爲佛慧法泉，本傳作「慧來」，誤。蓋因五燈會元作「會佛慧來居衢之南禪」而致。

〔二〕見東都事略卷七十三，五燈會元卷十六。趙抃事跡又見宋史卷三百一十六，孫公談圃卷上，羅湖野録卷一，佛法金湯編卷十二趙抃傳，居士分燈録卷下趙抃傳，名公法喜志卷三趙清獻傳等。

得，觀其去來之際，非其驗耶？文、富、張、趙，平生勳德，具載於史，予獨序其學道之始卒，以著其所存者如此。

汪大紳云：以文、富勳名，若未了此一着，亦衹是一場大夢耳。讀至此，令我勳名之念冰消矣。

居士傳二十二

楊次公王敏仲傳

楊次公，名傑，生於無爲州，自號曰無爲子，元豐中官太常。初好禪宗，歷參諸老宿，不契。既從天衣[一]禪師遊，天衣每引龐公機語令參究。及奉祠泰山，一日雞初鳴，覩日出如盤湧，忽大悟，易龐公偈曰：「男大須婚，女大須嫁。討甚閑工夫，更説無生話？」書寄天衣，天衣然之。嘗示僧曰：

學道之人，十二時中，常須照顧。不見南泉[二]道：三十年看一頭水牯牛，若犯人苗稼，摘鼻拽回，如今變成露地白牛，裸裸地放他不肯去。諸人長須着精采，不可説禪時便有道理，洗菜作務時便無知也，如雞抱卵，若是一刻抛離，暖氣不接，不成種子。

[一] 天衣義懷，宋代雲門宗僧，永嘉樂清人，住越州天衣寺。

[二] 南泉普願，唐代禪僧，貞元年間，於池陽南泉山建禪宇，大興佛法。

如今萬境森羅，六根煩動，略失照顧，便致喪身失命，不是小事也〔一〕。熙寧末，以母憂歸，閑居閱藏經，遂歸心浄土。繪丈六阿彌陀佛，隨身觀念。憫諸衆生溺心五濁，輪轉無已，不知出離，而參禪人又輒視浄土爲權教，妄生異見，深負諸佛大悲方便導引之心。適同時王敏仲撰浄土決疑集成，次公爲之序，其辭曰：

大願聖人從浄土來，來實無來；深心凡夫往浄土去，去實無去。彼不來此，此不往彼，而其聖凡會遇，兩得交際者何也？彌陀光明，如大圓月，徧照十方。水清而静，則月現全體，月非趣水而遽來；水濁而動，則月無定光，月非捨水而遽去。在水則有清濁動静，在月則無趣捨去來。故華嚴解脱長者云：「知一切佛，猶如影像，自心如水。」〔二〕彼諸如來不來至此，我不往彼。我若欲見安樂世界阿彌陀佛，隨意即見。是知衆生注念，定見彌陀，彌陀來迎，極樂不遠，乃稱性實言，非權教也。

浄土無欲，非欲界也，其國地居，非色界也，生有形相，非無色界也。一切衆生未悟正覺，處大夢中，六道升沉，未嘗休止。諸天雖樂，報盡相衰；修羅方瞋，戰争互

〔一〕宋代禪書如景德傳燈録卷三十、天聖廣燈録卷十八、人天寶鑑等，皆記爲楊億事。名公法喜志卷三記爲楊傑事，本傳因之。

〔二〕見實叉難陀譯大方廣佛華嚴經卷六十三。

勝；旁生飛走，噉食相殘；鬼神幽陰，飢渴困逼；地獄長夜，痛楚號呼。得生人趣，固已爲幸，然而生老病死，衆苦嬰纏，惟是浄方，更無諸苦。蓮胞託質，無生苦也；寒暑不遷，無老苦也；身非分段，無病苦也；壽命無量，無死苦也；無父母妻子，無愛别離也；上善人聚會，無怨憎會也；華裓香食，珍寶受用，無求不得，無窮困也；觀照空寂，無藴苦也。悲濟有情，欲生則生，不住寂滅，非二乘也。智照生死，得不退轉，非凡夫也。

三界蕩然，譬如四裔，丘陵坑坎，穢腐所積，溪壑阻絶，孰爲津梁？乃有狂人迷路於此，惡獸魑魅，惱害雜居，刀兵水火，或時傷暴，風霜霹靂，凌厲摧攝，罔知城域，可以庇覆，飲食衣服，未或充足，甘受是苦，不求安樂。有佛釋迦，是大導師。指清浄土，是安樂國。無量壽佛，是浄土師。爾諸衆生，但發誠心，念彼佛號，即得往生，則無諸惱。

不聞知者，固可哀憐，亦有善士，發三種不信心，不求生者，尤可嗟惜。一曰：吾當超佛越祖，浄土不足生也。二曰：處處皆浄土，西方不必生也。三曰：極樂聖域，我輩凡夫不能生也。夫行海無盡，普賢願見彌陀；佛國雖空，維摩常修浄土。十方如來，有廣舌之讚；十方菩薩，有同往之心。試自忖量，孰與諸聖？謂不足生者，何其自欺哉！至如龍樹，祖師也，楞伽經有預記之文〔一〕；天親，教宗也，無量論有求生之偈〔二〕。慈恩通讚，首稱十勝〔三〕；智者析理，明辨十疑〔四〕。彼皆上哲，精進往生，謂不必生者，何其自慢哉！火車可滅，舟石不沈，現華報者，莫甚於張馗，十念而超勝處〔五〕；入地獄者，莫速於雄俊，再生而證妙因〔六〕。世人愆尤，未必若此，謂不能生者，何其自

〔一〕實叉難陀譯大乘入楞伽經卷六：「南天竺國中，大名德比丘。厥號爲龍樹，能破有無宗。世間中顯我，無上大乘法。得初歡喜地，往生安樂國。」

〔二〕天親，又作世親，音譯爲婆藪槃豆、婆藪槃頭等，著無量壽經優波提舍願生偈（又稱往生論），開端曰：「世尊我一心，歸命盡十方。無礙光如來，願生安樂國。」

〔三〕慈恩大師窺基阿彌陀經通贊疏卷中，謂西方極樂世界有十種勝事：（一）化主所居，（二）所化命長，（三）國非界繫，（四）浄方無欲，（五）女子不居，（六）修行不退，（七）浄方非穢，（八）國土莊嚴，（九）念佛攝情，（十）十念往生。

〔四〕天台宗實際創立者、隋代智顗作浄土十疑論，就彌陀浄土往生法門舉出十項疑難，復一一加以解答。

〔五〕浄土聖賢録卷九引佛祖統紀：「張鍾馗，唐時人。居長安，殺雞爲業。臨死，見緋衣人驅群雞至，唱言啄啄，雞輒向上啄，兩目血流，痛不可忍。有沙門宏道見之，爲設像，勸令念佛。忽覺香氣滿室，群雞散去，即端坐而化。」

〔六〕浄土聖賢録卷三引宋高僧傳：「雄俊，姓周，成都人。善講説，無戒行，嘗罷道從戎。尋復爲僧，亦頗知愧悔，常持佛名。大曆中，暴亡，入冥，主者呵責，命付地獄。俊大呼曰：『觀經言，造五逆罪，臨終十念，即得往生。雄俊雖造罪，不犯五逆。若準念佛之功，合生浄土。不然，三世諸佛，即成妄語。』遂合掌諦念，寶臺忽現，乘空西去。同時有自冥還者，傳其事云。」

棄哉！

般舟三昧經云：跋陀和菩薩問釋迦佛：未來衆生，云何得見十方諸佛？佛教念阿彌陀佛，即見十方一切諸佛〔一〕。又大寶積經云：「若他方衆生，聞無量壽如來名號，乃至能發一念净信，歡喜愛樂，所有善根回向，願生無量壽國者，隨願皆生，得不退轉。」〔二〕此皆佛言也，不信佛言，何言可信？不生净土，何土可生？自欺、自慢、自棄己靈，流入輪回，是誰之咎？

四十八願，悉爲度生，一十六觀，同歸繫念。一念既信，已投種於寶池；衆善相資，定化生於金地。無輒悔墮，誤認疑城，即時蓮開，得解脱道。唯心净土，自性彌陀，大光明中，决無魔事。

直指净土决疑集者，吾友王古敏仲之所編也，博采教典，該括古今，開釋疑情，徑超信地。其載聖賢之旨，在净土諸書最爲詳要，蓋安養國之向導也。若登彼岸，舟固可忘；來者問津，斯言無忽。

〔一〕見般舟三昧經卷上。
〔二〕見大寶積經卷十八。

元祐中，官兩浙提點刑獄，卒。臨終説偈曰：「生亦無可戀，死亦無可捨。太虚空中，之乎者也。將錯就錯，西方極樂。」

先是，有司士參軍王仲回者，與次公同鄉里，嘗從受念佛法門，問：「如何得不間斷？」曰：「一信之後，更不再疑，即是不間斷也。」仲回躍然。明年，次公守丹陽，一夕忽夢見仲回云：「向蒙以淨土爲導，今得往生，特來致謝。」再拜而出。已而得其子訃書，言仲回預知化期，徧別親舊逝矣。次公既卒，其後有荆王夫人與侍妾同修淨土，其侍妾先化去，引夫人夢遊西方，見一人坐蓮華上，其衣飄揚，寶冠瓔珞，莊嚴其身。問是何人，侍妾云：「楊傑也。」〔二〕次公嘗著輔道集，專揚佛教，蘇子瞻爲之序〔三〕。東都事略；樂邦文類〔三〕

王敏仲，名古，東都人，文正公旦之曾孫也。初，杭州昭慶寺法師省常與諸士大夫結淨

〔一〕參看本書卷二十四馬仲玉傳。

〔二〕宗曉樂邦文類卷三：「公有輔道集，專紀佛乘，東坡作序，其略曰：無爲子宿稟靈機，徧參知識，凡所謂具爍迦羅眼者，次公目擊而道存焉。」蘇軾此序未收入其文集。

〔三〕見東都事略卷一百一十五，樂邦文類卷三。楊傑事跡又見宋史卷四百四十三文苑傳，嘉泰普燈録卷二十二，佛法金湯編卷十二楊傑傳，名公法喜志卷三楊無爲傳，居士分燈録卷上楊傑傳等。

行社，文正爲之首。及有疾，乃屬楊大年曰：「吾深厭勞生，願來世爲僧，宴坐林間，觀心爲樂。我死，爲我請大德施戒，剃髮鬚，著三衣火葬，勿以金寶置棺内。」既卒，大年曰：「公，三公也，斂贈公衮，豈可加於僧體？」但以三衣置柩中而已[一]。

自敏仲之先，七世持不殺戒，好放生命。至敏仲，忽自疑，一日問小法華禪師曰：「以古所見，不殺不放，一切付之無心可乎？」師厲聲曰：「公大錯，豈作空解耶？面前露柱亦自無心，著幾個露柱，能救得世間一個苦惱衆生否？」敏仲瞿然，遂發心放生命一百萬。遊江西，與晦堂、楊岐[二]諸老師究宗門中事。既而作直指净土決疑集，宏西方之教。閒居，數珠不去手，行住坐卧，修行浄觀，無有閒歇。著浄土寶珠集序云：

衆生心浄則佛土浄，法性無生而無不生。有佛世尊，今現説法，在極樂國，號阿彌陀。緣勝劫長，悲深願大，無邊際光明攝受，不思議浄妙莊嚴。珠網麗空，瑶林矗地，池含八德，華發四光。韻天樂於六時，散裓華於億刹，諸佛共讚，十方來歸。彌陀心内衆生，新新攝化；衆生心中浄土，念念往生。質託寶蓮，不離當處；神遊多刹，豈出自

[一] 見文瑩續湘山野録本朝眷待耆德，佛祖統紀卷四十四。

[二] 黄龍山晦堂寶覺禪師，名祖心（一〇二五—一一〇〇），黄龍慧南禪師法嗣。楊岐山方會，與黄龍慧南皆爲臨濟六世慈明圓禪師之法嗣，各立一派，稱爲楊岐、黄龍，爲宋代禪宗重要流派。

心。如鏡含萬象而無有去來，似月印千江而本非升降。被圓頓機，則皆一生補處；明方便門，則有九品階差。念本性之無量光，本來無念；生唯心之安養國，真實無生。解脱苦輪，十念亦超於寶地；會歸實際，二乘終證於菩提。如大舟載石而遂免沉淪，若順風揚帆而終無留難，悟之則非遠非近，迷之則即近而遥。

嗟夫！學寡障多，疑深觀淺，斥爲權小，闃若存亡，則以馬鳴、龍樹爲未然，天台智覺爲不達。不信當受菩提記，不肯頓生如來家，籠鳥鼎魚，翻然游戲，隙駒風燭，妄計久長，虚受一報身，枉投諸苦趣。豈知大雄讚勸，金口丁寧，侣聖賢於刹那，具相好於俄頃。樂受則永抛五濁，悲增則回救三塗。於此不知，是爲可憫。

自魏晋大經初出，則有遠、顯〔一〕諸賢繼修，事列簡編，驗彰耳目。福唐釋戒珠〔二〕，采十二家傳記，得七十五人。搜補闕遺，芟夷繁長，該羅别録，增廣新聞，共得一百九人，隱顯畢收，緇素並列〔三〕。會江河淮濟於一海，融瓶盤釵釧無二金，標爲險道之津

〔一〕晋僧慧遠、僧顯，皆修净業，見净土聖賢録卷二。

〔二〕戒珠，宋代僧，俗姓黄，作净土往生傳五卷，收於大正藏第五十一册。

〔三〕王古於元豐七年著新修净土往生傳三卷，補戒珠之遺，凡列傳一百九人。此書已佚，近年發現上下二卷，上卷有正傳二十五人，附録十三人；下卷有正傳三十一人，附録九人。中卷不存。

梁，永作後來之龜鑑。

居常以大藏浩衍，學者不能徧觀，乃隨經次第，釋其因緣，詮其旨要，爲法寶標目十卷。既成，説偈曰：

歸命正徧知，如來妙法藏。十方大菩薩，三尊真聖衆。我今於法寶，願作勝妙緣。若以一毛端，測量太空界。如説須彌頂，是諸天住處。如指海波中，大魚龍窟宅。廣大殊勝處，非一言可盡。然其所標顯，舉要非妄謬。憫彼不遇者，望涯而自絶。常時過寶所，終身空手過。暫能一經目，即植菩提根。清信樂法人，未暇徧披閲。崑山取片玉，滄溟采如意。隨其所欲見，發函即有得。多聞博覽人，已知龍藏者。温故檢忘誤，釋然得本明。除彼大闡提，有是種種益。海墨書一義，九旬而演妙。云何以片言，而欲顯法要。如來在定時，五百阿羅漢。各各説所解，而皆非佛意。各順正理故，可依而無罪。我今所撰述，悉稽古德語。非我妄臆説，是故應信受。智者悟筏喻，不著文字相。見月而忘指，入海譏算沙。方便有多門，豈以一廢百。種種皆佛事，全來彰妙用。以此勝功德，願常在佛會。一音所演法，歷耳永不忘。如海受大雨，亦如水傳器。持以利衆生，如法界無盡。

徽宗朝，官户部侍郎，與中丞趙挺之同理逋賦，多所蠲釋。挺之劾敏仲傾天下財以爲己惠，諫官江民表辨其誣。既而入元祐黨人籍，尋化去。有僧神遊淨土，見敏仲與葛繁在焉。繁，澄江人，官至朝散大夫，公第私居，必營淨室，設佛像。一日方禮誦時，舍利從空而下，後無疾面西，端坐而逝。宋史；法寶標目；樂邦文類；法喜志〔一〕○藏中誤以標目爲元人作，今據文獻通考經籍志正之〔二〕。

知歸子曰：自曹溪闡無相之宗，斥心外求生淨土者，後學不悟其旨，妄生分別，執着成謗，哀哉！佛本無相，念即無念，以無念念，念無相佛，是爲直指，是爲單傳。易曰：「神而明之，存乎其人，默而成之，不言而信，存乎德行。」〔三〕若楊、王二公，其庶幾乎。

〔一〕見宋史卷三百二十，乾隆大藏經第一百四十七册、中華大藏經第五十六册大藏聖教法寶標目，樂邦文類卷二，名公法喜志卷四江民表。王古事跡又見佛法金湯編卷十三王古傳，居士分燈録卷下王古傳。葛繁事跡見佛祖統紀卷二十八等。

〔二〕文獻通考卷二百二十七經籍考五十四對法寶標目作者有所考訂，彭氏依之。然佛祖統紀卷四十六謂：「尚書王古因閱大藏，撰法寶標目八卷，其法於每經之下録出因緣事跡，所説法門，使覽題便能知旨。沙門梵真爲對校，刻其板於永嘉。」則王古所著爲八卷，後兩卷爲元松江府僧録管主八所續。乾隆藏大藏聖教法寶標目、蕅益閱藏知津卷四十四等皆曰此書作者爲「元清源居士王古撰」，並誤。

〔三〕見周易繫辭上。

汪大紳云：里仁爲美，擇不處仁，焉得智？二公只是能擇能處。

○吾自閱七佛偈後，偏觀萬法，無不攝於是。毗婆尸佛曰：「身從無相中受生，猶如幻出諸形象。幻人心識本來無，罪福皆空無所住。」是偈能了，曹溪之蘊盡於是矣。曹溪之言曰：「從上以來，先立無念爲宗，無相爲體，無住爲本。」〔一〕毗婆尸曰「身從無相中受生，猶如幻出諸形象」，曹溪曰「無相爲體」；毗婆尸曰「幻人心識本來無」，曹溪曰「無念爲宗」；毗婆尸曰「罪福皆空無所住」，曹溪曰「無住爲本」。先聖後聖，非若合符節者與？曹溪善發先聖之旨，其言曰：「無相者，於相而離相；無念者，於念而無念；無住者，人之本性。」其發明下手工夫之言曰：「此法門立無念爲宗，無者，無二相，無諸塵勞之心。念者，念真如之本性。真如即是念之體，念即是真如之用，真如自性起念，非眼耳鼻舌能念，真如有性，所以起念，真如若無，眼耳色聲當時即壞。真如自性起念，六根雖有見聞覺知，不染萬境，而真性常自在。」〔二〕此毗婆尸開示心識本來無要指也，下手工夫全在此一句，了此乃能於相而離相，復人之本性也。大哉！毗婆

〔一〕見六祖法寶壇經定慧品第四。
〔二〕見六祖法寶壇經定慧品第四。

尸之偈義也，宗門之淵海也。

迦葉佛曰：「一切衆生性清浄，從本無生無可滅。即此身心是幻生，幻化之中無罪福。」是偈能了，浄土之蘊盡於是矣。彌陀自性，即所謂性清浄也，性清浄，故曰浄土也。彌陀爲衆生發一切大願，以一切衆生性清浄也。勸一切衆生往生，從本無生無可滅也；衆生即此身心可以往生者，以即此身心是幻生也；勸其離穢即浄者，亦以即此身心是幻生也。往生有九品者，以幻化有盡有不盡，罪福有空有不空也。衆生發願修浄土法門者，須於迦葉佛第一句中信到萬萬分，則知彌陀非添設也，性本如是也，一切衆生性清浄也。於第二句中信到萬萬分，則知往生非妄想也，生本如是也，從本無生無可滅也。於第三句中信到萬萬分，則現在身執心執可破也。於第四句中信到萬萬分，則往生上品上上品可登也。大矣哉！迦葉佛之偈義也，浄土之大關捩也。修浄土之法全在念門，須打得開，打得入念門之法，以何爲要？曹溪之言至矣，曰：「真如即是念之體，念即是真如之用。真如自性起念，非眼耳鼻舌能念，真如有性，所以起念。」嗚呼，盡之矣！

居士傳二十三

張平叔傳

張平叔，初名伯端，後改名用誠，號紫陽，天台人也。熙寧中遊蜀，遇劉海蟾，授以丹法。久之，洞徹法源，作悟真内外篇，序云：

人之生也，皆緣妄情而有其身，有其身則有患，若無身，患從何有？夫欲免夫患者，莫若體夫至道，欲體夫至道，莫若明夫本心。故心者，道之體也，道者，心之用也。人能察心觀性，則圓明之體自現，無爲之用自成，不假施功，頓超彼岸。此非心境朗然，神珠廓明，則何以使諸相頓離，纖塵不染，心源自在，決定無生者哉！然使明心體道之士，身不能累其性，境不能亂其真，則刀兵烏能傷，虎兕烏能害，巨焚大浸，烏足爲虞！達人心若明鏡，鑑而不納，隨機應物，和而不唱，故能勝物而無傷也，此所謂無上至真之妙道也。原其道本無名，聖人强名；道本無言，聖人强言耳。然名言若寂，則時流無以識其體而歸其真，是以聖人設教立言，以顯其道。奈何此道至妙至微，世人根性迷鈍，執有其身而惡死悦生，故卒難了悟。黄老悲其貪著，乃以修生之術，順其所欲，漸次導之。以修生之要在金丹，金丹之要在神水華池，故道德、陰符之教，得盛行於世矣。然其言隱而理奥，學者雖諷其文而莫曉其義，若不遇至人授之口訣，縱揣量百種，終莫能著其功而成其事。

余向己酉歲，於成都遇師授丹法。自後三傳於人，三遭禍患，皆不逾兩旬，乃省前過。自今以往，常箝口結舌，無敢復言矣。此悟真篇中所歌咏大丹、藥物、火候，細微之旨，無不備悉，好事者夙有仙骨，觀之則智慮自明，此乃天之所賜，非余之輒傳也。如其篇末歌頌，談見性之法，即上之所謂無爲妙覺之道也。然無爲之道，齊物爲心，雖顯秘要，終無過咎。奈何凡夫，緣業有厚薄，性根有利鈍，縱聞一音，紛成異見。若有根性猛利之士，見聞此篇，則知余得達摩諸祖最上一乘之妙旨，可因一言而悟萬法也。如其習氣尚餘，則歸中小之見，亦非余之咎矣。

外篇偈頌三十三首，文多不録，録其無心頌云：

堪笑我心，如頑如鄙。兀兀騰騰，任物安委。不解修行，亦不造罪。不曾利人，亦不私己。不持戒律，不拘忌諱。不知禮樂，不行仁義。人間所能，百無一會。飢來喫飯，渴來飲水。困則打睡，覺則行履。熱則單衣，寒則蓋被。無思無慮，何憂何喜。不悔不謀，無念無意。此生榮辱，逆旅而已。林木棲鳥，亦可爲比。來亦不禁，去亦不止。不避不求，無讚無毀。不厭醜惡，不羨善美。不棲静室，不遠鬧市。不説人非，不誇己是。不厚尊官，不薄賤稚。親愛冤仇，大小内外。哀樂得喪，欽侮險易。心無兩覩，坦然一揆。不爲福先，不爲禍始。感而後應，迫而後起。不畏鋒刃，焉怕虎兕。隨物稱呼，豈拘名字。眼不就色，聲不來耳。凡所有相，皆屬妄僞。男女形聲，悉非定體。體相無心，不染不礙。自在逍遥，物莫能累。妙覺光圓，映徹表裏。包裹六極，無有遐邇。光兮非光，如月在水。取捨既難，復何比擬。了茲妙用，迥然超彼。或問所宗，此而已矣。

年九十一〔一〕，趺坐而化。用荼毗法，得舍利千百，大者如芡實，色皆紺碧。至淳熙中，嘗一還家，踞上席，與家人語化後事甚悉。時其孫不在，及歸，則已遠去矣。其弟子有王邦叔者，從平叔九年，不知入道之要。一日至羅浮觀，平叔問曰：「子從我久矣，而不求道，何也？」曰：「非敢然也，自揣愚昧，恐無分耳。」平叔曰：「噫！道在我心，人人有之，賢者不加多，愚者不加少。如子言，是自蔽其明也，可哀也哉！」邦叔涕泗交

〔一〕天台山方外志卷九張伯端傳作「九十九歲」。

頤，拜不能起。平叔曰：「子姑退而深思之，有所覺，急來告我。」邦叔辭去，入室靜思。至夜，平叔往省之，邦叔啓户出，平叔笑曰：「吾一尋汝，便見頭面。汝固有之物，尋之不得，何也？」遂滅所執燭而去。邦叔大窘，坐至五更，大悟，通體汗流。待旦，呈頌曰：「月照長江風浪息，魚龍遁跡水天平。個中誰唱真仙子，聲滿虛空萬籟清。」平叔覽之，問曰：「誰唱誰聽？」邦叔再頌曰：「莫問誰，莫問誰，一聲高了一聲低。阿誰唱，阿誰聽，横竪大千説不盡。先生有意度迷津，急撞靈臺安寶鏡。鏡明澄静萬緣空，百萬絲條處處通。斗轉星移人睡定，覺來紅日正當中。」平叔遂出金丹圖授之。止於羅浮，後三十年，坐逝。天台志；悟真篇；青華秘文〔一〕

知歸子曰：世之學仙者，往往執幻爲真，從空覓有，迷失真常，歷諸塵劫。首楞嚴經呵之切矣。平叔雖志慕金丹，其所論撰，往往契西來大意，於老氏之徒可謂具正知

〔一〕見天台山方外志卷九張伯端傳；悟真篇見正統道藏洞真部玉訣類；青華秘文三卷，全稱爲玉清金笥青華秘文金寶内煉丹訣，見正統道藏洞真部方法類，通常認爲乃張伯端口述，王邦叔記録。

見者，予故表而出之〔一〕。

汪大紳云：予嘗略觀其書，蓋在佛老門中能真實踐履者。然以明眼人觀之，得毋坐在闑閣中做功課者乎？

〔一〕清雍正皇帝深愛張伯端詩文，在編製禪宗語録集御選語録時，亦將其收入，並封張伯端爲「大慈圓通禪仙紫陽真人」。居士傳收入張伯端，或與此有關。

居士傳二十四

鍾離孫陸張孫馬左范胡孫朱二王吴張李陸閻錢昝吴陳傳

鍾離瑾，會稽人，母任夫人，精修浄業，年九十八，起居如常時。一日，忽戒瑾曰：「人人有箇彌陀，奈何抛去；處處無非極樂，不解歸來。予將行矣，汝其念之。」翼日，晨起焚香，持佛名，頃之，合掌而化。瑾自是感奮，日行利益二十事。後知吉水縣，將嫁女，爲置媵〔一〕，審之，則舊令女也，乃報姻家，請緩婚期，而先遣舊令女。姻家曰：「公安得獨爲君子？予有猶子，方擇偶，請平分奩具，俾同親迎，可乎？」從之。夜夢舊令來謝曰：「賤息荷公厚德，已奏之上帝，當十世有禄。」尋官浙西，與慈雲式公〔二〕論往生指要，清修彌篤。任夫人故有旃檀佛像，常頂戴行道，及是，瑾方瞻禮，眉間忽迸出舍利數粒。未幾，知開封府。

〔一〕媵，指隨嫁之婢女。

〔二〕遵式（九六四—一〇三二），北宋天台宗僧，字知白，號慈雲懺主、慈雲尊者，撰往生浄土懺願儀等。

方夜半，忽起，謂家人曰：「夫人報我往生期至矣。」即趺跏坐逝。前一日，舉家夢瑾乘青蓮華，天樂圍繞，乘空西邁。

子景融，官朝請大夫，徙居儀真東園側，常誦觀無量壽佛經，修念佛三昧。嘗曰：「不識彌陀，彌陀更在西方外；識得彌陀，彌陀只在自己家。」一夕，請僧妙應誦普賢行願品，炷香聽畢，兩手作印而化。

曾孫松，官朝請大夫，主管台州崇道觀。乾道中，寓居蘇州，與寶積實公結社修浄業，與者且百人。年八十六，無疾化去。佛祖統紀；樂邦文類〔一〕

孫良，錢塘人。隱居，閲大藏，尤得華嚴之旨。嘗依大智律師受菩薩戒，日課佛名萬聲，二十年不輟。忽令家人請僧唱佛名，方半日，望空合掌曰：「世尊菩薩，已荷降臨。」即退坐而化。佛祖統紀〔二〕

〔一〕見佛祖統紀卷二十八，樂邦文類卷三鍾離松。鍾離家族事跡又見往生集卷二。

〔二〕見佛祖統紀卷二十八。孫良事跡又見往生集卷二。

陸浚，錢塘人。少爲吏，久之棄去，預西湖繫念會，以浄土爲歸。每對佛前懺悔，聲淚並下，間與友人相見，説浄土因緣，未嘗不感慨嗚咽，恐此生之不度，浄業之難成也。臨終請圓浄法師〔一〕説浄土法門，諷觀經，至上品上生章，圓浄語之曰：「此時好去。」浚曰：「衆聖未齊，且待少時。」起就竹牀，面西端坐，頃刻化去。佛祖統紀〔二〕

張迪，錢塘人。官助教，從圓浄法師受菩薩戒，專修浄業。佛前然臂香爲誓，每稱佛名，其聲奮厲，至失音，猶不已。嘗於静室見白色頻伽〔三〕飛舞於前，又有緑髮童子合掌問訊。後三年，西向念佛名而化。佛祖統紀〔四〕

〔一〕圓浄法師即省常（九五九—一〇二〇），事跡見樂邦文類卷三載智圓所作錢唐白蓮社主碑：「聖宋天禧四年春正月十二日，白蓮社主圓浄大師常公，歸寂於錢唐西湖昭慶本寺之上方草堂，壽六十二。……公諱省常，字造微，姓顔氏，世爲錢唐人。」後世尊其爲浄土宗第七祖。

〔二〕見佛祖統紀卷二十八。陸浚事跡又見往生集卷二，作陸俊。

〔三〕頻伽，迦陵頻伽之簡稱，據浄土宗經典，爲阿彌陀佛在極樂世界化現之鳥名。

〔四〕見佛祖統紀卷二十八。張迪事跡又見往生集卷二。

孫十二郎，名忠，明州人。早慕西方，蔬食持戒。於府城東築菴，鑿二池，種白蓮，臨池建閣，月集衆，爲念佛會。嘗見佛身現空中，趨出，呼其二子至，同拜禮焉，久之始隱。後人因名其地爲駐佛巷。元祐八年，釋可久〔一〕神遊西方，三日而蘇，言池中金臺標可久名，其次則孫十二郎也，遂逝。久之，十二郎得疾，請道俗百人爲念佛會，忽仰視虚空，合掌問訊，手結雙印，怡然而化。闔城皆聞天樂異香，漸向西没。二子能繼其業，亦向西坐化。佛祖統紀〔二〕

馬仲玉，名玗，廬州合肥人。父忠肅公亮，守杭州日，慈雲式公授以浄土法門，遂全家奉佛。元豐中，仲玉遇僧廣初，得天台十疑論，喜曰："吾今得所歸矣。"遂依慈雲十念回向法，行之二十餘年。後更與王敏仲往還，益精進念佛。常以放生爲佛事，歷守淄川、新定，以慈惠爲政。課誦經咒，觀想西方，日有常法。時荆王夫人與其侍妾同修浄土，其妾已化

〔一〕釋可久（一〇一三——一〇九三），北宋天台宗僧，字逸老，錢塘人。事跡見佛祖統紀卷二十七，龍舒浄土文卷五等。

〔二〕見佛祖統紀卷二十七、卷二十八。孫忠事跡又見龍舒浄土文卷五，往生集卷二。

去，已見夢於夫人，引之遊於蓮池，見有朝服而坐華上者，曰：「此馬玗、楊傑也。」時傑已化去〔一〕，而仲玉尚無恙。崇寧元年，得疾，盥沐易衣，端坐念佛而逝。有氣如青蓋，騰空而上。已而，家人十數同夢仲玉曰：「吾已得生淨土上品矣。」其秋有婢卧疾，亦念佛而逝。子永逸，亦行十念法，習十六觀，閱三十餘年。已而得疾，見阿彌陀佛及二菩薩來接引，結印示寂，香氣滿室中。既殮，柩上產五色華，其光爛然。樂邦文類〔二〕

左仲，天台臨海人。從法師神照受菩薩戒，遂造西方三聖像，求生淨土。誦法華經三千四百部、金剛經二萬卷。紹聖二年秋，有疾，命其子沙門淨圓唱法華首題，已而夢三偉人立江皋，召仲登舟，復請僧誦阿彌陀經，遽曰：「我已見佛光。」即端坐結印而化。法華持驗記；佛祖統紀〔三〕

〔一〕參看本書卷二十二。

〔二〕見樂邦文類卷三。馬玗事跡又見往生集卷二。

〔三〕見法華經持驗記卷下，佛祖統紀卷二十八。左仲事跡又見補續高僧傳卷二。

范儼，仁和人。居常蔬食，不牽世緣，曰：「百年，旅泊耳，尚何求哉！」日誦法華經，手書一部，求生淨土。大觀中，忽見普賢乘六牙白象，放金色光，謂儼曰：「汝常誦法華，念彌陀佛，得生淨土，故來相報。」越一夕，覩衆聖授手，就座合掌而逝。佛祖統紀〔一〕

胡達夫，名闉，錢塘人。官宣義郎。爲人坦易，好吟咏，好遊山水，亦信向佛法，未能入也。晚年致政，與清照律師〔二〕遊。一日感疾，其子請清照過之，謂曰：「達夫平生與慧亨相善，豈可不知末後大事乎？」達夫曰：「將謂心淨則土淨也。」清照曰：「達夫！一切時中，無雜念染污否？」曰：「未能也。」清照曰：「如此，安能心淨土淨耶？」達夫曰：「經言，一稱阿彌陀佛，能滅八十億劫生死之罪，何也？」清照曰：「阿彌陀佛有大誓願，有大威德，光明神力，不可思議，具如經說。以是一稱洪名，罪垢自消，如赫日正中，霜雪何有？」達夫大感悟，遂一心稱佛名，請僧爲之助。累月，最後清照至。達夫曰：「此來何晚，已煩觀音、勢至降臨甚久。」清照與衆僧同舉佛名，達夫安然而化。樂邦文類〔三〕

〔一〕見佛祖統紀卷二十八。范儼事跡又見法華經持驗記卷下。

〔二〕佛祖統紀卷二十七：「慧亨，居武林延壽，號清照。依靈芝習律，專修淨業殆六十年。」

〔三〕見樂邦文類卷三。胡闉事跡又見佛祖統紀卷二十九。

孫忭〔一〕，錢塘人，號無諍居士。幼學易，嘆曰：「窮理盡性，易之教也，烏用干禄爲？」遂掩關晦跡，居絶俗務。沙門守寧與之交，謂曰：「白樂天以儒修身，以釋治心，君聞之乎？」忭有省，遂日閲華嚴、金剛諸經，以浄土爲歸。母龔氏誦阿彌陀經，持佛名，晝夜不輟。偶得疾，請清照律師指示西歸，説法未終，端坐而化。老妾于氏亦專持佛名，忽夢龔氏告曰：「吾已得生浄土矣，汝後七日亦當來也。」至期果逝。頃之，忭夢至蓮池，見清照在側，旁一人授以梵字帖，不識。其人曰：「請十三日齋耳。」時方十二月，及期，忽得疾。有僧問疾，欲爲祈禱，忭曰：「生死已定，何必禱？」即報清照云：「當暫相違。」遂跏趺作印，西向坐脱。翼日，清照至，爲説法封龕。歸菴三日，亦逝。佛祖統紀〔二〕

朱進士，遺其名，蘇州人也。嘗遊虎邱寺，聽佛印禪師講金剛經，至六如偈，欣然有會。次日午睡，夢一鬼吏督五人行，而己隨後，至一舍，有青布簾懸焉。鬼吏揭簾，衆皆入，至厨下，見桶内盛湯，五人各就飲。朱方渴，亦欲飲之。鬼吏呵曰：「聽佛法人，不得飲此！」驚

〔一〕佛祖統紀卷二十八作「孫汴」。
〔二〕見佛祖統紀卷二十八。

而覺。信步訪之，果得一舍，如夢所歷。其人言厨下新産六犬，其一死矣。朱大恐怖，自言：「不聞佛法，且爲此畜矣，殆哉！」遂絶世務，日誦金剛經。年八十九，八月望，要諸道友相别，入後園，登樹杪，説偈曰：「八十九年朱公，兩手劈破虚空。兩脚踏着白雲，立化菩提樹東。」言訖，端然而化。金剛證果録〔一〕

王無功，名闐，明州慈溪人。再舉進士，不第，布衣蔬食，徧參講席。晚年專修念佛三昧，述净土自信録，其序云：

古之大聖人立言垂教，被於百世之下。其鬱而未暢，晦而未明者，有之矣，即吾佛净土法門是也。余徧覽諸經，深求其指，往生功德，一言以蔽之曰：在凡夫獲不退而已矣。何則？此土修行，圓教初信，小乘初果人，邪見三毒，永不復起，兹爲斷惑發悟，創入聖流，越生不昧其所證，斯超四趣，不失人天。至於凡夫地中，雖伏惑發悟菩薩，一經生死非常之變，則忘其所證所修，是故遇緣或退，仍墮苦塗者有之。乃若凡聖同居净土，如極樂國等，雖具三界，惟有人天，故一切含識獲生者，即長辭四趣。又助

〔一〕見歷朝金剛經持驗記下卷，謂出金剛證果。

緣大備，壽數莫量，縱至鈍根，一生熏修，無不證聖果，寧復有退失事乎？如來讚勸之本意，不過如此。且圓機體道，是最上浄業，苟加願導之，即預優品。若夫愚朴輩，但能稱佛發願者，莫不往生。嗚呼！觀浄土一門，則知聖人無棄物矣。彼守癡空之徒，效無礙無修，起自障心，絶他學路，可不哀哉！

紹興十六年，一夕，忽聞異香滿室，謂弟子沙門思齊曰：「此吾浄業所感也。」乃沐浴更衣，面西趺坐而化。焚其軀，得舍利如菽者百八粒。佛祖統紀；樂邦文類〔一〕

王衷，嘉禾人，居錢塘之孤山。政和間，舉隱逸，不起。嘗參小本禪師，未有所入。偶聞僧誦彌陀經有感，遂專心浄業，日誦阿彌陀經七過，佛號萬聲，十九年未嘗間斷。即所居爲蓮社，無問道俗貴賤，咸得與會。一日，無疾沐浴，面西跏趺而化。佛祖統紀；樂邦文類〔二〕

吴信叟，名秉信，明州人。紹興中，官於朝，與秦檜忤，斥爲黨人。歸而築菴城南，日夕

〔一〕見佛祖統紀卷二十二、卷二十八，樂邦文類卷二浄土自信録序、卷四浄土自信録記。王闐事跡又見往生集卷二。

〔二〕見佛祖統紀卷二十八；檢樂邦文類，未載王衷事。王衷事跡又見樂邦遺稿卷下。

宴坐。制一棺，夜卧其中。至五更，令童子扣棺而歌曰：「吴信叟，歸去來。三界無安不可住，西方浄土有蓮胎，歸去來！」聞唱即起，習禪誦。久之，檜死，以禮部侍郎召。時停度僧之令，信叟請賣度牒以裕國用。因論及檜黨，卒爲檜黨所中，論以佞佛邀福，出知常州。二十六年，復被召至蕭山驛舍，坐頃之，令家人静聽，咸聞天樂之音。即曰：「清浄界中，失念至此。金臺既至，吾當有行。」言訖而逝。佛祖統紀〔一〕

張掄，不詳其所自，起官浙西副都總管。虔修浄土，嘗請高宗書「蓮社」二字顔其居，爲之記曰：

臣嘗讀天竺書，知出世間有極樂國者，國有佛，號阿彌陀。始享國履位，捐去弗居，超然獨覺，悟心證聖，以大願力，普度一切。其國悉以上妙衆寶莊嚴，地皆黄金，無山川邱谷之險，氣序常春。無陰陽寒暑之變，無飢寒老病生死之苦，無五趣雜居之濁。用是種種神通方便，善導衆生，忻樂起信。於日用中，能發一念，念彼佛號，即此一念，清浄純熟，圓滿具足，融會真如，同一法性。幻身盡時，此性不滅，一刹那頃，佛土現

〔一〕 見佛祖統紀卷二十八、卷四十七。吴秉信事跡又見往生集卷二，謂：「吴子才，字信叟。」

前，如持左契，以取寓物。

臣敬聞其説，刻厲精進，無有間斷，惟佛惟念，亦既有年，闔門少長，靡不從化。乃闢湫廬之東偏，鑿池種蓮，倣慧遠結社之遺意，日率妻子，課佛萬徧。而又歲以春秋之季月，涓良日，即普静精舍，與信道者共之。於是見聞隨喜，雲集川至，唱佛之聲如潮汐之騰江也。夫慧遠創爲兹社，距今閲數百禩，其間緇素景慕餘風，祖述其高致者，代不乏人。然率闇汶不章，與木石同寂。臣獨何幸，乃蒙太上光堯壽聖皇帝，親灑宸毫，書「蓮社」二大字爲賜，雲章奎畫，得未曾有，萬目共瞻，歡喜踊躍。不獨傳示雲林，侈千載之盛遇，實願天下後世，凡歷見聞，普得念佛三昧，究竟成就無上菩提，其爲饒益，詎可量已。謹刊之金石，用對揚丕顯休命焉。樂邦文類〔一〕

李秉，紹興末爲内廷官，歷三朝，爵武功大夫，管御藥院，乞宫祠以去。秉壯歲慕禪宗，參浄慈自得禪師，有省。既别，自得作拄杖頌寄之，曰：「得來拄杖元無價，分付知音好受

〔一〕見樂邦文類卷二張掄結蓮社普勸文、卷三高宗皇帝御書蓮社記。文末屬「浄樂居士張掄」，故知張掄號浄樂居士。張掄事跡又見浄土指歸集所載御書蓮社記等。

持。千里同風了無説，夜深月上珊瑚枝。」已而歸心浄土，刻龍舒浄土文以勸世，持誦謹篤，逾三十年。子元長，偕諸同好，結浄業會於傳法寺，秉與焉。嘉泰四年秋，有疾，減食卻劑，神色愈警。及冬，夢中忽見彌陀現相。越七日凌晨，見金華滿室中。呼二子掖起，別親友，索筆書曰：「六十一年盡亂道，些兒見處卻也好。而今驀直往西方，萬劫長離生死老。」置筆，整手結印而逝。樂邦文類〔一〕

陸子元，名沅，會稽山陰人。試吏部，再爲第一，監行在都進奏院，監尚書六部門。居官落落，守正不媚權勢。歲滿，遷太府寺丞，尋外轉，歷提舉福建市舶，以母憂歸。中同僚鄭興裔之言，得罪閑居。家明州横溪之上，客至語及鄭事，必曰：「沅與鄭歷劫中寃耳，謹當以善法解之，否則彼此酬酢，無了時也。」居常持法華經，晨起即澡浴焚香，首唱偈曰：「盥手清晨貝葉開，不求諸佛不禳災。世緣斷處從他斷，劫火光中舞一回。」然後開卷而讀，不緩不急，聲如貫珠，日周一部，如是三十年。年登八十，增至三部。宗教兩家，靡不研究，

〔一〕李秉事跡未載樂邦文類。其出處應爲佛祖統紀卷二十八，往生集卷一。浄土聖賢録卷七與居士傳此傳文字全同，彭氏並有小注謂：「秉蓋武臣直内廷者，往生集誤以爲中官。考宋制，中官無乞祠之例，且又安得有二子邪？」

復誦彌陀佛號，一意西馳。年八十五，沐浴冠服而化，口鼻間出蓮華香郁然，彌日方息。事在紹熙五年。渭南文集；法喜志；法華持驗記〔一〕

閻邦榮，池州晉陽人。中年嘗遇僧，勸修浄業，持往生咒，遂斷葷血。每旦向西誦咒千遍，又率諸男女同聲誦之，積二十年。紹熙元年正月朔，閱大涅槃經，嘆曰：「人生夢幻耳，吾何戀乎！」三月朔，聞異香芬馥，彌日不歇。其子夢阿彌陀佛放大光明，徧照堂宇，皆作金色。越五日，晨起，如常課，誦訖，顧家人曰：「我今日當行，慎勿相攪。」遂面西瞑目，跏趺而坐。日過中，瞿然起曰：「我去也！」便起立，行數步，舒手結印，微笑而化。樂邦文類〔二〕

錢同伯，名象祖，台州人。祖端禮，官參知政事，嘗參護國元公〔三〕，有省，遂究極宗門旨趣，臨終書曰：「浮世虚幻，本無去來。四大五蘊，必歸終盡。蓋爲地水火風，暫時湊泊，不

〔一〕見陸游渭南文集卷三十四陸郎中墓誌銘，名公法喜志卷四陸省菴傳，歷朝法華持驗記卷下。陸沅事跡又見佛祖統紀卷四十七，往生集卷二，謂「宋陸沅，道號省菴居士。」

〔二〕閻邦榮事跡未載樂邦文類。其出處應爲佛祖統紀卷二十八，往生集卷二。

〔三〕景元，號此菴，叢林稱爲元布袋，俗姓張，天台護國寺僧。

可錯認爲己有。大丈夫當用處把定，立處皆真，去留自在，是上來諸聖解脱路、涅槃門也。吾今如是，豈不快哉！」置筆斂目而逝。

同伯以恩起家太常丞，開禧中，官參知政事。時韓侂胄爲相，欲用兵於金，同伯執不可，遂罷知外郡。已而復起，與史彌遠謀，共誅侂胄，天下賴之。嘉定二年，拜左丞相，尋罷歸。初，同伯問道於此菴元公，此菴曰：「欲究此事，須得心法兩忘乃可。法執未忘，契理亦非悟也。」同伯曰：「纔涉唇吻，便落意思，如何？」此菴曰：「木自無瘡，勿傷之也。」同伯有省，既而歸心淨土。守金陵日，於鄉州建接待寺十所，皆以淨土極樂名之。創止菴，與高僧談處其中。自致政後，修持益力。嘉定四年，偶得微疾，書偈曰：「菡萏香從佛國來，琉璃地上絶纖埃。我心清淨超於彼，今日遥知一朵開。」僧有問起居者，答曰：「不貪生，不怕死，不生天上，不生人中，唯當往生淨土耳。」言訖，趺坐而化。時天鼓震響，異香芬郁。郡人同夢空中聲云：「錢丞相當生西方淨土，爲慈濟菩薩。」佛祖統紀；續綱目；往生傳；台州志〔一〕

〔一〕見佛祖統紀卷二十八、卷四十八，續資治通鑑綱目卷十七、卷十八，往生傳卷二。

明州人，爲州學諭。常修浄業，結西歸社。嘉泰初，於小江慧光建浄土院，結石塔於池，爲鄉民藏骨之所。月二八日，集僧俗院中誦觀經及佛號。爲擘窠圖〔一〕，勸人念佛。有鐵工計公者，年將七十，喪明，因從受念佛圖。誦至四圖，兩目瞭然。如是三載，滿十七圖。一日方念佛次，忽瞑，半日復甦，謂其子曰：「我已見西方佛菩薩矣。昝學諭是勸導之首。當分六圖與之，並爲致謝也。」西向坐逝。嘉定四年，省齋夢青童告曰：「佛今告君，三日當往生彼國。」至日，沐浴更衣，速稱佛號，端坐而化。佛祖統紀〔二〕

吴復之，名克己，自號鎧菴居士，居於婺之浦江。少讀周官，慨然有濟世之志。既不得志，隱於左溪。苦目疾，或勸令禱圓通大士，復之曰：「臨危不變，乃真丈夫。」或舉杜祁公〔三〕言：「君未讀佛書，何以知其不及孔孟？」復之試持大士號，疾良已，遂起深信心。讀楞嚴至「空生心内，猶雲點太清」，豁如發蒙。既讀宗鏡録，遇寶積實公，謂曰：「此書無規矩，不若看止觀。」令即境觀一字，倚爲几杖服食。已而果有悟入，嘆曰：「至哉規矩之説！

〔一〕即念佛圖，於一紙面上，連畫小圈，成貫珠狀，念佛每滿千遍則塗黑一圈，用以計算念佛次數。

〔二〕見佛祖統紀卷二十八。昝定國、計公事跡又見往生集卷二等。

〔三〕杜衍（九七八—一〇五七），字世昌，北宋初名相，後封祁國公。

所謂至方以方天下之不方，至圓以圓天下之不圓者乎？」著法華樞鍵，回向極樂曰：「不讀法華，無以明我心本具妙法；不生安養，無以證我心本具妙法。如來諄諄示誨，智者懇懇宏經，佛祖垂慈，初無異轍也。」乾道中，寓蘇州，與寶公爲蓮社。命工繪十界九品圖於兩廡，一示萬法唯心，一指西方徑路，社友鍾離松爲之記。嘉定七年冬，終於寶山，遺言以僧禮茶毗，壽七十五。佛祖統紀；樂邦文類〔一〕

陳君璋，黄巖人，生於元時。年四十，皈心佛法，與妻葉氏誦法華經，回向極樂，歷二十年。疾篤，命其子景星扶之坐，曰：「吾歸去。」景星曰：「歸何處去？」曰：「没處去。」令死後用桑門闍維法，合掌稱阿彌陀佛而逝。往生集〔二〕

知歸子曰：宋世宗風大盛，而其時傳天台教者每以浄土爲歸，故士大夫篤志西方者，視唐時稱盛焉。嗚呼！百年如電，六道如環，生此界中，不歸浄土，將安所終乎？

〔一〕見佛祖統紀卷十七，又卷五十有吴克己重刊删定止觀序、與喻貢元書兩文；樂邦文類卷二載吴克己刊往生行願略傳序，卷三載鍾離松寶積蓮社畫壁記。

〔二〕見往生集卷二。陳君璋事跡又見歷朝法華持驗記卷下，記載最詳者爲釋無愠所著山菴雜録卷下。

汪大紳云：此一卷冰雪文也。日復一過，我懷如何矣！

○念佛繙經，至口鼻間皆出蓮花香，則浄業成矣。心心念佛，心心種蓮，心開見性，花開見佛，是爲極樂。

居士傳二十五

劉潘許郭陳吴傳

劉興朝，名經臣，不詳其里居。年三十餘，會東林照覺總公，始究心祖道。既而抵京師，謁慧林冲公〔一〕。冲舉：「或問雪竇：『如何是諸佛本源？』答曰：『千峰寒色。』」言下有省。已而官洛中，就參韶山杲公〔二〕，杲囑曰：「公如此用心，何愁不悟？爾後或有非常境界，無量歡喜，宜急收拾。若收拾得去，便成法器，否則將成失心之疾矣。」未幾，復至京師參正覺逸公〔三〕，逸曰：「古人言平常心是道，你十二時中，放光動地，不自覺知，向外馳求，

〔一〕若冲，號覺海，宋雲門宗僧，奉詔住於河南大相國寺慧林禪院。

〔二〕建中靖國續燈録卷十五有西京韶山杲禪師。

〔三〕建中靖國續燈録卷六有東京大相國寺智海正覺禪師，諱本逸，俗姓彭，福州人。

轉疏轉遠。」興朝益疑不解。一夕入室，逸舉波羅提尊者「見性是佛」語〔一〕詰之，不能對，疑甚，遂歸就寢。至五更而覺，方追念間，見種種異相，表裏通徹，六根震動，天地回旋，如雲開月現，喜不自勝。忽憶韶山臨别語，姑抑之。向明，以告逸，逸曰：「更須用得始得。」興朝曰：「莫要踐履否？」逸厲聲曰：「這个是甚麽事，卻説踐履？」興朝默契，乃作發明心地頌及明道喻儒篇以曉世，其略曰：

人之於道，猶魚之於水，未嘗須臾離也。唯其迷己逐物，故終身由之而不知。佛曰大覺，儒曰先覺，蓋覺此耳。昔人有言曰：「今古應無墜，分明在目前。」〔二〕又曰：「大道祇在目前，要且目前難覩。欲識大道真體，不離聲色言語。」又曰：「夜夜抱佛眠，朝朝還共起。起倒鎮相隨，語默同居止。欲識佛去處，祇這語聲是。」〔三〕此佛者之

〔一〕五燈會元卷一：「王怒而問曰：『何者是佛？』（波羅）提曰：『見性是佛。』王曰：『師見性否？』提曰：『我見佛性。』王曰：『性在何處？』提曰：『性在作用。』」

〔二〕禪門諸祖師偈頌卷上載法燈禪師擬寒山偈云：「今古應無墜，分明在目前。片雲生晚谷，孤鶴下遥天。岸柳含煙翠，溪花帶雨鮮。誰人知此意，令我憶南泉。」

〔三〕禪宗頌古聯珠通集卷三載傅大士偈云：「夜夜抱佛眠，朝朝還共起。起坐鎮相隨，如形影相似。欲識佛去處，祇者語聲是。」

語道爲最親者。「立，則見其參於前也；在輿，則見其倚於衡也。」〔一〕「瞻之在前也，忽焉在後也，取之左右逢其原也。」〔二〕此儒者語道最邇者。奈何此道，唯心可傳，不立文字，故世尊拈花而妙心傳於迦葉，達摩面壁而宗旨付於神光。六葉既敷，千花競秀，分宗列派，各有門庭。故或瞬目揚眉，擎拳舉指；或行棒行喝，豎拂拈搥；或持叉張弓，輥毬舞笏；或拽石搬土，打鼓吹毛；或一默一言，一吁一笑，乃至種種方便，皆是親切爲人。然祇爲太親，故人多罔措，瞥然見者，不隔絲毫。其或沉吟，迢迢萬里，欲明道者，宜無忽焉。予之有得，實在此門。反思吾儒，自有其道，良哉孔子之言：默而識之，一以貫之，故目擊而道存，指掌而意喻。凡若此者，皆合宗門之妙旨，得教外之真機。然孔子之道，傳之子思，子思傳之孟子，孟子既歿，不得其傳，而所傳於世者，特文字耳。予之學，必求自得而後已，幸予一夕開悟，凡目之所見，耳之所聞，心之所思，口之所談，手足之所運動，無非妙者，得之既久，日益見前。每以與人，人不能受，然後知其妙道，果不可以文字傳也。嗚呼！是道也，有其人則傳，無其人則絶，予既得之矣，

〔一〕論語衛靈公：「子曰：『言忠信，行篤敬，雖蠻貊之邦行矣；言不忠信，行不篤敬，雖州里行乎哉？立，則見其參於前也；在輿，則見其倚於衡也。夫然後行！』」

〔二〕論語子罕：「顏淵喟然嘆曰：『仰之彌高，鑽之彌堅，瞻之在前，忽焉在後！』」

誰其似之乎？五燈會元〔一〕

潘延之，名興嗣，家豫章東湖上。懷道耽隱，自嘉祐以來，公卿交章薦，不起。琴書自娱，號清逸居士。嘗問道於黄龍南公〔二〕，得其密意。一日，南公弟子源公〔三〕訪之，見其拂琴次，源公曰：「老老大大，猶弄個線索在。」對曰：「也要彈教響。」源曰：「也不少。」對曰：「知心能幾人。」覺範洪公〔四〕題其像曰：

毗盧無生之藏，震旦有道之器。談妙義，借身爲舌，擘大千，以手爲地。機鋒不減龐蘊，而解文字禪；行藏大類孺子〔五〕，而值休明世。舒王强之而不可，神考致之而不

〔一〕見五燈會元卷十六。劉經臣事跡又見嘉泰普燈録卷二十二，名公法喜志卷四劉經臣傳，居士分燈録卷上劉經臣傳等。

〔二〕慧南（一〇〇二—一〇六九），信州玉山人，俗姓章。住黄檗山、黄龍山等地，大振宗風，爲宋代臨濟宗黄龍派之祖。

〔三〕清源，據五燈會元卷十七、續傳燈録卷十六：「南康軍清隱潛菴清源禪師，豫章鄧氏子。」

〔四〕惠洪，或作慧洪，一名德洪，瑞州人，俗姓喻，字覺範，號寂音尊者，北宋臨濟宗黄龍派僧。著有林間録二卷、冷齋夜話十卷、石門文字禪三十卷等。

〔五〕東漢徐穉，豫章南昌人，字孺子。家貧，隱居不仕。

起。此天下士大夫所共聞，然公豈止於是而已哉！石門文字禪；金湯徵文録〔一〕

許叔矜，名式，蘇州人。舉進士，名著雍咸間，官尚書祠部郎中。出知洪州，參洞山曉聰〔二〕，得正法眼。嘗贈曉聰詩，有句云：「夜坐連雲石，春栽帶雨松。」〔三〕一日，與泐潭澄、上藍溥〔四〕坐，頃，泐潭問曰：「『夜坐連雲石，春栽帶雨松』，當時答洞山甚麽語？」叔矜曰：「今日放衙早。」泐潭曰：「聞答『泗州大聖，揚州出現』語，是否？」叔矜曰：「別點茶來。」泐潭曰：「名不虚傳。」叔矜曰：「和尚早晚回山。」泐潭曰：「今日被上藍覷破。」上藍便喝。泐潭曰：「須你始得。」叔矜曰：「不奈船何，打破戽斗。」後官至轉運使。卒，贈禮部尚書。

〔一〕見石門文字禪卷十九潘延之贊；明人姚希孟金湯徵文録十卷，有中國國家圖書館藏崇禎七年姚氏紫薇堂刻本、日本京都大學藏本，參看本書卷四十九姚希孟傳。潘興嗣事跡又見羅湖野録卷上，居士分燈録卷下等。

〔二〕曉聰，韶州人，俗姓杜。五燈會元卷十五：「瑞州洞山曉聰禪師，遊方時在雲居作燈頭。」

〔三〕惠洪林間録卷下：「聰公機鋒不可觸，真雲門之孫，嘗自植松，口誦金剛經不輟。今洞山北嶺號金剛嶺，松皆參天，乃師手植也。筠守許公式以詩贈曰：『語言全不滯，高蹋祖師蹤。夜坐連雲石，春栽帶雨松。鑒分金殿燭，山答月樓鐘。有問西來意，虚堂對遠峰。』」

〔四〕靈澄，北宋禪僧，見五燈會元卷十五「泐潭靈澄散聖」。上藍溥名號不詳。

五燈會元；蘇州志〔一〕

郭功父，名祥正，當塗人也。母夢李太白而生，及長工詩。熙寧中，知武岡縣僉書保信軍節度判官，尋致仕，隱於青山，自號浄空居士。渡江，謁舒州白雲端公〔二〕。白雲上堂曰：「夜來枕上作得一頌，謝功父遠訪之勤，當須舉似諸方，要與天下有鼻孔衲僧，脱卻著肉汗衫，莫言不道。」乃曰：「上大人，邱〔三〕乙己，化三千，七十士。爾小生，八九子，佳作仁，可知禮也。」功父切疑。後聞小兒誦之，忽有省，以書報白雲。白雲以偈答曰：「藏身不用縮頭，斂跡何須收脚。金烏半夜撩天，玉兔趕他不着。」一日，白雲問曰：「牛淳乎？」曰：「淳矣。」白雲叱之，功父拱手而立。白雲曰：「淳乎淳乎。」乃贈偈曰：「牛來山中，水足草足。牛出山去，東觸西觸。」

〔一〕見五燈會元卷十五。許式事跡又見林間録卷下，嘉泰普燈録卷二十二，續傳燈録卷五，居士分燈録卷上許式傳等。

〔二〕守端（一〇二五—一〇七二），衡陽人，俗姓周，北宋臨濟宗楊岐派僧。相繼開堂於江州承天禪院、圓通崇勝禪院、興化禪院、白雲山海會禪院等處。有白雲端和尚語要一卷、白雲守端禪師語録二卷等。

〔三〕「邱」，五燈會元卷十九作「丘」。

嘗到雲居，請佛印〔一〕升座，拈香曰：「覺地相逢一何早，鶻臭布衫今脱了。要識雲居一句玄，珍重後園驢喫草。」召大衆曰：「此一瓣香，薰天炙地去也。」佛印曰：「今日不著便，被這漢當面塗糊。」便打。乃曰：「謝公千里來相訪，共話東山竹徑深。借與一龍騎出洞，若逢天旱便爲霖。」擲拄杖，下座。功父拜起，佛印曰：「收得龍麽？」功父曰：「已在這裏。」佛印曰：「作麽生騎？」功父攞手作舞便行。佛印拊掌曰：「祇有這漢猶較些子。」後復起知端州，尋棄去，老於家。東都事略，五燈會元〔二〕

陳體常，名易，家蔡溪之左巖。少好學，該綜經史。熙寧初應試，即棄去。與釋氏論出世法，嘗作頌曰：「密坐研窮有細微，到頭須是自忘機。應無祖佛能超越，豈有冤親更順違？歷歷孤明猶認影，巍巍獨露尚披衣。翻嗟會得昭靈者，也道尋常得旨歸。」其二曰：「個中端的有誰知？知者歸來到者稀。即見即聞還錯會，離聲離色轉乖違。山青水緑明元旨，鶴唳猿啼顯妙機。有意覓渠終不遇，無心到處盡逢伊。」崇寧中，舉遺逸，又舉八行。

〔一〕佛印（一〇三二—一〇九八），饒州浮梁人，俗姓林。法號了元，字覺老，北宋雲門宗僧。

〔二〕見東都事略卷一百一十五，五燈會元卷十九。郭祥正事跡又見羅湖野録卷上，續傳燈録卷二十，佛法金湯編卷十三郭祥正傳，居士分燈録卷下郭祥正傳等。

郡守郭重致禮聘之，體常謝牋曰：「早粗修於八行，晚但了於一心。心既本無，行亦何有？」平生無忤視妄言，或語老莊釋氏大意，則亹亹忘倦。宣和八年，跏趺而逝。漁隱叢話；法喜志〔一〕

吴德夫，名恂，不詳其里居。元豐元年，任豫章法曹。時郡帥王韶迎晦堂禪師〔二〕入城，館於大梵院，咨訪大法，德夫亦往叩焉。晦堂曰：「公平生學解即不問，父母未生已前，道將一句來！」德夫不能對。一日，閲傳燈録，至鄧隱峰倒卓而化，其衣順體不退，深以爲疑。復趨問晦堂，晦堂笑曰：「公今侍立，是順耶？是逆也？」曰：「是順。」晦堂曰：「還疑否？」曰：「不疑。」晦堂曰：「自既不疑，何疑於彼。」德夫言下大徹，即説偈曰：「咄！這多知俗漢，籔盡古今公案。忽於狼籍堆頭，拾得蜣螂糞彈。明明不直分文，萬兩黄金不换。等閒拈出示人，祇爲走盤難看。」時韶亦於晦堂得法，述頌曰：「晝曾忘食夜忘眠，捧得驪珠

〔一〕見苕溪漁隱叢話後集卷三十七；檢名公法喜志，未載陳易事。陳易事跡又見詩話龜後集卷四十六，彭乘墨客揮犀卷十。

〔二〕祖心（一〇二五—一一〇〇），廣東始興人，俗姓鄔，號晦堂，北宋臨濟宗黄龍派僧，黄龍慧南法嗣，謚號寶覺禪師。

欲上天。卻向自身都放下，四稜榻地恰團圓。」後德夫官至秘書。五燈會元；林間録〔一〕

知歸子曰：觀諸賢問答及所論著，於心地法門豁如矣。迹其出處之際，類能不繫於物，非其驗耶？以視夏竦、吕惠卿之徒，濫厠傳燈者，其相去何如也？

汪大紳曰：歷歷孤明，巍巍獨坐，近來居士頗有這般人物否？有則叫他到大紳門下來看箭。

〔一〕見五燈會元卷十七；惠洪林間録卷下，「德夫」誤作「敦夫」，參看曉縈羅湖野録卷下辯證：「林間録以德夫爲敦夫，無乃誤耶？」吴恂事跡又見教外別傳卷九，佛祖綱目卷三十六，名公法喜志卷四吴德夫傳，居士分燈録卷下吴恂傳等。

居士傳二十六

蘇子瞻黄魯直晁無咎傳

蘇子瞻，名軾，眉州眉山人也。母程氏，方娠，夢僧至門，遂生子瞻。年七八歲，常夢身爲僧。少長讀莊子，歎曰：「吾昔有見於中，口未能言，今見是書，得吾心矣。」登進士第。熙寧初，判官告院。時王安石方用事，行新法，神宗召見子瞻，問：「何以助朕？」對曰：「臣意陛下求治太急，聽言太廣，進人太鋭。願陛下安静以待物之來，然後應之。」神宗悚然曰：「卿所言，朕當詳思之。」子瞻每有論列，多與安石不合。及攝開封，推官上書，極言新法之害。安石滋不悦，遂請出外補杭州通判。時錢塘圓照律師〔一〕方開浄土法門，子瞻因命工畫阿彌陀佛像爲父母薦福，而作頌曰：

佛以大圓覺，充滿河沙界。我以顛倒想，出没生死中。云何以一念，得往生浄土。我造無始業，本從一念生。既從一念生，還從一念滅。生滅滅盡處，則我與佛同。如

〔一〕元照（一〇四八—一一一六），字湛然，北宋弘傳律宗與浄土宗之高僧。

投水海中，如風中鼓橐。雖有大聖智，亦不能分別。願我先父母，與一切衆生，在處爲西方，所遇皆極樂。人人無量壽，無往亦無來〔一〕。

徙知湖州，御史劾其以詩訕謗，逮赴臺獄，禍且不測。神宗密遣人覘之，子瞻方酣睡，鼻息聲達户外。神宗曰：「朕知蘇軾胸中固無事也。」遂責授黄州團練副使。子瞻自出獄後，持不殺戒。過岐亭，訪故人陳季常，與之詩曰：

我哀籃中蛤，閉口護殘汁。又哀網中魚，開口吐微濕。刳腸彼交病，過分我何得。相逢未寒温，相勸此最急。不見盧懷慎，烝壺似烝鴨。坐客皆忍笑，髡然發其冪。不見王武子，每食刀几赤。琉璃載烝豚，中有人乳白。盧公信寒陋，衰鬢得滿幘。武子雖豪舉，未死神已泣。先生萬金璧，護此一蟻缺。一年成一夢，百歲真過客。君無廢此篇，嚴詩編杜集〔二〕。

及至黄，築室東坡，自號東坡居士。得城南精舍安國寺，間一二日，輒往焚香默坐，克

〔一〕 見東坡全集卷九十八。

〔二〕 見東坡全集卷十四。詩叙謂：「元豐三年正月，余始謫黄州。至岐亭北二十五里山上，有白馬青蓋來迎者，則余故人陳慥季常也，爲留五日，賦詩一篇而去。明年正月，復往見之，季常使人勞余於中塗。余久不殺，恐季常之爲余殺也，則以前韻作詩，爲殺戒以遺季常。季常自爾不復殺，而岐亭之人多化之，有不食肉者。」

己悔過，久之，身心皆空，覓罪垢相，了不可得。居五年，移汝州，走高安，别弟子由。將至之夕，子由與真淨文〔一〕、壽聖聰〔二〕聯牀共宿，三人並夢迎五祖戒禪師〔三〕，俄而子瞻至。

元祐初，爲翰林學士。四年，出知杭州。杭州大旱且疫，子瞻設法補救，多所全活。浚茅山、鹽橋二湖，修復六井，民甚便之，爲立生祠。六年，入爲翰林承旨，遷端明殿學士兼翰林院學士。八年，出知定州。紹聖初，朋黨禍作，謫居惠州。既至，與王定國書曰：「軾到此八月，獨與幼子一人來，凡百不失所，風土不甚惡。軾既緣此，絶棄世故，身心俱安。而小兒亦遂超然物外，非此父不生此子也。南北去住有定命，此心亦不念歸。明年買田築室，作惠州人矣。」又與李公擇曰：「示及新詩，皆有遠别惘然之意。雖公之愛我厚，然僕本以鐵心石腸待公，何乃爾耶？吾儕雖老且窮，而道理貫心肝，忠義填骨髓，直須談笑於死

〔一〕克文（一〇二五—一一〇二），北宋臨濟宗黄龍派僧。俗姓鄭，號雲菴，圓寂後賜號「真淨禪師」，人稱「真淨克文」。

〔二〕省聰，綿州人，俗姓王，後住聖壽寺，人稱「聖壽聰」。有關省聰禪師駐錫之地，蘇軾有送壽聖聰長老偈，見東坡全集卷九十九、蘇軾文集（中華書局版）第六四二頁，各版本無異文，居士傳即據此。然蘇轍欒城集卷十三有回寄聖壽聰老詩，惠洪冷齋夜話卷七、禪林僧寶傳卷二十九等皆謂省聰居聖壽寺。以時地考查，聖壽寺爲宋代四川名寺，作「壽聖」或誤。

〔三〕師戒，宋代雲門宗僧。嗣雙泉師寬之法，爲雲門文偃再傳法子。住蘄州五祖山，大振祖風，人稱「五祖戒禪師」。宋代多種筆記記載，蘇軾爲五祖戒禪師後身。

生之際。若見僕困窮，便相於邑，則與不學道者不相遠矣。僕雖懷坎壈於時，遇事有可以尊主庇民者，便忘軀爲之，禍福得喪，付與造物，非兄，僕豈發此？」〔一〕居三年，人無賢愚皆得其歡心。已復徙昌化，攜阿彌陀佛像一軸自隨，曰：「此吾往生公案也。」薪米不具，則食芋飲水著書。嘗負大瓢行歌田間，頫仰浩然，有以自樂。元符初，大赦北還。復朝奉郎，提舉成都玉局觀。得疾，止於常州，上表請老，許之。臨終時，門人錢世雄進曰：「先生平生踐履至此，更宜着力。」曰：「着力即差。」語絶而逝。高宗朝，贈文忠。

子由名轍，在高安時，黄檗全禪師〔二〕勸之參禪，最後叩洪州順禪師〔三〕，有省。累官翰林學士門下侍郎，卒謚文定。東坡年譜；文集；春渚紀聞；龍舒浄土文；宋史；五燈會元〔四〕

〔一〕以上兩書分别見東坡全集補遺尺牘與王定國三十五首之三十四、與李公擇二首之二。

〔二〕道全，住黄檗山，洛陽人，俗姓王。蘇轍作有全禪師塔銘（載欒城集卷二十五）。

〔三〕上藍順，宋代臨濟宗僧。西蜀人。得法於黄龍慧南，歷住洪州上藍禪院等刹。因其接化親切，故人稱「順婆婆」。蘇轍作有景福順老夜坐道古人搐鼻語（載欒城集卷十三）。

〔四〕見王宗稷東坡先生年譜，東坡全集卷十四、卷九十八、補遺，何薳春渚紀聞卷一坡谷後身、卷六東坡事實，王日休龍舒增廣浄土文卷七，宋史卷三百三十八蘇軾傳，五燈會元卷十七。有關蘇軾之文獻甚多，與佛教關係記録較多者如羅湖野録卷下，五燈會元卷十八，樂邦文類卷二、卷五，名公法喜志卷三蘇端明傳，居士分燈録卷下蘇軾傳等。明徐長孺編有東坡禪喜集九卷。

黄魯直，名庭堅，江西分寧人也。嘗遊灊皖山谷寺，樂之，因自號曰山谷道人。治平中登進士第。故好作豔辭，法秀禪師〔一〕呵之曰：「汝以綺語動天下人淫心，不懼入泥犂耶？」魯直悚然悔謝，遂鋭志學佛法。知太和縣，以平易爲治。年餘，移監德州德平鎮。過泗州僧伽塔，作誓云：

菩薩師子王，白浄法爲身。勝義空谷中，奮迅及哮吼。念弓明利箭，被以慈哀甲。忍力不動揺，直破魔王軍。三昧常娱樂，甘露爲美食。解脱味爲漿，遊戲於三乘。住一切種智，轉無上法輪。我今稱揚，稱性實語，以身語意，籌量觀察，如實懺悔：我從昔來，因癡有愛。飲酒食肉，增長愛渴。入邪見林，不得解脱。今者對佛，發大誓願：願從今日，盡未來世，不復淫欲。願從今日，盡未來世，不復飲酒。願從今日，盡未來世，不復食肉。設復淫欲，當墮地獄，住火坑中，經無量劫。一切衆生，爲淫亂故，應受苦報，我皆代受。設復飲酒，當墮地獄，飲洋銅汁，經無量劫。一切衆生，爲酒顛倒故，應受苦報，我皆代受。設復食肉，當墮地獄，吞熱鐵丸，經無量劫。一切衆生，爲殺生故，應受苦報，我皆代受。願我以此，盡未來際，忍辱誓願，根塵清浄，具足十忍，不由

〔一〕法秀，北宋禪僧，秦州隴城人，俗姓辛。住汴京法雲寺，賜號圓通。

他教，入一切智。隨順如來，於無量衆生界中，現作佛事。恭惟十身洞徹，萬德莊嚴，於刹刹塵塵爲我作證。設經歌邏羅身〔一〕，忘失本願，唯垂加護，開我迷雲，稽首如空，等一痛切〔二〕。

既至，官通判。趙挺之希朝旨，欲於鎮行市易法。魯直謂：「鎮小民貧，不可。」乃止。元祐初，除校書郎，修神宗實録，遷著作佐郎。母病彌年，晝夜視顔色，衣不解帶。及卒，護喪歸，哀毁得疾，幾死。既葬，廬墓終喪。服除，起爲祕書丞。紹聖初，乞外補知宣州，改鄂州。會黨禍作，章惇、蔡卞論神宗實録多誣，貶涪州別駕，黔州安置。

初，魯直詣晦堂禪師〔三〕問道。晦堂曰：「論語云：『二三子以吾爲隱乎，吾無隱乎爾。』公居常如何理論？」魯直呈解，晦堂曰：「不是不是。」魯直迷悶不已。一日，侍晦堂山行時，木樨盛放，晦堂曰：「聞木樨香否？」曰：「聞。」晦堂曰：「吾無隱乎爾。」魯直釋然，即

〔一〕歌邏羅，梵語Kalala之音譯，又譯爲「羯羅藍」，意譯爲「和合」，指人胚胎誕生至七日内的時段，以示生命投胎轉世，於六道中輪回。

〔二〕見山谷集卷二十一發願文。

〔三〕祖心，北宋臨濟宗黄龍派僧，黄龍慧南法嗣。廣東始興人，俗姓鄔，號晦堂，圓寂後謚號「寶覺禪師」。黄庭堅豫章黄先生文集卷二十四有黄龍心禪師塔銘。

拜之。既謁死心禪師〔一〕，隨衆入室。死心張目問曰：「死心死，學士死，燒作兩堆灰，向何處相見？」魯直不能對，死心揮出。及至黔，忽明死心所問，報以書曰：「往日嘗蒙苦口提撕，長如醉夢，依稀在光影中。蓋疑情不盡，命根不斷，故望崖而退耳。黔南道中，晝卧覺來，忽然廓爾，尋思被天下老和尚謾了多少，惟有死心道人不肯，乃是第一慈悲也。」〔二〕

徽宗即位，起監鄂州税，屢奉召命，辭不行，乞州，得知太平。趙挺之爲相，素恨魯直不附己，或誣魯直以文章謗國，遂除名，羈管宜州。所館之家，有司輒坐以罪，乃館於戍樓。上雨旁風，浩歌自得。崇寧四年九月，以疾終。所善蔣湋爲治殮，送其喪歸江西。高宗朝，追謚文節。山谷文集；宋史；五燈會元〔三〕

晁無咎，名補之，明遠四世孫也。善屬文，與蘇子瞻、黄魯直善。官至吏部郎中兼國史編修。歷知州府，有惠政。在齊州嘗活流民數千人。年二十餘，即歸向正法，深信因果。

〔一〕悟新（一〇四三—一一一四），宋代臨濟宗黄龍派僧，晦堂祖心法嗣。號死心，廣東曲江人，俗姓黄。

〔二〕見山谷集別集卷二十與死心道人書。

〔三〕見山谷集卷二十一發願文，山谷集別集卷二十與死心道人書，宋史卷四百四十四文苑傳，五燈會元卷十七。
黄庭堅事跡又見居士分燈録卷下黄庭堅傳，佛法金湯編卷十三黄庭堅傳，名公法喜志卷四黄魯直傳等。

與圓通、覺海〔一〕諸禪師遊，參求向上事。崇寧二年，衛州民殺猪，有犬啣猪首骨去，狺狺四日不食，或異而析之，於左牡齒臼中得肉如拇，如來像也。髻有粟如珠，紺目跏趺，莊嚴畢具。無咎弟載之親見其事，記於石以示無咎，無咎曰：「佛菩薩誓救衆生，至不愛頭目髓腦，度人畜身，出無量苦。而具縛凡夫，以利養故，殺害不已，俱入劇苦大火坑中。佛菩薩動於威神爲警，此輩因懼生信，於沸鑊湯蓮花湧出，戒悔殺害，普作回向，由是增長深般若因，爲一切諸佛之所護念，豈不勝哉！」乃作贊曰：

吾觀鳥獸，諸食肉形。鈎吻鋸牙，慘劇羅刹。如是一類，是彊非彊。業力所驅，啗彼養己。是遭食者，死已能生。反誅其償，如汝啗我。版築上下，無有盡時。此業甚深，佛所不度。牛馬草食，口方齒平。業淺易超，無對復苦。人非牛馬，齊貝瓠犀。食穀果蔬，形善應爾。云何不若，牛馬異生。無凶吻牙，而作鋒刃。鷹虎受報，形凶則然。人形佛形，而慘鷹虎。故死受報，甚於馬牛。我誦此言，普勸横目。血入牙故，殺生不休。至人無心，同仁一視。視人如我，視猪如人。人自不知，是猪何等。或其前世，諸眷屬因。云何無明，日殺眷屬。刺心取血，血大壑流。揚湯燖毛，毛須彌聚。死

〔一〕圓通即法秀禪師；若沖，宋代雲門宗僧。江寧府句容人，俗姓鍾，號覺海。

者不捨，萬猪常隨。汝莫鼓刀，謂猪賤畜。是熱血裏，有丈六身。南無佛陀，南無僧伽。我不敢殺，諸佛現前。一切衆生，若飛若走。若潛若穴，小大妍媸。其血肉中，各具一佛。云何見佛，而欲鼓刀。汝欲殺猪，應作是念。罽賓國王，殺尊者時。未及捨刀，臂已墮落。白乳湧出，六種震驚。亦如此猪，腦破佛出。佛不在外，佛不在中。佛不在空，佛不在色。是猪不死，彼佛儼然。世分别心，自説人貴。謂羊豕業，本以供人。彼以業來，我何故受。受則羊豕，業歸吾身。往有大猪，生不啖穢。食薄荷草，度群業猪。菩薩威神，示入異類。汝自肉眼，何由識猪。藏汝之刀，莫加猪首。驚齒臼內，跏趺坐人。稽首世尊，在我齒臼。我不敢慢，無猪無人。惟願現前，諸見聞者。如菩薩誓，念念勿疑。以此勝因，普薦三世。父母師長，若冤若親。化柔軟心，去毒害意。捨熱血汁，獲甘露漿。苦海悉乾，同一安隱〔一〕。

又嘗作宴坐文云：

平居宴坐，閉目收慮，恒作是語。汝身今者，非男非女，非孫非祖。無古無今，無來無去。清淨本然，妄生國土。被塵染識，根乃結聚。久不可洗，如衣受漬。妄有形

〔一〕見晁補之雞肋集卷六十九猪齒臼化佛贊並序。

骸，妄有名字。是張是李，是男是女。汝既非此，此亦非汝。譬如蠔相，被石粘住。認石爲我，千劫受苦。是義不然，吾有一喻。譬我如空，被釘釘住。是空非物，釘無着處。便得脱然，離我我所。正恁麽時，揩眼看取。一念相應，是涅槃路[一]。

大觀中，知泗州。卒，年五十八。從弟説之，字以道，官至徽猷閣待制。嘗訪湖南明智法師學天台教觀，晚年日誦法華經不輟云[二]。宋史；雞肋集；佛法金湯[三]

知歸子曰：蘇、黄、晁三君子，並以文人，游泳佛海。子瞻之浩落，魯直之鋭猛，無咎之切深，考其文亦各肖其人焉。岐亭之詩，得齒臼佛贊而其指益昶。肉食者其亦有隱於中否耶？獨怪魯直始作自誓文，至居黔時，乃悉毁所持禁戒，屢見於詩，則予不

[一] 見晁補之雞肋集卷六十九東臯子宴坐内誦文。

[二] 明智法師即北宋天台宗僧中立，號明智，事跡見佛祖統紀卷十四、卷二十七。有關晁説之事跡，參看佛祖統紀卷十五：「常往南湖訪明智，聞三千境觀之説，欣然願學通其旨。晚年日誦法華，自號天台教僧，或曰洧上老法華。明智没，爲撰碑而論之，時稱高作。」明智法師碑銘見嵩山文集卷二十、佛祖統紀卷五十。

[三] 見宋史卷四百四十四文苑傳，雞肋集卷六十九，佛法金湯編卷十三晁説之傳。

能知其説也〔二〕。嗚呼！淨業難成，習根易縱，可不慎哉，可不慎哉！

汪大紳云：東坡生平，如一屋散錢，從何處收拾？此傳寫來，一一上串，極有心眼，極有精神。

〇東坡遊戲人間，比山谷會熱鬧些，其於禪也俱涉理路，東坡較闊綽些。

又云：無咎傳當與七佛偈、般若心經、西方佛號同誦。朝夕持百八珠，心口相應。一年二年三年中，若不入道者，我願得斷舌報。

〔二〕參看胡仔苕溪漁隱叢話後集卷三十一：「魯直少喜學佛，遂作發願文……可謂能堅忍者也。其後悉毁禁戒，無一能行之，於詩句中可見矣。」

居士傳二十七

鄭介夫鄒志完江民表陳瑩中傳

鄭介夫，名俠，福州福清人也。少刻苦好學，治平中擢進士甲科，調光州司法參軍。秩滿入都，監安上門。熙寧六七年間，兩河、關輔大旱蝗，民又苦新法，流亡載路。介夫繪所見爲圖，極陳新法之害，且曰：「陛下行臣之言，十日不雨，乞斬臣以正欺君之罪。」假稱密急，發馬遞上之銀臺司。神宗覽圖及奏，大感動，明日罷新法十八事，下責躬詔。越三日，果大雨。王安石罷相，呂惠卿繼之，行新法如故。介夫復上書極言之，惠卿以爲謗訕朝政，斥爲民，安置英州，居大慶山。英之子弟歸其德，興於學者甚衆。作大慶居士序曰：

居士本儒，以孔氏爲宗，得老氏之説以明，又得釋氏而後大明。三氏之外，百家傳記、歷代史載，至於醫方小説，其於民物有補毫髮，無不留意，此其學也。以爲父子、君臣、夫婦、長幼、朋友之相與，譬之直一蟬之翼，合上下四方，通爲一物，亦若是而已矣，此其識也。以爲吾之是非毀譽，與祇鬼禍福、朝廷黜陟相表裏也，故雖對妻孥，莫敢溢人美惡，幽闇闃寂，莫或自欺，上不謏公卿，下不原鄉黨，水火可蹈而議論不可回，此其守也。惟君爲堯舜，民復太古，一飯一衣，四方萬里同飽暖也，一憂一樂，四方萬里同欣戚也。敻古之上，無窮之下，大之天地，細至鱗介，猶若是也，而功無尸，物無府，此其志也。其視先後古今等，人與我等，我與人等，衆生與佛等，佛與衆生等，無一物，無取無捨，非即非離，以大清浄圓攝爲我住止，是曰居士。

哲宗即位，復官，歸鄉里不出。元符元年，以前事再竄英州。徽宗即位，赦歸，薦起爲泉州教授，秩滿歸，又號一拂居士。宣和元年，夢客有稱鐵冠道士，遺之詩，視之，乃蘇子瞻詩也。寤而歎曰：「吾將逝矣！」臨終作詩曰：「似此平生只藉天，勝如過鳥在雲烟。如今身畔無一物，贏得虚堂一枕眠。」授其孫而卒，年七十九。嘉定中，謚曰介。西塘集；宋史〔二〕

鄒志完，名浩，常州晉陵人也。舉進士，歷官襄陽教授。元符中，召對，除右正言。時章惇擅政，志完三上疏劾惇，未報。會詔立劉后，復上疏争之，惇因詆其狂妄，除名，貶新州。徽宗即位，召復故官，遷司諫，歷吏部、兵部侍郎。蔡京用事，再斥衡山別駕，永州安

〔二〕　見西塘集卷二，宋史卷三百二十一鄭俠傳。

置。復除名，羈昭州，移漢陽軍。

初，志完官襄州，夢詣大刹，見白衣大士親爲説法，覺而繪所見爲之像。其後在昭州，供奉益虔，日跪像前誦華嚴經，有舍利出於袖間。像後生竹三竿，垂枝下覆，與世所畫普陀巖竹無以異也。讀華嚴合論，作頌曰：

華嚴佛菩薩，悲智咸徧周。廣開方便門，主伴互酬請。於無言説中，説法無數量。我讀誦思惟，獲從信根入。闇逢照世燈，病遇雪山藥。無價大寶珠，衣内忽然得。願盡未來際，滿足普賢行。一切導師前，一一興供養。一切衆生前，一一作利益。持經繼有人，悉冀同我願。

自號道鄉居士，作道鄉歌曰：

要識道鄉去處，只在微塵裏許。不立四至封疆，不問二儀寒暑。日月常放光明，鳥獸率來儀舞。其俗無譽無非，其民無喜無怒。别是一種乾坤，全異九州風土。師曠傾耳莫聞，離婁拭目莫覩。誰知有個冥蒙，踏着從來門户。入也不動脚根，居也不記年所。行住坐卧虚徐，色聲臭味愚魯。偶然成矩成規，未嘗爲鼠爲虎。任他卜度縱横，迥脱機關取與。人間天上無朋，可謂自今自古。

大觀元年，復直龍圖閣，乞歸養親，六年而卒，年五十二。宋史；道鄉集；漁隱叢話〔一〕

江民表，名公望，嚴州人也。登進士第，建中靖國元年，拜左司諫。極論哲宗朝朋黨之禍，爲將來戒。時内苑稍畜珍禽奇獸，民表以爲言。徽宗立，縱之，既出知淮陽軍。蔡京爲政，嫉諸言事者，編管安南。居常與妻俞氏蔬食清齋，修念佛三昧，著念佛方便文曰：

世出世間之法，欲得成辦省力，莫若繫心一緣，即如稱念阿彌陀佛。有巧方便，無用動口，不出音聲，微以舌根，敲擊前齒，心念隨應，音聲歷然。聲不越竅，聞性内融，心印舌機，機抽念根。從聞入流，反聞自性，是三融會，念念圓通，久久遂成，唯心識觀。若是利根之人，念念不生，心心無所，六根杳寂，諸識消除，法法全真，門門絶待，瞥爾遂成，真如實觀。初機後學，一心攝念如來，乃至營辦家事，種種作務，亦自不相妨礙，都攝六根，浄念相繼，不過旬月，便成三昧，所謂自心作佛，自心是佛，自心見佛。

有子早亡，見夢於其舅，乞民表就天寧寺轉寶積經，祈生善處。且言見冥中金字碑

〔一〕見宋史卷三百四十五鄒浩傳，道鄉集卷五道鄉歌、卷三十三書合論後，苕溪漁隱叢話後集卷三十七。按，苕溪漁隱叢話乃引自冷齋夜話卷二昭州崇寧寺觀音竹永州澹山巖馴狐。此乃鄒氏在昭州事，苕溪漁隱叢話誤作「韶州」。居士傳實據冷齋夜話。

云：「江公望身居言責，志慕苦空，躬事梵修，心無愛染，動静不違佛法，語默時契宗風，名預脱乎幽關，身必歸乎浄土。」後遇赦得歸，無疾而化。宋史；樂邦文類；佛法金湯〔一〕

陳瑩中，名瓘，南劍州沙縣人也。性閒雅，與物無競，見人之短，未嘗面訐，但微示意，儆之而已。登進士第，徽宗朝爲左司諫，論議持平，務存大體。惟極言蔡卞、蔡京、章惇之罪，終以直道不見容，尋出補外。既而還爲右司員外郎，權給事中。言時政過失，忤宰相曾布，出知泰州。崇寧中，編管袁州，已而移通州。著尊堯集，辨王安石日録之誣〔二〕，上之，復謫台州。

初，瑩中好華嚴經，自號華嚴居士。及遇明智法師〔三〕，叩天台宗旨，明智示以上根止觀

〔一〕見宋史卷三百四十六江公望傳，樂邦文類卷四念佛方便文，佛法金湯編卷十三江公望傳。江公望事跡又見佛祖統紀卷二十八，名公法喜志卷四江民表傳等。

〔二〕王安石日録在宋時有多種版本和名稱，晁公武郡齋讀書志卷六雜史類載王氏日録八十卷、卷九傳記類復載鍾山日録二十卷；陳振孫直齋書録解題卷七傳記類載熙寧日録四十卷，又云原書八十卷，今止存其半；宋史卷二百三藝文志傳記類載舒王日録十二卷，故事類復載熙寧奏對七十八卷。晁氏、陳氏兩讀書志皆對日録有所評論；四庫全書將陳瓘四明尊堯集列入史評類存目，見提要卷八十九，亦有評論，可並參。

〔三〕釋中立，號明智，北宋天台宗僧。參看本書卷二十六晁説之傳注。

不思議境，以性奪修，成無作行，深有契入，著三千有門頌云：

不思議假非偏假，此假本具一切法。真空不空非但空，圓中圓滿非但中。是故四門之初門，即是不可思議假。初門即三三即一，非一非三又非四。智者説四門：一有門，一空門，一亦空亦有門，一非空非有門。一二三四指一月，四點似別惟一空。門門一一爲法界，攝一切法皆無餘。不以妙假有門觀，誰知法界具足法。聞思修證無不妙，心能觀此體具故。若祇觀心不觀具，則於一觀分二家。一家觀門異諸説，諸説雖異觀自一。彼迷一心具諸法，墮在通別次第中。次第而生次第斷，豈知十界本來一。三千本一亦如是，皆非世數可分別。妙境元無空假中，而亦不離空假中。空即是心假是色，非色非心名曰中。色心絶處中體現，於一一法體皆具。凡夫心具即佛具，取着不圓則不具。惟一具字顯今宗，入此宗者甚希有。

又以書與明智，論其義云：

有門頌但隨順古意，過蒙采覽，仰見法師收簡自在。來諭云：以有題之，恐鈍者不領。誠如所慮。然智者以有門爲圓門之相，又謂此相四門皆妙無粗。若有門爲法界，攝一切法，況復三門，法相平等，無復優劣。是故若論具足佛法，則見思假即法界也。若論法性因緣，則第一義亦因緣也。此妙門以有名之，即生死之有，是實相之有，一切法趣有，有即法界，出法界外更無可論。此即止觀有門之大旨，而前書妙假之意也。所云此之三千性是中理，不當有無，有無自爾，兹乃古師詮具之微言也。夫不當有無者，泯妙外之一執也；有無自爾者，開離執之一妙也。於有爲妙有，於無爲真無。真無則空而不空，妙有則有而不有。有無自爾，非有無也，在假則假具，在空則空具，在中則中具，無不在，無不具也。然則妙假之有，豈情有乎？假不待空，泯絶無對，説有説無，皆不待絶。且一念心起，則有三千，國土一千，則山河大地是也；五陰世間一千，則染淨一切色心是也；衆生世間一千，則六凡四聖假名是也。一念心起，三千性相一時起。一念心滅，三千性相一時滅。念外無一毫法可得，法外無一毫念可得，此乃本住不遷。不遷者，中理圓明之體，此體如理爲念，具壽無量，本無名字，而不失諸名。名其土曰極樂，名其身曰阿彌陀。身土交參，融乎一妙。故能使説法之音不離彼土，而廣長舌相具足周徧。其具如是，向實際之中，要在不往而往，於方便之内，何妨去已還來。機熟緣深，定須成辦，此瓘之有得於祖意者也。

瑩中自入台州，捐書不復爲文，專修念佛三昧。居五年，復承事郎。移楚州居住。過廬山，家焉。嘗語所親曰：「吾往年遭患難，所懼惟一死，今則死生皆置度外矣。」尋卒，年

六十五。靖康初，贈諫議大夫。高宗朝，賜謚忠肅。東都事略；佛祖統紀；冷齋夜話；李忠定集〔一〕

知歸子曰：吾觀鄭、鄒、江、陳四君子，修行如幻三昧，泊然於夷險生死之際。經言：塵勞之儔，爲如來種，豈不信哉！瑩中之於台教，蓋得其精者，其於浄土一門，殆猶承蜩之人，掇之而已矣。

汪大紳云：有即是無，無即是有，此理甚明，吾亦能言之，所難者，斷截情見耳。情見既斷者，一任你説有説無，總是光明藏。着些情見，便説得與如來一般，總是生死根耳。瑩中忠義，其斷截情見必勇，其言自是可寶。非獨瑩中也，鄭、鄒、江皆忠義之士，其勇於入道，能斷截情見故也。最是文人才子好名之人不濟事，説着此事，早已曉得了也，不知只是情見所解，賺得千生萬劫，於生死中説好看話頭在。

〔一〕見東都事略卷一百，佛祖統紀卷四十九，冷齋夜話卷一、卷四、卷七，李綱梁谿集卷一百六十五祭陳瑩中左司文。陳瓘事跡又見宋史卷三百四十五陳瓘傳。又，據丁申武林藏書録第七十欣託齋謂：「李綱梁谿集多至百三十餘卷，建炎進退志及時政附焉，閩中改刻，題曰李忠定集，亦止四十卷，前後互易，古人面目失矣。」彭氏所見，應即閩中所刻李忠定集。此書未見，參梁谿集。

居士傳二十八

張天覺傳

張天覺，名商英，號無盡居士，蜀州新津人也。爲人負氣倜儻，豪視一世。初任通川簿，嘗入寺，見藏經卷策齊整，佛然曰：「吾孔聖之書乃不及此？」歸而沉吟，中夜不寐。夫人向氏問其故，天覺曰：「適欲著無佛論耳。」向氏曰：「既已無佛，何論之有？」天覺疑其言，遂止。後於一同列所，見維摩經。閲至「此病非地大，亦不離地大」，歎曰：「胡人之言，亦能爾耶！」乃借歸卒業。向氏見而謂曰：「可熟讀此，然後著無佛論。」天覺悚然，遂深信佛法。

神宗朝，以王安石薦，内召。再遷至監察御史裏行，旋以事謫於外。元祐中，除河東提點刑獄，至清涼山，齋宿，禱於文殊，屢覩金燈光明如晝，有化菩薩現於空中。已乃塑文殊像供奉山寺，著發願文云：

一切處金色世界，真智所以無方。東北方清涼寶山，幻緣所以有在。無方則一塵不立，有在則三界同瞻。是以五體歸依，兩淚悲仰。伏念商英，昔在普光殿内，或於大福城東，一念差殊，四生流浪，出没於三千刹土，纏綿於十二根塵。以往善因，值今勝事，荷刹那之方便，開無始之光明。揣俗垢之已深，恐幔幢之猶在，托之土偶，明此願輪。三界空而我性亦空，孰真孰妄？十方幻而我形亦幻，何異何同？伏願菩薩，攝入悲宫，接歸智殿。起信足於妙峰山頂，資辨河於阿耨池中。誓終分段之身，更顯希奇之作。

尋以亢旱，入山祈雨，三禱三應，遂以聞於朝，復還僧寺田三百頃。旋爲江西運使，謁東林總禪師〔一〕。總詰其所見，與己合，遂可之。既按部分寧，遇兜率悦禪師〔二〕，謂曰：「聞公善文章。」悦曰：「從悦，臨濟九世孫。對運使論文章，政如運使對從悦論禪也。」天覺不然其語，但對悦稱賞東林，悦不肯。語至更深，悦曰：「東林既印可運使，運使於佛祖言教

〔一〕常總（一〇二五—一〇九一），宋代臨濟宗黄龍派僧，俗姓施，劍州尤溪人。黄龍慧南之法嗣，後住廬山東林律寺，人稱東林總禪師，圓寂後敕號照覺禪師。

〔二〕從悦（一〇四四—一〇九一），宋代臨濟宗禪僧，江西人，俗姓熊，少年出家於普圓院，從學於寶峰克文等。住江西兜率寺，人稱兜率悦禪師。

有少疑否？」曰：「有疑香巖獨脚頌〔一〕，德山托鉢話〔二〕。」悦曰：「既於此有疑，其餘安得無耶？祇如巖頭末後句，是有耶？是無耶？」曰：「有。」悦大笑，便歸方丈，閉卻門。天覺一夕睡不安，至五更下牀，觸翻溺器，猛省前語，即往叩方丈門曰：「吾已捉得賊也。」悦曰：「贓在何處？」天覺無語。悦曰：「運使且去，來日相見。」翼日，呈頌曰：「鼓寂鐘沉托鉢回，巖頭一拶語如雷。果然祇得三年活，莫是遭他授記來。」悦乃謂曰：「參禪祇爲命根不斷，依語生解。如是之説，公已深悟，然至極細微處，不知不覺墮在區宇。」乃作頌曰：「等閒行處，步步皆如。雖居聲色，寧滯有無。一心靡異，萬法非殊。休分體用，莫擇精粗。臨機不礙，應物無拘。是非情盡，凡聖皆除。誰得誰失，何親何疏。拈頭作尾，指實爲虚。翻身魔界，轉脚邪塗。了無逆順，不犯工夫。」天覺遂邀悦至建昌，途中作十頌，悦亦作十頌

〔一〕唐代禪僧香嚴智閑，乃溈山靈祐之法嗣。曾作獨脚頌，見五燈會元卷九，謂：「子啐母啄，子覺母殼，子母俱亡，應緣不錯，同道唱和，妙玄獨脚。」五燈會元卷十八等皆作「疑香嚴獨脚頌」。底本「頌」字作「頭」，顯誤，據改。

〔二〕德山托鉢爲禪門著名公案。據景德傳燈録卷十六等記載，雪峰在德山作飯頭，一日飯遲，見德山宣鑒禪師托鉢至法堂。雪峰云：「這老漢，鐘未鳴，鼓未響，托鉢向什麽處去？」德山便歸方丈。雪峰舉似巖頭，巖頭云：「大小德山，不會末後句。」

酬之。

天覺故與元祐大臣不合，紹聖初，爲左司諫，上書毁司馬光、吕公著，士論短之。崇寧中，累遷至尚書左丞，與蔡京議政不合，數詆京，罷知亳州，尋安置歸、峽兩州。兜率悦嘗見石霜侍者清素，得末後句〔一〕，以語天覺。其後天覺在峽，告覺範洪禪師曰：「昔見真浄於歸宗，語及兜率末後句，語未卒，真浄忽怒罵曰：『此吐血秃丁，脱空妄語，不用信。』惜真浄不知此也。」洪曰：「公惟知兜率口授末後句，至真浄老師真藥現前不能辨，何也？」天覺於言下頓見真浄用處，即取家藏真浄像展拜，題其上曰：「雲菴綱宗，能用能照。冷面嚴眸，神光獨耀。孰傳其旨，覿露惟肖。前悦後洪，如融如肇。」〔二〕

大觀四年，京罷相，起爲資政殿學士。頃之，除中書侍郎。時中外共疾京所爲，見天覺能立異，共稱爲賢。徽宗從人望，拜尚書左僕射。時久旱，彗星中天，命下之日，大雨，彗没不見。徽宗喜，書「商霖」二字以賜之。大革弊政，改京所鑄當十大錢爲當三，以平泉貨。

〔一〕 嘉泰普燈録卷七：「有清素首座者，年逾八旬，晦藏絶交往。師（指從悦）食蜜漬荔子次，素偶過門，師謂曰：『此老兒鄉果也，可同餉。』素曰：『自先師亡後，不食此久矣。』曰：『先師爲誰？』素曰：『慈明。』師聞駭然，遂饋以餘果，而日親之。……素曰：『豈不見古人道，末後一句，始到牢關。』」

〔二〕 見羅湖野録卷下，五燈會元卷十七瑞州清涼慧洪覺範禪師。

復轉般倉以罷直達，行鹽鈔法以通商旅，蠲横斂以寬民力。勸上節華侈，息土木，抑僥倖。徽宗甚嚴憚之，嘗葺升平樓，戒主者遇張丞相導騎過，匿匠樓下。爲相逾年，復爲同列所忌，諷言官文致其過，出知河南府，旋安置衡州。蔡京復相，太學諸生爲之頌冤，復故秩。宣和四年十一月晨，卧於牀，口占遺表，命子弟書之，作偈曰：「幻質朝章八十一，漚生漚滅誰久識？撞破虛空歸去來，鐵牛入海無消息。」俄取枕撞門窗，有聲如雷，遂卒，謚曰文忠。

宗門武庫；羅湖野録；宋史；清涼通傳；法喜志〔一〕

知歸子曰：天覺早歲嗜禄躁進，邪正不明，幾不有其躬危矣。洎其晚節，直道而行，不撓於衆枉，豈非所謂改過君子者耶？其於心地法門，知所致力矣。嗚呼！小智之流，一入禪宗，毫無畏忌，撥置因果，墮無明坑，不知自奮者，斯又天覺之罪人哉！

汪大紳云：初祖入東土，傳佛心印，一口便已吸盡。以下諸祖，心心相印，至曹溪

〔一〕見宗門武庫卷一，羅湖野録卷下，宋史卷三百五十一張商英傳，名公法喜志卷四張無盡傳，清涼山志卷六。張商英事跡又見五燈會元卷十八，佛法金湯編卷十三張商英傳，居士分燈録卷下張商英傳等。張商英著有護法論一卷，收入大正藏第五十二册、中華大藏經第七十九册；又編續清涼傳二卷，收入大正藏第五十一册，卷首有張商英自述在五臺山之種種感應事跡。

而發洩無餘。後來看得容易，口口相傳，依舊流爲義學。於是南嶽、青原而下諸祖，深有懼焉，再開方便之門，曲盡錘爐之妙。重重秘惜，狠狠掃除，用格外之提撕，爲當頭之棒喝，語多奇特，話似風顛，此皆不得已之苦心也。善學者，開宗明義，當於初祖及六祖機緣法語，窮參力究，須實見得心外無宗，凡外於心宗者即屬邪見，任他見得漫天際地，只是一團虚氣，一點黑子耳，如此方見得分明諦當。多生來疑情難斷，藴界難枯，再開方便之門，重起錘爐之力，曹溪以下門門參究，疑情斷，藴界枯，乃爲了當，然總不出初祖及六祖機緣法語也。此外若更有路可走，此即大妄語，大波旬見。去聖遥遠，末學鮮有師承，往往參尋者纔讀上大人，便將奇特語、新鮮話藴在心中，意欲超佛越祖，下梢頭箇箇弄成下劣狂魔，痛哉痛哉！傳中多少奇特，繙閲之依舊疑著，幸賴路頭素明，疑而不惑，已信得無别路可走耳。觸翻净瓶，張天覺活埋了也。枕聲如雷，天覺末後出現，復何疑哉！

居士傳二十九

李伯紀傳

李伯紀，名綱，邵武人也。父夔，官龍圖待制，初爲松溪尉，與大中寺慶餘禪師往還，究心佛法。時參政呂公謫居建安，以龍圖故，致禮於慶餘。一日慶餘升堂集衆，跏趺化去。龍圖、呂公方遊武夷歸，急趨視之，距慶餘化時，越一晝夜矣。呂公痛哭，恨不及其生叩其所證。龍圖曰：「盍誠禱，倘能復反？」呂公焚香再拜，就慶餘耳，擊小磬數十聲，慶餘忽開眼笑曰：「已相別，何用爾耶？當爲公留七日。」遂下座。呂公咨問道要，請慶餘再開堂說法，龍圖爲之疏，辭義甚美。及期，復如前升座而化。其後伯紀過建安，訪龍圖遺跡，書其事，勵學佛者〔一〕。

政和二年，伯紀登進士第，歷官中外事。徽宗、欽宗、高宗，三居相位。孤忠信於朝野，

〔一〕見梁谿集卷一百六十三慶餘長老開堂書跋尾。以年代考，參政呂公爲呂惠卿，熙寧七年，拜參知政事。

偉略蓋世。俄頃指顧間，懾强敵，持危邦，士庶恃之以爲命。蔽於僉邪，屢振屢絀，出入險阻，中心浩然。同時吴元中敏〔一〕與伯紀先後柄政，以恢復爲己任。已而先後皆遠竄，數遺書往復，切劘大義，慷慨痛激，自擬申胥。既已欲自效無由，則發憤求出世法，研佛書。聞伯紀通易、華嚴二經，遺書雷陽，問二經同别，伯紀復之，其略曰：

易立象以盡意，華嚴托事以表法，本無二理，世間、出世間亦無二道。何以言之？天地萬物之情，無不攝總於八卦。引而申之，而其象至於無窮，此即華嚴法界之互相攝入也。一爲無量，無量爲一，小中現大，大中現小，法界之成壞，一漚之起滅是也；乾坤之闔闢，一氣之盈虚是也。易有時，其在華嚴則世界也；易有才，其在華嚴則法門也。嘗觀十處九會，雖升諸天宫説法而不離普光明殿，雖普現群生前而常處菩提座。每會必有十方法界諸佛菩薩，同一名號，來集作禮，同一威儀，慰諭稱讚，同一言説，乃至所事之佛，所從來國，無不同者，此何理耶？譬猶鏡鏡相照，重重相入，無有窮盡，是故百億天地即乾坤也，百億日月即坎離也，百億山海即艮兑也。陰極陽生，君子道長，佛出世也；陽極陰生，君子道消，佛滅度也。剛柔相推以生變化，世界生滅相

〔一〕吴敏事跡見宋史卷三百五十二。

依也。六爻周流，循環無端，萬物輪回，互高下也。由是言之，華嚴法界，與易乾坤諸卦，有二理哉？嘗觀善財之入法界，徧參五十三善知識，童男、童女、外道、仙人、醫卜、船師，無不求也。妙高之峰，海岸曠野，城邑聚落，無不至也。文殊導其前，普賢示其後，彈指而樓閣開，攝心而佛境現，其表法之意微矣。然所以爲菩薩道，行菩薩行者，則不出諸波羅密等法而已。六十四卦，善知識也，君子觀象，善財徧參也。卦之象，無所不取，而君子觀之，無所不法。自强不息，積小而大，非精進乎？自昭明德，作事謀始，非智慧乎？反身修德，儉德辟難，非忍辱乎？稱物平施，施禄及下，非布施乎？懲忿窒欲，慎言語，節飲食，非持戒乎？立不易方，言有物，行有恒，非禪定乎？教思無窮，容保民無疆，茂對時，育萬物，所謂慈也。議獄緩死，明慎用刑而不留獄，所謂悲也。飲食宴樂，朋友講習，所謂喜也。獨立不懼，遯世無悶，所謂捨也。成卦之象，皆出於乾坤，君子觀象，皆得於易簡，易簡而天下之理得矣。由是觀之，華嚴法門與易之易簡法門，有二理哉？繫辭論八卦，必妙之以神。八卦者，菩薩也，如所謂文殊小男，普賢長子之類是也〔一〕。神者，佛也，如所謂毗盧遮那是也。生生之謂易，

〔一〕見李通玄新華嚴經合論卷四：「文殊爲小男，普賢爲長子，二聖合體，名之爲佛。」

一陰一陽之謂道，陰陽不測之謂神，猶佛之有清淨法身，圓滿報身，千百億化身也。八卦用事而易無作，諸菩薩説法而佛無言。散佛之體，則文殊得其理，普賢得其行，觀音得其悲，勢至得其智，合之則佛也。散易之體，則乾得其健，坤得其順，六子得其動、止、陷、麗、説、入，合之則易也〔一〕。神無方也，易無體也，佛身充滿於法界，無不在，無不爲也。無芥子許孔中無虚空，無一塵中無佛身，蝡飛蠕動，皆神之所妙，草木縷結，皆易之所存。反而觀之，則大千法界與夫天地萬物，皆在吾方寸之間，故孟子曰：「萬物皆備於我矣，反身而誠，樂莫大焉。」〔二〕楞嚴曰：「一切世間諸所有物，皆即菩提妙明元心，心精徧圓，含裹十方。反觀父母所生之身，猶彼十方虚空之中，吹一微塵，若存若亡，如湛巨海，流一浮漚，起滅無從。」〔三〕此心地法門也。爲易之説，則曰：「復，其見天地之心乎。」「以此洗心，退藏於密，吉凶與民同患。」爲華嚴之説，則曰：「當觀法界性，一切唯心造。」「善用其心，則獲一切勝妙功德。」心静而明，廓而大，虚而通，寂而

〔一〕彖傳認爲，天、地、雷、風、水、火、山、澤八卦分别象徵健、順、動、入、陷、麗、止、悦八種卦德。趙嗣滄點校本不明此義，改此句爲「六爻得其動，止陷得其入」，反誤。

〔二〕見孟子告子下。

〔三〕見大佛頂首楞嚴經卷三。

靈，建立萬法，爲之主宰。而物有蔽之，則明者暗，大者小，通者礙，靈者頑，所謂操存而舍亡也。

故易立象以盡意，華嚴托事以表法，皆以其本來所有者示之，非能與其所無也。體此道者莫若誠，至誠則不息，不息則悠久，悠久則博厚，博厚則高明。故曰：「惟天下至誠，爲能盡己之性。能盡己之性，則能盡人之性，能盡人之性，則能盡物之性，能盡物之性，則可與天地參。」〔一〕此致其誠，而天地萬物得於一心者也。昔之發無上道者，自十信始，故曰：「信爲道元功德母，長養一切諸善根。斷諸疑網出愛流，開示涅槃無上道。」由此充之爲十住、十行、十回向、十地，成等正覺。猶育孩稚以爲成人，養根萌以爲成材，其骨節枝幹，初已具足，充大之而已。其悲願之深，勇猛精進，爲群生入諸惡趣，受種種苦，心不退轉，而況死生禍福毀譽，足驚怖動摇之乎？故能出入三界，遊戲十方，於夢幻中而作佛事，此致其誠，而華嚴之法界得於一心者也。二者皆不出於心法，故吾儕之所當自事者，心而已，了此則廓然，更有何事？夫晝之所想，即夜之所夢，生之所履，即死之所爲，春之所種，即秋之所穫。所以處世間者，所以出世間

〔一〕見禮記中庸。

者，儒釋之術一也，夫何疑哉！神通妙用，在運水搬柴中，坐脱立亡，在著衣吃飯中，無上妙道，在平常心中，願試思之〔一〕。

後以江西安撫使乞祠，提舉臨安洞霄宫。紹興十年卒，年五十八。贈少師，謚忠定。中歲嘗自題其像曰：「是影是形，了無差别。行年之化，三十有八。返觀其前，膚腴色悦。從是以往，蒼顔華髮。本來面目，不生不滅。遊戲仕塗，天付之拙。順天而行，一無敢設。獨知其天，寧有他訣。萬里清風，一輪明月。有來問者，默然無説。」〔二〕李忠定集；宋史〔三〕

知歸子曰：世之議儒釋者，不得其本，往往知見立知，滯跡異同之間。籓太虚，晝滄溟，汗漫精微，祇成戲論耳。吾觀伯紀與吴元中書，周易策數，華嚴法界，涉入圓融，同一涅槃，元清净體。彼其出入塵勞煩惱中，獨肩世界，不厭不疲，非誠得其本者，其能如是乎！

〔一〕見梁谿集卷一百一十三雷陽與吴元中書。

〔二〕見梁谿集卷一百四十梁谿真贊。

〔三〕見梁谿集卷一百一十三、卷一百四十、卷一百六十三，宋史卷三百五十八、三百五十九李綱傳。參看本書卷二十七陳瓘傳注。

汪大紳云：予讀論語，至「予欲無言」，及「莫我知也夫」〔一〕，輒爲之喟然歎曰：其先師窮理盡性，以至於命之時乎？其釋迦氏見明星而豁然大悟之境界乎？先師之發是言也，從天而降，不知影落何處。是言也，端木先生以上大弟子不用問，端木先生以下大弟子不能問，惟端木先生能逆流而入曰：「子如不言，則小子何述焉？」曰：「何爲其莫知子也？」是問也，香象渡河，金翅劈海，爲百萬人之橋梁。於是先師現毗盧身爲説法曰：「天何言哉，四時行焉，百物生焉，天何言哉！」此華嚴重重法界也。曰：「不怨天，不尤人，下學而上達，知我者其天乎！」此華嚴十信、十住、十行、十回向、十地，成等正覺也。蓋聖門之所謂天，即佛門之所謂毗盧法身也。

〔一〕分別見論語憲問：「子曰：『莫我知也夫！』子貢曰：『何爲其莫知子也？』子曰：『不怨天，不尤人。下學而上達，知我者其天乎！』」論語陽貨：「子曰：『予欲無言。』子貢曰：『子如不言，則小子何述焉？』子曰：『天何言哉？四時行焉，百物生焉，天何言哉！』」

居士傳三十

宗汝霖張德遠傳

宗汝霖，名澤，婺州義烏人也。母夢大雷電，有光下燭，寤而生汝霖。元祐六年，登進士第，歷官州縣。爲人磊磊有節概，忠勇出於至誠。深信一乘，樂宣説正法。宣和六年，義烏滿心寺鑄大鐘成，爲之記曰：

如來以大悲心，欲令衆生於十二時中，因耳所聞生利益見，不爲欲所沉迷，不爲邪所障蔽，斷除惡念，滋種善根。於是建置洪鐘，以時撞擊，俾有識無識，虚懷聽受，隨所聞聲，因緣入道。譬如雷霆蟄驚，牙甲昆蟲，悉皆感悟，所以者何？日將旦，群動咸作，奔趨争逐，擾擾競前，於是警之，廣令衆生起戒懼心。暨至食時，飢火煎迫，噉涎貪噬，腥羶無厭，於是警之，廣令衆生起齊潔心。日之方中，交易爲市，矜智嚇愚，籠絡利己，於是警之，廣令衆生起方便心。昧谷斂昏，陰邪氣盛，一念差誤，爲盜爲淫，於是警之，廣令衆生起畏懼心。至夜未央，神識俱晦，夢想顛倒，莫覺莫知，於是警之，廣令衆生起修省心。人之云亡，氣魄隨去，倀倀冥行，莫知所趨，於是警之，廣令衆生起依歸心。如是等心，悉由中起，念念勿絶，證無上道。滿心，古刹也，舊雖有鐘，形度小瑣，發響焦急，無從容韻。寺僧有宗，徧募檀越，弋陽主簿葉天將捐財唱之，和者沓至。於是大體鈞模，采鳧氏法，規天地以爲爐，翕陰陽以鼓氣。回禄騰焰，飛廉助威，神施鬼設，一瀉而就。徽以金索，懸而擊之，隱隱闐闐，滿虚空界。四生六道，濡滯幽冥，聽此法聲，悉皆解脱。茲勝事也，樂爲頌云：人得是身，不自愛重。貪殘暴忍，長惡弗悛。劫劫輪回，歷盡苦報。如來悲憫，以鐘代言。俾衆生聞，警覺省悟。隨聲懺悔，滋益善心。予適宰官，代佛宣説。願咸諦聽，無量無邊〔一〕。

靖康初，知磁州。康王再使金，過磁，汝霖力止之。金人破真定，詔以汝霖爲副元帥，從康王起兵入援，與金人大小十數戰，輒以少勝衆，金人憚之，呼曰宗爺。康王即位南京，汝霖入見，上疏陳恢復大計，其言洞達心法，識治體。其一事云：

臣聞情生於愛，愛生於見，見生於目之所遇，與左右之所接所遇。所接果順於己則喜，喜則賞之，賞之者，非懋其功也，賞其順己而已耳；所遇所接，果逆於己則怒，怒

〔一〕見宗忠簡集卷三義烏滿心寺鐘記。

則罰之，罰之者，非罰其罪也，罰其逆己而已耳。如是則賞罰出於喜怒，喜怒出於逆順，可謂之公而無私乎？賞罰徇私，其何以礪世磨鈍，大有爲於天下乎？聖人無我故忘情，忘情故忘逆順，忘逆順故忘喜怒，故賞一善而天下之爲善者勸，知其非私善也；罰一惡而天下之爲惡者沮，亦知其非私惡也。一賞一罰，歸之至公，而我無容心焉，人其不心悦而誠服者乎？陛下所以號令天下，使人知所趨，知所避，知所行，知所止者，賞罰而已。昔文王一怒而安天下之民，武王亦一怒而安天下之民〔一〕，是怒也，豈發於目之所遇與左右之所接哉！彼仇方横肆兇暴，侵侮王室，臣願陛下如文王武王，亦一怒而安天下之民，有賞有罰，惟平惟一。至於應酬萬幾，進退取予之際，斷之至公，以慰天下之望〔二〕。

尋以李伯紀薦，知開封府兼留守事。遂修復京城，招降巨寇王善、楊進等百萬衆，河北諸山寨皆受節制，金人來攻輒敗去。疏請回鑾，凡二十四上，高宗不從。建炎二年，汝霖糾合諸將，尅日大舉。會疽發於背，諸將入問疾，語之曰：「吾以二帝蒙塵，積憤至此。汝等

〔一〕孟子梁惠王下：「文王一怒而安天下之民。……武王亦一怒而安天下之民。今王亦一怒而安天下之民，民惟恐王之不好勇也。」

〔二〕見宗忠簡集卷一上大元帥康王劄子。

能殲敵，則我死無恨！」衆皆流涕。翼日風雨晝晦，汝霖連呼「渡河」者三，遂卒。贈觀文殿學士，謚忠簡。汝霖既卒，數日間將士散去者十五六，已而盡散去，而中原不守矣。

汝霖嘗作覽鏡偈曰：「覽鏡影還在，掩鏡影還去。試問鏡中人，卻歸什麼處？」又作休牧軒頌曰：「空餘短笠與輕蓑，道着休時事更多〔一〕。更向中間問消息，夜深無奈月明何。」〔二〕

同縣人陳允昌，字得全，汝霖父執也。亦好佛法，屏居小室，宴坐湛然，離諸染著。年八十八將卒，飲沉水香湯三日，恬然而逝。汝霖志其事而銘之曰：「公坐一室，心自內觀。了知六塵，皆是幻妄。故於財色，盡欲遠離。方寸泊然，清淨圓滿。公無所住，予復何言。」〔三〕宋史；宗忠簡集〔四〕

張德遠，名浚，漢州綿竹人也。政和八年，登進士第。高、孝兩朝，再登政府，封魏國

〔一〕此句四庫全書本宗忠簡集卷六題珦師休牧軒頌作「道着休時事早多」。
〔二〕兩偈皆見宗忠簡集卷六。
〔三〕見宗忠簡集卷三陳公墓誌銘。
〔四〕見宋史卷三百六十宗澤傳，宗忠簡集卷一、卷三、卷六。

公。以恢復爲己任，遭讒被斥，志不少挫，士大夫視其進退，以爲憂喜。其用兵雖屢衄，人咸諒其忠，不以爲罪也。

初居京師，遇處士譙定〔一〕，教以熟讀論語，始有志於道。已而問法於圜悟禪師〔二〕。師曰：「巖頭〔三〕云：『卻物爲上，逐物爲下。』若能於物上轉得疾，一切立在下風。」〔四〕德遠有省，呈偈曰：「教外單傳佛祖機，本來無悟亦無迷。浮雲散盡青天在，日出東方夜落西。」師囑之曰：「公他日無忘護教。」嘗作虎邱轉輪大藏記，曰：

虎邱號吳郡勝處，晉王珣與弟珉，宅石澗之東西，已而捨爲佛刹。本朝至道中，革律爲禪。紹興八年，予謫居零陵。住持宗達以書抵予曰：我與紹隆同嗣法於圜悟禪師，隆嘗建立轉輪大藏，效彌勒示現體製，施軸於中，負戴其上，規模甚偉。方議卜築，

〔一〕譙定事跡見宋史卷四百五十九隱逸傳：「字天授，涪陵人。少喜學佛，析其理歸於儒。」

〔二〕克勤（一〇六三—一一三五），宋代臨濟宗楊岐派僧。俗姓駱，字無著。政和年間，獲宋徽宗賜紫衣及「佛果禪師」號；建炎元年十月，又蒙宋高宗賜號「圜悟禪師」。編有碧巖録十卷，此外有圜悟佛果禪師語録二十卷、佛果擊節録二卷、圜悟禪師心要二卷等。

〔三〕巖頭，唐鄂州巖頭全奯禪師，事跡見五燈會元卷七。

〔四〕見佛果圜悟禪師心要卷一寄張宣撫相公。

隆適告寂。我夙夜究力，益勵精誠，再閲寒暑，功績甫就。平高益下，棟宇翼然，琅函貝葉，輝燦焜燿。信士鄒珉，目規口歎，盡捐所有，獨力莊嚴，於我法中，爲大緣事，敢以請記。夫世變之興，其來有自，因欲生愛，因愛生貪，因貪生忿，欲愛貪忿，是謂無明，展轉交攻，激爲鬬亂，怨深禍結，殆不偶然。我佛以清淨立教，使人回心歸善，一念倘正，和氣自生。其於教化似非小補，是以有請而無媿。余聞佛爲一大事因緣故，出現於世，種種譬喻，發明空理，丁寧反覆，務息塵勞。現大光明，饒益照耀，妙用神通，不可思議。將見斯藏之成，覩相增信，由信趨善，宿習退轉，直證圓通。孝弟和睦之心，油然而起，宜勤守護，用永其傳〔一〕。

大慧禪師〔二〕居泉州，應德遠請入徑山，嘗遣其徒謙候德遠於長沙。德遠母秦國夫人，故奉佛，日常誦經禮拜，及謙至，因問徑山何以教人，謙言衹教人看「狗子無佛性」及「竹篦子」話。夫人退而習坐，力究前話。一夕忽有省，回看經文無滯，遂作偈寄呈大慧曰：「逐

〔一〕張浚此文見吴都文粹卷八藏記。全宋文卷四千一百三十六題爲雲巖禪寺藏記。

〔二〕宗杲（一〇九八—一一六三），宋代臨濟宗楊岐派僧，字曇晦，號妙喜，宣州寧國人，俗姓奚。宋孝宗賜其號「大慧禪師」。受法於圜悟佛果禪師，倡導看話禪。後人彙其遺集，編爲大慧普覺禪師語録三十卷、大慧普覺禪師普説五卷等。

日看經文，如逢舊識人。莫言頻有礙，一舉一回新。」〔一〕及卒，遺命供大慧一年，以報激揚之恩，德遠從之。晚歲除醴泉觀使，寓餘干，日讀易不輟。書座右曰：「慎言語，節飲食，致命遂志，反身修德。」〔二〕尋得疾卒，贈太師，謚忠獻。朱子文集；虎邱志；五燈會元〔三〕

知歸子曰：予讀宗公上高宗諸疏，本末貫徹，卓然命世才也。其於佛法，的的見大意，故其轉物之智不窮。張公忠孝大節，不後宗公，而機用則稍疏矣，其護法之誠不可没也。因合而論之。

汪大紳云：出家乃大丈夫之事，非將相所能爲。若宗忠簡公，斯大丈夫矣，將相云乎哉？魏公蓋其同志，合傳之是也。

〔一〕見五燈會元卷二十。

〔二〕見朱文公文集卷九十五下少師保信軍節度使魏國公致仕贈太保張公行狀下。

〔三〕見朱文公文集卷九十五下，顧詒禄虎丘山志卷二十二藏記，五燈會元卷二十。張浚事跡又見宋史卷三百六十一張浚傳，居士分燈録卷下張浚傳，佛法金湯編卷十四張浚傳等。

居士傳三十一

三李馮蔡二吴顔吕葛余張傳

李似之，初名彌遠，後易名彌遜，號普現居士，蘇州吴縣人也。大觀三年登第，官起居郎，久參圜悟禪師。一日早朝回，至天津橋，馬躍，忽有省，通身汗流。直造天寧寺，適圜悟出門，遥見，便唤曰：「且喜居士大事了畢！」似之厲聲曰：「和尚眼花作麽？」圜悟便喝，似之亦喝。於是機鋒迅捷，每與圜悟問答，當機不讓。

以封事鯁切，貶知廬山縣，改奉嵩山祠。宣和末，起知冀州。建炎三年，復官起居郎，累遷至户部侍郎。秦檜主和議，似之抗疏，力争不可。檜邀至私第，以甘言要之，似之曰：「彌遜受國厚恩，何敢見利忘義。顧今日之事，國人皆以爲不可，獨有一去，可報相公。」檜默然。似之再上疏，争益力。紹興九年，出知端州，改漳州，明年乞罷職，隱連江西山。檜猶以前事爲憾，削其籍。似之遂屏絶人事，築菴以居十餘年。

一日示微疾，索湯沐浴畢，作偈曰：「漫説從來牧護，今日分明呈露。虚空撲倒須彌，説甚向上一路。」遂擲筆趺坐而逝。既朝廷思其忠，復敷文閣待制。同時趙表之者，名令衿，太祖五世孫也。參圜悟於毗阜，圜悟曰：「此事要得相應，直須死一回方得。」表之得旨，嘗自疏曰：「家貧遭劫，誰知盡底。不存空室無人，幾度賊來亦打。」圜悟囑令加護。宋史；五燈會元；夷堅志〔一〕

李德遠，名浩，建昌人。紹興中進士，累官吏部侍郎。立朝忠憤激烈，言切時弊，人不敢干以私。嘗讀首楞嚴經，如遊舊國。後造明果，問法於應菴〔二〕，應菴揕其胸曰：「侍郎死後，向甚處去？」德遠駭然汗下，應菴喝出。德遠退而力究，不旬日，徑躋堂奥，以偈寄同參嚴康朝曰：「門有孫臏鋪，家存甘贄妻〔三〕。夜眠還早起，誰悟復誰迷？」

康朝，湖州長興人。參應菴，得旨，作頌曰：「趙州狗子無佛性，我道狗子佛性有。驀

〔一〕見宋史卷三百八十二李彌遜傳，五燈會元卷十九，夷堅甲志卷六李似之。李彌遜與趙令衿事跡又見續傳燈録卷二十八，居士分燈録卷下李彌遜傳。

〔二〕曇華，宋代臨濟宗僧。蘄州人，俗姓江，號應菴。圜悟克勤與虎丘紹隆法嗣，有應菴和尚語録傳世。

〔三〕甘贄，唐代居士，南泉普願禪師法嗣。據景德傳燈録卷十載，有住菴僧往化財物，甘曰：「有一問，若道得即施。」乃書一心字，問甚麼字。曰：「心字。」回問其妻，妻亦曰：「心字。」甘曰：「某甲山妻亦合住菴。」

然言下自知歸，從兹不信趙州口。着精神，自抖擻，隨人背後無好手。騎牛覓牛笑殺人，如今始覺從前謬。」

又有鬻胭脂者，亦久參應菴，頗自負，德遠贈以偈曰：「不塗紅粉自風流，往往禪徒到此休。透過古今圈繢後，卻來者裏喫拳頭。」德遠後爲夔路帥，卒於官。宋史；續燈存稿；增集續傳燈録〔一〕

李漢老，名邴，濟州任城人也，登崇寧五年第。紹興初，官資政殿學士。立朝挺挺有大節，屢陳戰守之策，不報，歸老泉州，語具宋史中。

大慧禪師方住泉南長樂菴，漢老數往叩擊。一日，大慧舉自頌趙州「庭前柏樹子」話〔二〕，拈云：「庭前柏樹子，今日重新舉。打破趙州關，特地尋言語。敢問大衆，既是打破

〔一〕見宋史卷三百五十李浩傳，續燈存稿卷一，增集續傳燈録卷一。李浩事跡又見五燈會元卷二十，教外别傳卷十，佛法金湯編卷十四李浩傳，居士分燈録卷下李浩傳等。

〔二〕五燈會元卷四記唐代禪僧趙州從諗公案：「問：『如何是祖師西來意？』師曰：『庭前柏樹子。』曰：『和尚莫將境示人。』師曰：『我不將境示人。』曰：『如何是祖師西來意？』師曰：『庭前柏樹子。』」大慧宗杲大慧普覺禪師語録卷五、卷八、卷十四等有對此公案所作討論，爲其「看話禪」常參話頭之一。

趙州關，因甚特地尋言語？」良久云：「當初將爲茅長短，燒了原來地不平。」漢老忽然有省，别後以書告曰：

邴平生學解，盡落情見，一取一舍，如衣壞絮，行草棘中，適自纏繞。今一笑頓適，欣幸可量。頃有可自驗者三：一、事無逆順，隨緣即應，不留胸中；二、宿習濃厚，不加排遣，自爾輕微；三、古人公案，舊所茫然，時復瞥地。但恐得少爲足，當擴而充之，願更加提誨。

大慧答書曰：

但盡凡情，别無聖解。公既一笑豁開正眼，消息頓亡，得力不得力，如人飲水，冷暖自知矣。然日用之間，當依黄面老子所言，刳其正性，除其助因，違其現業〔一〕。此乃了事漢，無方便中真方便，無修證中真修證也。

漢老遂命工圖大慧像，奉之終身。卒謚文敏。宋史；大慧年譜；語録〔二〕

〔一〕「黄面老子」指佛祖釋迦牟尼，以其全身金色故。其言見首楞嚴經卷八：「云何名爲三種漸次？一者修習，除其助因。二者真修，刳其正性。三者增進，違其現業。」

〔二〕見宋史卷三百七十五李邴傳，大慧普覺禪師年譜「紹興五年」，大慧普覺禪師語録卷二十五。李邴事跡又見居士分燈録卷下李邴傳，佛法金湯編卷十四李邴傳，名公法喜志卷四李漢老傳等。

馮濟川，名楫，蜀遂寧人也，由太學登第。初參佛眼遠禪師〔一〕，一日，同佛眼經行，偶有童子吟曰：「萬象之中獨露身。」佛眼拊濟川背，曰：「好聻〔二〕。」濟川於是有省。紹興七年，除給事中。會大慧杲禪師就明慶寺開堂，濟川進見。大慧下座次，濟川問曰：「和尚常言，不作這蟲豸，爲什麼今日敗闕？」大慧曰：「盡大地是箇杲上座，你作麼生見？」濟川擬議，大慧便掌之。明年，濟川依大慧坐夏山中，日止一食，長坐不卧。一日，大慧舉藥山初參石頭及馬祖因緣〔三〕，濟川復有省，因舉呈大慧曰：「恁麼也不得，蘇嚕娑婆訶。不恁麼也不得，㗭唎娑婆訶。恁麼不恁麼總不得，蘇嚕㗭唎娑婆訶。」大慧印以偈曰：「梵語唐言打成一塊，咄哉俗人，得此三昧。」

既而兼修淨業，作彌陀懺儀。嘗出帥瀘南，率道俗作繫念會，以西方爲歸。時經建炎

〔一〕清遠（一〇六七—一一二〇），宋代臨濟宗楊岐派僧，號佛眼，蜀臨邛縣人，俗姓李，爲五祖法演禪師法嗣。李彌遜作有宋故和州褒山佛眼禪師塔銘，載古尊宿語録卷三十四。

〔二〕聻，通「呢」，句末語氣詞。

〔三〕五燈會元卷五藥山惟儼禪師：「首造石頭之室，便問：『三乘十二分教，某甲粗知。嘗聞南方直指人心，見性成佛，實未明了，伏望和尚慈悲指示。』頭曰：『恁麼也不得，不恁麼也不得，恁麼不恁麼總不得，子作麼生？』師罔措。頭曰：『子因緣不在此，且往馬大師處去。』師稟命，恭禮馬祖，仍伸前問。祖曰：『我有時教伊揚眉瞬目，有時不教伊揚眉瞬目，有時揚眉瞬目者是，有時揚眉瞬目者不是，子作麼生？』師於言下契悟。」

兵亂後，名刹藏經多殘燬，乃捐俸錢造大藏經四十八所，小藏四大部者，亦如其數，分貯諸刹。後知邛州，二十三年秋，乞休。預報親知，期以十月三日告終。至期，令後廳置高座，見客如平時。日將午，具衣冠，望闕肅拜，請漕使攝州事。着僧衣，據高座，囑諸官吏道俗各宜向道，建立法幢。遂拈拄杖按膝，泊然坐化。漕使曰：「安撫去住如此自由，何不留一偈以表異跡？」濟川復張目，索筆書曰：「初三十一，中九下七。老人言盡，龜哥眼赤。」有語録、頌古行世。大慧年譜；五燈會元〔一〕

蔡子應，名樞，閩興化人也。紹興初，官吏部郎中。家居日，請大慧住靈巖天宮菴，與李漢老同咨法要，既而以書自通所得曰：

樞近看「狗子無佛性」話〔二〕，恰似平地釘個繫驢橛子，一除除卻，頓覺廓然，本無罣

〔一〕見大慧普覺禪師年譜「紹興七年」、「紹興八年」，五燈會元卷二十。馮楫事跡又見居士分燈録卷下馮楫傳，佛法金湯編卷十四馮楫傳，名公法喜志卷四馮濟川傳等。

〔二〕宋代「看話禪」常參的話頭之一。五燈會元卷四：「（趙州從諗）問：『狗子還有佛性也無？』師曰：『無。』曰：『上至諸佛，下至螻蟻，皆有佛性，狗子爲甚麽卻無？』師曰：『爲伊有業識在。』」大慧普覺禪師語録卷十四：「和尚祇教人看狗子無佛性話、竹篦子話，祇是不得下語，不得思量，不得向舉起處會，不得去開口處承當。」

礙，見得竹篦子，徹底分明。自己脚根下一段大事，明如皎日，廓若太虚。從本以來，不生不滅，不變不易，赤骨歷著一絲毫不得，直饒千佛出世，亦無摸索處。菩提煩惱，真如涅槃，皆爲剩法。因作頌曰：雲門篦子，逢人便舉。有眼無睛，徒勞下語。又曰：狗子無佛性，截斷衲僧命。打破趙州關，識得雲門病。大慧可之。已而，大慧在衡陽，聞李漢老卒，遣僧弔之，歎曰：「泉南道友，零落殆盡，今惟蔡郎中一人而已，不若生祭之。」乃爲文曰：

致祭於靈巖山下，半風半顛，大脱空居士之靈。惟靈鐵器市裏牙人，脱空場中主將。黑豆換人眼睛，只做這般伎倆。將謂閻老不知，一向起模畫樣。而今死去兒渠，看你有何憑仗。鑊湯爐炭横行，劍樹刀山逆上。我儂聞説欣然，獃漢攢眉惆悵。人情敢不周旋，薄奠聊陳供養。郭郎線斷俱休，嗚呼哀哉尚饗。

僧未至而子應卒矣，復繫以辭曰：

嗚呼！始以前文，與公相戲。此意未達，公已瞥地。二俱偶然，初無實義。公既去矣，文焉敢棄。就而祭之，是法如是。

建州劉子羽，名彦修，紹興中，知泉州，亦參大慧。看柏樹話有省，頌曰：「趙州柏樹太

無端，境上追尋也大難。處處緑楊堪繫馬，家家門底透長安。」大慧年譜；五燈會元〔一〕

吴元昭，名偉明，邵武人，南宋初，官學士。嘗閲華嚴梵行品，自謂有悟入處。大慧見其所爲，跋語曰：「此人只悟得無梵行而已。」既謁大慧，呈解，大慧不許，並爲痛説禪病，因舉「狗子無佛性」話，元昭疑之。留菴十日，呈解二十次，俱不許，因語之曰：「不須呈伎倆，直須啐地折爆地斷，方了得生死。」即辭去。道次延平，忽然契悟，因將室中所舉因緣，連書數頌。其一云：「不是心，不是佛，不是物，通身一串金鎖骨。趙州親見老南泉，解道鎮州出蘿蔔。」大慧證以偈曰：「通身一串金鎖骨，堪與人天爲軌則。要識臨濟小厮兒，便是當年白拈賊。」其法友彌光和之曰：「通身一串金鎖骨，正眼觀來猶剩物。縱使當機覿面提，敢保居士猶未徹。」大慧年譜〔二〕

〔一〕見大慧普覺禪師年譜紹興十七年，五燈會元卷二十。劉彦修事跡又見嘉泰普燈録卷二十三，居士分燈録卷下劉彦修傳等。

〔二〕大慧年譜僅提及吴偉明其人，並未詳載其事跡，應出於大慧普覺禪師語録卷十四。吴偉明事跡又見佛祖綱目卷三十八，嘉泰普燈録卷二十三，居士分燈録卷下吴偉明傳等。

吴十三者，遺其名，建寧仙州人，紹興中，給侍開善謙公〔一〕，參究頗力。忽於夜中有省，占偈曰：「元來無縫罅，觸著便光輝。既是千金寶，何須彈雀兒。」開善答之曰：「啐地折時真慶快，死生凡聖盡平沉。仙州山下呵呵笑，不負相期宿昔心。」續燈存稿〔二〕

如如居士顔丙者，雪峰然公〔三〕嗣也。嘗作三教詠曰：「硬似綿團軟似鐵，六月炎天一點雪。露柱燈籠笑點頭，啞子得夢向誰説。古來三教强安名，如來杜口於磨竭。夫子謂默而識之，老聃謂大辨若訥。直饒剖破作一家，不免落在第二月。」又頌子湖狗話曰：「貧家無所有，只養一隻狗。便是佛出來，也須遭一口！」著勸修淨業文〔四〕，行於世。續燈存稿；學佛考訓〔五〕

〔一〕道謙，福建建寧人，南宋臨濟宗楊岐派僧，大慧宗杲法嗣，事跡見大明高僧傳卷六。

〔二〕見續燈存稿卷一。吴十三事跡又見嘉泰普燈録卷二十一，五燈會元卷二十，居士分燈録卷下吴十三傳等。

〔三〕雪峰然公，大慧宗杲法嗣，事跡不詳。見五燈嚴統卷二十「雪峰然禪師法嗣」下小注：「師嗣大慧，會元不載。」

〔四〕顔丙此文附載於王日休龍舒淨土文卷十二。

〔五〕見續燈存稿卷一，學佛考訓卷七。顔丙有如如居士三教語録一書存世，明刊本現藏於日本京都建仁寺。

吕鐵船，遺其名。母秦國夫人，夢福巖佑公至家〔一〕，而生鐵船。弱冠時，即究心法要，日夕參空山禪師。一日，師問曰："曾見趙州麽？"鐵船厲聲曰："無！"師休去，每稱於人曰："再來人也。"嘗任江淮都總管，於蘇嘉定建永壽寺以延僧。達摩忌日拈香曰："西來不稱梁王旨，西去空擕一隻履。若言妙用與神通，真正衲僧誰數你？九年面壁尋出場，接得一人又無臂。衣盂連累到盧能，從此葛藤生不已。罪過有彌天，源流無滴水。今朝七百八十六年逢忌辰，那个兒孫不痛徹骨髓。一爐香篆一甌茶，報恩卻是孤恩的。欲把拳頭舉似伊，憐渠已没當門齒。"有山居詩及諸偈言，俱超倫邁俗。續燈存稿〔二〕

葛謙問，名鄒〔三〕，不詳其里居。少擢上第，玩心禪悦。謁無菴全公〔四〕，全令看"即心

〔一〕續燈存稿卷五、五燈全書卷五十六、增集續傳燈録卷四等皆作："母秦國夫人，夢公安二聖住持福巖佑至舍而生。"釋福巖，景定間主持公安二聖寺。

〔二〕見續燈存稿卷五。吕鐵船事跡又見五燈全書卷五十六、增集續傳燈録卷四等。

〔三〕五燈會元卷二十等謂"號信齋"，應補。

〔四〕法全，姑蘇人，俗姓陳，號無菴。事跡見南宋元明禪林僧寶傳卷三。

即佛」，久無所契，請曰：「有何方便，使鄴得入？」全曰：「居士太無厭生。」再參佛海〔一〕，舉全所示語，佛海曰：「即心即佛眉拖地，非心非佛雙眼横。蝴蝶夢中家萬里，杜鵑枝上月三更。」一日舉「不是心，不是佛，不是物」，爗然頓悟，作頌曰：「非心非佛亦非物，五鳳樓前山突兀。豔陽影裏倒翻身，野狐跳入金毛窟。」寄呈佛海，海報曰：「此事非紙筆可既，居士能過我，當有所問。」遂至虎邱，海迎之曰：「居士見處，止可入佛，不可入魔。」謙問叩請其説，海正容曰：「何不道『金毛跳入野狐窟』？」謙問乃痛省，遂嗣其法。淳熙六年，守臨川，感微疾，大書曰：「大洋海裏打鼓，須彌山上聞鐘。業鏡忽然撲破，翻身透出虚空。」召僚屬示之曰：「生死如晝夜，無足怪者。若作生死會，去道遠矣。」端坐而逝。（五燈會元；法喜志〔二〕）

余放牛者，遺其名，杭州人。參無門開公〔三〕，凡有論説，無門連道「不是不是」。放牛不

〔一〕慧遠，眉山人，俗姓彭，時稱瞎堂遠禪師，宋孝宗賜號佛海禪師。圜悟克勤禪師法嗣。事跡見南宋元明禪林僧寶傳卷四。

〔二〕見五燈會元卷二十，名公法喜志卷四。葛鄴事跡又見嘉泰普燈録卷二十三，居士分燈録卷下等。

〔三〕慧開，宋代臨濟宗楊岐派僧，錢塘人，俗姓梁。字無門，世稱無門慧開。事跡見續傳燈録卷三十五等。

服，退見臭菴〔一〕，問曰：「師在無門，得甚麼見解？」臭菴曰：「吾在無門，祇得兩个字，『不是不是』。」放牛有省，乃曰：「今日始知無門爲人處，一點惡水不曾輕洒著人。」因著是非關，行於世。嘗曰：「是法平等，不離本心。十方三界，六道四生，萬别千差，皆歸當念。看經念佛，布施持齋，不隔纖毫。臨官治政，事主奉親，有何不可？若乃妄談般若，設法安身，誑惑人天，隨業受報。色身與法身無異，我性與佛性一同。但要識得本心，便可出離生死，把纜放船，不是不是。」遂嗣法於無門。先覺宗乘〔二〕

張功甫，名鎡〔三〕，家於杭州南湖之上，官直秘閣學士。參密菴傑公〔四〕，歸而静坐，究「狗子無佛性」話，有省，自言胸臆豁然，如太虚空，了無障礙。祖師言句，是入道之門，守着不放，亦爲大病。自此塵緣世念，不着排遣，自然浄盡。古人公案，昔所茫然，今亦無疑矣。

〔一〕臭菴宗禪師，慧開禪師法嗣，住杭州護國寺。事跡見五燈會元續略卷二上等。

〔二〕見先覺宗乘卷二。余放牛事跡又見居士分燈録卷下，五燈全書卷五十四等。

〔三〕張鎡，字功甫，亦作功父，又字時可，晚年號約齋居士，乃張俊之曾孫。

〔四〕咸傑（一一一八—一一八六），宋代臨濟宗楊岐派分支虎丘派僧。福建福清人，俗姓鄭，號密菴。事跡見大明高僧傳卷八等。

嘗聞鐘聲，作頌曰：「鐘一撞，耳根塞，赤肉團邊去箇賊。有人問我解何宗，舜若多神面門黑。」晚而致仕，頗極遊觀之樂，其言曰：

昔賢云：不爲俗情所染，方能説法度人。蓋光明藏中，孰非遊戲？若心常清淨，離諸取著，於有差別境中，而能常入無差別定，則淫房酒肆，徧歷道場，鼓樂音聲，皆談般若。倘情生智隔，境逐源移，如鳥黏黐，動傷軀命，又烏所謂説[一]法度人者哉！

後捨宅建寺，曰慧雲，請破菴先公[二]居焉。佛法金湯；武陵舊事[三]

知歸子曰：予讀宋史，觀三李所建立，誠卓然豪傑之士。其入道之捷，如師子奮迅，擺脱韁鎖而去矣。馮濟川掉臂宗門，復回心淨土，吾師乎！吾師乎！元昭以下諸

[一]「説」，底本作「設」，以形近訛，據武林舊事卷十改。

[二]祖先（一一三六——一二一一），廣安人，俗姓王，號破菴。事跡見明高僧傳卷八。

[三]見佛法金湯編卷十五，武林舊事卷十賞心樂事序。張鎡事跡又見五燈會元續略卷三上，五燈全書卷四十八，續燈存稿卷二，佛法金湯編卷十五張鎡傳，居士分燈録卷下張鎡傳等。

賢，其行事不概見於傳記，其得法機緣如此，顧不偉哉。

汪大紳云：吾有知乎哉？無知也。有鄙夫問於我，空空如也。我叩其兩端而竭焉，早知此事，四十偈私記可以不作。

居士傳三十二

張子韶傳

張子韶，名九成，號無垢居士，錢塘人也。少好學，年十四，入學宫，閉閤終日，寒暑不越户限。比舍生穴隙視之，斂膝危坐，若與神明伍，相與歎服。既而聞客談楊大年、吕微仲〔一〕事，心慕之。謁寶印明禪師〔二〕，問入道之要，寶印曰：「念念不捨，久久成熟。時節到來，自然證入。」令看柏樹子話，久之無省。謁善權清禪師，問：「此事人人有分，箇箇圓成，是否？」善權曰：「然。」子韶曰：「何故九成無入處？」善權出袖中數珠示之，曰：「此是誰的？」子韶不能對。善權復袖之，曰：「是汝的則拈取去，纔涉思惟，則不是汝的也。」子韶悚然。一夕如厠，正提柏樹子話，聞蛙鳴契入，作偈曰：

〔一〕楊大年，即楊億，字大年，建州浦城人；吕微仲，即吕大防，字微仲，京兆府藍田縣人。

〔二〕徑山寶印楚明禪師，四川人，俗姓李，號别峰。事跡見明高僧傳卷六。

「春天月下一聲蛙，撞破乾坤共一家。正恁麽時誰會得，嶺頭脚痛有玄沙。」

會先忌日，就明静菴飯僧。主僧惟尚纔見，乃展手，子韶便喝。惟尚批其頰，子韶趨前。惟尚曰：「張學録何得謗大般若？」子韶曰：「九成見處祇如此，和尚又作麽生？」惟尚舉馬祖升堂，百丈卷席話〔一〕詰之。叙語未終，子韶推倒卓子。惟尚大呼：「張學録殺人！」子韶躍起，問旁僧曰：「汝又作麽生？」僧罔措，子韶毆之，顧惟尚曰：「祖禰不了，殃及兒孫。」惟尚大笑。子韶呈偈曰：「卷席因緣也大奇，諸方聞舉盡攢眉。臺盤趯倒人星散，直漢從來不受欺。」惟尚亦作偈印之〔二〕。

紹興二年，擢進士第一，授鎮東僉判。明於聽斷，浙東諸郡訟有不決者，皆訴之。民冒鹺禁，監司有所支連，子韶争之不得，遂投檄歸。頃之，以趙鼎薦，召爲太常博士，遷著作郎，尋拜禮部侍郎。進對時，屢以「正心術」爲言，又推陳孟子「保民」之旨，高宗甚向之。

會金人來議和，子韶持不可，爲執政秦檜所嫉。改祕閣修撰，提舉江州太平興國宫。造徑山，謁大慧杲禪師，議及格物。大慧曰：「公祇知有格物，不知有物格。」子韶請其説。

〔一〕景德傳燈録卷六：「馬祖上堂，大衆雲集，方升坐，良久，師（百丈）乃卷卻面前禮拜席，祖便下堂。」

〔二〕嘉泰普燈録卷二十三記此事並載惟尚答偈：「從來高價不饒伊，百戰場中奪兩眉。奪角衝關君會也，叢林誰敢更相欺。」

大慧曰：「不見小説所載，唐人有與安禄山謀反者，其人先爲閬守，有畫像存焉。明皇幸蜀見之，怒，令侍臣以劍擊像首，其人在陝西，忽頭落。」子韶言下領旨，題壁曰：「子韶格物，妙喜〔一〕物格。欲識一貫，兩箇五百。」

一日又問曰：「前輩既得後，何故復理會四料揀？」〔二〕大慧曰：「公之所見，但可入佛，不可入魔，豈可不從料揀中去耶？」子韶遂舉克符問臨濟，至「人境兩俱奪」，不覺欣然。大慧曰：「余則不然。」子韶曰：「師意如何？」大慧曰：「打破蔡州城，殺卻吴元濟。」〔三〕子韶廓然，得大自在。嘗曰：「余聞徑山老人所舉因緣，如千門萬户，不消一蹋而開。或與聯輿接席，登高山之上，或緩步徐行，入深水之中。非出常情之流，莫知吾二人落處。余得了末後大事，實在老人處，此瓣香不敢孤負老人也。」

〔一〕大慧普覺禪師年譜紹興十年條記此事，「妙喜」作「曇晦」。

〔二〕又稱臨濟四料簡，爲臨濟義玄禪師所設四種應機教化的方法與態度。據鎮州臨濟慧照禪師語録，四料簡爲：（一）奪人不奪境；（二）奪境不奪人；（三）人境兩俱奪；（四）人境俱不奪。

〔三〕舊唐書卷一百三十三李愬傳：「元和十一年，用兵討蔡州吴元濟。……元濟城上請罪，進誠梯而下之，乃檻送京師。」佛祖歷代通載卷十五載：「臺山隱峰禪師，自衡岳之五臺，道由淮右。屬吴元濟阻兵蔡州，違拒王命，官軍與賊交鋒，未決勝負。師曰：『吾當少解其患。』乃震錫空中，飛身而過。兩軍將士仰觀嘆異，鬥心頓息，以是官軍得成其功焉。」宗杲用此事，有推許張九成爲當今李愬，又以隱峰禪師自況之意，吴元濟則隱指金人。

既復謫守邵州，踰年，丁父憂歸。卒哭後，詣徑山飯僧，請大慧升座說法。而秦檜憾子韶不已，命言者劾子韶謗訕朝政，並連大慧，遂竄大慧於衡陽。子韶落職，安置安南軍。既至，閉門謝客，以經史自娛。緼袍糲食，親知餽遺，一切謝遣。安南故少雪，歲多疫癘。子韶乃爲民禱於龍神，甫半日，得雪盈寸。虔寇擾鄰境，或請避之。子韶曰：「吾謫此邦，死分也，何避爲？」因爲守貳畫計，以火攻之，寇散走。

居十四年，秦檜死。復祕閣修撰，知温州，大慧亦放還梅陽。至贛州，維舟俟之，而子韶適至。連舟東下，至新淦而別。子韶論「不愁念起，惟怕覺遲」，作偈曰：「念是賊子，覺是賊魁。拋殺賊魁，賊子何歸？堂堂大路，惟吾獨之。越南燕北，遼東隴西。撒手便到，何慮何疑。神劍在山，鍔冷光寒。魑魃罔兩，莫之敢干。此名真覺，秦時轆轢。」大慧賡之曰：「說覺說念，翻背作面。無念無覺，何處摸索。起是誰起？覺是誰覺？豁開户牖，太虛遼廓。撒手前行不顧人，秦時轆轢何時作？」既至温，寬其賦斂，道以禮法，民大和悦。會户部遣吏督軍糧，子韶移書陳其害，户部持之，遂乞祠歸。

明年，大慧復領徑山，訪子韶於慶善院。子韶曰：「九成每於夢中誦語、孟，何如？」大慧舉圓覺經云：「由寂静故，十方世界，諸如來心，於中顯現，如鏡中像。」子韶曰：「非老師，莫聞此論也。」

子韶閒居，取華嚴善知識，日供其二，回食以飯僧。又嘗供十六大天，杯中茶悉化乳。作偈曰：

稽首十方佛法僧，稽首一切護法天。我今供養三寶天，如海一滴牛一毛。有何妙術能感格，試借意識爲汝説。我心與佛天無異，一塵纔起大地隔。倘或塵消覺圓浄，是故佛天來降臨。我欲供佛佛即現，我欲供天天亦現。佛子若或生狐疑，試問此乳何處來？狐疑即塵塵即疑，終與佛天不相似。我今爲汝掃狐疑，如湯沃雪水消冰。汝今微有疑與惑，鷂子便到新羅國。

歸數月，苦風痺，家人環之泣。子韶曰：「吾平生踐履，今日愈覺有力，何乃爲兒女子呫呫涕泣耶？」疾稍間，設絳帳自居，訓子姪益勤。二十九年，夏六月六日，語從子松曰：「吾其逝乎！」是夕疾作，遂卒，年六十有八。朝命復敷文閣待制，贈左朝請大夫。子韶平生謹於法度，衣食器物，率常用敝惡。或問：「此是性耶？」子韶曰：「汝且道我每日用心在何處？」既老，讀書不輟。嘗倚柱就明，歲久，雙趺隱然。五燈會元；宋史〔二〕

〔二〕見五燈會元卷二十，宋史卷三百七十四張九成傳。張九成事跡又見嘉泰普燈録卷二十三，佛祖綱目卷三十七之上，教外别傳卷十，人天寶鑑卷一，佛法金湯編卷十四張九成傳，居士分燈録卷下張九成傳，名公法喜志卷四張文忠傳等。

知歸子曰：予讀無垢居士書，蓋欲擔荷五常，闡孔孟心法者，其於佛道未暇及也，而世儒往往以禪議之，意其生平得力之故，固有不可掩者乎？此則子韶之所以爲子韶也。

汪大紳曰：予於佛道亦未暇及，然使予有立於世，知必有以禪議予者矣。知歸讚語，蓋具深心。

居士傳三十三

王虚中傳

王虚中，名日休，廬州人也。宋高宗朝，舉國學進士，棄官不就。著書名龍舒淨土文，自王公士大夫，下至屠丐、僮奴、皂隸、優妓之屬，咸以淨土法門勸引皈依。其文淺説曲喻，至詳至懇，若父兄之教子弟然。同時歷陽張安國〔一〕爲之序曰：

阿彌陀如來以大願力，攝受群品，繫念甚簡，證果甚速。或者疑之，予嘗爲之言：阿彌陀佛即汝性是，極樂國土即汝心是。衆生背覺合塵，淪於七趣，立我與佛，天地懸隔。佛爲是故，慈悲方便，現諸無量如幻三昧，莊嚴其國，備諸華好。復以辯智而爲演説，令諸衆生歡喜愛樂，於日用中，能發一念，念彼如來，欲生其國。即此一念清淨堅

〔一〕張孝祥（一一三二—一一六九），字安國，號于湖居士。簡州（今四川簡陽）人，後卜居歷陽烏江（今安徽和縣）。有于湖集四十卷。

固，還性所有，與佛無異。當是念時，不起於坐，阿彌陀佛，極樂國土，悉皆現前。如是修習，乃至純熟，幻身壞時，此性不壞，金蓮華臺，由性種生，往生其中，如歸吾廬。諸佛菩薩，即我眷屬，性無異故，自相親愛。友人龍舒王虛中，端静簡潔，博通群經，訓傳六經、諸子數十萬言，一旦捐之，自是精進，惟佛是念。年且六十，布衣蔬茹，重趼千里，以是教人，風雨寒暑，弗遑暇恤。閒居日課千拜，夜分乃寢。面目奕奕有光，望之者信其爲有道之士也。紹興辛巳秋，過家君於宣城，留兩月，始見其浄土文。凡修習法門，與感驗章著，具有顛末，故喜爲之序云。

安國名孝祥，官中書舍人，嘗問法於大慧云。

虛中每晨起，禮佛祝願言：

弟子日休，謹爲盡虛空界一切衆生，然香敬禮。盡虛空界一切諸佛，一切正法，一切諸大菩薩、緣覺、聲聞聖衆，乞成就一切善願，濟度無量無邊衆生。臨命終時，一刹那間，見阿彌陀佛，證無生忍，了六神通。不出此間一歲，即來此間教化衆生，漸漸變此南閻浮提，盡娑婆世界，以至十方無量世界，皆爲清浄極樂世界。

又祝云：

弟子日休，爲此南閻浮提無巨無細一切衆生，敬禮諸天天帝、日月后土、一切靈祇，爲此等衆生，感謝覆載、照臨、生養、衛護之恩。謹爲此等衆生，念南無釋迦牟尼佛一百八徧，以種無上善根；念南無阿彌陀佛一百八徧，以結無上善緣。願此等衆生常沐洪恩，歡喜相向，不相争相殺，不相食相陵，進修佛法，脱離苦海，即變此南閻浮提爲極樂世界。

又祝云：

弟子日休，謹爲盡虚空界一切衆生，敬禮西方極樂世界阿彌陀佛、觀世音菩薩、大勢至菩薩、聲聞、諸上善人，仰惟大慈大悲，憫念衆生，沉淪苦海，無有出期。特展威神，遞相勸勉，分身於此震旦國中，教化衆生，使不相争相殺，不相食相陵，易世澆漓，共躋仁壽。及於此南閻浮提，盡此娑婆世界，及十方濁惡世界，身爲國王、大臣、百僚、庶尹，教化衆生，同修佛道，脱離苦海，即變吾國以至十方濁惡世界，皆爲清淨極樂世界。

又祝云：

弟子日休，身在世網，宿業深重。願爲平昔所殺衆生，所食衆生，及南閻浮提所殺所食一切衆生，日誦西方極樂世界三十六萬億一十一萬九千五百同名同號阿彌陀佛一百二十徧，仰惟如來大慈大悲，以日休所誦如來名號，一聲一如來度一衆生，盡其所誦之數，度一切衆生，同生極樂世界。

其詳載浄土文中。虚中嘗以無量壽經稱讚西方，義藴深廣，而自漢迄宋，譯文晦塞，罕中倫節，致我佛説經之旨不白，乃禱於觀世音，會四本而譯之，三年乃成。釐爲五十六分，文辭爾雅，條理燦然，遂得大行於世〔一〕。

乾道中，廬陵李彦弼，有疾垂死，夢一人，自稱龍舒居士，謂曰：「汝起飲白粥，疾當瘳。且汝尚憶闞仲雅教汝修行捷徑否？」彦弼曰：「每日念佛不輟。」既覺，索粥飲之，立愈。彦弼初未識虚中，既而見其畫像，與夢合，使諸子往受學焉〔二〕。

虚中將卒前三日，徧别道友，勗以精修浄業云：「將有行，不復相見。」及期，與生徒講書畢，禮誦如常時。至三更，忽厲聲稱阿彌陀佛數聲，唱言：「佛來迎我。」屹然立化。彦弼聞而感之，爲刻虚中像，並述其事，傳遠近，自是廬陵人多供事之。咸祐中，吕元益重刻浄

〔一〕即世所傳王日休校輯大阿彌陀經二卷，成書於紹興三十二年。乃合糅比對無量壽經四種異譯（支讖無量清浄平等覺經、康僧鎧無量壽經、支謙阿彌陀過度人道經、法賢無量壽莊嚴經）的校輯本，收於大正藏第十二册。

〔二〕見龍舒增廣浄土文卷十一所録廬陵李氏夢記。

土文，至祝願篇，版中得舍利三顆。其叔父師説載其事於篇首云。樂邦文類；龍舒淨土文〔一〕

知歸子曰：予讀虛中所著書，觀其願力之宏，修持之密，未嘗不惻然，内愧憤發也。益國公周必大贊其像曰：「皇皇然而無求，惕惕然而無憂。閔淳風之將墜，攬衆善以同流。導之以仁義之源，誘之以寂滅之樂。世知其有作，而莫識其無爲，故中道奄然而示人以真覺。」其真知虛中者乎！

汪大紳云：學道者如牛毛，得道者如麟角。究其病根，只是立我與佛耳。立我與佛，我是根，佛是塵，根塵熾然，何劫了當耶？禪門一棒打殺根塵，提脱之捷徑也；淨土轉我作佛，根即是性，塵即是心，變易根塵之秘門也。

〔一〕見樂邦文類卷三。王日休事跡又見廬山蓮宗寶鑑卷四，淨土指歸集卷下，佛法金湯編卷十四王日休傳，居士分燈録卷下王日休傳，名公法喜志卷四王龍舒傳等。王日休所著龍舒淨土文，原爲十卷，後人增廣爲十一卷或十三卷，嘉禾僧疊又改爲十二卷，即現行之龍舒增廣淨土文，收於大正藏第四十七册。

居士傳三十四

真希元吳毅夫傳

真希元，名德秀，建州浦城人。慶元五年登進士第，理宗朝官至參知政事。立朝不滿十年，所上奏疏數十萬言，皆切當世要務，直聲震朝野。洊歷州郡，民懷其惠。自寧宗以來，屢下僞學之禁，真元晚出，獨慨然以道自任。讀佛經通其旨趣，嘗題遺教經云：

遺教經蓋瞿曇氏最後教諸弟子語，今學佛者罕嘗誦而習之。蓋自禪教既分，學者往往以爲不階語言文字而佛可得，於是脱略經教而求其所謂禪者。高則高矣，至其身心顛倒，有不堪點檢者，則反不如誦經持律之徒，循循規矩中，猶不至大謬也。今觀此經，以端心正念爲首，而深言持戒爲禪定、智慧之本。至謂制心之道，如牧牛，如馭馬，不使縱逸，去瞋止妄，息欲寡求，然後由遠離以至精進，由禪定以造智慧，具有漸次梯級，非如今之談者，以爲一超可到如來地位也。以吾儒觀之，聖門教人，以下學爲本，然後可以上達，亦此理也。學佛者不由持戒而欲至定慧，亦猶吾儒舍離經辨志而急於大成，去灑掃應對而語性與天道之妙，其可得哉！余謂佛氏之有此經，猶儒家之有論語，而金剛、楞嚴、圓覺等經則易、中庸之比。未有不先論語而可遽及易、中庸者也〔一〕。其題蓮華經普門品云：

昔唐李文公問藥山儼禪師曰：「如何是惡風吹船，飄落鬼國？」師曰：「李翺小子問此何爲？」文公怫然，怒形於色。師笑曰：「如此便是黑風吹船，飄入鬼國也。」吁！藥山可爲善啓發人矣。以是推之，則知利欲熾然，即是火坑；貪愛沉溺，便是苦海；一念清淨，烈焰成池；一念警覺，船到彼岸。災患纏縛，隨處而安，我無怖畏，如械自脱。惡人侵凌，待他横逆，我無忿嫉，如獸自奔。讀是經者，作如是觀，則知補陀大士〔二〕真實爲人，非虚語也〔三〕。

又嘗遺書提刑陳貴謙，問禪門事。貴謙嘗參月林、鐵鞭諸老〔四〕，切究向上一機，答之

〔一〕見西山文集卷三十五楊文公真筆遺教經。

〔二〕「補」，西山文集卷三十四跋楊和父印施普門品作「普」。補陀大士即觀世音菩薩。

〔三〕見西山文集卷三十四跋楊和父印施普門品。兩文皆有節略。

〔四〕月林，名師觀，陳貴謙作月林師觀禪師語録序及月林觀禪師塔銘，見卍續藏第六十九册。鐵鞭，名允韶，作月林師觀禪師語録跋。

曰：

承下問禪門所謂話頭合看與否，以愚觀之，初無定説。若能一念無生，全體是佛，何處別有話頭？只緣多生習氣，背覺合塵，刹那之間，念念起滅，如猴猻拾栗相似。祖師不得已，權設方便，令咬嚼一句無滋味話頭，淘汝業識，都無實義。今時學者卻於話頭上强生穿鑿，或至逐箇解説，以當事業，遠之遠矣！來教謂：「未誦佛之言，存佛之心，行佛之行，久久須有得處。」如此行履，固不失爲一世賢者。然禪門一著，又須見徹自己本地風光，方爲究竟。此事雖人人本有，但爲客塵妄想所蔽，若不痛加煆煉，終不明浄。來教又謂：「道若不在言語文字上，諸佛諸祖何爲留許多經論在世？」經是佛言，禪是佛心，初無違背，但世人尋言逐句，没溺教綱，不知自己有一段光明大事。故達摩西來，不立文字，直指人心，見性成佛，謂之教外別傳，非是教外別有一箇道理，只要明了此心，不著教相。今若只誦佛語而不會歸自己，如人數他珍寶，自無半錢分，縱於中得少滋味，猶是法愛之見。直須打併一切浄盡，方有少分相應也。以日用驗之，雖無濁惡粗過，然於一切善惡逆順境界上，果能照破，不爲他所移換否？夜睡中、夢覺一如否？恐怖顛倒否？疾病而能作得主否？若目前猶有境在，則夢寐未免顛倒；夢寐既顛倒，疾病必不能作得主宰；疾病既作主宰不得，則生死岸頭必不自在。

所謂如人飲水，冷暖自知。來教謂無下手處。只是無下手處，正是得力處。如前書所言，静處鬧處，皆着一隻眼，看是甚麽道理。久久純熟，自無静鬧之異。其或雜亂紛飛，起滅不停，卻舉一則公案與之撕挨，則起滅之心自然頓息，照與照者同時寂滅，即是到家消息也。

端平二年，希元有疾，三上章乞祠禄。疾亟，冠帶起坐，神爽不亂。卒謚文忠。宋史；西山文集；緇門警訓〔一〕

吴毅夫，名潛，寧國人，嘉定十年進士第一。立朝骨鯁，不避權要。淳祐中，拜右丞相，以直言忤旨，責授化州團練使，循州安置。居常究心大法，深有悟入。序大慧正法眼藏〔二〕云：

此事亘古亘今，漫天漫地，端視側視，直視横視，開視闔視，明視暗視，無不視亦無

〔一〕真德秀事跡見宋史卷四百三十七儒林傳，西山文集卷三十四、卷三十五，緇門警訓卷七。真德秀、陳貴謙事跡又見佛祖綱目卷三十九，建州弘釋録卷下，佛法金湯編卷十五真德秀傳，居士分燈録卷下真德秀傳，名公法喜志卷四真西山傳等。

〔二〕正法眼藏六卷，大慧宗杲編，收入卍續藏第六十七册，吴潛爲之作序。

所視，亦無無不視無所視。謂正即離，謂法即塵，謂眼即鑿，謂藏即塞。是故這四箇字，直須撇向大洋海裏，方免擔枷帶索，受人圈禬。然雖如此，初機鈍根，也要得一則半則胡言漢語，覷來覷去，綻須光景。此時正好拚命捨身，單鎗直進，如老鼠入牛角，挨牆摸壁，更無去處。正迷悶中，猛忽地頭破額裂，通身流汗，得箇休歇。始知法眼、慧眼、天眼、佛眼，只是一雙凡眼，到這裏説道學人事畢，也且未在。履齋老子即説偈言：若以色見我，以音聲求我，是人行邪道，不能見如來。

及赴貶所，宿楓亭接待寺，告寺僧曰：

文殊言：「我初入不思議三昧，繫心一緣，若久習成就，更無他想，常與定俱。」〔一〕此繫心一緣，乃成佛作祖之階梯也。所謂繫心一緣，如日觀月觀眉間毫相與鼻準白之類。事雖淺近，理實幽微。如趙州云：「老僧十二時，惟粥飯二時是雜用心。」潙山問懶安曰：「汝十二時，當作何務？」安云：「牧牛。」潙云：「作麽生牧？」安曰：「一回入草去，驀鼻拽將來。」〔二〕凡此，皆繫心一緣也。是後尊宿，又生巧妙方便，令學人看個

〔一〕見文殊師利所説摩訶般若波羅蜜經卷下。原文爲：「如人學射，久習則巧，後雖無心，以久習故，箭發皆中。我亦如是，初學不思議三昧，繫心一緣，若久習成就，更無心想，恒與定俱。」

〔二〕兩事分別見佛祖綱目卷三十九、五燈會元卷三。

話頭，如狗子佛性、麻三升、乾屎橛、青州布衫、鎮州蘿蔔、庭前柏樹子之類，都是理路不通處，教人取次看一則，看來看去，疑來疑去，十二時中，常不放捨。忽然鼻孔噴地一下，即是當人安身立命處。此寺僧徒，戒行嚴潔，誦經禮佛，脇不附席，蓋禪教律刹之希有，亦謂精進矣。有此鎡基，更能攛上一層，繫心一緣，習定生慧，則人人是佛，自家現成公案，不用借他珍寶，開張鋪席。可惜只在有爲法上過了一生，總然以今世持戒福德，來世不失人身，脱殼入殼，何時休歇？一有蹉跌，永劫扶頭不起，所謂「此生〔一〕不向今生度，更向何生度此身」，此語最爲悲切，履齋老子未能自度，先願度人，因書此，以效法施云。

履齋者，毅夫所自號也。將卒之日，語人曰：「吾將逝矣，夜必雷風大雨。」已而果然，四更開霽。撰遺表，作詩，端坐而逝，事在景定三年。徑山志；佛法金湯〔二〕

〔一〕「生」，佛法金湯編卷十五等皆作「身」，居士傳引用有誤。如嘉泰普燈録卷二十五、佛祖綱目卷四十、雪巖和尚語録卷二等説此偈皆作「身」。

〔二〕見徑山志卷四，佛法金湯編卷十五吴潛傳。吴潛事跡又見宋史卷四百一十八吴潛傳，居士分燈録卷下吴潛傳，名公法喜志卷四吴履齋傳等。

知歸子曰：希元之論佛法，信有功於下學矣。雖然，學佛而不明宗，如陷蹄涔，求適大海，不亦左乎〔一〕！故陳、吴之説，學者其不可不盡心也。汪大紳云：明宗判得甚是。然明得宗，希元之論皆宗也；明不得宗，陳、吴之論皆枝節耳。儒門論禪，何等切直，著於居士傳，法施之善者也。

〔一〕淮南子氾論訓：「夫牛蹄之涔，不能生鱣鮪。」高誘注：「涔，雨水也，滿牛蹄跡中，言其小也。」魏書卷五十：「恃此爲援，何異於蹄涔之魚，冀拯江海？」困知記卷下：「若蹄涔之於滄海，碔砆之於美玉矣。」

居士傳三十五

李王董鄭胡傳

李純甫，名之純〔一〕，自號屏山居士，宏州人也。金承安中進士。少負才氣，自比諸葛孔明、王景略〔二〕。三入翰林，仕至尚書右司都事。中年度其道不行，遂棄官歸。初好列禦寇、莊周之書，年三十後，徧觀佛經，信解猛利。既歸隱，好與諸方老宿遊，亦頗好飲酒，每酒酣，人有問法者，隨機引導，如傾江湖，無有窮竭。於是窒者通，疑者信，莫不洒然以去也。以謂近世儒者，推闡大道，窮性命之歸，其爲功甚鉅，然其論佛，患不深究華嚴圓極之宗，理事無礙之旨，徒執小乘教相，斥爲死灰槁木，又不知性真常中，本無生滅，輒謂此身死後斷滅，墮於邪見，疑誤後生。因取先儒闢佛語，分章條辨，名曰鳴道集説，爲之序曰：

〔一〕金史卷一百二十六李純甫傳謂：「李純甫，字之純。」

〔二〕王猛，字景略，十六國前秦丞相，輔佐苻堅。在其治理下，前秦一度出現國富兵强局面。

自生民以來，未有不得道而爲聖人者。伏羲、神農、黄帝之心，見於大易。堯、舜、禹、湯、文、武、周公之道，見於詩、書，皆得道之大聖人也。聖人不王，道術將裂。有老子者，遊方之外，恐後世之人塞而無所入，高談天地未生之前，而洗之以道德。有孔子者，遊方之内，恐後世之人眩而無所歸，切論天地既生之後，而封之以仁義，故其言不無有少相齟齬者。雖然，或吹或嘘，或挽或推，一首一尾，一東一西，元聖素王之志，亦皆有歸矣。其門弟子恐其不合，而遂至於支離也。莊周氏沿流而下，自天人至於聖人。孟軻氏泝流而上，自善人至於神人，如左右券，内聖外王之説備矣。惜夫四聖人没，聖人之道不傳一千五百年矣。而浮屠氏之書從西方來，蓋距中國數千萬里，證之文字，至言妙理，與吾聖人之心，魄然而合，豈萬古之下，四海之外，聖人之心，竟不能泯滅耶？諸儒陰取其説以證吾書，自李翱始。至於近代，王介甫父子倡之，蘇子瞻兄弟和之，大易、詩、書、論、孟、老、莊，皆有所解。濂溪、涑水、横渠、伊川〔一〕之學，踵而興

〔一〕周敦頤，字茂叔，世稱濂溪先生。司馬光，字君實，世稱涑水先生。張載，字子厚，世稱横渠先生。程頤，字正叔，世稱伊川先生。

焉。上蔡、龜山、元城、横浦[一]之徒，從而翼之。東萊、南軒、晦菴[二]之書，蔓衍四出，其言遂大。小生何幸，見諸先生之議論，心知古聖人之不死，大道之將合也，恐將合而又離，箋其未合於古聖人者，曰鳴道集説云。

純甫既卒，耶律晉卿讀其書，大好之，爲序以行世[三]。又有楞嚴、金剛、老、莊、學、庸諸解，皆不傳。

同時有劉謐者，著三教平心録[四]。至明初，建安沈士榮著續原教論[五]，其大旨與純甫

[一] 謝良佐，程頤弟子，字顯道，人稱上蔡先生。楊時，程頤弟子，字中立，人稱龜山先生。劉安世，司馬光弟子，字器之，號元城。張九成，楊時弟子，字子韶，自號無垢居士，又號横浦居士。

[二] 吕祖謙，字伯恭，人稱東萊先生。張栻，字敬夫，號南軒。朱熹，字元晦，號晦菴。三人在南宋時並稱東南三賢。

[三] 耶律楚材屏山居士鳴道集序，見湛然居士文集卷十四，稱其「廓萬世之見聞，正天下性命，發揮孔聖幽隱不揚之道」。

[四] 劉謐，號静齋，見佛法金湯編卷十五。所著三教平心論二卷，收入嘉興藏第九册、大正藏第五十二册、中華大藏經第七十九册。

[五] 沈士榮，明初任翰林待詔。袾宏竹窗三筆續原教論條謂：「國初翰林待詔沈士榮居士作續原教論，其詳品名儒學佛一篇，備舉唐、宋諸君子，如白香山、蘇内翰，以至裴丞相、楊大年等諸公禪學淺深，最爲精核。」

略同。中州集；佛祖通載；續原教論〔一〕

王子彧，名文〔二〕，洛州人，金承安中進士。爲尚書省掾，性剛不與俗諧，棄官去。往來登封、盧氏山中二十年。改名知非，字無咎，自號照了居士。布衣蔬食，厲志學道。初出京時，有詩云：「親疏俱穩人倫了，婚嫁齊成俗意周。一筆盡勾塵債斷，都無虧欠大家休。大家休，愛著何時是徹頭？風息浪平人已度，笑攜明月下孤舟。」居山日，有詩云：「放下情懷觸處安，生涯取取没多般。褐衣襤褸聊遮赤，短髮鬅鬙底用冠。一榻省緣資困歇，二匙隨分了飢餐。也知苦澀人人笑，烈日初心不敢漫。」

又作決了歌〔三〕，禪家以爲證道。正大中，參知政事思烈行臺洛陽，辟之使參臺事。城

〔一〕見中州集卷六，佛祖歷代通載卷十九、卷二十。李純甫事跡又見歸潛志卷一，宋元學案卷一百，佛法金湯編卷十五李之純傳等。續原教論二卷，收入嘉興藏第二十册、大藏經補編第十八册。沈士榮事跡又見五燈全書卷一百二十，續燈正統卷四十二等。

〔二〕中州集卷九作：「王彧，字子文。」

〔三〕中州集卷九作決定歌。

陷不知所終。中州集〔一〕

董國華，名文甫，潞州人，承安中進士。爲人淳質，恬於世味，學道有得。與子安仁居寶豐坊，並閉户不出，以習静爲業。其後歷官至昌武軍節度副使。正大中，以公事至杞縣。自知死期，書與家人及同官别。乃爲詩曰：「白髮三千丈，紅塵六十年。只今無見在，虚費草鞋錢。」又曰：「無情喪主没錢僧，送上城南無事人。檢盡傳燈前後録〔二〕，更無公案這番新。」詩畢，擲筆於地，以扇障面而逝。中州集〔三〕

鄭所南，名思肖，福州連江人，徙於吴。宋末貢太學，舉博學鴻詞。元兵南下，上書論時事，不報。宋亡，自傷不能報仇，終身不娶，不飲酒，不北向坐。歲時伏臘，野哭面南拜。棄所居宅，寓城中萬壽、覺報二寺，以所有田施與之，留數畝給衣食。謂佃客曰：「我死，汝則主之。」著一是居士傳曰：

〔一〕見中州集卷九。王彧事跡又見歸潛志卷五。
〔二〕此句中州集卷九臨終詩四首作「撿盡傳燈無盡録」。
〔三〕見中州集卷九。董文甫事跡又見歸潛志卷五，續夷堅志卷一，宋元學案卷一百。

一是居士，大宋人也，生於宋，長於宋，死於宋。嘗貫古今六合觀之，肇乎無天地之始，亘乎有天地之終，普天率土，一草一木，吾見其皆大宋天下。大宋粹然一天也，不以有疆土而存，不以無疆土而亡也。譬如孝子於其父，前乎無前，後乎無後，滿眼惟父，與天同大，寧以生爲在，死爲不在耶？又寧見有二父耶？此一是之所在也。一是者何？萬古不易之理也。由之行，天地鬼神咸聽其命，不然，天地鬼神反誅之。斷古今，定綱常，配至道，立衆事，自天子至於庶人，一皆不越於斯。苟能深造一是之域，殺之亦不變，安能以僞富僞貴芻豢之哉！

所南性孤峭，寡與人合。時獨行、獨吟、獨遊山水間，嗜餐梅花。嘗夢乘雲，登一高峰，得古梅樹，大百圍，花徑半尺。方盛開，摘而食之，空中有聲告曰：「此玉真峰頂也，邇來四百萬劫，無人至矣。」因爲文紀之曰：

此一花樹，其壽無量。天根月窟，和氣之液。洪濛之雪，搆爲花骨。世不得聞，仙不得識。頑立樹下，頻嗅頻笑。方瞳不瞬，溜碧相射。欲與俱化，泯而爲一。倏躍而動，手盡其葩。齒鍊爲丹，火涼水浮。鼻舌毛空，迸散香霧。六合同同，燦發天光。萬返於源，其心忽空。一旦獲無身之身，還我於無極，於戲偉哉。書此紀已，仰面長嘯，聲震空碧，瞿然而寤，舌本猶香。

又嘗著施食心法，説正覺摩醯首羅天王療一切病咒〔一〕。咒曰：

唵，我有大願，無量無邊。虚空爛壞，我願無盡。我默我咒，先斷病魔。我觀我生，我實無生。意歸其源，六根俱寧。歸無所歸，心華自開。我於是時，現無邊身。爲大醫王，普救病難。即臻安康，乃正綱常。終於究竟，我違我誓，我當殛我，滅爲微塵。聞聞聞聞，娑婆訶。

晚自集所著文，名曰心史，誓教天下萬世皆爲忠臣。錮以鐵函，沉古井中。明崇禎時，承天寺僧浚井得之。新安汪駿聲刻以行世。蘇州志；宋文偶鈔〔二〕

胡汲仲，名長孺，婺州永康人。博學强記，受業青田余學古，得朱子之傳。以主敬爲學之要，默識静觀，超然自得，發明本心，導諸學者，一時人望皆歸之。居貧，厲獨行之節，嘗

〔一〕摩醯首羅天，爲大自在天之異名，原係印度教所崇奉創造宇宙之最高主神，佛教視之爲色界色究竟天之主。

〔二〕宋文偶鈔一書未見著録。鄭思肖事跡又見宋史翼卷三十四，南村輟耕録卷二十，武林梵志卷八等。陳福康點校鄭思肖集（上海古籍出版社，一九九一年版）彙集資料豐富。

語其友云：「麋不繼，襖不温，謳吟猶作鐘球鳴。此予秘密藏中休糧方也。」〔一〕參閲内典，著大同論曰：

孟子没一千四百年而周子出，周子之傳，出於北固壽涯禪師〔二〕，程子、朱子皆得之周子。朱子後得張欽夫，講究此道，方得脱然。元來此事與禪學十分相似，學不知禪，禪不知學，互相排擊，都不曾劄着痛處，真可笑也。

初在宋咸淳中，起家監重慶酒務，歷福寧州倅。宋亡，隱永康山。至元二十五年，起集賢修撰。出教授揚州，歷寧海主簿。延祐元年，引疾歸。晚居杭之虎林山，病喘，上氣者久之。一日具酒食，與比鄰別，云將返故鄉。門人覺其意，問曰：「先生精神不衰，遽欲觀化耶？」汲仲曰：「精神與死生，初無相涉也。」就寢，至夜半，聲寂然。其子駒排户視之，則正

〔一〕南村輟耕録卷四不苟取條記其事爲：「胡汲仲先生（長孺），號石塘，特立獨行，剛介有守……先生送蔡如愚歸東陽詩有云：『薄糜不繼襖不煖，謳吟猶是鍾球鳴。』語之曰：『此余秘密藏中休糧方也。』」

〔二〕壽涯，北宋禪師，生平不詳。宋元學案卷十二濂溪學案下謂：「考河上公本圖名無極圖，魏伯陽得之以著參同契，鍾離權得之以授吕洞賓。洞賓後與陳圖南同隱華山，而以授陳，陳刻之華山石壁，陳又得先天圖於麻衣道者，皆以授种放。放以授穆修與僧壽涯。修以先天圖授李挺之，挺之以授邵天叟，天叟以授子堯夫。修以無極圖授周子，周子又得「先天地」之偈於壽涯。」

衣冠坐逝矣，年七十五。

時又有馮子振者，攸州人〔一〕。博學負才氣，通内典，與中峰本禪師遊。師作浄土偈一百八首，大闡唯心之旨，子振見而心傾，自號發願學人，爲之贊曰：

我觀幻住師，於幻無所住。雖不住於幻，能覺如幻人。幻人汝當知，垢與浄相對。離垢即浄性，浄土應現前。是故幻住師，演説浄土偈。手提古佛機，數與念珠等。一偈偈四句，句句義畢彰。字數逾三千，其實無一字。偈迷念珠轉，偈悟轉念珠。若人於此中，一一總無念。於無念念佛，無念亦復無。紅爪紺髮螺，種種白毫相。有目具瞻仰，月面照日輪。花敷四色蓮，出微妙高潔。所生皆浄土，云何是西方。是人見彌陀，悉得安隱住。元史；佛法金湯；續法喜志；樂邦文類〔二〕

〔一〕佛法金湯編卷十六謂：「攸州人，自號海粟居士。」又謂：「嘗撰梅花百詠呈中峰和尚」。明本，元代臨濟宗僧。浙江錢塘人，俗姓孫。號中峰，又號幻住道人。天曆二年加謚智覺禪師，塔號法雲。馮子振與中峰明本之梅花百詠唱和，在當時及後世詩壇禪林影響甚大。參看元詩選二集壬集：「子昂與中峰爲友，海粟甚輕之。一日，子昂偕中峰往訪，海粟出示梅花百韻詩。中峰一覽，走筆和之。復出所作九字梅花歌以示，海粟竦然，遂與定交。」及四庫全書總目提要卷一百八十八梅花百詠條。

〔二〕見元史卷一百九十儒學傳，佛法金湯編卷十六馮子振傳，續法喜志卷四馮海粟傳，樂邦文類卷五。胡長孺、馮子振事跡又見佛祖綱目卷四十等。

知歸子曰：元世士大夫如趙子昂、程鉅夫、虞伯生、袁伯長、鄧善之〔一〕之徒，其於佛法不可謂無意者，然文過其質，其於道蓋未有得也，予故不得而傳之。

汪大紳云：異人，異趣，異解。

〔一〕趙孟頫，字子昂，號松雪道人，宋王室後裔。宋亡入元，任刑部主事，後官至翰林學士承旨，封魏國公，有松雪齋集。程鉅夫名文海，以字行。元兵南下，從季父入覲，授管軍千户，官至翰林學士承旨，有雪樓集。虞集，字伯生。宋丞相虞允文五世孫。元成宗大德元年，至大都，任大都路儒學教授，有道園學古録。袁桷字伯長。大德初薦爲翰林國史院檢閲官，官至侍講學士，有清容居士集。鄧文原，字善之。至元二十七年，行中書省辟爲杭州路儒學正，官至集賢直學士，有素履齋集。

居士傳三十六

耶律晉卿國寶傳

耶律晉卿，名楚材，遼東丹王突欲八世孫也。仕金爲開州同知。宣宗遷汴，完顔復興守燕，辟爲左右司員外郎。元太祖既定燕，晉卿閒居久之。已而太祖聞其名，召置左右，日益信任。每從征伐，晉卿隨事納諫，務止殺以全民命。太宗即位，拜中書令，軍國大計悉取決焉。於是均賦税，正官制，興文學，覈工匠，平權量，給符印，百度具舉，遐邇悦服。元遂得撫定中原者，晉卿之力也。

晉卿於學無所不闚，尤傾心祖道。初，年二十餘，居燕，自以所得叩聖安澄公。澄公時見許可，其後輒不以爲然。晉卿請其故，澄公曰：「公昔官要劇，予不敢苦相鉗鎚。又儒者多不信佛法，唯搜摘語録以資談柄耳。今誠有志本分事，予安得不爲苦口。雖然，吾老矣，有萬松老人，兼通儒釋，辨才無礙，可往見之。」晉卿遂謁萬松秀公，屏絶人事，息心參究，雖祁寒大暑不輟，迄三年而盡其道。秀公授以衣，名之曰從源，號曰湛然居士。其後歷官貴顯，日應萬務，而神明淡泊，如處深山中。

一日，秀公過其家，見晉卿方啖菜根，飯脱粟，曰：「不太儉乎？」晉卿曰：「昔燕京被圍，絶粒六十日，予守職如平常。及扈從西征六萬餘里，備歷險阻，而志不少沮。跨崑崙，瞰瀚海，而志不加大。」蓋汪洋法海，涵養之效，有如此也。嘗自題其象曰：

別來十年五歲，依舊一模一樣。髭髯垂到腰間，雙眉〔一〕儼然眼上。龜毛錐子畫空虚，寫破湛然閒伎倆。

又曰：

有髮禪僧，無名居士。人道甚似，我道便是。塵塵刹刹〔二〕露全身，紙上毫端何處避。

當西征時，有司奏五臺等僧徒有能咒術及嫺武略者，可部以從軍。晉卿止之曰：「釋氏高行者，必守不殺戒，奉慈忍行，故有危身不證鵝珠，守死不拔生草者。用之從軍，豈其宜哉。其不循法律者，必無志行，在彼既違佛旨，在此豈忠王事？故皆不可以從軍也。」乃

〔一〕「雙眉」，湛然居士文集卷八自贊二首作「眉毛」。

〔二〕「刹刹」，湛然居士文集卷八作「刼刼」。

止。大夫蕭守中曰：「沙門不征不役，安坐而食，耗國累民，必此類矣，請除之。」晉卿曰：「人之生也，有天命焉，人力所不能予奪者也。世有辛苦而飢餓者，有安逸而飽足者，修短苦樂，壽夭窮通，萬狀不齊，雖孔明之智，項羽之勇，顏回之賢，尼父之聖，亦不能移其毫髮，豈彼沙門能窮吾民、耗吾國耶？故萬物之在天下，天與則生，天奪則死。沙門亦天地間一物耳，其亦天養之也，天且宥之，子獨不容，隘亦甚矣！」

太宗崩，皇后稱制，任用奧都剌合蠻。晉卿屢諫不聽，尋以疾卒。至順初，贈太師，追封廣寧王，謚文正。元史；湛然居士集；清涼通傳〔一〕

國寶，名安藏。畏兀人，世家別石八里〔二〕，自號龍宫老人。父胣藏帖材護迪，方燕坐，作觀音觀，忽有人抱童子付之，已而其母有娠。及産，紅光發於屋。生五歲，嘗一卧三晝夜始寤，問其故，云：「適見文殊爲我説法，不覺久耳。」已而從父兄問經義，即開解。九歲始

〔一〕見元史卷一百四十六耶律楚材傳，湛然居士文集卷首萬松行秀序、卷八萬松老人評唱天童覺和尚頌古從容菴録序、卷八自贊二首，清涼山志卷六。耶律楚材事跡又見五燈全書卷六十一，續指月録卷八等。

〔二〕雪樓集卷九秦國文靖公神道碑謂：「公諱安藏，字國寶，輝和爾人，世家伯什巴里。」皆屬譯音之不同。別石八里，又譯爲別失八里、別十八里等，突厥語「五城」之意，或稱爲北庭。故城在今新疆吉木薩爾境内。

從師力學，十三能默誦俱舍論，至十五而孔、釋之書皆貫穿矣。十九被徵入朝，以佛法見知世祖。進寶藏論元演集，深被嘉歎。因勸上宜親經史，以知古今治亂之由；正心術，以示天下向背之道。遂譯尚書無逸篇、貞觀政要、申鑒各一通以獻。授翰林學士，知制誥，尋商議中書省事。每賜對，必以開言路，廣聖慮，愼刑節用爲言，世祖未嘗不稱善。至元三十年夏五月丁丑，方宴居，忽端坐若禪定者。左右扶就寢，至夜聞異香馥郁，即視之，已薨矣。有大星隕於庭，圓相凝室不散。頃之，見白毫光出西南去。辛巳，闍維於國西南門之外，得五色舍利不可勝計。詔收其遺書，得歌詩偈贊頌雜文數十卷，命刻板行世。延祐二年，贈太師，封秦國公，謚文靖。程鉅夫雪樓集〔一〕

知歸子曰：晉卿於元，佐命功第一，察其本，知其所養者裕矣。國寶出入儒釋間，觀其言論風旨，殆亦晉卿之亞與，而元史逸之，其遺書不可得而見矣，爲著其大概如此云。

汪大紳云：敘學佛得力處，曰「息心參究」，未得手時工夫也；曰「涵養之效」，既

〔一〕見雪樓集卷九秦國文靖公神道碑。

得手時工夫也。大抵參究之功，須要外屏諸緣，方易得手，得手後，全要涵養到純一地步方好。

居士傳三十七

宋景濂傳

宋景濂，名濂，世居金華之潛溪。至景濂，遷於浦江青蘿山，仍以「潛溪」題其室，故學者稱爲潛溪先生。學佛氏之道，亦自號無相居士。母陳氏，夢異僧手持華嚴經來曰：「吾方寫是經，願假一室，以終此卷。」覺已，生景濂。少强記絶人，長而從吴萊、柳貫、黄溍〔一〕諸儒問學，博通經史。元至正中，薦授翰林院編修，辭不行。入龍門山，居十餘年。明太祖取婺州，召見，既徵詣金陵。景濂曰：「吾聞大亂極而真人生，斯其時矣。」遂留事太祖。除江南儒學提舉，兼授太子經，改起居注，常在左右備顧問。數稱述帝王仁義之道，勸上毋專任兵刑。洪武二年，除翰林院學士。太祖常言：「佛氏之教，幽贊王綱。」又

〔一〕吴萊，字立夫；柳貫，字道傳；黄溍，字晋卿。三人皆爲婺州人，從學於方鳳，在儒家學派中屬龍川學派（見宋元學案卷五十六），傳記見於元史卷一百八十一。

言：「天下無二道，聖人無兩心。」時廷臣獨景濂能深契上旨，每召對，輒與究論佛經奧義。時詔於蔣山興國寺大興法會，景濂作法會記，其文曰：

皇帝御寶，歷之四年。海宇無虞，洽於大康。文武恬嬉，雨風時順。於是恭默思道，端居穆清，罔有二三，與天爲徒。重念元季兵興，六合雄爭，有生之類，不得正命而終，動億萬計。靈氛糾蟠，充塞下上。弔奠靡至，煢然無依。天陰雨濕之夜，其聲或啾啾有聞。宸衷衋〔一〕傷，若疚在躬。且謂洗滌陰鬱，升陟陽明，惟大雄氏之教爲然。乃冬十有二月，詔徵江南有道浮屠十人，詣於南京，命欽天監臣羌，以穀旦就蔣山太平興國禪寺，丕建廣薦法會。上宿齋室，卻葷肉弗御者一月。復敕中書右丞相汪廣洋、左丞胡惟庸，移書於城社之神，具宣上意，俾神達諸冥，期以畢集。五年春正月辛酉，昧爽，上服皮弁服，臨奉天殿，群臣服朝衣左右侍。尚寶卿梁子忠啓御撰章疏，識以皇帝之寶。上再拜，燎香於爐，復再拜，躬視疏已，授禮部尚書陶凱。凱捧從黃道出午門，置龍輿中。備法仗鼓吹，導至蔣山天界。總持萬金及蔣山主僧行客率僧伽千人，持香華出迎。萬金取疏，入大雄殿，用梵法從事，白而焚之，退閱三藏諸文，自辛酉至癸亥

〔一〕衋，音戲，悲傷。

止。當癸亥日時加申，諸浮屠行祠事已，上服皮弁服，搢玉珪上殿，面大雄氏，北向立，群臣各衣法服以從。和聲郎舉麾，奏悦佛之樂。首曰善世曲，上再拜迎，群臣亦再拜。樂再奏昭信曲，上跪進熏薌，奠幣，復再拜。樂三奏延慈曲，相以悦佛之舞。舞人十，其手各有所執，或香或燈，或珠玉明水，或青蓮花、冰桃暨名葅衣食之物。勢皆低昂，應以節。上行初獻禮，跪進清净饌，史册祝，復再拜。亞終二獻同，其所異者，不用册。光禄卿徐興祖進饌。樂四奏曰法喜曲，五奏曰禪悦曲，舞同三獻。上還大次，群臣退。諸浮屠旋大雄寶座，演梵咒三周。初斸山右地成六十坎，漫以堊，至是，令軍卒五百負湯實之，湯蒸氣成雲。諸浮屠速幽爽入浴，焚象衣，以綵幢法樂引至三解脱門。門内五十步築方壇，高四尺。上升壇，東向坐，侍儀使溥博西向跪，受詔而出，集幽爽而戒飭之。詔已，引入殿，致參佛之禮，聽法於徑山禪師宗泐〔一〕，受毗尼戒於天竺法師慧日〔二〕。復引而出，命軌範師咒飯摩伽陀斛法食，凡四十有九。飯已，夜將半，上復上殿，群臣從如初。樂六奏徧應曲，執事者徹豆。上再拜，群臣同。樂七奏妙濟曲，上拜

〔一〕宗泐（一三一八—一三九一），明臨濟宗僧。字季潭，號全室。台州人，俗姓周。住持中竺、雙徑、天界等寺。善詞章，曾點檢藏經，製作讚佛樂章。

〔二〕慧日，號東溟，天台赤城人，俗姓賈。宋濂宋學士文集卷六十有上天竺慈光妙應普濟大師東溟日公碑銘。

送者再，群臣復同。樂八奏善成曲，上至望燎位，燎已，上還大次，解嚴，群臣趨出。

濂聞前事，二日凄風戒寒，飛雪灑空，山川慘澹，不辨草木。鑾輅一至，雲開日明，祥光冲融，布滿寰宇。天顔懌如，歷陛而升，嚴恭對越，不違咫尺。俯伏拜跪，穆然無聲，儼如象馭，陟降在廷。諸威神衆，拱衛圍繞，下逮冥靈，來歆來饗，焄蒿悽愴，聳人毛髮。此皆精誠動乎天地，感乎鬼神，初不可以聲音笑貌爲也。肆惟皇上，自臨御〔一〕以來，即詔禮官稽古定制，京師有泰厲之祭，王國有國厲之祭，郡厲、邑厲、鄉厲，類皆有祭。其興哀於無祀之鬼，可謂備矣。然聖慮淵深，猶恐未盡幽明之故，特徵内典，附以先王之禮，確然行之而不疑，豈非仁之至者乎？昔者周文王作靈臺，掘地得死人之骨，王曰：「更葬之。」天下謂文王爲賢，澤及朽骨，而況於人。夫瘞骨且爾，矧欲挽其靈明於生道者，則我皇上好生之仁，流衍無際，將不間於顯幽，誠與天地之德同大，非言辭之可贊也。猗與盛哉，繫以詩曰：皇鑒九有，憲天惟仁。明幽雖殊，錫福則均。死視如生，屈將使伸。一歸至和，同符大鈞。元綱解紐，亂是用作。黑祲盪摩，白日爲薄。孰靈非人，流血沱若。積屍横縱，委溝溢壑。霜月凄苦，涼颸酸嘶。茫然四顧，精

〔一〕「臨御」，底本作「靈御」，誤。據光緒本改。

爽何依。寒郊無人，似聞夜啼。鑄鐵爲心，寧免涕洟。惟我聖皇，夙受佛記。手執金輪，繼天出治。軫念幽潛，宵不遑寐。爰啓靈場，豁彼蒙翳。皇輿載臨，稽首大雄。遥瞻猊座，如覿睟容。香凝霧黑，燈類星紅。梵唄震雷，鯨音號鐘。鬼宿渡河，夜漏將半。飆輪羽幢，其集如霰。神池潔清，鮮衣華粲。滌塵垢身，還清浄觀。迺陟秘殿，迺覲慈皇。聞法去蓋，受戒思防。昔也昏酣，棘塗宵行。今焉昭朗，白晝康莊。法筵設食，厥名爲斛。化至河沙，初因一粟。無量香味，用實其腹。神變無方，動皆充足。鴻恩既廣，氛戾全消。乾坤清夷，日月光昭。器車瑞協，玉燭時調。大庭擊壤，康衢列謡。惟佛道弘，誓拔群滯。惟皇體佛，仁德斯被。無潛弗灼，有生咸遂。史臣載文，永垂來裔。

五年，除贊善大夫，以禮法導皇太子。太祖問廷臣臧否，言其善者，問否者爲誰，曰：「善者與臣友，故知之，否者臣不知也。」主事茹太素上書，觸太祖怒。以示廷臣，或言此誹謗非法。景濂曰：「彼盡忠於陛下耳，惡可罪耶？」太祖乃釋然。嘗欲使參大政，景濂辭，遂老於侍從。然一代禮樂制作，多景濂裁定。

十年，以學士承旨致仕歸。明年來朝，先是，景濂在太祖前稱楞伽爲達摩氏印心之經，太祖讀而善之。至是，召見與論諸識生住滅義，乃詔天下僧並讀楞伽經〔一〕。頃之，辭歸，居青蘿山，闢一室曰静軒，終日閉户，未嘗與有司接。嘗三閱大藏，暇則習禪觀。自言宴坐般若場中，有巨鐘朝夕出大聲，未曾聞也。天台僧無聞謁景濂，問曰：「經中所説父母之恩，鴻博勝羡，不可思量。弟子欲假如來三昧之力，升濟神明，未知何法而可？」景濂曰：「沙門，汝善念之。夫愛者生死之根，輪回之本，何以故？衆生由情生恩，由恩生愛，由愛生執，由執生戀，由戀不捨，遂成妄緣，輾轉出没，無有休息。沙門，汝欲報恩，莫先入道，汝欲入道，莫先割愛，愛盡情盡，性源自澄。能如是者，名大報恩。何以故？愛爲欲水，混混不窮，能滋長一切無明枝葉，莪骫纏結，難可剪除，能割愛者，乃菩提道。愛爲利劍，鋒刃難觸，能斬伐一切智慧善果，生意剥落，不使萌發，能割愛者，乃菩提道。愛爲毒藥，衆苦慘刻，能斲喪一切衆生身命，七竅流血，彈指變壞，能割愛者，乃菩提道。愛如猛燄，光芒燭天，能焚毁一切廬舍器物，化爲灰燼，無復孑遺，能割愛者，乃菩提道。愛如虎狼，爪牙銛利，能吞啗〔二〕一切有生等類，窺伺搏噬，最可怖愕，能割愛者，乃菩提道。愛如魑魅，幻化不

〔一〕參看宋學士文集卷六十二新注楞伽經後序。

〔二〕「啗」，底本作「瞰」，與文意不合，據宋學士文集卷四十一報恩説改。

一，能迷惑一切修善之士，顛倒錯謬，喪其本真，能割愛者，乃菩提道。愛如敗航，檣傾楫㪂，能沉溺一切渡河海者，漂流轉徙，不到彼岸，能割愛者，乃菩提道。愛如枳棘，叢生道旁，能鈎罥一切塗行商旅，冠服綻裂，惱人心意，能割愛者，乃菩提道。愛如傾崖，摧墮無時，能壓碎一切動植諸物，有識無識，皆爲虀粉，能割愛者，乃菩提道。愛如蚖蛇，口噴毒火，能戕賊一切血肉身軀，裂膚墮指，受其毒苦，能割愛者，乃菩提道。以是思惟，愛之爲害，不可具言。沙門，汝善念之，汝能割愛，即可破妄，汝能破妄，即是返真，直入菩提之路，福德所被，無量無邊。雖聚七寶，高如蘇迷盧山，持用布施，不是過也，是爲大功德力，是爲不思議勝力，是爲十方大覺如來三昧神力。報父母恩，孰出於此！」景濂善説法要，多此類也。

十三年，以孫慎獲罪連坐，安置茂州。明年，過瞿塘，夜逢僧，晤語端坐，斂手而化，年七十二。正德中，追謚文憲。其後雲棲宏公輯景濂文爲護法録〔一〕，其所撰沙門塔銘凡三十

〔一〕嘉興藏第二十一册收有宋濂著、袾宏輯、錢謙益補訂之護法録十卷。

九篇，憨山清公盛稱之，以爲當代僧史也。宋文憲集；行狀；護法録；祠堂記[一]

知歸子曰：余讀護法録，如春風之被物，生意盎然。其法會記及答天台僧問，尤能以文字緣泛光明海，其真文人之雄乎！至景濂自叙，謂己實永明後身，然耶？否耶？讀其文者當自知之，予無容贅言矣。

汪大紳云：許魯齋以儒學導元世祖，興一代文教。宋潛溪則以儒釋之學輔明太祖，然文教之興，潛溪其有明一代之權輿矣。二公皆朱子後人也，君子之澤，豈有艾乎。謹書之，以廣後之志乎朱子之學者。

羅臺山云：透得過夢幻泡影電露六字關，然後能愛，不然只是妄想團、地獄渣。無相居士以仁義輔太祖，以割愛啓沙門，直是見得清，立得定。

[一] 見文憲集卷四蔣山廣薦佛會記，明名臣琬琰録卷八鄭楷學士承旨潛溪宋公行狀，方山薛先生全集卷二十七薛應旗浦江宋先生祠堂碑。宋濂事跡又見明史卷一百二十八宋濂傳，宋元學案卷八十二北山四先生學案，佛祖綱目卷四十一，居士分燈録卷下宋濂傳等。

居士傳三十八

劉萬李王薛傳

劉祖庭，名智旺〔一〕，應天人也。早歲有孝行，已而堅持五戒，獨處一樓，修念佛三昧。居三年，心花發明。往參東山海舟和尚〔二〕，遂蒙印可。景泰元年，海舟示寂，以大衣麈拂付之。古溪澄公作東山顧命歌贈祖庭，其辭曰：「金陵有箇奇男子，參訪明師求直指。見説傳燈録上人，志氣衝天奮然起。念彌陀，如自己，拶得寒冰化爲水。任他非佛與非心，務要禪河窮到底。晝亦然，夜亦然，鐵牛不動痛加鞭。撒手懸崖知落處，千重慾網打不住。碧

〔一〕五燈全書卷五十九作「顧智旺」，趙嗣滄點校本據此改「劉」爲「顧」。然錢謙益列朝詩集閏集第二亦作「劉」，似更可靠。

〔二〕海舟和尚事跡見錢謙益列朝詩集閏集第二小傳：「海舟名普慈，吴郡海虞錢氏子。世業儒，出家破山寺。往參鄧尉山萬峰和尚，付以法偈，遂結廬太湖西洞庭山。……景泰元年，示寂，全身塔在東明左側。有頌古詩行世。」

眼胡僧没奈何，分付袈裟爲信具。趙州禪，真罕遇，截斷南山老葛藤，明月清風送君去。」明詩偶鈔〔一〕

萬民望，名表，號鹿園居士，寧波衛人也，世襲指揮僉事。正德十七年〔二〕，登武科進士，官至南京中軍都督僉書。少落落有大志，不事家人業。晝習騎射，夜燒燭讀書。慕諸葛孔明之爲人也，揭「寧静淡泊」四言於座右。嘉靖中，與唐應德、王汝中、羅達夫〔三〕爲友，研窮性命之學。已而閲佛書有契，聞關西釋自然者，以苦行煉磨得道，因與語，大悦之，自是参究不輟。一日，被衲入伏牛山，曉行見日升，忽大悟。嘗語學者言：「學貴真悟，語言精切，不離見解。聖賢工夫，莫先格物。格物者，格吾心之物也。掃蕩一切，獨觀吾心，格之又格，愈研愈精。到得頓悟本來，則徹底明浄，不爲一切情境所轉。如鏡照形，鏡無留形，如

〔一〕明詩偶鈔未見著録。東山顧命歌亦見錢謙益編列朝詩集閏集第一，然文字有異。詩下引古溪雪谷詩序：「金陵居士劉智旺，號祖庭。早年孝稱閭里。堅持五戒，獨處一樓，棲禪三載，策勤向上，工夫拶透，銀山鐵壁，心花頓發，慧眼開明。」云云。

〔二〕焦竑澹園集卷二十八鹿國萬公墓誌銘謂：「庚辰，武舉中式。」按，庚辰年爲正德十五年，居士傳誤。

〔三〕唐順之，字應德，人稱荆川先生；王畿，字汝中，號龍谿；羅洪先，字達夫，號念菴。三人皆爲明中後期著名理學家。

鳥飛空，空無鳥跡。斯則融識歸真，反情復性矣。」一日，與達夫論道於臨江，達夫躍然而歸，遺書曰：「自聞教後，終日忻忻，若出樊籠，見大世界。若入巨海，見龍宮藏。舉手動脚，無非道妙。」其折服如此。民望明習世務，論議英偉。聞四方有兵變，輒自奮迅。其所規畫，多中要害。海上倭起，民望方赴官南京，散家財，募死士。遇賊於蘇州，奮擊之，身中流矢，不少挫。遂爲巡撫周琉畫策，懸賞格，以擕賊黨，進兵破賊海上，焚其舟。居官四十年，家無餘資，野服翛然，時與衲子遊處。年五十九，無疾端坐而逝。有大星隕於庭，光射數十丈。焦弱侯憺園集；明儒學案〔一〕

李文進，蜀人也。嘉靖中，官至都御史，總督宣、大。初在朝時，以釋氏爲異端，請除之，上不從，歸而不樂。有方山人者，見而問其故。曰：「吾幼時讀聖賢書，即知釋氏爲吾道蠹也。不達則已，達則必除之。今既達矣，復不能除，奈何？」山人曰：「敢問夫子之欲除釋也，亦嘗閱其書而得其所以蠹吾道者安在乎？」文進曰：「吾聞朱子之説，以爲異端虚無寂滅之教，夫虚無寂滅，豈不爲仁義忠信之賊乎？」山人曰：「甚矣！夫子其不自重也。

〔一〕見焦竑澹園集卷二十八鹿國萬公墓誌銘，明儒學案卷十五。居士傳「澹」字作「憺」，誤。本卷薛元初傳同誤。

奈何以皓皓之明而蔽囿於他人之一言乎？且余聞之釋氏，毗盧有萬德，普賢有萬行，安在其虛無寂滅耶？今夫子必欲除之，當熟翫其書，果無一善可取，力以除之，則天必助其成功，而無取誚於天下後世也。」文進然之，遂閱佛書。過三月，謂山人曰：「荷子之誨，得見大聖人之心法，與吾聖人曾不少異。夫佛謂衆生心者亦名如來藏，義有空不空。所謂空者，從本以來，無私欲之染，無物累之患，廓然大公，虛寥冲漠者也。所謂不空者，真體無妄，中實靈明，净德滿足者也。然空與不空，初無二物，唯吾一心。朱子所謂虛無寂滅者，但見其空，而不識不空之德也。如來藏中有河沙性德，天地萬物亦吾心之光影耳。吾嘗以爲天地生我，今知我生天地矣。」山人曰：「夫子破格矣，他日見道不難也。」其後之官宣、大，聞五臺僧楚峰有道者也，請山人爲介紹，而會於雲中公館，以昔悟告之。楚峰曰：「噫！公見影矣。若吾法王之心，猶未夢見在。」文進悚然曰：「法王之心，若爲可見耶？」楚峰曰：「公欲究法王之心，必極其空而後可以契不空之德，不然則爲物欲塞矣，情愛蔽矣。念緒紛紜，生滅流注，昏瞢汩没，未有了時，尚何能見法王之心哉！」文進乃退而修空三昧，六月目不受色，耳不受聲，鼻不受香，舌不受味，六情悄然，運動如偶。一日聞秋風落木聲，忽爾念盡，廓然大定。楚峰一日見而問曰：「公於此道信乎？」文進曰：「祇是箇李

文進，更信阿誰？」楚峰曰：「公今信矣。」清涼通傳〔一〕

王道安，名爾康，號性海居士，廬陵人。父育仁，終涪州知州，之官時，攜家宿旅亭，夢大比丘入門，而生道安。道安生而淵默，兒時常樂趺坐。年十三，見案上圓覺經，竊觀之。父遇，問曰：「解否？」應曰：「解。」時道安實未曉文義。父遽指經語曰：「試解之。」道安惶迫無以應。良久，胸中砉然開裂，夙慧頓發，即爲父宣説其義，父駭之。退而博覽佛書，皆如夙所習。

萬曆二十三年舉進士，授行人。先後奉詔册封諸王，問遺無所受。遇名山輒留止，嘗習静焦山，半歲乃出。初受戒於雲棲宏公，修念佛三昧。復參求宗要，用力精猛。一日與行幹折，忽有省。及使唐時，又得旨於松杏老人，語人云：「吾至是始名捨兩臂矣。」居常行履純密，夕每端坐至曉，自謂不過彈指頃。陶周望善道安，問曰：「入道以何爲功？」曰：「道無功也。」周望曰：「無功何以進道？」曰：「無功之功至矣。」既而復以書告曰：「直心易，深心難。有功之功易，無功之功難。」周望甚服之。二十九年，謝病歸。居招提中，爲衆

〔一〕見清涼山志卷六。

講起信論，著起信疏記。無何，瘍生左足，日講楞嚴不輟。已而右足又生瘍，漸劇，預知不起。捨田宅與僧，擇日爲券。其友請以十月朔後十日，道安曰：「吾不待也。」易以朔，謂其友曰：「後九日吾行矣。」及期，見群僧繞案，有頃曰：「天人至矣。」遂瞑。斂之夕，地震動，屋瓦盡鳴。卒年三十八。道安在時，嘗止小樓誦華嚴經，妻劉氏夢大日輪懸樓上，光彩煜然，不可正視。寤而言之，道安爲語佛法，欣然信受，屏葷血，清淨自居。先道安三歲没，没時了然，若無事者。陶石簣集〔二〕

薛元初，名大春，鳳陽亳州人，郎中蕙之孫也。兒時好寬衣大履，卻紈綺不御。間遇疾，輒喃喃誦佛名。十歲即善言名理，多與佛經合。父官鴻臚序班，隨之京師。經古賢遺墟，歎曰：「偉哉丈夫，僅以一抔土供樵豎遊乎？」既而習舉子業，始見老、莊書及維摩、圓覺諸經。輒以孔、孟語解之曰：「世之詘二氏者，未知二氏也，且又不知孔、孟學貴發明自性，何論異同哉！」每讀書必過夜半，一夕豁然有省，自是慧辨無礙，語次舉當體全空。或難曰：「天地間無物不在性中，何云空耶？」曰：「正因空故，無物不具耳。」或言：「欲知未

〔二〕見陶望齡歇菴集卷十七行人王道安先生墓誌銘。

發，當會已發。」曰：「性一耳，誰爲未發？誰爲已發？會得時如風檣陣馬，不疾而速，必待已發又成擔閣矣。」或問：「草木禽魚，皆可見性否？」曰：「纔涉擬議，是識非性。」偶聞花香，説偈曰：「非動非定，非淡非濃。聞之滿室，攬之還空。」已，夢觀音大士導之河濱，滌以水曰：「爾何蒙垢若此。」浴已，摩其頂曰：「急尋汝歸路去。」尋得疾急，家人相顧泣。元初語其父曰：「四大假合，我非真我。我未生時，誰父誰子？即今之死，何異未生。如是諦觀，慎勿悲悼。」正襟趺坐而逝，年十五，事在萬曆二十八年。憺園集〔一〕

知歸子曰：劉、萬、李、王、薛諸子，俱可謂用志不紛者，其能發明本有也，宜哉。世之學者，狥名象，牽訓詁，知解益多，天真日鑿矣。此陽明王先生所爲發憤而太息也。

〔一〕　見焦竑澹園集卷十五薛童子傳。「憺」字應作「澹」。

居士傳三十九

趙大洲傳

趙大洲，名貞吉，字孟静，四川内江人也。母余氏，夢二小沙彌，一衣緇，一衣白，牽衣求托處。緇者先執母袂不脱，而大洲生。既而白者復來，而小洲生。小洲名蒙吉，字仲通。兩人即三四歲時相愛也，每相引入坡谷僻處趺坐，抵掌語，聞人聲斂容默然。或密聽之，不辨也，詰之，不告也。少長並博通群書，大洲年二十學禪，時與小洲閉户習静。既居母喪，悟哀而不傷之體。兩人先後中鄉舉，及大洲成進士，小洲遂不復應試。明世宗朝，大洲官翰林，與四方豪傑講習，廓摧俗學，發明本心，以天下爲己任，著求放心齋銘云：

乾爲吾健，坤爲吾順。風行水流，日麗澤潤。動處爲雷，止處爲山。無聲無臭，充滿兩間。此名爲心，别名爲仁。無内無外，無損無增。自孝自弟，自聰自明。喜怒哀樂，未有一物。感而遂通，天下之故。有情無情，合爲一體。未著軀殼，只有此耳。聖人以此，洗而退藏。惟有圓圈，可以形容。藏中何有，圈中何名？至精至一，爲天地心。原此真心，不分愚智。魚躍鳶飛，各適〔一〕其職。蒙蒙我生，營營自戕。自斲自喪，自迷自狂。自築其墻，自錮其防，自放於憂悲愴逸鄙吝貪妬之場，而不悟其非真常也。嗚呼！此獨何心，往而不復。夜半一聲，天心呈露。夢後周公，廟中西伯。元酒大羹，泊然無迹。辟彼淵泉，今見涓涓。辟彼大莖，今見萌根。無象之象，無形之形。根滋莖大，水到渠成。一時翕聚，萬古常靈。嗚呼！易悟者心，難净者習。呼爲習呼，吸爲習吸。習心作主，須臾不離。辟彼家室，見奪於賊。退處奴隸，僕僕受役。反正之苦，禹平水土。涵養之力，稷藝稼穡。於是一念不起，境不觸也。一見不倚，微不忽也。不離繩縛，自解脱也。不絶思慮，自澄寂也。以我視天地萬物，未有我也。以天地萬物視我，未有天地萬物也。翼乎如鴻毛之遇順風，浩乎如巨魚之縱大壑也。然而不能無過也。夫不能無過者，習難净，自能改過者，性自定也。然後求爲〔二〕真求，放而不放。真悟真修，前後徹朗。愚非爲下，智非爲上。回也從事，參乎免夫。先立其大，

〔一〕「適」，明儒學案卷三十三載此銘作「職」。
〔二〕「爲」，明儒學案卷三十三作「其」。

白首著書。太山巖巖，示我廣居。學問無他，了此而已。實際其地，庶爲知耻。銘於東西，敢告同志。

累遷中允，掌司業事。嘉靖二十九年，俺答犯都城，嫚書要貢，詔百官廷議。日中莫發一語，大洲奮然出班曰：「城下之盟，春秋耻之。爲今之計，請上速御正殿，下詔引咎。録周尚文之功，釋沈束於獄，輕損軍之令，重賞功之格，飭文武百司城守，遣官宣諭諸將。監督力戰，退敵易耳。」先是，周尚文爲大同總兵，力戰敗俺答，既卒，大學士嚴嵩格卹典不予，給事中沈束以爲言，復下之獄，故大洲及之〔一〕。時世宗遣中使瞰廷臣，還報，心壯其言，令手疏便宜，立擢爲左諭德兼監察御史，令賫金五萬犒軍。嚴嵩心嫉之，當撰敕，不令督戰，不與一卒護行。時寇騎充斥，大洲單騎馳入諸將營，散金犒士。會寇引去，將出白羊口，大洲爲仇鸞設畫，謂賊錙重甚多，而白羊路險，若以奇兵趨出賊前，令賊回尋古北口故道，我以全軍擊之，可大克也。鸞不能用。尾之，反爲賊敗。既復命，嚴嵩復讒之。世宗怒其爲尚文、束游説，下之獄，杖於廷，謫荔波典史，稍遷至南京吏部主事。四十年，召爲户部侍郎，又以忤嵩罷。穆宗即位，起禮部右侍郎，充日講官。每進講，開陳心學，究極存亡得失

〔一〕 事見明史卷二百一十一周尚文傳。

之幾，穆宗甚重之。遷南京禮部尚書，既行，復召還，留直講兼翰林學士。教習庶吉士課讀楞嚴經，謂曰：「諸君齒亦長矣，不以此時讀此經，更何待耶？」三年秋，命兼文淵閣大學士，參預機務。與高拱共事，議論多不合，拱以私怨考察科道，大洲疏言之，拱益不悅。諷言官劾大洲，大洲疏辨，遂致仕去，居位止一載。

晚著書，號二通，曰經世通，曰出世通，通各二門，門各爲部。既成，爲文告古佛聖賢之神曰：

貞吉夙生遇緣，幸染真熏。今出頭來，不忘覺照，身居臣子之地，每懷經世之憂，心慕道德之途，時發出世之願，如此展轉四十餘年。邇來垂白謝事，形志俱衰，顧影枯殘，忽生勇猛。乃取架上舊書，以類臚列，隨文布點，各就部曲，曰統，曰傳，曰制，曰志，屬之史門，申治理也。曰典，曰行，曰藝，曰術，屬之業門，明學術也。夫學術必助於治理，治理必原於學術，二門通矣，世可經矣，題曰內篇。取東土金經，摘采要文，以便修習，曰經，曰律，曰論，屬之説門，大智三昧所自出也。曰單傳直指，屬之宗門，大行三昧所自出也。夫行智二嚴，如震輪兩足，闕一不可，二門通矣，世可出矣，題曰外篇。約要而言，經世者不礙於出世之體，出世者不忘乎經世之用，然後千聖一心，萬世一道，聖人憂世之念可少慰矣。嗚呼！虛空有盡，此願無窮。劫石可消，斯言常在，唯神其鑒之。

萬曆十年卒，年七十三。贈少保，謚文肅。小洲嘗被薦出爲國子監學正，一月即謝事，隨大洲歸。自陳其所證，大洲喜，爲作悟道詩。先大洲卒。大洲文集；明史〔一〕

知歸子曰：自唐以來，學士大夫儒佛之辨，齗齗如也。大洲先生作而兩家之難通，非深入夫不二之門者，惡足以與於斯哉。先生與友人書言：「近得李長者華嚴合論，服之。擬以衰殘身命，供奉法界總持。二通之作，蓋將游戲乎毗盧性海中也。」嗚呼！先生丈夫之雄哉。

汪大紳云：大洲先生與龍湖、紫柏〔二〕，皆以英雄而入道者，入道愈深，我相愈重了。王摩詰、蘇東坡、黃山谷俱以名士而入道者，入道愈深，我相愈有趣了。然則與不學道者何以分别？曰：大洲三人學道，三人我相是雄的，不學道者，我相是雌的。王摩詰三人學道，王的我相香，蘇的我相活，黃的我相瘦，不學道，我相便是臭的、死的、

〔一〕見趙文肅公文集卷首姜寶序，明史卷一百九十三趙貞吉傳。趙貞吉事跡又見明儒學案卷三十三。

〔二〕李贄，字卓吾，號温陵居士、百泉居士、龍湖叟、秃翁等。真可（一五四三—一六〇三），字達觀，號紫柏，世稱紫柏尊者。三人皆學佛而入世，爲當時所不容，皆曾下獄，故汪大紳以「英雄而入道」視之。

肥的。善學道者，不要强做着無我，只要在我相上着工夫。我相雌的可厭，要修得他雄起來。臭的可厭，要修得他香起來。死的可厭，要修得他活起來。肥的可厭，要修得他瘦起來，此是漸門。倘遇性急的朋友，要請教我如何是頓門，我便對他道：爲學只要了我相耳，我相不除，禍事不小，然又急切除不得。做工夫到得這裏，十分着急，不妨回轉頭，將這我相做親人看待，極力的覓這我相，覓來覓去，要覓他來見一面，覓到一面也不得見，這便是頓門。

居士傳四十

嚴敏卿陸與繩傳

嚴敏卿，名訥，蘇州常熟人也。嘉靖二十年進士，官翰林院侍讀。三吴數被倭患，歲復大祲，民死徙幾半。有司徵斂益急，敏卿疏陳民困，請蠲貸，報可。累遷吏部尚書。承嚴嵩亂政後，吏道污雜，敏卿力爲振飭。戒朝士無得私謁，慎擇曹郎，抑奔競，振淹滯，銓政一新，人稱之曰嚴青天。拜武英殿大學士，尋致仕歸。居常信奉佛法，歸心净土，著樂邦文類序云：

昔善逝愍群生之旋復於諸苦趣也，指樂邦令歸依。列聖幽讚，宿耆受生者不一。載諸竺墳，燦如星陳。及後之宗焉者漸遠，率以聲色求而不知求諸心，故大鑒示以惟心，俾知欲得净土，當净其心。是善逝説觀佛，而示是心是佛之旨也，是具三心十心而往生之方也，是法藏發勝願，其心寂静，志無所著之因行也。及後之宗焉者漸遠，率弟視九品，恬嬉具縛。夫恬嬉具縛，則諸佛不必出世而度生，而群生之流浪無已也。不求諸心，則愈求愈遠，三聖之觀皆外逐於相也。聖人因病以致藥，衆生因藥而滋疾，可不哀耶？是故稱樂邦，所以使理即者，緣般若而修證，拯流浪於苦輪也。言唯心，所以使觀行者，本法身而解脱，見三聖於真常也。善逝指人以寶藏，大鑒啓之以元鑰；大鑒示人以因華，善逝接人以果地也。披其華而遺其果，猶夫無華矣；有其藏而不能啓，猶夫無藏矣。事樂邦者，能外夫唯心耶？古今，吾心之古今也，延極三世而不可際也。刹界，吾心之刹界也，廣被無邊而不可窮也。浄而四聖，染而六凡，吾心之四聖六凡也，不曰唯心，將安所而求樂邦也？誠知唯心，必不能無事於樂邦也。蠢爾含生，遠自無始，於無生而妄生，於無我而執我，三縛十使，習染久矣，非藉濟願船，棲靈聖域，則菩薩尚迷於隔陰，聲聞有昧於出胎，乃下焉者而可自期不退哉！文殊，七佛導師也，無生忍非不證也，而受記往生。善財，一生圓曠劫之果者也，第一義非不聞也，而發願導歸。不事樂邦，將何修而盡惟心之妙也？吾心中之阿彌陀佛，於因地所，莊嚴吾心之勝土爲樂邦。原我之初，與阿彌陀佛無二無別，我則迷而流浪，爲佛心中之衆生，佛則覺而修證，爲衆生心中之佛耳。我心即佛心，我不可得而我也。佛心即我心，佛不可得而他也。不可得而他之佛，念念度生，無間於我。而衆生執不可得而我之幻我，背覺合塵，役役而顛冥於三界，悲夫！故盡修乎樂邦者，所以盡修乎吾心也。盡修乎吾心，所以遠離顛倒，而證我所同於阿彌陀佛者也。諸佛别無所證，全證衆生本性耳。凡阿彌陀佛所具足，我亦具足，不離我心故。樂邦非相，即我心故。非空無相，即相非相故。即相非相，則依正皆真，生佛同體矣。依正皆真，生佛同體，則樂邦之過去尊音王如來未嘗入滅，未來功德山王如來久已成佛，現在阿彌陀如來在十萬億佛刹外而靡所隔也。八萬四千隨形好，隨念隨見，我心非往，彼佛不來。如鏡中燈，如水中月，鏡非攬燈，燈自現鏡，月非入水，水常含月。在在爾，法法爾，毫相常觀而非觀，寶臺無生而往生。若然者，謂之惟心乎？謂之樂邦乎？吾不得而知也。鹿亭上人梓宋曉師所集樂邦文類，乞予言弁其卷，遂爲稽首佛祖，抒臆見而畀之。

隆慶、萬曆間，蓮池宏公以浄土法門倡於雲棲，敏卿實爲外護。居鄉好施予，出語唯恐傷人。

歲飢致書當事，請蠲租者三，民甚德之，稱之曰嚴老佛。年七十有四卒，贈少保，謚文靖。

次子名澂，字道徹，號天池山樵。少有清節，敏卿既入閣，澂侍母歸，所過或饋之金，澂曰：「父辭之朝而子受之塗，可乎？」固卻之。師事管東溟〔一〕，傳其學，既又與瞿元立〔二〕參究宗乘，以蔭爲中書舍人，官至邵武知府。晚而家居，奉雲棲之教。子樸，淳謹樂善，年二

〔一〕管志道，字登之，號東溟，江蘇太倉人，明代泰州學派重要人物，主張三教統一。事跡見本書卷四十四。

〔二〕瞿汝稷，字元立，號那羅窟學人，曾學於管志道。所編指月録三十卷，盛行於世。事跡見本書卷四十四。

十五，得疾將卒，澂謂曰：「毋雜思，但一心念佛。」樸曰：「諾。」澂又曰：「從今以往，吾亦一心念佛。」樸喜曰：「審如是，兒無慮矣。」正容合掌而逝。澂乃取樸所刻龍舒淨土文印之，廣遺親故，繫以書曰：

澂一病幾殆，不意復生，雖則苟延，焉知來日。回首營生舊計，有同嚼蠟，一具皮囊終須敗壞，六塵緣影何處堅牢。不如換卻凡心，求生淨土。誦彌陀一句，消罪業無邊。聊奉勸文，用表誠意。

卒年七十八。弟澤，字開宗，官中書舍人。慷慨能急人之難，臨終書偈曰：「大千世界浩茫茫，俱是争名奪利場。今日老夫撒手去，萬緣都淨見空王。」投筆而逝。澤子拭，字子張，崇禎七年進士，知信陽州，有守禦功。入本朝，大吏交章論薦，不出。搆小楞伽室於錦峰山祖墓旁，息心禪誦。一日晨起，禮佛畢，趺坐脱去。弟濟，字道行，太學生，工書，有手書楞嚴經行世。明史；常熟志；雲棲法彙；淨土文跋；樂邦文類序〔二〕

〔二〕　見明史卷一百九十三嚴訥傳，康熙常熟縣志卷十八。宋代宗曉編樂邦文類收入大正藏第四十七册，前有嚴訥所作序。

陸與繩，名光祖，號五臺居士，平湖人也。嘉靖二十六年成進士，除濬縣知縣，遷南京禮部主事。歷官驗封郎中，轉考功及文選。萬曆中，累遷吏部尚書。與繩公忠强直，練達掌故，先後居吏部，力持清議，推轂豪俊，不遺疏賤，人望翕然歸之。亦因是爲忌者所中，屢退閒家居。究心佛乘，發宏護之願，不以毁譽易心。嘗爲文募刻五燈會元，其辭曰：

夫佛道東流，至晉宋齊梁之間，學佛者競以名理禪觀相高，莫究本心妙明之體。自達摩大士來至此方，始唱直指人心，見性成佛。傳至六祖能公，斯宗大振。厥後五宗並立，門風峻甚，圓機密義，不可以隨言而解，用智而求。至於揚眉瞬目，或喝或棒，所以闡呈真體，愈出愈奇。有省者若痛處喫拳，不會者如聾人聞鼓。而膚識之士乃或病其難通，訾其詭異。蓋由鈍根之無入，則謂聖言之有隱，大抵然也。然開元之後，宗教大明，上至冕旒簪貂，下及販夫孺婦，往往能響答元言，刃遊道妙。當斯時也，見性知心，超凡入聖，上下數百年内，先後千有餘人。自兩儀奠定以來，未有若斯之盛者。何儒門淡泊寥寥若此，釋教流通林林如彼，良以道喪多岐，智分穿鑿。仲尼没而時乎不再，顔淵死而今也則亡。官失而求之四夷，學絶而傳之方外。一晦一明，有由然矣。至宋，巨儒周元公、程伯子，乃旁尋墜緒，密闡心宗。或問儒佛異同，伯子曰：「公本來處，還有儒佛否？」伊川晚閱内典，遇異人，始明此學。考亭〔一〕亦曰：「達摩盡翻窠臼，尤爲高妙。」乃知斥佛老爲異端，非程、朱之定論也。自茲而降，去聖時遥。儒昧通方，釋拘異學。由是西來妙旨，東土希聲。所幸教外之單傳，具載傳燈之五録。濟禪師以其書浩博，撮爲會元。斯固莊生所譏聖人已往而糟粕徒存焉者。然而求道之人，有能因言筌窮理窟，日由繹之，夕鑽剔之，忽焉而鋸窮木斷，水到渠成。所謂因指以見月，假筏而渡海，亦易易焉，則是此土此書之不可一日無矣。賤子幼慕神仙，每符瑞夢。既聞魯訓，知反求乎六經。載遇竺墳，時泛觀乎三藏。稍能通其一貫，會其殊塗，祇自討論，無誰告語。嗟乎！五千退席，憫增慢之難移。四十無聞，嗟寓形之易盡。願與同懷之士，共成得道之因。敢以此書，請同戮力。昔在先覺，有聞半偈而明心，或識二字而證果。矧二十卷之活句，誠百千劫之奇逢。入此法門，皆當作佛。倘有通微俊彦，慧徹高賢，盡捨牀頭阿堵物，成就世間希有事，庶開來而繼往，亦自度而度人，不亦偉與。幸無膠泥曲儒談曰非吾孔氏之書也。

居父喪，既葬，乃渡江上鄮山禮佛舍利。既至，僧出一塔，中懸金磬，可寸計。内視舍

〔一〕朱熹，字元晦，號晦菴。徽州婺源人，後遷福建建陽考亭，後世稱其所創學派爲考亭學派。

利，圜轉不定，初如珠，已如彈丸，已如瓜，忽如車輪，五色變幻，光彩射日。時同遊者，或見如梧子，色白，或見如菽，色青。與繩心異之，因出金建石浮圖，藏塔其中，書其事，乞諸宰官居士，遂重興塔殿。密藏開公首募刻小本藏經〔一〕，與繩與馮開之、陳廷裸等倡導甚力，遠近響應，終以集事。

開之，名夢禎，秀水人。萬曆中進士，官至國子祭酒，免歸。師事紫柏可公，發宏護之願，刺血寫經律論各一卷。廷裸别有傳〔二〕。

與繩晚歲亦從紫柏老人遊，研究益力。已而修念佛三昧，及卧疾，陽陽如平時。左手握心印，經旬不解。紫柏來視，歎其心力堅猛，爲説偈曰：「手印堅持，衆所見者。手印之初，不可心測，豈能目覩。是不能覩，即壞不壞，智者了然，衆人驚怪。」卒，贈太子太保，謚莊簡。

子伯貞，名基忠，能紹其學，以蔭爲兵部司務，遷刑部郎中。會紫柏以妖書事被誣下

〔一〕道開，號密藏，紫柏真可弟子。萬曆年間，與紫柏等人倡議創刻嘉興藏，道開爲初期之實際主事者。

〔二〕參見本書卷四十二。

獄，既説偈化去〔一〕。伯貞贊其像曰：

昔先莊簡，法門金湯。博求龍象，爲法津梁。既遇吾師，曰真法王。皈依參請，篤老皇皇。忠得禽緣，巾瓶侍旁。昏衢智燈，苦海慈航。世間父執，出世導師。近之則畏，遠之又思。創見則詫，即之轉慈。揭示道要，能覺我迷。我於彈指，悟昔之非。舍海認漚，乃今始知。因師知佛，因佛知儒。靈明廓徹，乃有階梯。師曰咄咄，階梯非是。脚下承當，舉足便至。每惟深慈，感激涕泗。法乳難酬，有死無二。豈期緣慳，躬承師逝。嗟呼哲人，不可思議。戒慧之光，遇緣益熾。遊於福堂，作大法施。歷諸苦惱，意地寂然。既展王法，曰了夙緣。合掌跏趺，隻履翩翩。六月牢户，露地風煙。屹峙如山，光溢於巔。西源夏瘞，淫潦成川。傾城漂舍，激蕩靡堅。意此土封，雨齧風穿。南遷啓龕，載覯師顔。相好莊嚴，儼若生前。聞古賢聖，去來如意。定慧力故，結成舍利。入火入水，色身不壞。不圖愚蒙，覩此奇異。允若師言，驗瞑目地。非肉身佛，豈能若是。

〔一〕萬曆三十一年圍繞立儲問題引發的朝廷權力之爭，紫柏真可的俗家弟子沈令譽牽連其中，並累及其師，紫柏下獄，後圓寂於獄中。

伯貞後卒於官。明史；阿育山志；紫柏老人集；五燈會元序；平湖志；密藏禪師遺集附録〔一〕

知歸子曰：敏卿之於雲棲，與繩之於紫柏，非徒外護而已。考其言論風旨，亦各有相喻於微者焉。嚴氏、陸氏代有顯人，予采其通知佛法者著於篇。嗚呼！世禄之家，驕以取敗者多矣。非範之於道，其能久乎！

汪大紳云：佛與衆生，心性本無差别。過關人不妨如此道，未過關人畢竟以「換卻凡心」一句爲斬關奪隘要着。凡心者何？衆生色心也。衆生全靠着這色心育養，五藴安隱，六根受用，六塵陪奉，自謂快活度日，不知本來一段光明，陷在色心之中，五藴埋卻，六根交結，六塵封蔽。弄得你這段光明污染千生，流浪萬劫，無絲毫出頭分在。你須起箇厭離心，換卻他方是。如何得換卻？宗門中人抛一無義味語在你肚子裏，與鐵酸餡相似，任你咬嚼，色心一點也育養他不來。咬嚼到得五藴可憐，六根零落，六塵消煞，所謂敗家散宅時候也。家已散矣，宅已敗矣，這段光明自然出現，蓋天

〔一〕見明史卷二百二十四陸光祖傳，明州阿育王山志卷六，紫柏老人集卷二十陸太宰手印偈、卷首紫柏大師像贊，平湖縣志卷十六，密藏開禪師遺稿卷上刻大藏願文、刺血書經願文等。

蓋地去也。净土中人請一尊佛放在你肚子裏，這便是你的主人公了也，念念無間，一心供養。供養久之，佛念漸長，色心自漸漸消去。消到盡時，即此五藴根塵變成佛國，所謂形段身易爲光明身者，只是還你那一段光明耳。「换卻凡心」一句，是修行大關隘，换得來是聖，换不得來是凡。此處没毫頭許假借，修行人須自考。若過不得這關，慎勿徒效過關人説心説性，是一是二，賺卻一生也。儒門中苦苦説道心人心，義理之性，氣質之性，亦最是要緊去處，克得己方得，由己變化得氣質之性，方能成性。此如水之寒，火之熱，無可疑者。於此未能痛下工夫，現成説箇是一者，只爲做了色心眷屬，捨不得食色性也一句耳。

○嚴氏之於雲棲，陸氏之於紫柏，遥遥相對。章法天然入妙。

居士傳四十一

楊唐戈孫朱郭劉郝杜二吴張傳

楊邦華，名嘉禕，江西泰和人，萬曆中諸生也。少好學，於書無所不窺。已而潛心内典，年十三，持不殺戒，蚤蝨無所傷。至二十餘，入南京國子監。俄疾作，夢遊地獄，見地藏菩薩於冥陽殿。覺而放諸生物，延僧誦經，唱佛號。已而謂人曰：「吾將逝矣，青蓮花現吾前，非浄土境乎？」遂晝夜唱佛號不絶。命侍者息燭，曰：「吾常在光明中，不須燭也。」問何所見，曰：「蓮開四色。」問見彌陀否？曰：「見彌陀現千丈身。」問觀音，曰：「身與彌陀等，惟不見勢至耳。」言訖，忽躍起拈香曰：「彌陀經功德不可説，不可説，不可説。吾已得上品生矣。」寂然而逝。往生傳〔一〕

〔一〕見往生集卷二。楊嘉禕事跡又見浄土全書卷下，浄土晨鐘卷十等。

唐體如，名廷任，浙江蘭溪諸生也。天性醇愨，躬孝友之行。已而覺世無常，傾心至道。參雲棲宏公，受念佛三昧，遂力行之，閱十三年如一日。年六十，當仲冬之旦，謂諸子曰：「新春十有一日，吾行矣。」至期，盥漱整衣，端坐手結印，口稱佛號，微笑而逝。事在萬曆三十一年。往生傳〔一〕

戈以安，錢塘人。事雲棲宏公爲師，法名廣泰。事親孝，好行陰德。晚歲奉佛甚虔，與僧元素結春秋二社爲念佛會，誦華嚴經。已而曰：「吾大限迫矣，當爲西歸計。」遂閉一室習禪誦，晨夕不輟。預尅歸期，前二日，家人來視，甚悲。以安曰：「生必有滅，奚悲爲？吾方凝神浄域，面覲彌陀，若等勿以情愛亂我正念。」請元素至，共唱佛號，及期而化。往生傳〔二〕

孫叔子，江南桐城人。父鏡吾居士，讀雲棲彌陀疏抄，喟然歎曰：「至哉妙用，旋乾轉

〔一〕見往生集卷二。唐廷任事跡又見浄土全書卷下，西舫彙征卷下等。

〔二〕見往生集卷二。戈以安事跡又見浄土全書卷下，浄土晨鐘卷十，西舫彙征卷下等。

坤。所謂十世古今，始終不離於當念，其惟念佛一門乎！」鑄阿彌陀佛像，按四十八願以爲莊嚴。像成，送之雲棲，因乞法名爲廣寓，稱弟子。叔子年十二，從焉，遂受五戒，法名大圩。歸而斷葷血，棄科舉業，修念佛三昧，勤苦不惜身命。俄見兩比丘持蓮花立於前曰：「孺子善哉，一心浄土。」復見化人誦金剛經一晝夜，乃瞿然起坐曰：「彌陀、觀音皆來迎我。」結金剛拳印，高唱阿彌陀佛數聲，泊然而寂。有浄土十二時歌傳於世。其室中歲産瑞芝，卒之歲，有大如斗者，其色或如金，或如玉，或如赤白輪。往生傳；雲棲法彙〔一〕

朱綱，順天貢士，官終府同知。專修浄業，日誦佛名三萬聲，積十五年。一日坐榻上，方提珠誦佛名，忽異香滿室，曰：「佛來也。」遂逝。往生傳〔二〕

郭大林，湯陰人，亦專志浄業。年七十六，一日謂其子曰：「明午吾去矣。」無疾而逝。

〔一〕見往生集卷二，雲棲法彙選録卷二十。孫叔子事跡又見浄土全書卷下，浄土晨鐘卷十，西舫彙征卷下，金剛般若經靈驗傳卷下等。

〔二〕見往生集卷二。朱綱事跡又見浄土全書卷下，浄土晨鐘卷十，西舫彙征卷下等。

往生傳〔一〕

劉通志，順天人。精勤念佛，年五十二得疾，念益切。其法侶李白齋先卒，通志絶而復甦，謂家人曰：「白齋與我當同生淨土，已維舟相待矣，爲我易衣掛念珠於項。」從之，遂逝。往生傳〔二〕

郝熙載，錢塘諸生。爲人忠信不欺，晚歸雲棲之教，法名廣定，居家禪誦無間。已而得疾，一日忽舉首視窗外，謂其子曰：「今者別一乾坤矣。」夜半云：「佛坐蓮花臺現吾前，吾往矣。」遂逝。事在萬曆三十九年。往生傳〔三〕

杜居士，遺其名，順天宛平人也。隱西山瑞光寺側古齋堂中三十年，專志念佛，對人惟合掌稱佛號。預知將終，禮懺九日，誦至懺中懇切語，輒流涕哽咽。遂絶食，日飲水少許，

〔一〕見往生集卷二。郭大林事跡又見淨土全書卷下，淨土晨鐘卷十，西舫彙征卷下等。
〔二〕見往生集卷二。劉通志事跡又見淨土全書卷下，淨土晨鐘卷十，西舫彙征卷下等。
〔三〕見往生集卷二。郝熙載事跡又見淨土全書卷下，淨土晨鐘卷十，西舫彙征卷下等。

懺畢坐脱。浹旬始殮，顔色如生，有五色雲盤旋屋上，山中人傳異之。往生傳〔一〕

吴大恩，浙江仁和人。仁慈好施，恤孤窮，護生命，鄉里稱之。已而皈心佛法，晨夕誦經唱佛號。一日别衆，跏趺而逝，神色焕然，室有香氣。事在萬曆四十年。往生傳〔二〕

吴用卿，名繼勛，江南新安人。性沉毅，嗜善若渴。晚修净業，持往生咒，唱佛號，日有定課。嘗失足墮江中，有物籍之，流十里，躍而登舟，衆以爲神。已而患背疽，持誦自若，俄而正念示寂。往生傳〔三〕

張愛，萬曆間中官也。晚持金剛經閲數年。病死，至一王者所，謂曰：「汝合向人間受胎。」答曰：「愛持金剛經，願生净土，不願受胎。」王者曰：「汝持經功少，奈何？」愛曰：「曾聞十念成就，况其久乎？」王者曰：「且放還，聽持經去。」既甦，遂夫之西山碧雲寺，專

〔一〕見往生集卷二。
〔二〕見往生集卷二，謂：「吴居士，諱大恩，别號仰竹。」
〔三〕見往生集卷二，謂：「吴居士，諱繼勛，字用卿，别號十如居士。」

誦金剛經。又十一年，一日集衆曰：「我以持經力，今西去矣。」沐浴更衣，端坐而逝。金剛新異録〔一〕

知歸子曰：右録雲棲往生傳而稍附益之，大都聞雲棲之風而興者也。其他學士大夫名節炳著者，别有傳。嗚呼！自東林以來，樂邦之化莫盛於斯矣。孟子曰：「奮乎百世之上，百世之下聞者莫不興起也，況於親炙之者乎？」予於宏公亦云。

汪大紳云：「今者别一乾坤矣」，如語者，實語者，不誑語者，不到此地步，修行尚少證驗在。何以明爲如語者，實語者，不誑語者？以十法界觀之，便是十箇乾坤。佛法界是佛乾坤，菩薩法界是菩薩乾坤，緣覺法界是緣覺乾坤，聲聞法界是聲聞乾坤，此是四聖法界也，即爲四聖乾坤。天法界是天乾坤，修羅法界是修羅乾坤，人法界是人乾坤，旁生法界是旁生乾坤，餓鬼法界是餓鬼乾坤，地獄法界是地獄乾坤，此是六凡法界也，即爲六凡乾坤。修行到得超凡入聖時候，聖境自然現前，豈非别有一乾坤耶？何以明其證驗？以十法界之因觀之，一念起處於十惡境上生心，即是地獄界因，念念

〔一〕見金剛經新異録卷一。張愛事跡又見金剛般若經靈驗傳卷下，金剛經感應故事分類輯要等。

不斷，便造了地獄乾坤。於慳妬境上生心，即是餓鬼界因，念念不斷，便造了餓鬼乾坤。於癡婬境上生心，即是畜生界因，念念不斷，便造了畜生乾坤。於五戒境上生心，即是人界因，念念不斷，便造了人乾坤。於下品十善境上生心，即是修羅界因，念念不斷，便造了修羅乾坤。於上品十善境上生心，即是天界因，念念不斷，便造了天乾坤。於四諦境上生心，即是聲聞界因，念念不斷，便造了聲聞乾坤。於十二因緣境上生心，即是緣覺界因，念念不斷，便造了緣覺乾坤。於六度境上生心，即是菩薩界因，念念不斷，便造了菩薩乾坤。於無上菩提境上生心，即是佛界因，念念不斷，便造了佛乾坤。由此觀之，從樂邦生心，念念不斷，有不往生者乎？有不往生者，必其所發之因未真也，必其念佛有間斷也，故曰修行尚少證驗在。讚歎此語，一以堅人決定心，一以發人精進心。

居士傳四十二

殷陳顧朱周蔡虞黄莊鮑傳

殷時訓，名邁，號秋溟居士，應天人也。早歲肄業南京國子監，與江西何善山遊〔一〕。聞陽明王子之學，又受教於司業歐陽南野〔二〕。遂屏居山寺，反求諸心，期於自得。嘉靖二十年，登進士第，授户部主事。歷官貴州提學副使，乞假歸。隆慶初，以薦起浙江提學副使，遷南太僕卿，仍移疾家居。萬曆初，張居正當國，欲引以自助，屬操江都御史王篆詣其家致意，時訓不應。已而謂其子慶曰：「張公太横，且有禍，篆非端人，不可與作緣也。」久之，起南太常卿，旋以禮部侍郎管南京祭酒事。累疏乞休，得請。

時訓性淡泊，雖處清要，不耐交際苛禮，自通籍後，在官十三，在告十七。閒居耽釋氏

〔一〕何廷仁，字性之，號善山，事跡見明儒學案卷十九。
〔二〕歐陽德，字崇一，號南野，事跡見明儒學案卷十七。

書，從楞嚴經「金剛乾慧」〔一〕發悟，著贅言一卷，論楞嚴要義。又謂楞嚴諸解，直吐心得，以經解經，温陵〔二〕爲最，著温陵要解輯補十卷〔三〕。

官太僕日，居滁陽棲雲樓，作偈曰：「春陰蔽幽齋，朝來始和霽。春風悠然來，花雨滿庭際。」又云：「百慮静中起，旋向静中消。早知生即滅，始信起徒勞。」又云：「丈夫自堂堂，脚底有元路。撒手便歸家，何曾移寸步。」又云：「六塵雖幻相，能令真性裂。何名出世心，但不隨分别。」又云：「應跡寄人寰，凝神栖絶境。識得鐵牛機，爐焰如冰冷。」又云：「對雨千峰静，看山百慮輕。昨宵明月夜，露地白牛生。」

晚栖天界寺，息心禪定，持戒精嚴，雖老衲子不過也。年六十有二，自知逝期，焚香坐脱，若假寐然。明詩偶鈔；楞嚴蒙鈔；江寧志〔四〕

〔一〕首楞嚴經卷十：「識陰若盡，則汝現前諸根互用，從互用中能入菩薩金剛乾慧，圓明精心於中發化，如浄琉璃，内含寶月。」

〔二〕宋僧戒環，浙江紹興人，住温陵開元寺，世稱温陵大師。著妙法蓮華經解、大佛頂首楞嚴經要解等。

〔三〕錢謙益楞嚴經疏解蒙鈔卷一：「金陵秋溟先生殷祭酒邁……殷公有榮木軒贅言一卷，論楞嚴要義。……别有温陵要解輯補十卷。」

〔四〕見楞嚴經疏解蒙鈔卷一，江寧府志卷三十四。殷邁事跡又見錢謙益列朝詩集閏集秋溟先生殷侍郎邁。傳中所引殷邁詩亦見於列朝詩集，題爲棲雲樓晏坐效寒山偈。

陳廷祼，名瓚，江南常熟人，嘉靖三十五年進士。官刑科給事中，劾罷嚴嵩餘黨，又請録建言廢斥者。忤旨，杖六十，除名。家居，一意修西方浄業。有客過之，呵曰：「爾不聞大鑒之論唯心者乎？何厭垢而欣浄爲？」答曰：「惟心浄土，發之大鑒，而非自大鑒始也。是心作佛，是心是佛，佛固先言之矣。蓋懼人以不浄之心求浄土也，非曰土無垢浄也。且樂邦之可樂也，不獨華池、珠閣、鳥音、風樹云爾也，吾幸而與群聖人遊，被無量光，經無數劫，證無生忍，成無上道，濟無邊衆，誠樂矣。客以客之禪樂垢土，而我以我之禪樂浄土。禪無客無我，樂無垢無浄也，客無庸呵我矣。」隆慶初，復起吏科，屢以直言，與時相忤。萬曆中，累官刑部侍郎。十六年七月，卧疾，誦佛名益虔。故事，京師大臣三品以上，暑月賜冰。既置冰於榻前，衆見冰中湧出七級浮屠，欄楯鉤綴，窗格玲瓏。移時，冰漸消，塔影漸瘦。頃之，氣絶而影没矣。贈右都御史，謚莊靖。明史；樂邦文類序；談薈〔一〕

〔一〕見明史卷二百二十一陳瓚傳，玉芝堂談薈卷十二。樂邦文類序爲嚴訥所撰（見本書卷四十），其中辯唯心浄土之理與陳瓚所言略同。陳瓚爲嚴訥外甥，或樂邦文類序之言亦兩人共同商討而得乎？陳瓚事跡又見浄土聖賢録卷七。

顧清甫，名源，號寶幢居士，應天人，明嘉靖間諸生也。少豪雋，工詩，善書畫。年將四十，盡棄所習，斷酒肉，搆小樓，獨坐其上，精修禪觀。唯一小童侍左右，奉香華淨水，家人女子絶不見其面。每夜五更起，擊大木魚，高聲唱阿彌陀佛。其舍旁有屠兒，每聞木魚聲，即起屠豕。一日遲起，恚而責其妻。妻曰：「爾不聞彼道人，日打木魚念佛耶？自不知罪，乃責我何也？」屠兒愕，即折刀不復屠，一時屠兒從而徙業者甚衆。與棲霞雲谷禪師〔一〕善，結西方社。憨山清公〔二〕一日至棲霞寺，望見一道者，閒閒如孤鶴，即之，其目不瞬，脱若遺世。已而入殿門禮舍利塔，瞻拜良久，塔頂忽現五色光，赭如寶錯。清公異之，以語雲谷。雲谷曰：「此寶幢也，方作西方觀耳。」頃之，示微疾，請名僧數人相對唱佛號。已而内人走報曰：「滿宅聞蓮華香。」衆驚喜。清甫恬然如平時，徐語僧曰：「我坐蓮華中半月餘，見彌陀法身，徧虛空世界，世界皆金色。佛視我微笑而挈我，又以袈裟覆我，我決定往西方矣。」諸子涕泣請曰：「父即往，奈兒輩何？」清甫笑曰：「汝將謂我生耶？死耶？而獨不

〔一〕法會（一五〇〇——一五七九），號雲谷，浙江嘉興人，俗姓懷，居金陵天界寺、攝山棲霞寺等，被譽爲明代「中興禪道之祖」。

〔二〕德清（一五四六——一六二三），字澄印，别號憨山。俗姓蔡，安徽全椒人。曾從學於雲谷禪師，後人尊爲曹溪中興祖師。

觀於日乎？日出於東而没於西，是果没乎？」遂剋期沐浴更衣，端坐而逝，蓮香三日始歇。憨山夢遊集〔一〕

朱元正者，海鹽諸生也。平生有志聖學，律身甚嚴。年六十餘，深入禪悦。居宅後敝屋中閉關，不問家事。每日晨誦法華經一卷，日過中則静坐。其門人陳則梁訪之曰：「先生年高，盍少開酒禁？」元正曰：「子謂我須調養血氣耶？不知我於生死已畫得斷。」則梁竦然。其年七月，語其子曰：「吾在此無事可行矣。」問：「何處去？」曰：「西方去。」子及孫固留，許之。至十二月朔，示微疾，不食，家人蒼黄治殮具。元正曰：「勿忙，此後八日半夜事也。」及期，端坐欲逝，復曰：「吾生平秋毫不負人，今冬舍後匠人爲我平後門一片地，欲待明年元日便老人出關行步，其好意未報。」因取紙作詩謝之，寂然而逝。時方雞鳴，預戒家人臨行勿令婦女來，過二三時乃來，來亦勿哭。比天明，眷屬至皆哭。元正復張目摇頭，令婦女去，去盡乃瞑。法華持驗紀事〔二〕

〔一〕見憨山老人夢遊集卷三十二題筆乘顧寶幢居士事後。顧源事跡又見往生集卷二，西舫彙征卷下，列朝詩集閏集小傳。

〔二〕見法華經持驗記卷下。朱元正事跡又見淨土晨鐘卷十，西舫彙征卷下等。

周楚峰，名廷璋〔一〕，雲南人也，生於正德、嘉靖間。爲人淳朴，治家不計有無，有輒散之貧者。人與之語輒笑，或謔之、詈辱之，亦笑而已。素向佛法，晨起必誦金剛、彌陀、觀音諸經各一卷，充然自得，曰：「吾不離日用，不涉貪愛，如是而已。」年八十七，以清明日上冢決辭祖考，還謂其婦曰：「吾將行矣，彌陀迎我，觀音、勢至俱來也。」已而曰：「觀音謂我絶葷五日可西行。」遂日食一粥一蔬，至期，沐而冠，令子弟誦七如來名而已。誦經既畢，端坐而逝，翼日有香發於體，貌如生。金剛靈應録〔二〕

蔡槐庭，名承植，湖廣攸縣人。性孤迥，淡於聲利。年二十餘，長齋奉佛，嘗誦三千佛名，日記一名，至三年乃卒業，遂終身不忘。登萬曆十一年進士第，歷官嘉興太守。在官日誦金剛經，室無長物，爐香經案而已。重興古楞嚴寺，禁民間殺牲祀神，其文云：

孔子曰「敬鬼神而遠之」，未嘗以鬼神爲無有也。第鬼神享用，與人間不同，人好

〔一〕觀音經持驗記卷下謂：「字玉宇。」歷朝金剛經持驗記卷下謂：「周廷璋，號楚峰。」

〔二〕見歷朝金剛經持驗記卷下。周楚峰事跡又見觀音經持驗記卷下。

酒肉，便以酒肉祀鬼神，譬之蛆蟲噉糞，便以糞貢人，豈不得罪於人？蓋神明清淨，聞人間酒肉污穢，厭惡不暇，豈肯鑒嘗？故郊祀者，止用淡酒，承祭者，戒酒戒葷，意可知已。至於餓鬼不能飲水，何能食肉？欲祀鬼者，須用變食真言，又非可漫爲也。爲此特示爾等，凡祀神者，宜焚香設齋，並誦金剛經一卷，神自鑒納。陰司極重此經，我今告稟城隍，將爾等前罪赦除，後次不可再犯。若仍前殺牲污神，不惟無益，且遭罪譴。此係實説，決非妄言。

嘗問法於雲棲宏公，遂專修念佛三昧。已而官太常寺卿，乞休歸。知交中有欲薦爲巡撫者，以書問之，槐庭笑曰：「若視一巡撫太尊貴生，我法直超三界，金輪王尚不屑意，況區區耶？」或勸槐庭當教兒，答曰：「生死事大，吾自救不暇，遑恤我後？」諸子或美其宮室，不能禁，以扇掩面過之。晚歲結草菴爲念佛會，導諸賣菜傭同回向淨土。作二偈以謝客，其一云：「安養思歸客，湘江一腐儒。不愁明日事，但覓往生符。斗室隨緣住，稀羹信口餬。胸中絶憎愛，一任馬牛呼。」其二曰：「休把閒言語，頻頻告老夫。年來性暴惡，開口便糊塗。業重期心懺，人親以病疏。張三與李四，好醜不關吾。」將逝之歲，自號爲不久道人。及疾，舁詣佛寺，請僧祝髮。歸至所卧室，見銀臺接引，連稱觀世音菩薩，遂逝。有淨土詩

及因果書行世。明文偶鈔；金剛新異録；慈心寶鑑〔二〕

虞長孺，名淳熙，錢塘人。生而長臥不瞑，三歲唱佛號不絶口，蓮華寶樹現於室中，以告祖母，祖母曰：「此西方瑞相也。」因教之習定。遂時時垂目端坐。

弟僧孺，名淳貞，少而相得。居母喪，共習天台止觀。長而爲里中師，教群兒習鼻觀，以是忤主人，弗恤也。已中鄉舉，尋授徒毗山。與同社友誦梁皇懺，至次日雲光入楹，甘露霑壁，天雨金粟、玄黍、沈水香，方冬萬花盡吐。長孺感其靈異，習定益堅，遂能前知。雲棲宏公聞而呵之曰：「虞生墮魔網矣。」

萬曆十一年成進士，居京師，道人未來事，口占晴雨輒應。聞父喪，一慟欲死。語僧孺曰：「吾與若不能終事父，將不得爲人子，非入山修道，何以報恩？」歸而廬墓三年，受戒於

〔二〕見金剛經新異録卷一。蔡承植事跡又見歷朝金剛經持驗記卷下等。慈心寶鑑一書未見。據彭紹昇之侄彭希洛所作亡妻陶孺人事略（見卍續藏第六十二册瓊樓吟稿節鈔），陶氏曾施印吴江沈氏所撰慈心寶鑑千本，其書當爲勸人戒殺之作。

宏公。每晨起拜墓畢，即往雲棲問法。作淨土四十八問，語在雲棲法彙中〔一〕。居山日，以羹飯施諸獐兔，虎來輒叱去。服除起職方司主事，頃之，復告歸。語僧孺曰：「吾不悟道，決不復出，當爲陸法和，否亦爲王伯安耳。」遂攜僧孺上天目，坐高峰〔二〕死關前，與僧孺約曰：「任汝登山臨水，看我七日取證去。」晝夜策厲無少間。至三七日，不悟，倦甚，欲就枕。忽見高峰禪師斬其左臂，豁然有省，馳證雲棲。宏公曰：「凡寐而覺者，不巾櫛而復依衾枕，必復寐矣。迷而悟者，不莊嚴而復親穢濁，必復迷矣。火蓮易萎，新篁易折，子自爲計，毋以一隙之光，自阻進修之路。」因勸令回向淨土，以續前因，長孺遂終身行之。或有不信念佛者，告之曰：「自覺覺他，覺滿曰佛，念佛者念覺也，念念不常覺而念念常迷，可乎？民止邦畿，鳥止邱隅，不止至善之地而止不善之地，可乎？」或問如何念佛，曰：「提醒正念，相續不斷而已。百千方便，只一知字。念念無量光，何不可入佛知見。學人修道，專求

〔一〕袾宏答四十八問，收入卍續藏第六十一册。其序謂：「有德園居士者，乘宿願力，起大悲心，代爲百千衆生，曲申六八難問。山僧不免據款結案，隨繩解紛，使彼越煩惱之河者，直決其狐疑，出死生之穴者，頓離於鼠怯。叨陪往哲，共翊先宗云爾。」德園居士爲虞淳熙之號。

〔二〕原妙（一二三八—一二九五），南宋臨濟宗楊岐派破庵派僧。蘇州吴江人，俗姓徐，字高峰。宋亡，登杭州天目西峰閉死關，不越户達十五年之久。

出離生死。念念無量壽，有何生死可出離？」

已而還官，遷主客司員外郎，改司勳，復乞歸，與僧孺日遊湖上。時宏公方坐南屏演圓覺經，募錢贖萬工池，立放生社。緇白數萬，伽陀之音，震動川谷。一時清節之士，多與其會，實長孺倡率之。嘗與僧孺放舟湖心，過三潭，僧孺慨然曰：「此古放生池也，奈何爲漁人所奪？」長孺因謀復之，築堤架閣，爲放生所。頃之，入南屏山不出。僧孺亦隱靈鷲老焉。德園集附録〔一〕

黄平倩，名輝，四川南充人，萬曆十七年進士。與陶周望同官編修，並學出世法。中年妻死，不復娶。一夕夢登寶塔，同年友焦弱侯贈一卷書，視之，乃雲棲戒殺文也，覺而持不殺戒。得俸錢輒買生物放之，刻雲棲文施諸鄉里。已而上書雲棲，稱弟子，篤志淨業。自書座右云：

心淨則佛土淨，不淨三業，滿中穢惡，何由往生？然非常常覺照，痛與一刀兩段，

〔一〕見虞德園先生集卷七萬工池記、卷九雲棲蓮池祖師傳、卷二十四答僧孺弟等。虞淳熙事跡又見憨山老人夢遊集卷二十築三潭護生堤引，黄汝亨寓林集卷十五吏部稽勳司員外郎德園虞公墓誌銘等。

三業可得淨耶？

雲棲聞而善之曰：「誠如是，淨之又淨，淨極光通達，自性彌陀不求而獲矣。」平倩故嘗受五戒，至是又請雲棲遥受菩薩戒。嘗見一蜘蛛，爲誦佛號，蜘蛛良久立化，爲建小塔，作文志之。友人范子喬請書戒殺卷，攜過武當。其從者探其囊，棄卷龍湫中。子喬求之，遇神龜引路，復得之，而卷不濡。尋以少詹事乞歸，遨遊山水，間與衲子酬酢。或欲薦起之，有忌者上章言：「詞官結社談禪，與方外爲侶，不當復點廊廟。」遂老於家。明文偶鈔；雲棲法彙〔一〕

莊復真，名廣還，浙江桐鄉人。少爲儒，已而學醫。年四十餘，頗厭世事，遂從事養生術。久之致疾，乃喟然曰：「吾獨不能爲天地間一閒人乎？」遂搆小園，疊石樹花木，嘯歌其中。一日覩花開落，悟身無常，即毁園，閉關坐禪，取金剛諸經誦之。偶出遊杭州，遇一翁，與之語學佛。翁曰：「子學佛，誰所師？」曰：「未也。」翁曰：「子不讀柳子厚服氣書〔二〕

〔一〕見雲棲法彙選録卷十九答四川黄慎軒太史。

〔二〕指柳河東集卷三十二與李睦州論服氣書。

乎？雲棲有蓮池禪師者，近在此，盍往師之？」應曰：「諾。」遂徒步詣雲棲，謁蓮池。蓮池授以念佛法，遂受五戒，歸家日課阿彌陀佛五萬聲。未半載，心地寂然。年八十，再詣雲棲，受菩薩戒，歸老於家。居常病其鄉人不知正法，多宗邪教，閱淨土諸經論，掇其語要，名曰淨土資糧集，以導衆信，鄉人從而化焉。淨土資糧序〔一〕

鮑性泉，名宗肇，紹興山陰人。家世信佛，性泉既冠，斷葷酒，能覆誦法華、楞嚴二經，日每一周。其父命鬻楮於嘉興，怒其折閱，罰之跪。良久起，則已默轉楞嚴竟矣。嘗從紫柏、散木〔二〕諸老師遊，晚而皈心雲棲，篤志淨業，兼肆力於方山合論〔三〕、永明宗鏡録諸書，信解通利。自號天鼓居士，著書曰天樂鳴空，其自序云：

華嚴有言，若有衆生一念信入毗盧法界，縱以惡業墮阿鼻地獄，毗盧放光，觸其身分，應念命隕，即生兜率，化爲天子，受無量樂。正樂之頃，忽有天鼓自空而鳴，告諸天子：此樂虚妄，不久壞滅，慎勿貪著，當念無常。諸天聞已，頓悟無生，即證果位。蓋

〔一〕莊廣還所輯淨土資糧全集收入卍續藏第六十一册，前有袾宏、陸光祖等所作序。

〔二〕圓澄（一五六一—一六二六），字湛然，別號散木道人，晚明著名禪僧。

〔三〕方山合論即李通玄所作、釋志寧編集之華嚴經合論。參看本書卷十五李長者傳注。

毗盧之光熾然常放，無間無别，而地獄衆生未必盡出，其出者，乃往昔曾與毗盧有緣，一念信入法界者耳。是知此光，不住毗盧，不住於我，非我非渠，了無處所。故得應念脱苦，既離地獄，復耽天樂，樂久無常，衰相現前，乃聞天鼓，如是激揚，即超十地，而此天鼓，亦無所從，但有音聲，了無形質，雖無形質，常自空鳴，是故號之爲無依智印法門。妙矣哉！無依智印也。吾越有山，名曰鵝鼻，古寶掌千歲和尚所居。登其巔者，每聞空中樂聲嘹亮，皆謂天帝作樂，故號天樂鄉。噫！天樂即天鼓也，天鼓即無依智印法門，即毗盧法界之光。既入無依智印法門，則天鼓轟轟，天樂鏗鏗，不舍晝夜，遍界全聞。予復撾之，欲警昏蒙。雖形言迹，出處無從，以故假號天鼓居士，而名此集爲天樂鳴空。

臨終囑其子治齋，邀法侶王季常、戴升之、徐春門〔一〕等，及緇衣數人至，同聲誦西方佛號。日西時，忽合掌謝衆曰：「與諸君永别矣。」遂趺坐而化。他所著書甚具，皆不傳，其天樂鳴空刻入徑山大藏中。天樂鳴空序〔二〕

〔一〕金剛經新異録卷一：「王季常孝廉，諱維新，歷官延平太守。」徐洪澤，字潤卿，號春門，嘉興處士，善書畫。戴升之情况不可考，紫柏老人集卷二十九有贈戴升之詩。

〔二〕天樂鳴空集收入嘉興藏第二十册，前有藕益智旭等所作序與王起隆所作緣起。

知歸子曰：經言：「雖知諸佛國，及與衆生空，而常修浄土，教化於衆生。」〔一〕南泉〔二〕亦言：「平常心是道。」智者領得南泉意旨，念念趨向，而無趨向，念念觀空，不作空解。若諸居士者，其庶幾乎。

〔一〕見維摩詰所説經卷中。
〔二〕普願，唐代禪僧，馬祖道一法嗣。新鄭人，俗姓王，自稱「王老師」，世稱南泉和尚。貞元十一年，於安徽池陽南泉山建禪院，自耕自足。

居士傳四十三

李卓吾傳

李卓吾，名贄〔一〕，泉州晋江人。嘉靖間領鄉薦，爲教官。萬曆初，歷南京刑部主事，出爲姚安知府。卓吾風骨孤峻，善觸人。其學不守繩轍，出入儒佛之間，以空宗爲歸。於時諸老師，獨推龍谿王先生、近溪羅先生，嘗從之論學。又嘗與耿天臺、鄧石陽遺書辨難，反復萬餘言，抉摘世儒情僞，發明本心，剥膚見骨。在姚安，自治清苦，爲政舉大體，往往喜與衲子遊處。常住伽藍，判事而事辦。是時上官嚴刻，吏民多不安，卓吾言曰：「邊方雜夷，法難盡執。日過一日，與軍民共享太平足矣。仕於此者，攜家萬里而來，動以過失狼狽去，尤不可不念之。但有一長即爲賢者，豈容備責耶？」居三年，以病告，不許，遂入雞足山閲藏經，不出。御史劉維疏令致仕，遂客居黄安。旋至麻城龍潭湖上，薙髮去冠服，即所居爲

〔一〕李贄之號甚多，另有温陵居士、百泉居士、龍湖叟、禿翁等。

禪院。

居常與侍者論出家事曰：「世間有三等人宜出家，其一如莊周、梅福之徒，以生爲我梏，形爲我辱，智爲我毒，灼然見身世如贅疣，然不得不棄官隱者，一也。其一如嚴光、阮籍、陳摶、邵雍之徒，苟不得比於傅説之遇高宗，太公之遇文王，管仲之遇桓公，孔明之遇先主，則寧隱毋出，亦其一也。又其一者，陶淵明是也，亦愛富貴，亦苦貧窮。苦貧窮，故以乞食爲耻，而曰叩門拙言辭；愛富貴，故求爲彭澤令，然無奈其不肯折腰何，是以八十日便賦歸去也，此又其一也。」侍者進曰：「先生於三者何居？」卓吾曰：「卓哉莊周、梅福之見，我無是也。待知己之主而後出，必具蓋世才，我亦無是也。其陶公乎？夫陶公清風被千古，余何人，而敢云庶幾焉？然其一念真實，不欲受世間管束，則偶與之同也。」

卓吾喜接人，來問學者，無論緇白，披心酬對，風動黄、麻間。時有女人來聽法，或言女人見短，不堪學道。卓吾曰：「人有男女，見亦有男女乎？且彼爲法來者，男子不如也。」既而，麻、黄間士大夫皆大噪，斥爲左道惑衆，欲逐去之。卓吾笑曰：「吾誠左道耶，即加冠可也。」遂服其舊服。御史馬經綸嘗往問易義，大服，事以師禮，奉之入黄檗山，旋御以北，館於通州。復爲言官所劾，下詔獄。獄成，勒歸原籍。卓吾曰：「吾年七十六，死耳，何以

歸爲?」奪刀自剄死。經綸備禮殮之,葬於通州北門外。明文偶鈔;温陵外紀〔一〕

知歸子曰:予始觀卓吾居士論古之書,駭其言跡。其行事動爲世詬病,以爲居士實自取之也。既而讀居士論學書,服之。嗚呼!若居士者,可謂知本者與。居士既出家,不受戒,無何,又反冠服,其戲耶?其有激而爲此耶?則予不足以知之矣。

汪大紳云:卓吾努目,允初低眉。以低眉人,寫努目人,眼光忽如巖下電。此知歸子所謂落落自喜者與?

羅臺山云:古之傷心人,别有懷抱。吾與卓吾先生亦云。

○中間一段,無古無今。蒼莽悲懷,恰好閒中磕着痛處,觸着奇癢難奈處,借一段冷語消釋。觀者切勿認作實話,鈍置卓吾,鈍置知歸。吾今日讀此,乃見卓吾先生可敬處,可愛處。吾今日讀此,乃如讀屈子天問,讀莊子天下篇,讀枚叔七發。

〔一〕見潘曾紘輯李温陵外紀。李贄事跡又見顧大韶編李温陵集卷末附袁中道所作李温陵傳、卷七豫約小引感慨平生。

居士傳四十四

管楊陶焦唐瞿傳

管登之，名志道，太倉人，學者稱東溟先生。爲諸生，篤學力行。隆慶初，知府蔡公建中吴書院，以登之爲師，集諸生講學。嘗曰：「士必有遯世不見知而不悔之志，而後可以載道；必有行一不義、殺一不辜而得天下不爲之力，而後可以立身。」聞者竦然。五年，舉進士，除南京兵部職方司主事，以父憂歸。服除，補刑部主事。萬曆初，張居正當國，總攬威福。六年，登之條上九事，大旨在肅朝綱，通下情，革弊政，欲奪居正權歸天子，居正不悦。尋以員外郎出爲廣東按察司僉事，分巡南韶道。時廣東多盜，登之實軍伍，嚴連坐，分兵扼要害，所部宴然。而言官希居正旨劾之，降鹽課司提舉。明年外計，以老疾致仕。居正敗，廷臣交章論薦，起湖廣僉事，以母老乞歸。

初，登之以選貢入京師，止西山碧雲寺，閲華嚴經世主妙嚴品，忽悟周易「乾元用九」之義。反觀身心，渾同太虚，照見古今聖賢出世經世，乘願乘力，與時變化之妙用，以爲理則互融，教必不濫，或順而相攝，或逆而相成，或閟實而彰權，或廢權以明實，種種出沒，種種張弛，各有條理，難可思測。此無他，龍德不可爲首也。孔子無可無不可，子思親承家脉，故曰並育並行，川流敦化〔一〕。孟子而後，全體太極，貫通三教者，周元公一人而已。我聖祖攬二氏以通儒，各理其條貫，以儒治儒，以釋治釋，以老治老。與其相參，不與其相濫。蓋教理不得不圓，教體不得不方。規欲圓，即以仲尼之圓，圓宋儒之方，而使儒不礙釋，釋不礙儒，極而至於事事無礙，以通並育並行之轍。矩欲方，亦以仲尼之方，方近儒之圓，而使儒不濫釋，釋不濫儒，推而極於法法不濫，以持不害不悖之衡。其生平論學大旨如此。嘗著從先維俗議，其護法篇云：

釋門於儒家護教者，名曰佛法金湯，狀其以外護內，若金城湯池之不可破也。蓋佛法有内外二護，拈花之頃，以正法眼藏，涅槃妙心屬大迦葉。入滅之期，以結集三藏十二部屬阿難。又於刀兵劫後減盡還增，起而轟揚三乘教法，屬十六應供羅漢，三者總名内護。而有所謂金湯外護者，則屬之國王大臣，其重有加於内護，此以折攝二門寄之也。蓋護佛法於增劫初減之時易，護佛法於減劫將終之時難。護增劫初減時之

〔一〕中庸：「萬物並育而不相害，道並行而不相悖，小德川流，大德敦化。」

佛法，但有攝而無折。護滅劫將終時之佛法，則折攝必須並行。而末法中，則折法更嚴於攝法，邪法不折，則正法不可得而攝也。正法以教理行證全備爲義，故護法者必有以鼓末法之人，通五時之教，明一乘之理，修無漏之行，入涅槃之證，而後可當金湯外護之名。吾觀唐、宋名賢作禪講二家之金湯者，護教護宗則有之，罕有達於護行護證之旨者也。愚嘗謂，儒者不透孔子一貫之心宗，不見乾元用九之天則，則斷不可與護持如來正法，何者？言不能慮其所終，行不能稽其所敝也。近有越僧欲續國初岱宗佛法金湯編〔一〕，予嘗爲之言，其大略曰：夫所貴於金湯者，爲其護持正法也。未有身不行正法而能護持佛之正法者。欲續金湯，當知三重，一曰德行，二曰願力，三曰知見。德行欲密，大而忠孝全德，細而辭受纖行，無敗缺也。願力欲堅，八風不能摇其願，百鍊不能移其力，有餘忍也。知見欲正，佛子必攝之以慈，魔子必折之以威，勿以小仁賊大仁也。三重闕一，則金湯之量不完，雖使宗徹五綱，教通三藏，兼以捨宅爲寺，傾產飯僧之功，而如來之正法不屬焉。況乎敗類宰官，虚聲居士，徒以塵羹塗飯之

〔一〕佛法金湯編，明洪武年間岱宗心泰編。内容集録自西周昭王至元順帝之間，約兩千餘年間之歷代帝王、宰臣、名儒、碩學等三百九十八位護法者的傳略與護教言論。收於卍續藏第八十七册。

餘，讚揚佛事，此佛門之少正卯也，金湯云乎哉！

晚尤究心楞嚴經，應諸方扣擊，益詣元奧。三十五年冬，有疾，述孟子七篇，謂子珍曰：「當以殘冬卒業於此。明年將逝，予欲無言決矣。」至除夕始畢。明年七月，病革，命侍者舁至中堂，端坐而瞑，年七十有三。從先維俗議；楞嚴經蒙鈔；明文偶鈔〔一〕

楊貞復，名起元，號復所，廣東歸善人。萬曆初，登進士第，授翰林院編修，累遷吏部侍郎。貞復早歲讀書白門，遇建昌黎允儒與之言學，有省。允儒者，近溪羅氏弟子也。其後，貞復官京師，近溪適至，遂受業稱弟子。時執政者不悦學，近溪遂南歸，貞復歎曰：「吾師老矣，今者不盡其傳，異時悔可及乎？」乃移疾歸，依近溪以卒業焉。

居閒究心宗乘，慕曹溪大鑒之風，遂結屋詔石，與諸釋子往還。重刊法寶壇經，導諸來學，爲之序曰：

〔一〕管志道從先維俗議五卷，收入四庫全書存目叢書子部第八十八册，所引護法篇見卷五。楞嚴經疏解蒙鈔卷一：「東溟先生一代儒宗，悟入華嚴性海，標舉乾元統天之學，總持儒釋。晚年應諸宗扣擊，盛談首楞奥義，論覺海元明，直窮衆生無明之最初起處。」管志道事跡又見焦竑澹園續集卷十四東溟管公墓誌銘，錢謙益初學集卷四十九湖廣提刑按察司僉事晉階朝列大夫管公行狀等。

六祖大鑒禪師，予東粵人也。得法黄梅，宏法曹溪，是有法寶壇經之籍。東南人士，家傳人習，予隨衆讀誦，晚乃自謂有得於其「見過知非」之旨。孔子曰：「已矣乎，吾未見能見其過而内自訟者也。」何絶望至此哉！蓋過不在於過，凡吾人自以爲善而帖然安之者，即過也。何者？是皆識爲之也。識生於習，孔子之所謂習，即佛之所謂業也。業識所現，智者過而不留，而愚夫執以爲是，以至認賊作子，喪真失常。是以孔子於其門人，僅許顔子有不善未嘗不知。於其交遊，僅與伯玉欲寡其過而未能。至其自嗚，亦僅曰五十學易，可以無大過矣，蓋其難如此！凡吾人不見性體，即不能見過，性體一見，過狀歷然。不能見過而自謂見性者，欺也。不至見性而自謂見過者，亦欺也。見過者，見性之實也。見性如人之活，見過如人知痛癢，謂活人不知痛癢，無是理矣。問人之活否？曰知痛癢矣。問人見性否？曰知過矣。此孔子之旨也，亦佛之髓也，六祖壇經屢發之矣。於法達念法華三千部，而責其負此事業，全不知過〔一〕。他

〔一〕六祖大師法寶壇經頓漸品：「僧法達，洪州人，七歲出家，常誦法華經。來禮祖師，頭不至地。師訶曰：『禮不投地，何如不禮？汝心中必有一物。藴習何事耶？』曰：『念法華經已及三千部。』師曰：『汝若念至萬部，得其經意，不以爲勝，則與吾偕行。汝今負此事業，都不知過。』」

日又語神會曰「吾常見自心過愆，不見他人是非好惡」，「何不自知自見，乃問見與不見」〔一〕，至哉言乎！菩提無樹，明鏡非臺，直入此門，方爲真實。世之學人，樹菩提而臺明鏡者，即以爲賢，此有爲之法，有漏之因，宜其麻木不知痛癢也！此經南中無板，故重刻而序之。蓋欲吾人由是經教，以詣我孔聖見過自訟之域，共證本來，浄諸業障而已矣。

其後有詔召還，尋卒。所著有證學編行於世〔二〕，多推明近溪論學之旨云。曹溪志；明儒學案〔三〕

陶周望，名望齡，號石簣居士，會稽人也。萬曆十七年，舉會試第一，成進士，授編修。

〔一〕六祖大師法寶壇經頓漸品：「神會問：『如何是亦見亦不見？』師云：『吾之所見，常見自心過愆，不見他人是非好惡，是以亦見亦不見。……汝若心迷不見，問善知識覓路。汝若心悟，即自見性依法修行。汝自迷不見自心，卻來問吾見與不見。吾見自知，豈代汝迷？汝若自見，亦不代吾迷。何不自知自見，乃問吾見與不見？』」

〔二〕太史楊復所先生證學編四卷，收入四庫全書存目叢書子部第九十册。

〔三〕見重修曹溪通志外護第七中楊起元重刻法寶壇經序，明儒學案卷三十四。楊起元事跡又見鄒元標願學集卷六下嘉議大夫吏部左侍郎兼翰林院侍讀學士貞復楊公傳。

與同官焦弱侯相策發，始研求性命之學。已而請假歸，過吳江，與袁中郎論學三日。上剡溪，謁周海門〔一〕，參叩甚力。每自撫膺曰：「此中終未穩在。」一日讀方山合論，手足忭舞，語弟奭齡曰：「吾往者空自生退屈也。」海門嘗致書，詰其所得，周望復書曰：

竊聞華嚴十信，初心即齊佛智。佛智者，無待之智也，何階級之可言哉。然必五十位升進，鄰於二覺，後契佛乘。孔子三十而立，已歷信位矣，然必知命、耳順，以至從心，蓋知見久汰而日銷，習氣旋除而日淨。如精金離鑛，經鍛鍊而益露光芒，嬰兒出胎，加歲時而自然充長。人形金體，不異舊時，瑩淨魁梧，新新莫掩。然則放刀屠兒，獻珠龍女，無待之智燈也。懶安拽鼻，二祖調心，神化之實功也。以緣起無生爲覺照，故不屬斷除。以佛知見爲對治，故不落二乘耳。是故道人有道人之遷改，俗學有俗學之遷改。凡夫於心外見法，種種善惡，執爲實有，如魘人認手爲鬼，稺子怖影爲物。遷改雖嚴，終成壓伏。學道人，善是己善，過是己過，遷是己遷，改是己改。以無善爲善，故見過愈微，以罪性本空，故改過甚速。顏子有不善，未嘗不知，知之未嘗復行者是也。僧問古宿「如何保任」，曰：「一翳在目，空花亂墜。」大慧亦言：「學道人，須要熟

〔一〕周汝登，字繼元，號海門。萬曆五年進士。師事羅汝芳。

處生，生處熟。」如何生處？無分別處是。如何熟處？分別處是。到此則過是過，善亦是過，分別是習氣，饒你不分別亦是習氣。直得念念知非，時時改過，始有相應分。是真遷善，是真改過，是名隨心自在，亦名稱性修行。先代聖賢所有言説，總不出此，尚何置同異於其間哉！然僕今日之病，則在悟頭未徹，疑情未消，解處與行處，説處與受用處，未能相應。以此惻惻，居心不寧，老丈何以救之？

周望居常參「一歸何處」公案，自言緊作課，寬作程。一生再生，會有出頭分，不敢求速效也。已而起前官，累遷左諭德。萬曆三十一年，妖書事起，沈一貫當國，欲藉以陷沈鯉、郭正域。周望詣一貫，切責之。又見朱賡不爲救，慷慨數賡。願棄官與沈、郭同死，二人皆心動，沈、郭卒得免者，亦周望力也。頃之，復乞歸，以祭酒徵，不起。

周望生平，廉隅甚峻，進退以義。自奉薄，布衣蔬食終其身。其爲學，久而益誠，未嘗自是。每曰：「古人見性空以修道，今人見性空以長慾。」晚而參雲棲宏公，受菩薩戒。因與諸善友創放生會於城南，以廣雲棲之化。作放生詩十首，以「凡百畏刀杖，無不愛壽命」爲韻。其一云：

人生事腸腹，及與口舌三。二但取飽軟，一乃司吾饞。萬錢飾盤筵，殉此徑寸甘。下咽了無知，理與木札兼。晚食美葵蓼，甚飢望虀鹽。徑寸況易欺，何當信其婪。半孌債一身，債主真不廉。人羊須臾理，請君覩其凡。

其二曰：

毒莖烹肉肥，利刃藏魚窄。魚肉豈不美，智者走弗食。吾有萬世患，鶩以取一適。匕箸成戈矛，操之還自賊。君看几筵上，怨敵常繞百。食肉作莖觀，斯言心可刺。

其三曰：

介盧曉牛鳴，冶長諳雀噦。吾願天耳通，達此音聲類。群魚泣妻妾，雞鶩呼弟妹。不獨死可哀，生離亦多慨。楚語既侏離，齊音了難會。寧聞楚人肉，忍作齊人膾。可憐登陸魚，噞喁向人誶。人曰魚口喑，魚言人耳背。何當破綱羅，施之以無畏。

其四曰：

挾弩隱衣袂，入林群鳥號。狗屠一鳴鞭，衆吠從之嚻。殺機翳胸中，燦然若懸杓。吾聞螳螂蟬，能變琴者操。至人秉慈尚，虎象焉足調。因果苟無徵，視斯亦已昭。與其噉群生，寧我吞千刀。

其五曰：

從事愁見拘，波臣苦遭蕩。蟈氏群處囊，悲鳴更相杖。寄書已成悔，見夢徒增妄。數錢贖爾至，縛解羈愁放。困極勢未遒，蘇餘氣仍壯。銜恩未忍去，故作三回望。何方絶網羅，向去保無恙。感激見深衷，遲疑抱遐悵。贈爾金口言，努力此回向。𣹟水具功德，蓮華好安養。微施豈懷報，往矣慎波浪。群蛙尤有情，鼓吹西窗傍。

其六曰：

昔有二勇者，操刀相與酤。曰子我肉也，奚更求肉乎。互割還互啖，彼盡我亦枯。食彼因自食，舉世歎其愚。還語血食人，有以異此無？

其七曰：

吾聞豐坊生，赤章咒蚤蝨。蚤蝨食幾許，討捕已酷烈。借問坊食者，還當咒坊不？宏恕聖所稱，斯言非佞佛。

其八曰：

生食不可食，熟以過時敗。生既嫌腥膻，敗時仍臭穢。腥穢君所知，胡爲强吞嘬。水火幻味香，口鼻成災怪。如蠅穢中育，還以臭爲愛。及其生子孫，居然臭穢内。阬圊難久居，蟲乎可爲戒。

其九曰：

豎首横目人，豎目横身獸。從獸者智攖，甘人者勇鬬。悲哉肉世界，奚物獲長壽。一虎當邑居，萬人怖而走。萬人俱虎心，物命誰當救。莫言他肉肥，可療吾身瘦。彼此電露命，但當相憫宥。共修三堅法，人獸兩無負。

其十曰：

食肉反有墨，食糠反肥盛。薇蕨雖苦飢，甘脂亦生病。我痛思彼痛，彼命如我命。勿憎質直語，質語應易聽。

又設問答，著放生解惑篇，甚詳辨，文多不載。三十七年秋，有疾，飭治後事，三日而逝，謚文簡。奭齡亦好禪學，崇禎中，與蕺山劉子講學陽明祠，從之者甚衆。明史；歇菴文集；行述；雲棲法彙；紹興志；猶園〔一〕

焦弱侯，名竑，應天人也。萬曆十七年，舉進士第一。有司欲爲建坊，弱侯謝之，請移賑飢民。除修撰，爲東宮講官。進講時，有鳥飛鳴而過，皇太子目之，弱侯即輟講，皇太子改容聽之，乃復講如初。嘗采故事爲養正圖以進，日有啓導之益。爲同官所嫉，用科場事，被謫，出爲福寧同知，再遷爲南京司業。

〔一〕明史卷二百十六陶望齡傳，歇菴集卷二放生詩十首、卷十三放生辯惑，歇菴集附録先兄周望先生行略，雲棲法彙選録卷十九答四川黄愼軒太史，乾隆紹興府志卷五十二，錢希言猶園卷五。陶望齡事跡又見明儒學案卷三十六等。

初，弱侯師事耿天臺、羅近溪〔一〕，已而篤信李卓吾，往來論學，始終無間。居常博覽群書，卒歸心於佛氏。天臺嘗引程子斥佛語以相詰，弱侯復之曰：

伯淳斥佛，大抵謂出離生死爲利心。夫生死者，所謂生滅心也，起信論有真如、生滅二門，未達真如之門，則念念遷流，終無了歇，欲止其所不能矣。以出離生死爲利心，是易之止其所亦利心也。苟止其所非利心，則即生滅而證真如，乃吾曹所當亟求者，從而斥之，可乎？

時有唐子張者，先從近溪學，已而來謁，初見言知，弱侯曰：「如爲常見，是衆生法。」再見言無知，弱侯曰：「無知爲斷見，是二乘法。」子張憮然。弱侯因語之曰：「人心之妙，囊括太虛，不可以有無求，不可以取舍得。以無求之者，攝心獨坐，一事不理，静中光景，了了可即，事物現前，茫無湊泊，大慧呵之爲默照邪禪是也〔二〕。以有求之者，認取識神以爲家寶，有可挨排，有可著手，輒生歡悦，不知認賊爲子，百劫千生輾轉淪墜，楞嚴所謂『知見立

〔一〕耿定向，字在倫，號楚侗，人稱天臺先生。羅汝芳，字惟德，號近溪。

〔二〕宗杲大慧普覺禪師語録卷二十六：「近年以來，有一種邪師説默照禪，教人十二時中是事莫管，休去歇去，不得做聲，恐落今時，往往士大夫爲聰明利根所使者，多是厭惡鬧處，乍被邪師輩指令静坐卻見省力，便以爲是，更不求妙悟，只以默然爲極則。」

知，即無明本』，元沙訶之爲『昭昭靈靈的禪』是也〔一〕。夫此本地風光，無徑可尋，無門可入，纔有所重，便成窠臼。學者於口耳俱喪之餘，言思路絶之際，瞥地一下，任伊説有説無，信手拈來，何所不可。若未曾實證此理，靠些知解爲本命元辰，不知此知，頭出頭没，時滅時生，生死流浪，輾轉不休，於無生法忍還相契否？子既有意此道，便當真參實悟，求正人指與出路。此正人，吾有一訣可以勘驗：出離生死爲正，流浪生死爲邪；説無爲法爲正，説有爲法爲邪；無門路、無階級爲正，可以知知、可以説説爲邪；中心行道而外不毁法爲正，駕言無礙、任情恣肆爲邪。子當如此辨别之，既得其人，死心蹋地，務求安身立命一著，方是究竟法也。」

居南京，以所學倡後進，從者甚衆。晚修念佛三昧。泰昌元年卒，年八十一，贈諭德。崇禎末謚文端。憺園集；陶石簣集；明儒學案〔二〕

〔一〕玄沙師備禪師廣録卷下：「有一般坐繩牀老漢，稱爲善知識，問著便摇身動手，吐舌瞪視。更有一般便説道：昭昭靈靈靈臺智性，向五藴身田裏作主宰。與麽爲善知識，大賺人！」居士傳因避清諱，「玄」字改作「元」。

〔二〕見澹園集卷十二答耿師、卷二十二書唐子張卷。「憺」字應作「澹」。陶望齡歇菴集卷十六與焦弱侯，明儒學案卷三十五。焦竑事跡又見明史卷二百八十八文苑傳，李贄李温陵集卷一、卷四與焦弱侯等。

唐宜之，名時，湖州人也。以諸生貢太學，出判壽陽，繼輔襄國。流賊破襄陽，宜之投端禮門左井中，家人掖之出，絶而復蘇。上書自訟，詔付三司究問，得白，放還家。

宜之初參蓮池，授以念佛法門，遂勤修浄業。諸眷屬皆能覆誦金剛經及普門品，晝則各習所業，夜則共集佛前回向以爲常。嘗言修浄土者，以觀門爲要，須穿衣喫飯常在觀中。或神遊蓮海，華中禮佛，或坐瞻寶刹，佛光照身，浄想既成，往生何待？遂專修佛觀。過南京長干寺，禮塔念佛次，見塔頂放白光，佛爲現相，如黄金色。一日坐禪堂，推窗忽見大海中湧一山，佛坐其上，光明四徹，牆壁林木，盡空不見，其精誠所感如此。

宜之工文章，既皈心佛乘，每順世語言，説諸法要。淮南李小有述廣仁品〔一〕，宜之爲序曰：

學者聞胞民與物之説，亦有刻意推心，引爲同體，而無奈與自身痛癢，畢竟不同。譬如蒙鏡照人，雖强以人面相逼，而鬚眉終不能了了。古人在畎畝中，未有天下之任，而念及一夫，如己推溝，亦無奈其覺性明徹，衆生痛癢呼吸相關，故不禁其焦腸輪轉

〔一〕參看四庫全書總目提要卷一百三十二雜家類存目廣仁品二集：「明李長科編。長科字小有，揚州興化人。此書闡明佛家戒殺之説，皆雜舉故實以明因果。題曰二集，當尚有初集，今未之見。」四庫全書存目叢書子部第一百五十册收入李長科廣仁品十八卷。

也。凡夫與衆生，雖求親而反隔，聖人與衆生，不求緣而自不隔，則覺與不覺之分也。聖人經理民物，如拯溺救焚，千方百變，皆是仁中之用，唯此覺性，徧滿法界，是之謂仁耳。伊尹，天民之先覺者也，覺衆生與我不隔，而又覺衆生不能與我不隔，如父與子不能一心，安能禁其焦腸輪轉乎？夫如是，自不得不以天下爲己任，故曰：伊尹，聖之任者也。伊尹之任，蓋自覺中來也。伊尹之任天下，不獨謂生民塗炭，出之水火而已。若以此爲任，後世豪傑將相皆然，安見其重哉！伊尹自思，匹夫匹婦有不與被堯舜之澤者，若己推而內之溝中。欲使天下之人皆有「匹夫匹婦不與被堯舜之澤者，若己推而內之溝中」之思，此之謂先覺覺後覺，其任天下如此，故曰重也。蓋衆生不覺，非止於不覺而已，不覺之害，不可勝言也。不知君父是我頭目，起愛戴想，則自然欺慢。不知百姓是我血肉，起調理想，則自然貪虐。不知鳥獸魚鱉是我手足指爪，起保護想，則自然屠戮。而諸受害之倫，又不能覺知自性，起容受想，起平等想，起慈憫想。於是欺者還欺，虐者還虐，屠戮者還屠戮，合千百劫怨讐報施之慘禍。聖人大悲，覺體了了，盡知盡見，譬如祖父見子孫殘殺無已，安能禁其焦腸輪轉乎？是故聖人或以王法明吉凶之影響，或以天網昭禍福之不漏，或以三世因緣決因果之不昧，燦然明備矣。然憂世之君子，惟恐衆生聾聵易安，猶必隨其見之所到，時有著述。而吾友小有起而輯其大成，曰廣仁品。小有慧根深厚，一腔愷悌。先有仁品行世，本以好生戒殺爲宗。自後但見忠孝慈廉之事，則曰：此其生機之布護也；但見貪饕淫縱之事，則曰：此其殺機之横流也。而廣仁品又因以出焉。向使小有非二十年至静中討求，恍然得法界往來之路，何以爲衆生之心如此其焦腸輪轉乎？宜之他所著，有蓮華世界書、如來香、頻迦音等書，刻行於世。嘗自營生壙，旋捨之棲霞寺中。遺言死後必用茶毗法，臨終現諸瑞相，正念而逝。金剛持驗記；浄土晨鐘；廣仁品序〔一〕

瞿元立，名汝稷，蘇州常熟人。以父文懿公蔭爲官，歷黄州知府，徙邵武，再守辰州，遷長蘆鹽運使。其在官，以名節自厲，清望歸之，以太僕少卿致仕歸。

元立受業於管東溟，學通内外，尤盡心於佛法。時徑山刻大藏，元立爲文，導諸衆信，破除異論，其言曰：

世之誕佛者，皆比於范縝之神滅也，而神滅非聖人所立教也。夫神也者，妙萬物

〔一〕見金剛經持驗記卷上、浄土晨鐘卷三、卷四、卷八、卷十。唐時事跡又見西舫彙征卷下等。

而爲言者也，即心也，即道也。範圍天地，曲成萬物，聖人所以參贊化育者也，是豈形之所及也。唯聖人爲能窮神，而庸愚固未嘗亡，特不知其即道耳，故曰：「百姓日用而不知。」不知，則一狗於形，於是遺範圍天地之廣大而自局，棄曲成萬物之微妙而自穢，終日役役，不過耳目口腹。聖人愍焉，故喻之曰：「形而上者謂之道，形而下者謂之器。」謂之道，復慮人之自畫而高遠之，謂非己所及也，故曰：「利用出入，民咸用之，謂之神。」堯之所以堯，窮此神也。桀之所以桀，昧此神也。是神者，溯之無始，推之無終，豈形生而始生，形滅而隨滅哉！形有盡而神無窮，故曰「原始反終」。故知死生之説，精氣爲物，游魂爲變，是故知鬼神之情狀。而縝之言曰：「形即神也，神即形也，形生而神生，形滅而神滅。」藉如縝言，操則存者，存形與？舍則亡者，形亡與？出入無時，莫知其鄉，百髓九竅六臟，誰爲然與？心不在焉，視而不見，夢説築巖，豈目所矚？處今而憶昔，在吳而知越，何形之能然？縝亦不思甚矣！縝之言，使人重形而遺神，淪胥以溺者也。謂形即神，則舍形無我，舍形無我，則凡形之所欲，皆我之所欲，而以禮義維之，是强也，是外鑠也。神不滅而謂滅，則堯、桀均盡，顔、跖均生，均生則縱逸者自適，均盡則好修者徒勞。於是示之以餘慶，戒之以百殃，則見以爲茫昧而難徵也。揭之以仁義，則以爲仁義攖人心。揭之以性善，則以爲性惡，則以爲善惡混，幾何其能信之！於是聿皇得喪，徽纏貪毒，惡積而不可掩，罪大而不可解。沉淪昏衢，莫能自出，旋復流浪，爲苦無已。

如來智入三世，圓應衆機，五時説法，海墨不可勝紀。其流入震旦者，纔海墨之一滴，是爲今一大藏。其語報則徹之三世，其語性則盡之妙覺。知三世之報，則堯、桀不均盡，知性覺之妙，則性善無所疑。故下焉者得其説，必惕於三世之報，惡不俟懲而革，善不俟勸而行矣。上焉者得其説，則妙契性善之真，居仁由義，若耳聽目視，何有攖吾心哉。是以聖賢之教，得如來而大暢。惜哉，縝之不講，謂神滅形滅而誕佛也。惟如來之教，能窮此神之廣大微妙，語其大，則天地者，無盡大海之一漚耳；元會運世者，無盡時劫之一瞬耳。語其妙，則無聲無臭，此之空諦也。精一執中，此之尸波羅密也〔一〕。一言演爲無量義，竟古今而推之，莫能竟也。儒佛之是非，黄老之秘密，與夫百家之雄辨，一言蔽之而有餘也。佐堯而堯，佐舜而舜，父以之而慈，子以之而孝，護法以之而護諸衆生，帝釋以之而離愛，梵天以之而勝慧，二乘以

〔一〕大乘佛法謂波羅蜜共有六：一檀波羅蜜，二尸羅波羅蜜，三羼提波羅蜜，四毗梨耶波羅蜜，五禪波羅蜜，六般若波羅蜜，即布施、持戒、忍辱、精進、禪定、智慧。波羅蜜，梵語音譯，意爲「究竟到達彼岸」。

之而回向真乘，菩薩以之而證入妙覺。四聖六凡，無根不被，故其言，必至於海墨也；河沙妙德，罔越窮神，故其要，必歸於一乘也。世出世法，莫不竭盡無餘矣。是以世之興王，莫不尊尚。

我太祖太宗，彌極紹隆。太祖既刻大藏於留都，太宗復刻大藏於京師〔一〕。列聖纘緒，底今無替。至於列代名卿宿儒，或行峻一世，或文雄百代，龍翰鳳雛之彥，蘭薰雪白之賢，歸命法流，頤真靈筏者，數之更僕未易終也。嗟乎！四大假合也，百年旦暮也，昔之所歷，於今奚存？今之所存，又何可恃？至愛終離，大業終棄，神之未窮，茫茫安托？適百里而不得其所托，則皇皇焉，浩劫之適，何翅百里？七趣紛沓，所托非定，狃百年之得喪，而輕萬劫之流浪，可不謂大哀耶？故濟我於一時者，不及濟我於一世者也；俾我一世得所安者，不如使我浩劫得所安者也。求濟我於浩劫者，非如來之教而何？姑未敢論受果登地，第能汎瀾覺海，少溉餘潤，則契根根塵塵，靡不周徧法界，於是纏蓋不能縻，陰陽不能控，翛兮其翔，汩兮其集。究曠劫於刹那，拔凡類於

〔一〕指明洪武五年敕令於金陵蔣山寺開始點校，至洪武三十一年刻完的洪武南藏與永樂十九年在北京開刻、正統五年完成的永樂北藏。

半偈，莫尚於是矣。密藏、幻余〔一〕二上人，以南北二藏皆梵筴，流通不易，思刻方册，廣其流通。拯溺之慈甚盛，諸龍象敷美其事，盡矣。予特恐世之誕佛者或沮之，遂書此，以輔韋馱氏之跋折羅杵〔二〕云。

又於佛前説誓曰：

願畢我形壽，力荷此法藏。苟可效我力，靡所不自竭。念昔佛菩薩，以此法藏故。剥皮以爲紙，析骨以爲筆。書寫此經卷，積如須彌山。今此真丹國，陟釐瑩於玉。無事以我皮，充此法藏用。使我皮可用，剥所不敢辭。域有蒙氏筆，無事析我骨。使我骨可用，析所不敢辭。我今雖食貧，檀嚫當勉具。歷仕及歸農，隨緣力爲辦。不直此一生，願盡未來際。常以此法藏，普度諸衆生。

同時發願者，又有曾乾亨、傅光宅、唐文獻、曾鳳儀、徐琰、于玉立、吴惟明、王宇泰、袁

〔一〕道開，字密藏，南昌人。法本，字幻予，嘉善人，兩人皆爲紫柏達觀弟子。萬曆年間，與紫柏等人倡議創刻嘉興大藏經，兩人爲實際主持者。「幻余」，本書卷四十五袁了凡傳作「幻予」，據密藏開禪師遺稿、憨山老人夢遊集等，當以「幻予」爲是。

〔二〕「跋折羅」意譯爲「金剛」。韋馱爲大乘佛教所説護持佛法之天神，佛典記載他有大勇猛力，手持金剛杵，摧伏一切魔惱。

了凡，共九人。其文俱刻徑山藏中。

元立嘗上溯諸佛，下逮宗門，撮其語要爲指月録〔一〕，盛行於世。後終老於家。

於時士大夫學佛者，所在多有，其不列於傳者，並著其大概如左。

朱兆隆，名國祚，秀水人。萬曆十一年，登進士第第　，天啓朝拜武英殿大學士。在官侃侃持大體，進退以禮，事具明史傳中〔二〕。居常自奉淡泊，日必闔户閲一卷書，又静坐，久之乃出。既乞休歸，舟中人見之，知所閲者，乃金剛經也。已而謂其子曰：「我生平榮枯不較，順逆一如，只得金剛經中『無我相、無人相』六字之力。」又時呼老鄰説經中大意。天啓四年，預知將終，命酒自酌，端坐而逝。鼻中玉筯下垂，久之乃隱，謚文恪。

鍾伯敬，名惺，竟陵人。萬曆中進士，官禮部主事，出爲福建提學。一年，以父憂歸，服除不出。年將五十，自念人生無常，佛性漸失，不覺悲淚。乃專精首楞嚴經，眠食造次，皆

〔一〕指月録三十二卷，又稱水月齋指月録，係集録自過去七佛至宋代大慧宗杲之禪宗傳承法系六百五十人的言行傳略而成，在其後佛門與士大夫中有重要影響。收入嘉興藏第三十册、卍續藏第八十三册。清聶先（樂讀居士）編有續指月録。

〔二〕見明史卷二百四十朱國祚傳。

執卷熟思。與永新賀中男往復參訂，成楞嚴如說十卷〔一〕。將殁前三日，告於佛，請大僧授五戒，法名斷殘。願生生世世爲比丘、優婆塞，遂逝。

崑山王弱生，名志堅，萬曆中進士，官終湖廣提學。其學博通内外，與弟平仲、與遊，並禮雲棲宏公，稱弟子。弱生嘗手寫華嚴經至再，晚修兜率觀，卒於官。未卒前兩月，嘉定徐成民治閻羅事〔二〕，言弱生已注名上生兜率矣。既，弱生自官所寄所著彌勒懺歸，乃驗成民言不虚也。

平仲名志長，與遊名志慶，皆博學有高行，老於公車。其手書華嚴經各一部。

金壇王宇泰，名肯堂。父方麓，名樵，萬曆中以南京右都御史致仕歸，得疾，苦躁。宇

〔一〕首楞嚴經如說十卷，收入嘉興藏第三十四册、卍續藏第十三册。楞嚴經疏解蒙鈔卷一載鍾惺自序曰：「不揣冥頑，妄希信解。栖尋衆典，研討五年。永新賀居士中男，字可上，慧性辨才，深心閎覽。昔聚白門，演説數過，中來閩署，披剥四旬。辨因果於兹經，析異同於諸教。自謂厥衷所藴，非緣予筆不宣。亦恐遺亡，勉爲疏緝，取經中如所如説之語名之，準佛五語之一也。」

〔二〕現果隨録「徐成民身理陰司刊行冥判」則謂：「太倉徐成民，庠友季生之子。幼持齋好善，與友結社念佛。忽奉帝命充冥官，從崇禎庚午年始，晝爲書生，夜則判斷冥事。每日至夜分，中堂暗坐，體氣俱冷，兩眼上撑，呼鬼兩造，判决如流，音響洪厲，陰風颯然。左右耳旁，置燈火紙筆記録，裒成大册，題曰婁東冥判，九州管内處處流通。判善惡報應，如照瞻臺，覽者不寒而慄。」參看本書卷五十徐成民傳。

泰奉金剛經進曰：「願大人澄心聽兒誦經。」方麓頷之。誦至「無我相，無人相」，方麓微笑曰：「煩惱本空，我相何在？」遂起坐，合掌而逝。宇泰既成進士，官翰林檢討，終福建參政。平生博通教乘，尤精相宗。以慈恩成唯識疏既亡，學者無所取證，乃創唯識證義十卷。書成，力疾校讐，刻行於世。曰：「此龍華之羔雉也。」初，高原昱公〔一〕以宇泰之請，演唯識俗詮，既成，浙江布政使吴體中施金刻之，爲之序曰：

衆生念念執我，在在執法，古佛語之曰無勞執也。此唯識耳，遮執之談，何關表識？而逐影伺聲之流，乃至望識幢而生執。夫識，真如之病與夢也。病與夢誠非無，顧何得言識是有？吾求之始，大覺湛澄，識於何生？吾求之終，佛智歷然，識向何滅？言思路絶，擬議道窮，坐見八識恍然墮矣。墮即名轉，義不等於斡旋；轉即是智，境非立於對待。未轉通智，全體是識，病外無身。既轉通識，全體是智，覺來無夢。如是，則天親不得已以有頌，護法不得已以有論，高原上人亦不得已而有俗詮乎？體中，名用先，桐城人。從紫柏老人遊，復徑山化城寺，貯藏經板爲流通計。

〔一〕明昱，明唯識宗僧，卍續藏收入其成唯識論俗詮十卷、唯識三十論約意一卷、因明入正理論直疏一卷、八識規矩補註證義一卷等多種著作。

叔父應賓，官翰林編修，受雲棲戒，爲優婆塞，敬信尤篤，雲棲碑誌多出其手〔一〕。

華亭董元宰，名其昌，爲諸生時，參紫柏老人與密藏師，激揚大事，遂博觀大乘經，力究竹篦子話。一日，舟過武塘，念香巖擊竹因緣〔二〕，以手敲張帆竹竿，瞥然有省，自後不疑從上公案。因讀華嚴合論，作偈云：「帝網重珠徧刹塵，都來當念兩言真。華嚴論主分明舉，五十三參鈍置人。」又云：「儒衣僧帽道人鞋，百劫莊嚴不受些。笑倒靈山臨末會，生平伎倆一枝花。」〔三〕萬曆中，成進士，官至禮部尚書，告歸，謚文敏。明文偶鈔；刻藏緣起；常熟志；密藏禪師遺稿附録；明史；金剛新異録；鍾伯敬集；活閻君紀略；蘗菴别録；金剛果報；唯識證義序；唯識俗詮序；雲棲法彙；畫禪隨筆〔四〕

〔一〕吴應賓，字尚之，號觀我，安徽桐城人，與晚明數位高僧皆有深厚交往，著宗一聖論二卷，並爲雲棲袾宏、憨山德清、無異元來等高僧作碑銘或塔銘。

〔二〕景德傳燈録卷十一：唐禪僧香嚴智閑「一日，因山中芟除草木，以瓦礫擊竹作聲。俄失笑間，廓然省悟」。

〔三〕見容臺集卷四讀華嚴合論偈與題曹源二詩。第二首第一句作「儒冠道履釋袈裟」。

〔四〕見密藏開禪師遺稿所收諸居士之刻大藏願文，載嘉興藏第二十三册；明史卷二百四十朱國祚傳；金剛新異録「玉箸雙垂」則；鍾伯敬先生遺稿卷二首楞嚴經如説序；活閻君紀略由彭紹昇改編爲活閻羅斷案，參見本書卷五十徐成民傳；熊開元，號魚山，出家後法名正志，號蘗菴，著蘗菴别録八卷，事跡參見本書卷五十二熊魚山傳；成唯識論證義與成唯識論俗詮，皆收入卍續藏第五十册，卷首有王肯堂等所作序；董其昌畫禪室隨筆卷四禪悦。

知歸子曰：儒佛盛衰，實相表裏。曹溪之化盛，而李翱演復性之書。東林之教行，而周子抉無極之秘。其發軫迴殊，而歸宗非別。洎於明道推闡天人，研窮性命，往往契金剛無住之旨、維摩不二之門。然而痛斥枯禪，深排二乘，非獨顯提名教，抑且陰翼禪宗。雖排斥之言不無太過，將願力所憑，別有深旨乎？降及象山、慈湖、陽明、心齋諸先生，直契心源，痛除枝葉，宜乎登少林之堂，飲曹溪之水。而乃曲爲衆生，嚴分經界，權實互用，冥顯難窺。越至明之末造，藩籬既徹，華梵交宣。覩彌陀於數仞牆中，謁庖犧於菩提樹下。大同之化，於是爲昭然。或徒尚空言，終乖實相。長顢頇之習，開閃爍之風，亦識法者所深懼也。予録自宋以來諸先生，其一意宗儒者，不敢旁濫，若出入二教，信向慤誠，踐履篤實者，采其議論，以導將來。如管、楊以下諸公，其尤著者也。子思曰：「道並行而不相悖。」孟子曰：「夫道，一而已矣。」非忘言之倫，奚足以語於斯哉！

居士傳四十五

袁了凡傳

袁了凡，名黄，江南吴江人，故字學海。幼孤，業醫。有術者孔生，善皇極數，推了凡命，勸令習儒書，曰：「明年當補諸生，後以貢生爲知縣，終五十二歲，然無子。」了凡之先，贅嘉善殳氏，遂補嘉善縣學生，既而貢太學。其考校名次，廪米斗石之數，悉符孔生懸記語。

頃之，訪雲谷禪師〔一〕於棲霞。與雲谷坐對一室，三晝夜不瞑。雲谷異之，曰：「子晝夜中不起妄想，入道不難也。」了凡曰：「吾生平，有孔生者懸記之，既驗矣，榮辱生死，其有定數審矣，知妄想之無益也，息之久矣。」雲谷曰：「吾以豪傑之士待子，不知子之爲凡夫也。人之生，固前有定數焉。然大善大惡之人，則皆非前數之所得定也。子二十年坐孔生算

〔一〕法會，明高僧，號雲谷，嘉善人，俗姓懷，後住南京棲霞寺。

中，不得一毫轉動，凡夫哉！」曰：「然則定數可變乎？」雲谷曰：「命自我造，福自己求，一切福田，不離自性，反躬内省，感無不通，何爲其不可變也？孔生懸記汝者何，試説之。」了凡以告，雲谷曰：「汝自揣應得科第否？應生子否？」了凡自忖良久，曰：「不應也。好逸惡勞，恃才矜名，多言善怒，喜潔嗜飲，之數者，俱非載福之基也。」雲谷曰：「人苦不知非，子知非，子即痛刷之。從前種種，譬如昨日死，從後種種，譬如今日生。此義理再生之身也，何前數之不可變也！」了凡韙其言，肅容再拜，曰：「謹受教。」因爲疏，發己過於佛前，誓立功行三千以自贖。雲谷於是授以功過格，教以準提咒，謂曰：「事天立命，須於何思何慮時，實信天人合一之理。於此起善行，是真善行，於此言感通，是真感通。孟子論立命曰：『夭壽不二，修身以俟之。』〔一〕曰夭壽，則一切順逆該之矣；曰修，則一切過惡不容姑忍矣；曰俟，則一切覬覦，一切將迎，皆當薙絶矣。到此地位，纖毫不動，求即無求，不離有欲之中，直造先天之境。汝今未能，但持準提咒，無令間斷，持至純熟，持而不持，不持而持，日用應緣，念頭不動，則靈驗矣。」

〔一〕孟子盡心上：「盡其心者，知其性也。知其性，則知天矣。存其心，養其性，所以事天也。夭壽不貳，修身以俟之，所以立命也。」

是日更字了凡。自後終日兢兢，暗室獨處，戰惕倍至。遇人憎毁，恬然容受不校也。其明年，爲隆慶四年，舉於鄉，自言行履未純，檢身多悔。積十餘年，而前所誓三千行始滿，復誓再行三千行。無何，生子儼。又三年後，所誓滿，復誓行一萬行。後四年，爲萬曆十四年，成進士，授寶坻知縣。了凡自爲諸生，好學問，通古今之務，象緯、律算、兵政、河渠之説，靡不曉練。其在官，孜孜求利民，治績甚著，而終以善行遲久未完自疚責。一夕，夢神告曰：「減糧一事，萬行完矣。」初寶坻田賦，每畝二分三釐七毫，了凡爲區畫利病，請於上官，得減至一分四釐六毫，神人所言指此也。縣數被潦，乃濬三岔河，築堤以禦之。又令民沿海岸植柳，海水挾沙上，遇柳而淤，久之成堤。治溝塍，課耕種，曠土日闢，省諸徭役以便民。後七年，擢兵部職方司主事。會朝鮮被倭難，來乞師。經略宋應昌奏了凡軍前贊畫，兼督朝鮮兵。提督李如松以封貢紿〔二〕倭，倭信之，不設備，如松遂襲破倭於平壤。了凡面折如松不應行詭道，虧損國體，而如松麾下又殺平民爲首功，了凡争之强。如松怒，獨引兵而東。倭襲了凡，了凡擊卻之。而如松軍果敗，思脱罪，更以十罪劾了凡，而了凡旋以拾遺被議，削籍歸。

〔二〕「紿」，光緒本作「給」，誤。

居常誦持經咒，習禪觀，日有課程。公私遽冗，未嘗暫輟。初與僧幻予、密藏議刻小本藏經〔一〕，閲數年，事頗集，遂於佛前發願云：

黄自無始以來，迷失真性，枉受輪回。今幸生人道，誠心懺悔破戒障道重罪，勤修種種善道。覩諸衆生，現溺苦海，不願生天，獨受樂趣。覩諸衆生，昏迷顛倒，不願證聲聞緣覺，自超三界。但願諸佛憐我，賢聖助我，即賜神丹或逢仙草，證五通仙果，住五濁惡世，救度衆生，力持大法，永不息滅。又願得六神通，智慧頓開，辯才無量，一切法門，靡不精進。世間衆藝，高擅古今，使外道闡提，垂首折伏。作如來之金湯，護正法於無盡。

發願已，書之册，爲唱導焉。家不富而好施，歲捐米數百石，飯僧居其大半，餘施窮乏者。曰：「傳佛法者，僧也，吾故急焉。」妻賢，助之施，亦自記功行。不能書，以鵝翎莖漬硃，逐日標曆本，或見了凡積功少，即顰蹙。嘗爲子製絮衣，了凡曰：「何不用棉？」曰：「欲得餘錢，以衣凍者耳。」了凡喜曰：「若能是，不患此子無禄矣。」家居十餘年，卒，年七十

〔一〕　參看本書卷四十四瞿元立傳注。

四。憙宗朝，追叙征倭功，贈尚寶司少卿。著誡子文〔一〕，行於世，其積善篇曰：易曰：「積善之家，必有餘慶。」然其真假、端曲、是非、半滿、大小、難易，當深辨也。

何謂真假？人之行善，利人者公，公則爲真，利己者私，私則爲假。根心者真，襲跡者假，無爲而爲者真，有爲而爲者假。

何謂端曲？今人見謹原之士，類以爲善，其次則取邊幅自守者，至言大而行不揜者，棄之矣。然聖人思狂者與狷者，而以原人爲德賊。是流俗之取捨，與聖人反也。天地鬼神之福善禍淫，與聖人同是非，不與世俗同取舍。有志積善者，慎無狥流俗之耳目也，但於己心隱微，默默自洗滌，默默自檢點，如其純爲濟世之心則爲端，有一毫媚世之心即爲曲，純爲愛人之心則爲端，有一毫憤世之心即爲曲。

何謂是非？魯國之法，有贖人於諸侯者，受金於府。子貢贖人而不受金，孔子聞之曰：「自今以往，無贖人於諸侯者矣。」子路拯人於溺，其人謝以牛，子路受之。孔子

〔一〕指袁黄據其修行心得所作四篇誡子之文，包括「立命之學」、「改過之法」、「積善之方」、「謙德之效」四篇，通稱爲了凡四訓。

喜曰：「自今魯國多拯人於溺者矣。」〔一〕故知人之爲善，不論見行而論流極。現行善，其流足害人，非善也。現行似未盡善，而其流足以濟人，非不善也。

何謂半滿？易言：「善不積，不足以成名。」是如貯物於器焉，勤而貯之，日積而滿，懈而不貯，則不滿也，此一說也。昔有女子入寺，施錢二文，主僧親爲懺悔。及後入宫，回施千金，主僧令其徒回向而已。女子問其故，僧曰：「前者施心甚虔，非老僧親懺不足報德，今則有間矣。」此千金爲半，二文爲滿也。鍾離授丹於吕仙，點鐵成金，可以濟世。吕問曰：「終變否？」曰：「五百年後，當復本質。」吕曰：「如此則悮五百年後人，吾不爲也。」曰：「修仙要積三千功行，汝此一言，三千功行滿矣。」又一說也。又爲善而心不著善，則隨所成就，皆得圓滿。心著於善，終身勤厲，止於半善。譬如以財施人，内不見己，外不見人，中不見所施之物，是謂三輪體空，是謂一心清淨，則斗粟可以種無涯之福，一文可以消千劫之災。苟此心未忘，雖施萬鎰，福不滿也，又一說也。

何謂大小？昔衛仲達爲館職，被攝至冥司，吏呈善惡二録，惡録盈庭，善録如筯

〔一〕見吕氏春秋察微。

而已。以稱平之，則善録重而衡仰，惡録輕而衡低。仲達問：「何書？重如是。」吏曰：「朝廷嘗大興工役，造三山橋，君上疏諫止之，此疏藁也。」仲達曰：「某雖言之，未見從，於事何補？」吏曰：「雖未見從，君一念之仁已被萬民，善力大矣。」〔一〕故知善在天下國家，雖少而大，若在一身，雖多亦小。

何謂難易？先儒謂：「克己須從難克處克。」夫子告樊遲爲仁，曰：「先難。」〔二〕若難舍處能舍，難忍處能忍，斯可貴矣。善量無窮，義類亦衆，有志力行，推而廣之。

其改過篇曰：

夫造福遠災，未論行善，先宜改過。然改過有機，其機在心。第一要發耻心。孟子曰：「耻之於人大矣。」以能用耻則聖賢，不能用耻則禽獸，幾希之間，其危甚矣。第二要發畏心。日月在上，鬼神難欺，雖在隱微，實昭鑒之。一念悔悟真誠，足滌百年宿穢。譬如幽谷，一燈纔照，積暗俱除。故過不論久近，貴於能改。但人命無常，一息不

〔一〕事見夷堅甲志卷十六「衛達可再生」則。

〔二〕論語顏淵：「子曰：『克己復禮爲仁。一日克己復禮，天下歸仁焉。』」四書章句集注引謝良佐説謂：「克己須從性偏難克處克將去。」論語雍也：「子曰：『仁者先難而後獲，可謂仁矣。』」四書章句集注引程子説謂：「先難，克己也。以所難爲先，而不計所獲，仁也。」

屬，欲改無由，可爲哀痛。第三要發勇心。人不改過，多是因循退縮，若有刻不能安之心，如毒蛇螫指，疾速斬除，不肯姑待，此風雷之益也。然人之過，有從事上改者，有從理上改者，有從心上改者，工夫不同，效驗亦異。如前日殺生，今戒不殺，前日怒詈，今戒不怒，就事而改，强制於外，其難百倍。且病根終在，東滅西生，非究竟廓然之道也。善改過者，未禁其事，先明其理。如過在殺生，即思曰：上帝好生，物皆戀命，殺彼養己，於心不安。且其在彼，既受屠割，復入鼎鑊，種種痛苦，徹骨入髓。而其在己，珍饌羅列，食過即空。疏食菜羹，儘可充腹，何爲戕物虧仁，造虚妄業？如前日好怒，必思曰：人有不及，情所宜矜，悖理相干，於我何與？無可怒者。又思天下無自是之豪傑，無尤人之聖賢，行有不得，悉以自反，謗毁之來，歡然受賜。且聞謗不怒，雖讒焰灼天，如火焚空，終將自息。聞謗而怒，雖巧言力辯，如蠶作繭，自取纏綿，不惟無益，兼有大損。其餘種種過惡，皆當據理思之，此理日明，過將自止。

何謂從心而改？過有千端，惟心所造，吾心不動，過安從生？學者於好色、好名、好貨、好怒，種種過端，不必逐類尋求，但當一心爲善，時時正念現前，邪念即起，污染不上，如太陽當空，魍魎自遯，如紅爐炙炭，雪點自消。此精一之正傳，乃執中之大道，如斬毒樹直斷其根，枝枝而求，葉葉而摘，祇益自勞，終成迷復。大抵最上治心，當下清淨，纔動即覺，覺之即無。苟未能然，則明理以遣之。又未能然，隨事以禁之。發願痛改，明須良朋提撕，幽須鬼神證明，一心懺悔，晝夜不懈。經一七二七，以至一月二月三月，必有效驗。或覺心神恬曠，或覺智慧頓開，或處冗沓而觸念皆通，或遇冤讎而回嗔作喜，或夢吐黑物，或夢往聖先賢提攜接引，或夢飛步太虛，或夢幡幢寶蓋，種種勝事，皆過消罪滅之象也。然不得執此自高，畫而不進，義理無窮，功行無窮。昔蘧伯玉行年五十而知四十九年之非〔一〕，吾輩身爲凡流，過惡蝟集，而回思往事，常若不見有過者，心粗而眼翳也。是宜日日知非，日日改過，一日不知非，即一日安於自是。一日無過可改，即一日無步可進。天下聰明才俊不少，所以德不加修，業不加廣，總由冒昧因循，空過一生，不可不深思而自勉也。

儼後亦成進士，終高要知縣。吴江志；馮開之集；丹桂籍；密藏禪師遺稿附録〔二〕

〔一〕莊子則陽：「蘧伯玉行年六十而六十化，未嘗不始於是之，而卒詘之以非也；未知今之所謂是之非五十九非也？」

〔二〕見吴江縣志卷二十八；馮夢禎快雪堂集卷六壽了凡先生七十序；丹桂籍即以文昌帝君降筆（扶乩）名義編纂而成的文昌帝君陰騭文，簡稱陰騭文，明顔廷表作註釋，由其孫顔雲麓補案，刊行於清康熙年間；密藏開禪師遺稿所收諸居士之刻大藏願文，載嘉興藏第二十三册。

知歸子曰：了凡既歿百有餘年，而功過格盛傳於世。世之欲善者，慮無不知效法了凡，然求如了凡之真誠懇至，由淺既深，未數數也。或疑了凡喜以禍福因果導人，爲不知德本，予竊非之。蓮華經曰：「先以欲鉤牽，後令入佛智。」〔一〕孟子於齊梁諸君，往往即好色、好貨、好樂、好臺池、鳥獸、田獵、遊觀，納之歸大道，謂非袁氏之旨耶？賢智立言，因時而制權，各有至苦之心，又各有其生平得力之故，未必盡同。考了凡行事，其始蓋亦因欣羡而生趨向者，乃其後遂若饑食渴飲之不可缺焉，何其誠也！後又得讀其誡子文，敬其志，删其要而論之，樂善君子當有取焉。

汪大紳云：帶業修行中一箇有力量人。爲袁氏之學者，須識得佛氏十善五戒六度萬行，與道家太上感應，皆是聖人作易，開物成務之旨，方不至墮落。不然饒你做到轉輪王，一朝墮落，終爲牛領中蝨蟲耳〔二〕。

〔一〕此語非出法華經，而見於維摩詰所説經佛道品：「火中生蓮華，是可謂希有。在欲而行禪，希有亦如是。或現作婬女，引諸好色者。先以欲鉤牽，後令入佛道。」

〔二〕五苦章句經：「天上福已盡，墮爲牛領蟲。」項楚寒山詩注第六百八十三頁：「我見轉輪王，千子常圍繞。十善化四天，莊嚴多七寶。七寶鎮隨身，莊嚴甚妙好。一朝福報盡，猶若棲蘆鳥。還作牛領蟲，六趣受業道。」

居士傳四十六

袁伯修中郎小修傳

袁伯修，名宗道，號香光居士，湖北公安人也。弟中郎，名宏道，號石頭居士。小修，名中道，號上生居士。三人同母生。母龔氏，日誦金剛經，一日，有巨蛛自梁下，繞經行數匝，俄對經蹲而伏。母曰：「爾聽經來耶？」乃誦經，至六如偈，蛛微動，若作禮狀。終卷視之，已化去矣。因爲龕葬之，建小塔焉。

三人少以文名，長而皆好禪宗。萬曆中，先後舉進士。伯修官至右庶子，中郎爲吴江知縣，聽斷敏決。公庭鮮事，輒喜遊山水，後爲禮部主事，謝病歸。築園城南，植柳萬枝，號曰柳浪，與諸禪人遊處其中。初學禪於李卓吾，信解通利，才辯無礙。已而自驗曰：「此空談，非實際也。」遂回向淨土，晨夕禮誦，兼持禁戒。伯修、小修亦同時發願。中郎因博采經教，作西方合論，圓融性相，入不二門。書成，伯修序之曰：

香光子避囂山剎，修習淨業。有一禪人，闊視高步，過舍而談。見案上有石頭居士新撰淨土合論，閱未終篇，抗聲言曰：「若論此之法門，原用接引中下之根，何者？中下人根，智慧輕微，業力深重，以憶佛念佛，獲生淨土，如頑石附舟，可以到岸，誠宜念佛。至於吾輩，洞了本源，此心即是佛，更於何處覓佛？此心即是土，更於何處見土？於實際理中，覓生佛去來生死三世之相，無一毛頭可得，纔說成佛，已是剩語，何得更有分淨分穢，舍此生彼之事？」

香光子聞而太息曰：「若汝所言，止圖口角圓滑，不知一舉足將墜於火阬也！若約理而言，世間一蚤一蝨，皆具有如來清淨覺體，無二無別。乃至諸佛，成等正覺，證大涅槃，本體未曾增得一分。衆生墮三塗，趨生死海，本體未曾減卻一分。如如之體，常自不動，生死涅槃，等是妄見，亦無如來，亦無衆生。於此證入，亦無能證之人，亦無所證之法，泯絶心量，超越情有，大地無寸土，佛之一字，向何處安著？至於進修法門，於無修證中修證，於無等級中等級。千差萬別，雖位至等覺，尚不知如來舉足下足之處。從上祖師所以呵佛斥教，一切皆遮者，止因人心執滯教相，隨語生解，不悟言外之本體，漫執語中之方便，所謂數他家寶，已無分文。其或有真實修行之人，不見佛性，辛苦行持，如盲無導，止獲人天之果，不生如來之家。於是諸祖知其流弊，遂用毒手，劃其語言，塞其解路，拶其情識，令其苦參密究，逆生滅流。生滅流盡，取捨念空，始識得親生父母，歷劫寶藏，卻來看經看教，一一如道家中事。然後如説進修，以佛知見，浄治餘習。拜空花之如來，修水月之梵行。登陽燄之階級，度谷響之衆生，不取寂證，是謂佛種。正如杲日當空，行大王路，不同長夜趨走，攀荆墮棘，豈謂一悟之後即同極果？如供奉問岑大蟲：『果上涅槃，天下善知識證否？』岑曰：『未證。』奉曰：『何以未證？』岑曰：『功未齊於諸聖。』奉曰：『若爾，何得名爲善知識？』岑曰：『明見佛性，亦得名爲善知識也。』〔二〕宏辨禪師曰：『頓明自性，與佛同儔。然有無始染習，故假對治，令順性起用。如人喫飯，不一口便飽。』〔三〕潙山曰：『初心從緣，頓悟自理，猶有無始曠劫習氣未能頓盡，須教渠浄除現業流識，即修也。不可别有法，教渠修行趨向。』〔三〕後世不識教意，不達祖機，乃取喝佛罵祖、破膽險句以爲行持。昔之人爲經

〔一〕唐代禪僧景岑，機鋒峻峭，與仰山對話中，曾踏倒仰山，仰山謂其猛峻如大蟲（虎），故禪門稱其爲岑大蟲。五燈會元卷四：「皓月供奉問：『天下善知識證三德涅槃也未？』師曰：『大德問果上涅槃？因中涅槃？』曰：『問果上涅槃。』師曰：『天下善知識未證。』曰：『爲甚麽未證？』師曰：『功未齊於諸聖。』」

〔二〕見五燈會元卷四弘辯章次，「宏辨」應作「弘辯」。

〔三〕見五燈會元卷九潙山靈祐章次。

論所障，猶是雜食米麥，不能運化。後之人飽計禪宗語句，排因撥果，越分過頭，是日取大黄、巴豆以爲茶飯也。自悮悮人，弊豈有極！是以纔入此門，便輕十方如來，莫不自云無佛可成，無行可修。見人念佛，則曰自性是佛；見人修浄土，則曰即心是浄。言參禪，則尊之九天之上，言念佛，則蹂之九地之下。全不思參禪念佛，總之爲了生死，同是出苦海之橋梁，越界有之寶筏，事同一家，何勝何劣？參門之中，所悟亦有淺深，念佛之衆，所修亦有高下。

「自達摩西來，立此宗門，傳燈録中如麻如粟，同云入悟，其實迥别。至若般若緣深，靈根夙植，伽陵破卵，香象截流，或見根宗於片言，或顯威用於一喝，一聞千悟，得大總持。或有懷出世之心，具丈夫之志，舍彼塵情，究此大事，不怙小解，惟求實知，卧薪嘗膽，飲冰吞檗。如此三十年四十年，或遇明師痛與針劄，偷心死盡，心花始開。此後又須潛行密修，銷融餘習，法見尚捨，何況非法。若趙州除粥飯是雜用心，湧泉四十年尚有走作，香林四十年打成一片〔二〕。兢兢業業，如護頭目，直至烟消

〔二〕五燈會元卷六湧泉景欣章次：「我四十九年在這裏，尚自有時走作。汝等諸人莫開大口，見解人多，行解人萬中無一個。」五燈會元卷十五香林澄遠章次：「師謂衆曰：『老僧四十年，方打成一片。』」

灰滅，自然一念不生，業不能繫，生死之際，隨意自在。詰其所證，恐亦未能超於上品上生之上。何以明之？龍樹菩薩，宗門之鼻祖也，得大智慧，具大辨才，住持佛法。故世尊數百年前，於楞伽會上遥爲授記，然亦不過曰證初歡喜地，往生安樂國而已。而經中上品上生，生於彼間，一刹那頃，亦證初地。良以上品上生，解第一義，還同禪門之悟；深信因果，還同禪門之修，止是念佛往生别耳。其或悟門已入，休歇太早，智不入微，道難勝習。一念不盡，即是生死之根，業風所牽，復入胞胎，如五祖戒出爲東坡，青草堂再作魯公〔一〕。隔陰之後，隨緣流轉，道有消而無長，業有加而無減。縱般若緣深，不落三塗，而出房入房，亦太辛苦。還視中下往生之衆，已天地不足喻其否泰矣。

「況後世宗風日衰，人之根器亦日劣。發心既多不真，功夫又不純一。偶於佛祖機鋒，知識語言，或悟得本來成佛處，當下即是處，意識行不到、語言説不及處，一切不可得，即不可得亦不可得處，將古人語句和會，無不相似。既得此相似之解，即云馳求已歇，我是無事道人。識得煩惱如幻，則恣情以肆煩惱。識得修行本空，輒任意以壞

〔一〕參見樂邦遺稿卷下蘇東坡前身五祖戒禪師、青草堂後身爲曾魯公則。

修行。謂檀本空也，反舍檀而取慳。謂忍本空也，反聽隨而置忍。言戒則曰本無持犯，何必重持輕犯？言禪則曰本無定亂，何必舍亂取定？聽情任意，踏有談空。既云法尚應舍，何爲復取非法？既云真亦不求，何爲舍之求妄？既云修觀習定，皆屬有爲之迹，何獨貪名求利，偏合無爲之道？愛憎毀譽之火，纔觸之而即高，生老病死之風，微吹之而已動。争人争我，説是説非，甚至以火性爲氣魄，以我慢爲承當，以譎詐爲機用，以誑語爲方便，以放恣爲遊戲，以穢言爲解粘。讚歎破律無行之人，侮弄繩趨尺步之士。或至經年不拜一佛，經年不禮一懺，經年不轉一經，反看世間不必看之書，行道人不宜行之事。使後生小子，專逞聰明，惟尋見解，纔有所知，即爲一超直入，更復何事。輕狂傲慢，貢高恣睢。父既報讐，子遂行劫，寫烏成馬，輾轉差謬。不念世間情欲無涯，隄之尚溢，如何日以圓滑之語，大破因果之門！决其防藩，導以必流，自悮悮人，安免淪墜？若不爲魔所攝，定當永陷三塗，刀山劍樹，報其前因，披毛戴角，酬還宿債。

「莫云我是悟達之人，業不能繫。夫謂業不能繫，非謂有而不有，正以無而自無。生既隨，境即動，死安得不隨業受生？眼前一念嗔相，即是怪蟒之形。眼前一念貪相，即是餓鬼之形。無形之因念甚小，有形之果報甚大。一念之微，識田持之，歷千萬劫，終不遺失。如一比丘，以智慧故，身有光明，以妄語故，口流蛆出。一言之微，得此惡報，雖有智慧，終不能消。況今無明煩惱，熾然不斷，欲以相似見解，消其惡業，冀出三塗，無有是處。鄉使此等不得少以爲足，常如説以修行，終不自言我已悟了，即心是佛。豈可復同中下念佛求生，了達生本無生，不妨熾然求生，即心是土，蓮邦不屬心外。不釋禮拜，不舍念誦，智力行力，雙轂並進。方當踞上品之蓮臺，坐空中之寶閣。朝飯香積，夕遊滿月。回視胎生之品，彳亍寶地，不聞法語，不見法身，象馬難群，雞鳳非類，何況人天小果，甕中蚊虻者哉！而乃空腹高心，著空破有，卒以偏執之妄解，攖非常之果報。不與阿彌作子，卻爲閻羅之囚。不與淨衆爲朋，卻與阿旁爲伍。棄寶林而行劍樹，舍梵音而聽叫號。毫髮有差，天地懸隔，可不哀與！

「故知此道險難，未易行遊。成則爲佛，敗則爲魔。王虜分於彈指，卿烹別於絲毫。苦樂之分，宜早擇矣。況今代悟門，不絕如線，禪門之中，寂寥無人。止有二三在家居士，路途端直，可以流通此法。然既爲居士，不同沙門釋子，猶有戒律縛身。方置身大火之中，浸心煩惱之海。雖於營幹世事内，依稀得一入門，而道力甚淺，業力甚深。即極粗莫如淫殺之業，猶不能折身不行，何況其細，生死之間，安能脱然！

故知念佛一門，於居士尤爲喫緊。業力雖重，仰借佛力，免於沉淪。如負債人，藏於王宫，不得抵償。既生佛土，生平所悟所解，皆不唐捐。縱使志在參禪，不妨兼以念佛。世間作官作家，猶云不礙，況早晚禮拜念誦乎？且借念佛之警切，可以提醒參禪之心。借參門之洞徹，可以堅固淨土之信。適兩相資，最爲穩實。如此不信，真同下愚。

「石頭居士，少志參禪，根性猛利，十年之内，洞有所入，機鋒迅利，語言圓轉，自謂了悟，無所事事。雖世情減少，不入塵勞，然嘲風弄月，登山玩水，流連文酒之場，沉酣騷雅之業。嬾慢疏狂，未免縱意，如前之病，未能全脱。所幸生死心切，不長陷溺。痛念見境生心，觸途成滯，浮解實情，未能相勝。悟不修行，必墮魔境，始約其偏空之見，涉入普賢之海。又思行門端的，莫如念佛，而權引中下之疑，未之盡破。及後博觀經論，始知此門，原攝一乘，悟與未悟，皆宜修習。於是采金口之所宣揚，菩薩之所闡明，諸大善知識之所發揮，附以己意。千波競起，萬派横流，詰其匯歸，皆同一源。其論以不思議第一義爲宗，以悟爲導，以十二時中持佛名號，一心不亂，念念相續爲行持，以六度萬行爲助因，以深信因果爲入門。此論甫成，而同參發心持戒念佛者，遂得五人，共欲流通，以解宗教之惑。香光識劣根微，久爲空見所醉，縱情肆志，有若狂象。去年沉湎之後，親遊鬲子地獄，烈火洞然。見所熟談空破戒亡僧，形容尪羸，跛足而過，哭聲震地，殆不忍聞。及寤，身毛爲豎，亦遂發心歸依浄土，後讀此論，宿疑冰釋。所以今日，不憚苦口。病夫知醫，浪子憐客，汝宜盡剗舊日知見，虚心誦習，自當有入。生死事大，莫久遲疑。」

於是禪人悲泪交集，自云：「若不遇子，幾以空見，賺過一生，子生我矣！」懇求案集，作禮而去。

已而中郎起故官，再遷至稽勳司郎中，移病歸。抵家不數日，入荆州城，宿於僧寺，無疾而卒。

小修官南禮部郎中，乞休，老於家，居常勤於禮誦。一夕課畢，趺坐，忽入定，神出屋上，飄然乘雲。有二童子，導之西行，俄而下至地。童子曰：「住！」小修隨下，見地平如掌，光耀滑潤。旁爲渠，廣十餘丈，中有五色蓮，芳香異常。金橋界渠，欄楯交羅，樓閣極整麗。揖問童子：「此何地？卿何人？」曰：「予靈和先生侍者也。」問：「先生爲誰？」曰：「君兄中郎也。今方佇君，有所語，可疾往。」復取道，抵一池上，有白玉扉，一童子先入，一童子導過樓閣二十餘重，至一樓下。樓中人下迎，其顔如玉，衣如雲霞，長丈餘。見小修喜曰：「弟至矣。」諦視之，則中郎也。上樓交拜，有四五人來共坐。中郎曰：「此西方邊地，信解未成，戒寶未全者，多生此，亦名懈慢國。上方有化佛，樓臺前有大池，可百由旬，中有妙蓮，衆生生處。既生，則散處樓臺，與有緣净友相聚，以無淫聲美色，勝解易成，不久進爲净土中人。」小修問：「兄生何處？」中郎曰：「我净願雖深，情染未除。初生此少時，今居净土矣。終以戒緩，僅地居，不得與大士升虚空寶閣，尚需進修耳。幸宿生智慧猛利，又曾作西方論，讚歎如來不可思議度生之力，感得飛行自在，遊諸刹土，諸佛説法，皆得往聽，此實爲勝。」遂攜小修而上，倏忽千萬里。至一處，光耀無障蔽，皆以琉璃爲地，界以七寶樹，皆旃檀吉祥，出衆妙花，作異寶色。下爲寶池，波揚無量，自然妙聲。其底沙純以金剛，池中衆寶蓮葉五色光，池上隱隱危樓回帶，閣道旁出。皆有無量樂器，演諸法音。中郎曰：「汝所見，净土地行衆生依報也。過此爲法身大士住處，甚美妙千萬倍於此，神通亦千萬倍於此。吾以慧力遊其間，不得住也。過此爲十地等覺所居，吾不得而知。過此爲妙覺所居，唯佛與佛乃能知之。」語罷，復至一處，光耀逾前。坐頃之，中郎曰：「吾不圖樂之至此極也！使吾生時，嚴持戒律，尚不止此。大都乘戒俱急，生品最高。次戒急，生最穩。若有乘無戒，多爲業力所牽，流入八部鬼神衆去，予親所見者多矣。弟般若氣分頗深，戒定力甚少。夫悟理不能生戒定，狂慧也。歸五濁，趁强健，實悟實修，兼持净願，勤行方便，憐憫一切，不久當相晤。一入他途，可怖可畏！如不能持戒，有龍樹六齋法見存，遵而行之。

殺戒尤急，寄語同學，未有日啓鸞刀，口貪滋味，而能生此土者也。雖説法如雲如雨，何益於事！我與汝空王劫時，世爲兄弟，乃至六道莫不皆然。幸我得善地，恐汝墮落，方便神力，攝汝至此。净穢相隔，不得久留。」時伯修已没，因問其生處。中郎曰：「生處亦佳，汝後自知。」忽淩空而逝。小修起步池上，忽若墜水，躍然而醒。時萬曆四十二年十月望也，小修自爲記如此。

初，伯修有子曰登，年十三，病瘖將終。語中郎曰：「死矣，叔父何以救我？」中郎曰：「汝但念佛，即得往生佛國。此五濁世，不足戀也。」登遂合掌稱阿彌陀佛，諸眷屬同聲助之。頃之，登微笑云：「見一蓮華，色微紅。」俄而云：「華漸大，色鮮明，無與比者。」俄而云：「佛至，相好光明，充滿一室。」頃之氣促。伯修曰：「汝但稱佛之一字可也。」登稱佛數聲，合掌而逝。明史；明文偶鈔；西方合論序；白蘇齋集；珂雪齋外集；瀹園；金剛新異録〔一〕

知歸子曰：明萬曆間，蓮池大師以净土法門倡於雲棲，謹持誦，嚴戒律。從之遊

〔一〕見明史卷二百八十八文苑傳；白蘇齋類集卷二十二；珂雪齋外集紀夢；瀹園卷八；金剛經新異録蜘蛛託化則；袁宏道西方合論，見大正藏第四十七册，明末藕益智旭輯入净土十要。

者，彬彬多踐履篤實之士焉。同時卓吾老人亦以禪導後進，而學喜師心，行無轍迹，流末滔滔，老人安得不任其咎！予讀袁氏兄弟早歲文，大率掉弄知解，依違光景，心竊病之。已而得見中郎西方合論，三復之不厭。而伯修所爲序，懺悔切深，闢荆榛，由坦道。甚矣！袁氏兄弟之善補過也。學者觀此，可以自鑑矣。

汪大紳曰：夫子曰：「吾未見能見其過而内自訟者也。」〔一〕袁氏兄弟其庶矣乎！覺心悲心，怎地廣大真切。

大紳又與允初書曰：承勸看西方合論，當檢出來看。檢不出，當借閲也。袁氏禪，非敢遽斷爲口頭。得法於龍湖，龍湖不無狂魔入肺腑之證。至袁氏，一轉而爲輕清魔，墜在輕安快活裏作科臼，日流在光滑滑處，生知生見，無箇銀山鐵壁時節。後來知無所得，皈心浄土，真是奇特。然不可以是之故，於宗門浄土妄生高下也。須知宗門中事，釋迦佛所説是這箇，彌陀佛所説是這箇，彌勒所説也是這箇，無二無分别也。若然則大家在這裏過活，儘穀了，爲甚要生西方？要生兜率？曰：此願輪也。又爲甚讚歎西方者倍於兜率？曰：生人而有人欲，生天亦有天欲，生西方，則人天之欲浄

〔一〕見論語公冶長。

乘矣。人天欲浄，正好了當這箇。所以盡十方法界，願輪之大，莫大於往生西方也。乘此輪願者，切不可隨語生解。隨語生解，便起一分計較心，這計較心是六道輪回之根，非往生浄土之因也。欲生兜率者，請從布袋和尚詩入。欲生西方者，請從豐干詩入，此正因也。布袋是彌勒化身，豐干是彌陀化身。

居士傳四十七

曾端甫趙凡夫劉玉受傳

曾端甫，名大奇，江西泰和人也。篤信佛法，爲文博辨瑰偉。著書曰通翼，出入内外經傳，推闡罪福因緣，苦空無常之旨，解愚俗之惑。其護生篇義尤深切，其辭曰：

客問：「經言：『人食羊，羊食人，生生世世，互來相噉。以是因緣，歷千百劫，長在生死。』〔一〕推之他物，亦莫不然，如是，則人之涉世，觸手成罪，亦可懼矣，將誠然乎？」

通曰：「夫聖言如實，經旨不虚。輪回之説，報應之談，據事似誕，尋理必然。夫人之力，莫大於心，心力所牽，形勿能抗。故心悲則貌皺，心喜則貌舒，暫情猶且役貌，

〔一〕見首楞嚴經卷四。

全力固宜君形。孟子曰：『人之異於禽獸者幾希，庶民去之，君子存之。』〔一〕幾希既去，同體禽獸。與禽獸同體，則形逐神遷，力猛則遷於生前，力緩則遷於死後，淹速少異，究竟理齊。若畫師之爲馬，靳尚之爲蟒，死後之變也；封邵之爲虎，明珍之爲蛇，生前之變也〔二〕。明珍化理，與畫師同，一以藝故，紓神情於騄耳，一以論故，寄觀想於率然。神往則形隨，想成則我易，蛇馬嬗矣。然或速化而或徐受，則猛緩異也。封邵化理，與靳尚同，一以虤〔三〕故，情同於菟，一以忮故，理均於毒蟒。情同則形符，理均則事等，蟒虎肖矣。然或速化而或徐受，亦猛緩異也。

〔一〕見孟子離婁下。

〔二〕冷齋夜話卷八載：「宋李伯時善畫馬，法秀呵之曰：『公業已習此，則日夕以思其情狀，求爲神駿，繫念不忘，一日眼光落地，必入馬胎無疑。』李伯時警覺而改畫大士像。靳尚，楚國大夫，因諂害屈原，或傳其死後墮爲蟒身。太平廣記卷四百二十六引述異記，謂「漢宣城郡守封邵，一日忽化爲虎」。明珍爲蛇事出處未詳，董含三岡識略卷一補遺橘異則、錢泳履園叢話卷十四食橘化蛇則皆記載一事，茲録履園叢話文：「廣西太平府城東十餘里有大橘樹一株，廣蔭數畝。浙江縉雲縣有某明經者，宦游過此，時值九秋，紅黄實滿。方停輿，渴甚，采擇其巨而紅者一枚，啖之。忽兩目發赤，偏體腫痛，先脱兩臂，復墮兩股，化巨蛇入橘林中。」不知是否即曾文所謂明珍爲蛇事。若是，則「明珍」、「明經」或有一誤。

〔三〕虤，古同「暴」。

「資此而言，則輪回之説，事在不疑。輪回無疑，則我之爲我，亦將不免。何則？善境難攀，惡途易涉。即今貪心、瞋心、毒心、勝心、憎人心、忌人心、愛戀心、驕慢心、妄想心、貢高心、名心、利心、殺心、淫心，觸事現行，流注不斷，誰非蛇蟒之相？並是馬虎之因。然則四肢九竅，暫時人體，愛子豔妻，刹那眷屬，一息不還，人物誰辨？如此，而猶恬心伊公之鼎，快意朱亥之門。殫四海於賓筵，耗萬錢於食品。傲秦宫之連騎，美晉國之如坻。吾恐傷心之慘，行將自及。周顒所云，不亦悲乎〔一〕！

「夫人與物無異，而人之所以不殺人者，其途有三：一曰不敢，二曰不忍，三曰積習。横目之民，遊俠之家，莫不欲推鋒異己，剚刃仇胸。然而斂手莫施，懷惡不展者，徒以竹書可畏，刑鼎是虞，此之謂不敢。司命之君，專殺之長，勢堪逞暴，力可快心。然而一夫之獄，遲回不上，一人之死，慘戚不寧，徒以員顱方趾，同體觸懷，寡妻孤兒，跉踊〔二〕可念，此之謂不忍。既以不敢而又不忍，則殺人之事，世間全稀。渭水之血，或終身而未覩，河南之屠，或卒歲而不聞。家習爲俗，世釀爲風，雖或藥崧之徒，横觸躁

〔一〕 參看本書卷五周顒所言「性命之於彼極切，滋味之於我何賒」云云。

〔二〕 跉踊，同「伶俜」，孤單貌。

君，吉頊之黨，悞抵鷙后〔一〕，而猶執杖莫下，持匕不前，意怯於臨殺，手柔於瀕死，此之謂積習。三事交持，而蒼蒼之民得寄命於其中矣。

「若夫物則不然。屠儈之業，不施禁於臯蘇之年〔二〕；鮮食之民，不抵償於堯舜之日。殺心熾於異體，愛念伏於分形，聲緣業而殊倮，故似慘似舒，而聞之者不憐；肉償負而非參，故不臊不腥，而食之者甚旨。彼命乍酬，則因已往而難見，我仇方結，則果未來而誰知？因果雙泯，砧刃交施，而又見殺聞殺，不絶於耳目，自殺教殺，無間於歲時。漉蟲護草之慈，僧既寡二。高柴幸靈之善，俗亦無雙。而近儒節用時取之説，吾道中正之語，又薰蒸於其耳，浸灌於其心。於是千生入筯，曾無動容，百品充庖，略不關念。萬方逞暴，四蟲亡訴，强者則搏人以争一旦之命，弱者則吞聲以填萬民之腹。不依人而食者，則匿於山林，寧受大獸之噬，猶十二之可逃；必依人而食者，則豢於牢

〔一〕藥崧，東漢時郎官。「帝性褊察，好以耳目隱發爲明……近臣尚書以下至見提拽。常以事怒郎藥崧，以杖撞之。……朝廷莫不悚栗，争爲嚴切。」（見後漢書卷四十六鍾離意傳）吉頊，唐武則天時酷吏，屢興大獄，「微有忤意者，必構之，楚毒百端，以成其獄」。（見舊唐書卷一百八十六酷吏傳）

〔二〕臯蘇，木名，傳説木汁味甜，食者不飢，此處代指荒年。

筴，以待不時之需，無萬一之能免。嗚呼！唐人有云：『生也何恩，殺之何咎。』〔一〕奈何令至此極乎！

「然如前所稱，則幽冥報對，何異王法。爲日差緩，酷踰萬倍。豈以口故，而甘斯苦？縱謂不然，猶當寶慈止殺，抑嗜全仁。觀同形於異形之中，想共體於殊體之外。觀念既久，慈力自成。正不作子肉之想，亦何有人物之分？若夫習心所使，尤須推破。夫薄惡之俗，生女不舉，羌胡之民，男亦如之，積習使然，無分骨肉。然則以不殺習心，雖物可不殺，何況於子？以心習殺，雖子可殺，何有於物？此之習心，締業之本，將欲去殺，先須照習。照心一起，積習自蠲。至於近儒之謬，則隱心而求，良亦易知。夫孟子言仁民而愛物，謂其愛有緩急耳。若用之殺之，而猶爲愛，則與佛經所言羅刹女事何異？羅刹女食人曰：『我念汝食汝。』夫食人而曰念人，與食物而曰愛物者同乎？不同乎？中正之義，緣督爲經，逐事而求，失之已遠。而況少殺爲中，徵何典文，有識聞之，衹足莞爾。子路鼓瑟，殺心在絃，孔子斥之，門人輟敬〔二〕。開闢以來，

〔一〕語出唐李華弔古戰場文。

〔二〕論語先進篇：「子曰：『由之瑟奚爲於丘之門？』」朱熹四書章句集注謂：「程子曰：『言其聲之不和，與己不同也。』家語云：『子路鼓瑟，有北鄙殺伐之聲。』蓋其氣質剛勇，而不足於中和，故其發於聲者如此。」

寧有殺心未盡之聖？而邪説横興，錮我華夏。大雄嘗言：『末法之中，魔道熾盛。以魔力故，令人不覺。』今之邪説，亦自易曉。而地横萬里，時歷千年，聰明智達，雷同莫悟，吾佛之言，信不我欺。

「昔陶隱君修習求仙，多歷年所，而鸞鶴杳然，心甚疑之。他日，其都養先上昇者來告曰：『上帝以子註本草，用水蛭爲藥，殺命良多。故他行雖滿，以是爲謫。』隱君乃悟，改用他藥方〔一〕。近儒箋書，不幸無天人之告，遂使世安其説。萬物並命，號天不聞，入地無隙。世鮮孟孫之傅，誰動孤獸之悲。旁無介氏之君，孰解三犧之恨。母視子死，子視母亡。或鞭皮而即下，或灑乳而方終，或臨危而護孕，或冒死以隨兒。見之慘目，言則傷心。又公子打圍之後，將軍射獵之餘，萬肉登俎，百族失群。孤雌夜囀，如抱黄鵠之哀，獨雉朝鳴，似寫商陵之恨，啁啁嘶嘶，踽踽煢煢。固知七情非獨人鍾，蠢蠢之物亦爾，五常寧惟我有，林林之生皆然。念至於此，則萬劫習心，一念可灰。習心既灰，忍敢俱消，三途並宏，物如人矣。而又大乘爲心，急人猶己。一人告百，百人告千，轉轉相告，至於無筭，大慈之説，曉然於世。而後排虚無墜，蹠實不僵，雖復咸若

〔一〕見太平廣記卷十五桓闓則引神仙感遇傳。

世遠，攀巢俗邈，而物之免者，良亦多矣。

「嗚呼！彼既有必酧之果，此又有必造之因。吾言雖苦，或可回慮。夫近儒之説，毋論異於孔孟，即孔孟實然，而吾佛如此，孔孟如彼，一涇一渭，較然自分。堯武並世，人必歸堯，孔佛並生，得不歸佛？此其所以王於三界，奄有大千，爲衆父父，爲衆母母者也。昔墨子兼愛，或人病之。墨子曰：『今有兼士於此，兼士視人之父母若己之父母，視人之妻子若己之妻子，别士則反是。請問子有遠行，當托妻子，將托之於兼者乎？抑托之於别者乎？』其人曰：『吾托之於兼也。』墨子笑曰：『子方托妻子於兼，言而非兼，何也？』〔一〕今之謂殺爲中正，謂不殺爲過當者，亦幸然爲人耳。使其戴角而居，衣毛而處，縣命於郇厨〔二〕之下，遊魂於羿彀〔三〕之中，羲罟前施，孔弋後逐。成湯雖仁，猶然結網，子輿誠愛，曾不聞聲。於斯時也，大覺垂憫，倏然而現，則夫夫也必

〔一〕見墨子兼愛下。

〔二〕唐代韋陟，襲封郇國公。性侈縱，窮治饌羞，厨中多美味佳餚，見新唐書韋陟傳。後因以「郇公厨」稱膳食精美之家。

〔三〕莊子德充符：「遊於羿之彀中，中央者，中地也，然而不中者，命也。」王先謙集解謂：「以羿彀喻刑網，言同居刑網之中，孰能自信無過，其不爲刑網所加，亦命之偶值耳。」

將悲喜交懷，旁皇歸命，若抱怖之鴿，蔭影而息機，瀕死之羊，啣刀而祈客。又何暇持前人之餘論，較孔佛之勝劣哉！」通翼〔一〕

趙凡夫，名宧光，太倉人也。家富於財，少豪華自喜。中歲折節讀書，居寒山。廬親墓旁，疏泉鑿石，結構幽邃。居常奉佛，斷肉食，客至亦設蔬果。雖豪貴人必强食之，曰：「不可不令渠知此味也。」已而有疾，或言當食肉，不爾疾且劇。答曰：「若疾小加，豈須破戒。設爲轉劇，便近歸途。」一朝破戒，帶業長往，悔可追乎？」已而疾亦瘳。客有被蛇螫者，殺之，曰：「吾以直報怨也。」凡夫曰：「非也，不殺則直耳。蛇之無知，實無可怨，忿而殺之，得爲直乎？」嘗與客行，遇二人驅六豕赴屠。凡夫爲誦阿彌陀佛，一客稱善。凡夫曰：「吾誦佛號，度六豕義少，度二人義多，何以故？豕今就屠，受一刀苦，償一債畢。償債畢已，步步樂國。彼屠豕人，驅豕一步，刲豕一刀，心心步步，造地獄業，趣入苦境，而彼恬然不知警懼，可無哀乎！」又嘗勸一老人斷肉，老人曰：「余年衰，不能不資肉食。」凡夫曰：「老猶

〔一〕明史卷九十八藝文志、千頃堂書目卷十六皆著録曾大奇通翼四卷，周夢顔安士全書亦載此文。四庫全書總目提要卷一百二十五雜家類存目有曾大奇治平言二卷，謂：「大奇字端甫，泰和人，明神宗之末，萬事叢脞，門户之禍大起。大奇是書……凡十七篇。其體例指陳時弊，略仿賈誼新書，而文格則多近蘇氏策論。」

愛命，未老之肉，先受刀砧，於心安乎？未死防死，慘死之肉，恣意吞嚼，於心安乎？」著書號護生品，廣勸世人令斷肉，其言甚痛。天啓中卒於寒山。妻陸氏，名卿子，與凡夫偕隱，能詩文。蘇州府志，護生品〔一〕

劉玉受，名錫元，長洲人也。爲諸生，與姚孟長爲友〔二〕，皈心大法，同持佛母準提咒。將赴省試，建壇持咒七日。及入場，有蜂集其筆端，而思如泉湧，遂得雋。萬曆三十五年成進士，官廬陵教授。應雲南聘，分司鄉試。過下雋驛宿焉，夢一偉丈夫，黑而長喙，揖而就坐曰：「余宋將軍曹翰〔三〕也。昔以王師破江州，憤其固守不下，屠之，遂受報爲猪。訂口以償所殺，輾轉至今，痛毒無盡。往日荷公憐愛，幸獲再生。昨又償一近縣人債，不意今者遇公於此。」言已泣下。玉受家居時，有奴徵租於鄉，獲猪歸，夜夢人乞命，畜之至死，即其事也。已復言曰：「予在唐太宗朝爲小吏，聽一法師説四十二章經，親爲設供，遂得世世爲

〔一〕千頃堂書目卷十六著録趙宧光護生品二卷。趙宧光事跡又見趙均先考凡夫府君行實、馮時可撰趙凡大先生傳等，收入叢書集成續編史部第三十九册寒山誌傳。

〔二〕姚希孟，字孟長，號現聞，吴縣人，參見本書卷四十九姚希孟傳。

〔三〕曹翰事跡見宋史卷二百六十曹翰傳，稱其「陰狡多智數，好夸誕，貪冒貨賂，飲酒至數斗不亂」。

官。及翰身而報盡，乃陷此大惡，尚何言哉！自今乞公，凡遇我等，或當執縛，或當屠割，爲持準提咒與西方佛名，俾予得暫忍其苦。倘承善力，脱此苦報，再生人中，誓不更造惡業以負公也。」玉受曰：「此予夙心也。」其人拜謝而去。

先是，玉受嘗舉放生會，其後所至，必活一猪。及監蕪湖關，豢二猪於官。會其女將歸，夢隨親作佛事。佛案下有兩人蹲踞，問何人，曰：「衙中二豕也。賴往因中曾聽大乘經，得蒙見活，故來相謝耳。」女覺，瞿然有省，遂誓不殺生。請於父，續舉放生會，玉受重爲序以倡之。天啓中，玉受官貴州提學僉事。安邦彦反，貴陽被圍，玉受與前巡撫李橒、巡按史永安等分城守，且一載，糧不繼，居民死亡殆盡，玉受守益力。賊登陴，忽自退者再，墮梯死無筭。會援兵至，乃解。叙功，進寧夏參政。致仕歸，以頭陀終。

自玉受以持準提唱於鄉里，其後進之士，若楊子澄及其二子維斗、公幹，李子木，徐九一，劉公旦，姚文初諸賢，皆結準提社。擇桃花塢桃花菴故趾，闢精舍，修白業。子澄，名大濚，篤行君子也，以諸生終。維斗，名廷樞，舉應天鄉試。九一，名汧，官少詹事。公旦，名曙，以進士授南昌縣，未赴官，遭明之亡。三人者，後先殉國死矣。公幹，名廷楨，亦諸生，清真絶俗，中歲夭，士林惜之。文初，名宗典，孟長子，以諸生貢太學。子木，名模，官御史，國變，隱居不出，與文初倡上善會，大合緇白，修西方淨業，老焉。憨山夢遊集；明史；姚宗典準提

菴碑；廣仁品〔一〕

知歸子曰：予讀孟子書，拳拳然勸導時君，推不忍之心，以生止殺。時君終已不用，卒成戰國阬屠之慘，民如犬豕雞鶩然，哀哉！已而讀佛經，究因果之原，察輪回之本，反覆沉潛，斷疑生信。幸際太平時，人民樂康，而毛羽鱗介之群，未嘗一日得離戰國之苦。偶讀曾端甫文，蠹傷於心，因比次趙、劉二君事爲之傳。經言：「菩薩作大國王，於法自在，普行教令，閻浮提内，城邑聚落，一切屠殺，皆令禁斷，常令安住三種淨戒，亦令衆生如是安住。」〔二〕美哉！慈善之風，自書契以來，未有能親履其盛者也。治亂循環，冤報相復，禍由己作，業非外至，纏蓋愈重，福智愈微。即令菩薩現身，末如之何。後之君子，彰往察來，一念信心，永斷殺業。生清淨心，結歡喜緣，同類異類，有情無情，慈悲愛護，作大饒益。其爲福德，不可思議，恒河沙佛，菩薩龍天，證明是言，真實非妄。

〔一〕見憨山老人夢遊集卷二十五讀異夢記，明史卷二百四十九李標傳附劉錫元傳，李長科廣仁品。準提菴碑未見。

〔二〕見華嚴經卷二十七十回向品第二十五之五。

羅臺山云：佛心天眼與有高微尚有鍼磁之契，願生生世世與知歸道人徵逐不捨。君爲司空，我爲虞官，君著護生之品，我作金剛之杵。若逢魔外非毁，我當飛起，落其牙齒，不令成語。

居士傳四十八

王丁朱莊黄聞黄錢吴王陳駱程傳

王孟夙，名在公，江南崑山人。萬曆二十二年，舉於鄉，謁雲棲宏公，稱弟子。已而，爲高苑知縣。在官日禮普門大士，誦阿彌陀經。大旱，露禱輒雨，遇歲飢，輒盡力爲民請賑。間有冤獄已成讞者，必焚香告天，願爲昭雪，上官亦諒而從之。遷濟南同知，用兵法部勒吏卒，追捕豪右輕俠放響馬剽劫者，竿其骨於衢，内尸虎穴中，遠近帖然。一夕，戒徒御，束裝，投劾竟去。過吴門，不抵家，往來徑山、天目、石盂間。泝大江入蜀，登峨眉，歷匡廬、博山而歸。以憨山、聞谷〔一〕諸禪師，居士朱白民爲師友，閲大藏經，修念佛三昧。天啓七年，遷海鹽石佛寺。時逆奄勢張，方謀篡位。孟夙語其徒曰：「此地濱海，北信朝以至，則朝於斯，夕以至，則夕於斯。」已而，得脾疾，笑曰：「可無爲魚腹之葬矣。」夜半，趺坐而化。明文偶鈔；雲棲法彙〔二〕

〔一〕廣印，明代臨濟宗僧，字聞谷，别號掌石。雲棲袾宏弟子。著有宗門警語二卷、語録四卷。

〔二〕見雲棲法彙選録卷十九答崑山王孟夙居士廣鉞。王在公事跡又見錢謙益有學集卷三十五芥菴道人塔前石表題辭，明文偶鈔文所録應即此文。

丁劍虹，名明登，江浦人。萬曆中，受三皈於雲棲，自號曰蓮侶。四十四年，登進士第，官泉州推官，遷知衢州。所至輒以佛法勸人，法應杖者，聽納米以贖，贍諸獄囚。遇夏月，修獄舍，給諸囚香薷飲、葵扇，冬月與之椒薑。擇醫視病者，人與念珠一串，教令念佛。雲棲宏公嘗稱其鄰翁，居常念佛，臨終與其友一請而逝，因繪一請圖，懸齋中以自勗。崇禎中，受菩薩戒於大慧。順治二年冬，病劇。十一月朔，具疏白佛，求生浄土，日焚一疏。至第十日，飲粥如常時，面有光艴然，偏勸戚友，俾修浄業，側身就枕而逝。浄土晨鐘〔一〕

朱白民，名鷺，吴江諸生也。少有俊才，長身玉立，風神閒遠。家貧，教授生徒以養父母。牀頭恒貯數十錢，曰買笑錢。親死，乃棄諸生，學長生術。遠遊至西嶽，登天井，黄緇道服，掀髯長嘯，見者以爲仙也。已而，參雲棲宏公，探求法要。宏公化去，白民因禮塔作偈曰：

我昔初謁師，問參禪念佛，可用融通得？師答隨口出，若然是兩物，用得融通着。快哉此一語，令人心膽悦，時時舉向人，諸方徧傳説。念佛人無盡，是指亦無盡。靈山會未散，蓮池舌長活。短偈作供養，合掌無縫塔。

〔一〕見浄土晨鐘卷十。丁明登事跡又見西舫彙征卷下，浄土聖賢録卷七。

與王孟夙同遊徑山，闢一軒居之，閱般若經。會憨山清公至，二人共禮爲師。清公名白民曰大力，孟夙曰大鉞，名其軒曰般若。銘之曰：

咄哉此軒，光明透脱。内外洞然，了無縛着。六根門頭，圓通虚豁。世出世間，一齊抛卻。此軒之味，恬澹寂寞。軒中主人，身心快樂。一切情塵，火聚太末。問此法門，名不可説。

崇禎初，至京師。我兵薄城下，或勸之亟歸，慨然歎曰：「莫非王臣也，其敢逃乎？」端居龍華寺，注般若經。兵退乃南下，所至，畫竹賣錢自給，不妄受人一錢。晚居蘇州蓮華峰下，偕山僧修念佛三昧，自號西空居士。年八十，作辭世偈，沐浴更衣而逝。

時嘉定諸生婁子柔者，名堅，亦參雲棲，受戒歸，長齋。工書，尤好書四十二章經、遺教經，曰：「此佛門論語也。」其遺墨世多傳寶之。明文偶鈔；雲棲法彙；吴江志；憨山夢遊集〔一〕

莊平叔，名嚴，華亭人。少與其兄友愛殊篤，兄客黔中而病，平叔徒步逆之。中途舟

〔一〕見雲棲法彙選録卷二十一答朱白民居士、卷二十答嘉定婁子柔居士廣紱，吴江縣志卷三十，憨山老人夢遊集卷十二王芥菴朱白民請益。

覆，救免，而兄竟病死，平叔致其喪而還，鄉人以是賢之。晚而深達佛法，逢人輒以佛法相勸導，衣履所餘，常以施人。家有一子一婿，視之泊如也。間作詩及小詞，皆清遠有致。常調滿庭芳一闋云：

六十餘年，片時春夢，覺來剛熟黄粱。浮花幻影，有甚好風光？冷眼輕輕覷破，急翻身蹬斷絲韁。兒孫戲，從他搬演，何必看終場？　青山茅一把，殘生活計，別作商量。但隨緣消遣，洗鉢焚香。先送心歸極樂，恣消遥，寶樹清涼。堪悲也，回頭望處，業海正茫茫！

天啓四年，卒於其友胡子灝之園。崑山王弱生録其詞，以爲數年中所見學道人，以平叔爲第一也。王弱生河渚集〔一〕

黄元孚，名承惠，浙江錢塘人。爲人耿介不合俗，不能治生産，事大母、母盡孝。好施與，鄰人寒無衣者，解衣衣之，無食者，傾其囊中錢予之。妻弟聞子與奇其清苦，導往雲棲宏公所，以弟子禮見，宏公名之曰凈明。其後得嘔血疾，積三歲弗瘳，且亟。子與教之念

〔一〕王弱生事跡見本書卷四十四，其河渚集未見。

佛，元孚方苦痛，弗省。子與厲聲曰：「汝眼光墮地，即今知痛者，畢竟落在何處？」元孚悚然，曰：「將奈何？」子與曰：「莫如念佛。」元孚曰：「爾教我念自性彌陀耶？念極樂彌陀耶？」子與曰：「汝將謂有二耶？」元孚遽有省。請法師慧文至，設佛像爲説淨土因緣，元孚欣然請法師爲剃髮，受沙彌戒。屏家屬，唱佛號，默轉蓮華經七日，家人皆聞蓮華香。忽微笑説偈曰：「一物不將來，一物不將去。高山頂上一輪秋，此是本來真實意。」乃命家人治齋供佛，請僧唱佛號。讀雲棲發願文，至云「阿彌陀佛放光接引，垂手提攜」，歡然起坐，諦觀佛像而逝。憨山夢遊集〔一〕

聞子與，法名大晠，與元孚同鄉里。少善病，志欲出生死，乃往雲棲受念佛法門。宏公示寂，憨山清公來弔，子與作禮白言：「願薙髮爲弟子。」清公曰：「佛性四大不能拘，豈毛髮能爲礙乎？況子有親在，未可也。」子與乃已。俄而疾作，子與曰：「吾當直往西方耳，疾無傷也。」及疾甚，神志瞀亂，不能自持，大懼，亟命家人請僧至，唱佛號越一日，瞀亂如故。復瞿然曰：「生死根株，非他人所能拔也。」立起，盥沐著衣，對佛焚香，煉臂，哀苦懺

〔一〕見憨山老人夢遊集卷十淨明沙彌傳。

悔，徹夜無少倦。及還坐，神志安定，浄土現前。乃薙髮，披袈裟，別衆而逝。憨山清公聞而歎曰：「勇哉，聞生其可謂烈丈夫矣！」憨山夢遊集〔一〕

黄子羽，名翼聖，太倉人。素服雲棲之教，與妻王氏精修浄業。崇禎中，以薦起爲四川新都知縣。嘗飯僧縣堂，躬行匕箸，布嚫施，繼以膜拜。張獻忠寇四川，過新都，子羽率民城守。新都千僧，感子羽之德，相率登城，擊鼓稱佛號。夜中，其聲震天，賊尋引去。以城守功，遷知吉州。明亡，棄官歸印溪，所居樓曰蓮蘂樓，自號蓮蘂居士。營齋奉佛，日持佛號數萬。已而，卧疾浹月，自制終令。四壁張彌陀像，請晦山顯公〔二〕授菩薩戒，語顯公曰：「吾神明愈健，誓願愈堅，自信生西方必矣。」明晨，顯公將別去，尅八日必行。已而果然，年六十四。現果隨録；明文偶鈔〔三〕

錢伯韞，名炳，亦太倉人也。爲人淳善，以貢授教官。年七十餘，遷知富陽縣。一日鞫

〔一〕見憨山老人夢遊集卷十聞仲子小傳。

〔二〕即現果隨録作者晦山戒顯。

〔三〕見現果隨録卷三黄攝六篤志西方尅期善逝。謂「太倉黄攝六，諱翼聖，字子羽」，攝六應爲其號。

一大盜，盜詭，稱被誣求免。伯韞曰：「汝殺人多矣，法當抵。」盜奮起，攫按上硯擿伯韞，伯韞痛仆地。吏争前，執盜毆之。伯韞遽起坐，一手摩其胸，一手止吏曰：「莫打，莫打，吾痛息矣。」聞者傳説爲笑。後去官歸，篤志修行，日誦金剛經。臨終作自祭文及偈，頃命左右取清涼水飲之。問：「清涼水何在？」曰：「放生池水也。」水至，飲訖，合掌曰：「我以佛力，徑往清浄界中矣。」熙然坐逝。現果隨録〔一〕

吴瞻樓，遺其名，亦太倉人也。早修浄業，晚以家事付二子，一意西邁。日持佛號萬聲，兼作西方觀，不雜餘業，閲十二年如一日。室中屢現瑞相，牀前湧白蓮華，大如臼，童稚皆見之。年七十餘，怡然坐逝，子孫以事佛世其家焉。現果隨録〔二〕

王先民，名醇，揚州人。性豪宕，善射。從季父遊長安，挾歌姬，日醉市樓。一日，突入演武場。方大閲，先民引弓發矢連破的，掣雙劍舞，霎忽如崩雷。將軍降階，執其手，

〔一〕見現果隨録卷三錢伯韞以老年學佛竟得西歸。

〔二〕見現果隨録卷二吴瞻樓修持登簿瑞現西方。

欲舉以冠軍。笑謝曰：「家本儒生，聊相戲耳。」還家，父母命之室，以羸疾辭，爲其兩弟納婦。已而，脱身徧遊吴越山水。參一雨禪師〔一〕，受優婆塞戒，居山日誦蓮華經。已而歸揚州之慈雲菴，虔修浄業，顔其居曰寶蕊栖。自知時至，結跏趺坐，請僧環誦佛號而逝。明文偶鈔〔二〕

陳用拙，名至善，常熟人。孩時聞大母誦佛號，啼輒止。既入塾，讀論語，至「朝聞道，夕死可矣」，入問母曰：「人死安歸？」母不能答，以告其父，父曰：「汝意云何？」用拙曰：「欲知生死，其必聞道乎？」父曰：「是兒他日定入無生法。」及長，聞雲棲之風，慕之，篤志浄業。有寂公者，嗣法雲棲，已而結茅藤溪，用拙首爲募金搆禪院，縣中諸搢紳創放生社，請用拙司之。常以私錢佐其費，所放生物不貲。一日，寂公夢用拙緇衣黄絲，含笑言别。亟走視之，見用拙方誦佛號，右脅而逝。常熟志〔三〕

〔一〕通潤，字一雨。卜居太湖鐵山，築二楞菴，著有楞嚴楞伽合轍等。
〔二〕王醇事跡又見浄土聖賢録卷八。
〔三〕見常熟縣志卷二十二。陳至善事跡又見浄土聖賢録卷八。

駱見於，名鳴雷，惠陽人。崇禎中，領鄉薦，爲藤縣教諭，遷中書舍人。習華首之教，精心浄業。初，事父母孝，父病，感異人授藥而愈。母病，籲〔一〕神請減己壽以益親，及朝而愈。明亡後，里居杜門，横經教授，惟以善誘人。爲人謙退和敬，未嘗出一過分語，亦未嘗有不可告人之事。人無貴賤賢不肖，無不稱駱先生長者也。鄉民陶如耀，病死而甦，云：「冥中方督造善橋，云爲駱鳴雷建也。」復有林必高者，亦嘗至冥中而還，云：「方爲駱鳴雷建槐亭。」妻鄧氏亦虔誦阿彌陀佛。一日炷尺香於爐，火盡而灰不斷，火復逆行上至巔，灰盡赤，其靈異如此。明文偶鈔

程季清，名文濟，法名通慧，新安人，遷湖州以老焉。嘗讀書天目，謁高峰禪師塔，不覺痛哭，刳臂肉爲供。遂矢志參究，禮雪嶠禪師〔二〕。逼拶既久，漸有入處。既謁博山無異禪師〔三〕，師甚器之。臨别，步行五里送之。季清每念言：「末世禪流，不達教理，如盲

〔一〕籲，同「吁」。

〔二〕圓信，字雪嶠，明代臨濟宗僧。浙江鄞縣人，俗姓朱。晚年自稱語風老人，住浙江雲門寺。

〔三〕元來，字無異，明代曹洞宗僧。廬州舒城人，俗姓沙。萬曆三十年隱於信州博山（江西廣豐縣）能仁寺，學侶雲集。

無導，陷黑暗阬而不自覺，深可憐愍。」乃建講社於蓮居，以六年爲期，請十法主以次登座，説諸大乘經。又延自平法主至菰城丈室，再演成唯識論。季清退而覃思，漸得慈恩綱要。居常讀華嚴經及發菩提心論，聲淚俱下，自號十願居士。里中放生度鬼禮懺誦經諸會，必季清爲之導。其友錢元冲喪子，季清與之大興塔寺，費至三十萬金。元冲卒，季清亦喪子，乃閉户謝客，專修丈六佛身觀。其始懵然，已隱隱漸現，而色甚黯。方凝想時，忽空中有聲教曰：「若欲見金色身者，須於佛身先作紅想。」依教想之，果見佛身光明四徹，室中什物皆成金色。妻盧氏法名智福，仁而好施，長齋，日課佛名二三萬。年三十九，疾病，請古德法師授五戒。師爲開示淨土法要，乃一意西歸。季清復爲誦華嚴經，至入法界品五十三門，爲一一解説，且曰：「百劫千生，在此一時，努力直往，毋猶豫也。」盧氏深有省，課佛名益切，徹夜不休。閱半月，親見化佛來迎，急索香水沐浴，西向叉手，連稱佛名而逝。季清雖修佛觀，然好堪輿術，徧爲叢林度地，禪觀亦少疏矣。又言後身當作國王或諸天神，弘法護世，靈峰蕅益法師聞而訶之。已而告師曰：「邇來始信生西要訣，須是放得娑婆下耳。」師稱善。順治八年秋，嬰腹疾，繪西方佛像懸室中，以助觀力，吉祥而逝。居七日，見夢於長女曰：「吾已向吴門四十里外作大叢林護伽藍神矣。」靈峰

宗論〔一〕

知歸子曰：蓮華經云：「火中生蓮花，是則爲希有。在欲而行禪，希有亦如是。」〔二〕觀諸君行事，在世出世間。其能速證净因者，蓋願力使然也。季清一念之岐，卒歸神道，智者觀之，可以知懼矣。

〔一〕見靈峰蕅益大師宗論卷八之一新安程季清傳（並贊），卷六之三入法界序（贈程季清），卷八之一吴興智福優婆夷往生傳（並贊）。

〔二〕所引經文非出妙法蓮華經，而出自維摩詰所説經卷二佛道品。

居士傳四十九

周景文姚孟長傳

周景文，名順昌，江南吴縣人也。萬曆四十一年登進士第，痛禄不逮親，署所居曰蓼菴，題其壁曰：「咬菜留先澤，焚香問自心。」選福州推官，强直，與税監高宷忤，幾得禍。會宷罷去，乃解。臨民慈，嘗曰：「吾爲刑官六年，從不敢一用夾棍周内人也。」擢吏部主事。天啓初，官文選司員外。署選事，絶請託，抑僥倖，餽問一無所受。素信奉佛法，其在官，暇則稱佛號，日課千聲以爲常。不攜妻子，從家奴六人，日需米五升、錢十枚而已。頃之告歸，家居城西里。有龍樹菴，僧傳公修雲棲之教，景文爲倡募，廣其放生之池。又嘗與竹塢僧斷言善，一日，請斷言演瑜伽施食法，有假寐於側者，夢所散粟皆化爲蓮華。斷言嘗以血書蓮華經，景文見而讚曰：「是血是經，非血非經。爲無著華，爲如意寶。書者誦者，皆從空現。向之所夢，亦若是而已矣。」

會魏忠賢擅權，黨禍作，嘉善魏大中被逮。過蘇，景文往餞之，與同卧起三日。旂尉屢趣行，景文怒駡忠賢不已。旂尉歸以告忠賢，御史倪文焕承忠賢旨，劾景文不當與罪人連姻，且誣景文署選郎時贓罪，忠賢即矯旨削籍。前巡撫周起元以忤忠賢罷，至是，織造李實追論起元，並誣景文請屬，有所乾没。天啓六年三月，與起元次第被逮。景文聞，意色甚閒，徐爲僧書「小雲棲」三字額已，出詣有司。將發，與文湛持〔一〕書曰：

弟一生向志節，一路著力，是弟不濟處。出門便與宦官爲仇，畢竟以此輩結局，然不可謂非天之所以成我。此時工夫，正欲使怨親平等，貪戀俱忘。急消卻一段憤激之心，歡喜順受，方是實地也。

景文家居，行義甚高。又數爲有司陳説閭閻疾苦狀，及白他冤抑甚衆，以故士民甚德之。逮者至，士民莫不憤。宣詔日，士民不期而集，至數萬人，咸執香爲周吏部乞命。諸生王節、文震亨等，前謁巡撫毛一鷺，請以民情上聞。衆遂直前，逼緹騎，緹騎厲聲叱之。衆怒，大譟，毆緹騎，有死者。城中沸騰，一鷺僅得免。景文中夜乘間就道。或勸以自裁，景文曰：「大丈夫末後一着，定當俊偉。且若輩爲所欲爲者，苦無大人君子張膽明目教誨之耳，吾不可以徒死也。」既發，復與湛持書曰：

〔一〕文震孟，明蘇州府長洲人，字文起，號湛持。

二鼓登舟，旌旗戈戟，相望於道。周生此行，亦可謂不落寞矣。朔日已渡江，回首閶闔，不勝黯然。然日來得素患難學問，朝夕與虎狼爲伍，亦覺無入而不自得也〔一〕。既至京，下詔獄，坐贓三千金。被考時，大聲呼曰：「汝不畏天地耶？奈何必欲置吾輩死？天下忠臣義士多矣，汝能盡殺耶？」更極口罵忠賢。鎮撫官許顯純命椎擊其齒，齒盡落。顯純自起問曰：「復能罵魏公否？」景文噀血唾其面，罵益厲，遂於夜中潛斃之。明年，莊烈即位，誅魏忠賢，倪文煥、毛一鷺等連坐有差。贈景文太常卿，謚忠介。年譜；燼餘集；明史；北行日譜〔二〕

姚孟長，名希孟，亦吳縣人也。爲諸生，與舅文湛持往來東林，切劘道義。萬曆四十七年成進士，改庶吉士。時景文方官吏部，以志節相厲，並持清議。韓爌、劉一燝執政，甚器孟長，遇大事多所咨决。天啓五年，黨禍既作，孟長以母喪歸。給事中楊所修以孟長負東

〔一〕語出中庸第十四章：「素富貴，行乎富貴；素貧賤，行乎貧賤；素夷狄，行乎夷狄；素患難，行乎患難：君子無入而不自得焉。」

〔二〕見殷獻臣編周忠介公年譜一卷，卷首有彭定求所作序；忠介燼餘集卷二與文湛持孝廉書，卷三題血書蓮華經；明史卷二百四十五周順昌傳；朱祖文北行日譜。

林望，劾爲繆昌期死黨，遂削籍。崇禎初，起左贊善，再遷右庶子日講官。又爲温體仁所嫉，左遷少詹事，掌南京翰林院。

平居皈信三寶，有宏護之志。初，母文氏在時，奉佛謹。孟長居喪，蔬食三年，晝夜誦佛經爲母回向西方。大祥日，禮懺甫畢，五色雲見，光照四野。及居南京，搜覽傳記，著佛法金湯徵文録十卷，其序云：

蓋聞尸林〔一〕首唱，三車顯出宅之因；葱嶺誕敷，五印示安心之要。一十八梵之作禮，堪忍雲驅；六十七載之潛符，重溟葦汎。金舂玉撞，廣開兜率之音；樹植花敷，普現優曇之瑞。具四德三伊之相，性海同舟；悟八空萬法之歸，真如共域。盧行者徵風幡之義，尚以肉身止廊廡之間；龐居士破人我之藩，竟以素衣説團欒之話。蔭法雲之藹藹，並禮蓮趺；曜慧日之昭昭，悉依蘭若。瓶槃釵釧，融大冶而總是一金；酥酪醍醐，調法羹而攪成一味。賊子無非佛子，凡生即繫聖生；倘仡仡而崇墉，將拒何人於域外。且凴凴而浚險，反淪彼界於塹中，金湯之義，敢問所安？曰非也。佛果圓因，

〔一〕尸林，尸陀林之略稱，乃梵語音譯，指位於中印度摩揭陀國王舍城北方之森林，林中幽邃且寒，爲棄死尸處，後泛指棄置死尸之處。此處指佛教發源之地。

尚有十仙之劣昧；法音震旦，未免六宗之峥嶸。遇竊法之真人，亦可碎琴而收座下；破異見之刹利，已自投崖而坐巖間。棲棲泛般若之江，如愚若訥；怡怡了涅槃之債，混迹韜光。劍嶺刀山，涌乳傷罽賓之難；引腸掛胃，捧心興静藹之悲。瑞相巍峨，化作楮錢流水；瑶宫矗直，何當葭管飛灰。但見古廟香爐，蜘封鼠竄；即有庭前柏樹，蟻穴鵶鳴。故須東土闡西土之浄因，端仗人王開法王之秘密。篸篸〔一〕時秀，能降憍慢之幢；几几元臣，廣集芬陀之社。轉法輪於金殿，旭日晨開；揚祖德於祇園，粲花齒落。運目犍連之神力，或像起夫旃檀；現窣堵波〔二〕之莊嚴，或塔奉其牙髪。披精進鎧，焚香結十萬之緣；依堅固林，開池布六賢之坐。凡此勝事，具在前篇；但有緒言，聊申末簡。道岸覩紫金之相，此相本同妙明；舍衛放白毫之光，此光誰無慧焰。誕心田之嘉種，粲若芬花；護髻頂之鬘陀，皎同秋月。振綱維以覺世，聲聲成替戾之音；餐禮義以肥身，處處作乳糜之供。彰九德六德以至三德，即是菩提道場；修一度二度以圓六度，漸至琉璃寶所。碧潭澄沚，沸鼎生解脱之門；白酒清鹽，甘露現清凉之味。

〔一〕篸篸，同「參參」。

〔二〕窣堵波，梵語音譯，又譯爲卒都婆、藪門婆等，略稱浮圖、塔。

豈特以浄而化穢，抑能顯威以達權。電掣魔軍，劍揮賊首。波旬作供，破煩惱而獻密言；近護出家，擲化籌而盈丈室。非患諸邪之害正，而患邪自我生；何慮群醜之弗賓，而慮醜從中伏。八識田起黑風之浪，罪染冰紈；四威儀破白浄之容，業琱藍璧。猴冠羊質，難參獅座之旁；蜉羽蝣裳，豈是象王之了。等三綱於敝屣，恐三皈莫浣其愆；視一本如弁髦，詎一乘頓寬其網。行同饕餮，則黍稷非馨；性比豺狼，恐泥犁莫貸。七寶八珍之布施，何事張皇；一方五老之參承，未爲了卻。敢略鑒其真贋，用微辨其薰蕕；因先德燦列之言，冠華嚴攝屬之義。外護非殊内護，十善知歸；心光即是佛光，三乘同入。隨所示現，自有大覺明師。痛下劄椎，未許盲拳瞎棒。用是無憂樹下，不成荆棘之林；大術胎中，剛下淤泥之種。爰清疆界，稍峻坊閑。略具苦心，敬質明眼。

十方菩薩，建大法園。安隱熏修，樹精進旛。即此身心，樂邦浄域。勿使性相，而生薄蝕。（序華嚴十地品第一）

法器充周，能戒而定。彼堅固體，道果是證。緇耶素耶，非渭而涇。嵩公之論，明德維馨。（序輔教第二）

式廓九有，赫曦方中。宣大法音，道隆而隆。普濟群迷，陰翊王度。永明後身，筆

垂秋露。（序高皇御製文附宋濂文第三）

爰有達人，丕扶名教。有倫有脊，可以言斅。隨所住處，戒水沉香。世出世間，圓滿道場。（序金湯名義第四）

夢幻泡影，至人所憎。十力調御，遊戲作賓。非樹非臺，去來自在。皓月當空，不傷靉靆。（序應化諸賢第五）

阿闍世王，護正法眼。外道縱横，利用删刬。佛始漢至，夢託南宫。哲王代生，法鼓逢逢。（序護法人王第六）

維屏維翰，緊惟宗工。蔭此瓊柯，而扇芳風。蓮社初開，藹藹吉士。菡萏香來，是人心蕊。（序晋宋以下宰官居士第七）

碑碣巋而，至唐始盛。有筆如椽，讚彼清淨。無縫爲塔，太虚爲紙。誰能銘者，舉似裴李。（序有唐宰官居士第八）

一華五葉，似似繩繩。何假薙披，鏡拭波澄。碩德名勳，道林斯裼。衆法森羅，原非門外。（序宋元宰官居士第九）

身心沉霾，等於陰曀。附影吠聲，元津思柮。山藪藏疾，是曰不然。攘之剔之，辨其媸妍。（序嚮附第十）

尋移疾歸，家居二年卒。福王時，贈禮部右侍郎，謚文毅。金湯徵文録；明文偶鈔；明史〔一〕

知歸子曰：予嘗過支硎中峰寺〔二〕，僧念庭言：「寺故王氏宅，明天啓間捨爲寺，以居蒼雪法師。立書契，戒子孫不得有所求責。而景文、湛持、孟長三君子，皆署名其後爲左證。」因出以相示。嗚呼！百餘年來死生代遷，朝市之間亦多故矣。而蒼雪門庭，修整如昔日，如王氏者，可不謂智矣乎？宜其爲三君子所樂與也。

汪大紳云：椒山先生〔三〕不以做成鐵脊漢滿願，蓼洲先生不以志節爲有濟，此是兩先生篤志於道處，然即此是兩先生一大障。使兩先生見道分明，便知學道無他伎倆，只是破此一障耳。破此一障，乃知南山望見北山高，早已兩個文殊，早已攝入鐵圍山中，兩先生決定悔此爲失言矣。龍湖先生跋椒山公集云：「道學家能辨否？參禪家

〔一〕佛法金湯徵文録十卷，有中國國家圖書館藏崇禎七年姚氏紫薇堂刻本、日本京都大學藏本；明史卷二百一十六姚希孟傳。

〔二〕支硎在今蘇州市西，又名報恩山。東晋高僧支遁隱居於此，因以支硎爲號，山亦因支遁得名。讀徹，明末清初高僧，雲南呈貢人，俗姓趙，字蒼雪，號南來。曾駐錫中峰寺，大開法席。

〔三〕楊繼盛，字仲芳，别號椒山，容城人，因劾嚴嵩下獄死，事跡見明史卷二百九楊繼盛傳。

能辦否？念佛家能辦否？」下語如雷如霆，臨濟棒，德山喝，不是過也。司空見慣渾無事，所以判得分明，曰：「吾知其必不能也。」又曰：「生平求友，覓半箇椒山不可得。」嗚呼！非真實學道人，安能發此千古傷心之言乎？

又云：孟長於佛法中善善惡惡，有春秋之志。其序文一闢一闔，一爲總攝法門，一爲宏範法門。

居士傳五十

馬邦良徐成民傳

馬邦良者，富陽人。萬曆中登進士第，知丹徒縣。仁慈正直，一方推爲神君。既去，立祠祀之。後官甘肅行太僕，以憂歸。居慈山僧舍，日禮阿彌陀佛，求生西方。過蘇州，將謁座主王荆石。至一寺禮佛，稱佛名，悲淚不止。時舉人黄鍾與一友謁之，就坐問曰：「公信佛念佛，一何真實若此？」邦良曰：「人身難得，正法難逢，佛可不信耶？念佛可不真實耶？佛法利益人天，非宿植善根，多生疑謗，一失人身，受苦無量，每一思之，痛徹心骨！」兩人曰：「公言人身難得，舉目便是三人，併諸左右，非人耶？」時方仲夏，邦良以扇一揮，群蠅四飛，詰曰：「蠅多與？人多與？」兩人憮然久之。邦良曰：「始吾爲諸生時，奉上帝旨，掌第五殿閻羅事。每夜坐殿上，簿書山積。亡者三尸，自陳身口意業，據律定案，千百人中，不失人身者纔一二耳。且陽世極刑，不過一死，陰司受罪，痛極則死，死已復生。如是作，如是受，絶無適輕適重於其間。惟信佛念佛往生極樂者，不入冥塗，然則佛可不信耶？念佛可不真實耶？」因言殿西有二楹，供養雲棲、紫柏二大師，而雲棲香火爲尤盛。其後領鄉薦，判事漸稀，至釋褐而謝事。二人聞已，毛髮竦豎，傳其事以告鄉里焉。浄土晨鐘；活閻君紀略〔一〕

徐成民，名坤，小名佛舍，江南太倉人。父驥生，縣學生。成民爲人長者，長齋奉佛。年十八，當崇禎六年六月十二日，夜夢被帝召至忉利天，敕示夙世因緣，命攝第五殿閻羅王事百日。自此，每夜坐堂中，作呼叱聲，若官府決獄狀。驥生起而瞯〔二〕之，見一王者南面坐，鬼判獄卒，猙獰旁列，則大驚，諦視之，而王者乃成民也。遲明，詢其故，成民以實告，即令移居寺中。諸昆弟及遠近好事者，多攜筆札，伏壁後，記其判語，得九十餘條。決斷精嚴，見者身毛爲豎。成民嘗自言：「冥中罪囚，合四天下，動以萬計。除付所司分治外，其親鞫者，猶夕以千計。獄有十八，刑分萬條，塞耳呼號，舉目愁慘。諸佛菩薩及歷代祖師，時來救拔，然非宿有善根者，雖面與開示，惛然不知。惟七月之望，爲佛歡喜日，普天下盡

〔一〕見浄土晨鐘卷五禮懺助修。
〔二〕瞯，音「薦」，窺視也。

演瑜伽施食法，大士親領衆囚赴食，法力所届，諸罪未滅，過此則與人世遠隔矣。」是歲七月望夕，成民謂獄官曰：「好勸衆囚各稱阿彌陀佛，能稱阿彌陀佛一聲者，合獄都出罪。其不能者，但令持佛字。」復詔四門各樹一牌，庭中樹三十六幡，各各大書阿彌陀佛以示衆囚。復詔衆囚前，各書「佛」字於胸，而命之曰：「念之念之，慎莫忘佛，佛在爾心。今告爾等，或有惡鬼銅狗犯爾，刀劍刺爾，水火逼爾，爾但稱佛名，一切銷滅，蓮花現前，我若誑爾，與爾同罪。」成民自受事後，偶言生死事輒驗。自以徐氏先世有負罪繫獄者，率諸宗黨，禮梁皇懺，周而復始，得末滅乃已。頃之，至九月十四日，成民上表謝事。於是修持益力，日誦準提咒，回向浄土，以終其身。其判語二集，里人楊時泰、崑山戴衮序之，名曰活閻羅斷案，刻行於世。活閻羅斷案〔一〕

知歸子曰：予讀文昌化書言「張孝仲日應世務，夜治幽冥」，以爲異。及觀馬邦良、徐成民事，乃知其事，世多有之。觀二人所言，善惡報應，理有固然，無足怪者。詩

〔一〕活閻羅斷案爲彭紹昇據明人楊時泰等所編活閻君紀略一書改編而成，參看彭氏一行居集卷三活閻羅斷案後叙，有光緒二十九年刻本，未見原書。此書民國年間由上海大雄書店重刊，改名爲死後之審判，中國國家圖書館有縮微文獻本。

云：「視爾夢夢，我心慘慘。」又云：「胡不相畏，不畏於天。」〔一〕嗚呼！可不念哉。

汪大紳云：爲甚要念佛？要腔子裏光明故也，腔子裏香淨故也。一分光明，得念佛一分力，一分香淨，得念佛一分力。到得滿腔子光明，滿腔子香淨，這便是極樂世界。如今人要長要短，弄得腔子裏又黑又臭，若到得滿腔子黑臭，這便是地獄，佛也救他不得。

〔一〕分別見詩經大雅蕩之什抑與詩經小雅節南山之什雨無正。

居士傳五十一

蔡劉三黃傳

蔡維立，名懋德，蘇州崑山人。祖母沈氏修浄業，一日，徧謝諸親鄰，無疾而逝，臨終念佛聲不絶也。父允忠，爲人慈善，有節概，持佛戒。維立母徐氏，長齋六十年，年七十餘，忽識字，日誦金剛經。維立少好陽明王子之書，萬曆四十七年成進士，授杭州推官，尋遷禮部主事。崇禎初，由主客郎中出爲江西提學副使，發明良知之學，尤致嚴善利之間。作聖門律令，繩切學者。遷浙江右參政，分守嘉湖，以母憂去官。家居往來鄧尉，參三峰藏公〔一〕有省，作三頓棒頌曰：「原來佛法無多子，三頓三拳已較多。悟去即今便一掌，錯向高安參老婆。」嘗與金正希、黄元公、錢啓忠、蕭士瑋諸賢訂爲密社，究竟大事。每言：「修行人多怕

〔一〕法藏（一五七三—一六三五），屬臨濟宗楊岐派下，明末名僧密雲圓悟之法嗣。號漢月，字於密，江蘇無錫人，曾住江蘇海虞三峰清涼院，世稱三峰和尚，崇禎八年示寂。撰述有五宗原等。

去後黑漫漫地，不知現前黑漫漫地更苦；盡説生死事大，不知現前刹那生生死死更切。此際重關一擊，如何下手？」聞者竦然。服除，起井陘兵備道，歷調寧遠、濟南。崇禎十四年，擢山西巡撫。

維立居官清苦，能知人，曲盡其用。習於用兵，屢平劇盜。在帝前論治，以大學爲先，曰：「自儒者心學不明，執一自是，多陷於偏黨，不知有大中至正之道，此亂之所由興也。」其將之山西也，帝問何以治盜，對曰：「盜之起，皆由民窮，臣任撫綏，當使窮民有飯喫耳。然愛民先察吏，察吏莫先臣自察。願正己率屬，俾民不爲盜，而臣無可見之功，不願殺害百姓以成一己之名。」在官時，與姪方暹書，勉其學道曰：

吾姪經歷大變，備嘗諸苦，於此中要得個翻身吐氣法，便步步是真道場，著著是斬魔寶劍矣。即今眼界漸開，胸次漸闊，諸苦中自有安身立命處。若捧住琉璃瓶，坐定安樂窩中，轉動不得，亦是苦趣。姪於勞倦乍息時，庭除閒步時，五更枕上纔覺時，陡然猛醒，當了了自知，非可與他人道也。我於三十歲後粗知信向，只未經大爐錘鍛煉，生死場中未能直入横出，然借諸苦境爲吾道場，蓋亦步步不敢放過耳。此中分猷更無人，獨力支撑更苦。功名久置度外，死生亦復了然。惟恐有悞疆事，仰負聖明，如何如何？然一死自誓，則吾末後一着也。

十六年，流賊陷陝西，惟立帥三千兵拒賊河上，三敗之。而賊復自西安破榆林，逼太原。晋王手書召之還，賊遂渡河陷平陽，攻太原。惟立誓衆死守，巡按御史汪宗友劾惟立不當歸太原，遂解職聽勘。或謂惟立曰：「事急矣，委之可也。」曰：「不可。」曰：「移鎮候代可乎？」曰：「不可。」賊使使招之降，斬其頭，懸於城上。賊薄城，禦之，所殺甚衆。城陷，北向再拜，出遺表付使者，至三立祠自縊死。福王時，追謚忠襄。明文偶鈔；三峰燈史；忠襄逸稿〔一〕

劉長倩，名道貞，一名濟斌，四川邛州人。少通經術，舉於鄉。一日過岳祠，見六祖壇經，有所發，遂信向宗門。已而疊遭憂患，一意參禪，以大慧、中峰二録爲指南，恒自逼迫。每到言語道斷，心行處滅，眼前如銀山鐵壁，愈不放捨，如是者十八年。崇禎四年，下第南

〔一〕三峰燈録爲清初僧華頂寂震所作，八卷（見金剛三昧經通宗記卷十二，劉獻廷廣陽雜記卷五），此書大正藏、卍續藏、嘉興藏、禪宗全書等皆未收録；千頃堂書目卷三十載蔡懋德忠襄公撫晋疏草五卷，忠襄逸稿未見。蔡懋德事跡又見明史卷二百六十三蔡懋德傳，吴偉業鹿樵紀聞卷中山右二臣，三峰藏和尚語録卷四住秀州真如寺語等。

游。抵南京，遇一僧從杭州安隱寺來，得三峰藏公語録〔一〕，讀之，歎曰：「何意末世遇此法寶！」亟趨吴門，謁頂目徹公、問石乘公，二公皆三峰之門人也。參竹篦子話，疑情奮發，歷七十餘日，終不契。後參三峰，於鄧尉山中結制度夏，轉益迷悶。一日，大樹證公自虞山來，往叩之，忽於言下心地豁然，述偈曰：「妙喜老人，無風起浪。咄哉三峰，添鹽合醬。跳出雲門觸背關，夜懸明月青天上。」三峰命之入室，問「不得有語，不得無語」，長倩撫掌一下，三峰曰：「速道！」長倩大聲曰：「黄鶴樓前鸚鵡洲。」三峰曰：「未在。」長倩以手掣竹篦於地，禮拜而出。次日，三峰舉「句中無意，意在句中」語〔二〕，長倩茫然。三峰云：「豈不聞『不疑言句，是爲大病』？此後不惟參古人意旨，即自己下語意旨，亦須透徹，方得受用。」長倩乃更加策發。久之，偶舉古德語，忽悟句中意旨，方明柏樹子、轆轢鑽、新婦騎驢阿家牽等句。三峰曰：「且喜居士會得一句子也。」已而看有無句公案，於樹倒藤枯，呵呵大笑，更無下手處。三峰屢詰之，曰：「非不更有進處，意必於此契證一番耳。」三峰曰：「子已悟得一句，便知根本智矣。若其中差別難明，迫欲契證，無有是處。日久温研，證入

〔一〕三峰藏和尚語録十六卷，弘儲編，收入嘉興藏第三十四册。

〔二〕參見三峰藏和尚語録卷四：溈山云：「有句無句，如藤倚樹。」雲門謂之「函蓋乾坤句」，華嚴孜謂之「句中無意，意在句中」，皆示大用之句意也。

無心三昧，自然入佛入魔，生死自由也。」長倩爽然。後於百丈再參〔一〕、德山托鉢〔二〕、臨濟元要〔三〕等語，深悟旨趣。乃辭去，三峰書法語並拄杖授之。有問：「如何是佛法的的大意？」曰：「淮安城外，兩〔四〕水交流。」「如何是轉身一句？」曰：「滿船烟月下揚州。」「向上還有事也無？」曰：「長干寺裏千尋塔，夜半長明五色光。」

後歸卭州。張獻忠陷蜀，群議乞降，長倩曰：「如何提筆寫得個降字？」被執，席地坐，罵不絶口，坐脱去。有問道録行於世。三峰燈史〔五〕

黄元公，名端伯，建昌新城人。崇禎元年進士，歷寧波、杭州二府推官，廉辨有聲，以喪

〔一〕祖庭事苑卷二：「百丈一日隨馬祖出田行次，見群雁，祖從中過，雁驚開，丈在後過，雁不驚，丈遂問師：『從群雁中過，爲甚卻驚？及懷海過，爲甚不驚？』祖曰：『吾有殺心，汝無殺心。』又行，見水鴨子，指問：『是甚麽？』丈云：『水鴨子。』祖良久曰：『甚處去也？』丈曰：『飛過那邊去也。』祖近前，把丈鼻搊，丈失聲叫：『阿耶！』祖曰：『又道飛過那邊去，元來只在者裏。』便拓開，丈直得浹背汗流，於此有省。」

〔二〕「德山托鉢」見本書卷二十八張天覺傳注。

〔三〕人天眼目臨濟宗：「師云：『大凡演唱宗乘，一語須具三玄門，一玄門須具三要，有權有實，有照有用。』」

〔四〕「兩」，光緒本作「雨」。

〔五〕劉道貞事跡又見五燈全書卷六十九，正源略集卷五孝廉劉道貞居士。

歸。篤志宗乘，徧參天童、徑山、三峰諸老師，最後師事壽昌經公〔一〕。時明政不綱，元公數上書當路，言寇禍，不納，遂披薙入廬山。初謁壽昌，問百丈野狐公案〔二〕，壽昌厲聲曰：「總無干！」至是夜坐開先寺，驀然有省，始識得壽昌用處。楊維節嘗從元公問經義，復書曰：

依經解義，三世佛冤，即清涼、圭峰諸公，猶未免作他家奴婢。看他過量大人，呵佛罵祖，寧被古人語脉轉哉！我爲法王，於法自在，獅音吼處，裂破山河，豈有義路可尋覓乎？

已而南京立福王，大學士姜曰廣薦起之，授儀制主事。我兵下南京，元公方寓能仁寺，榜其名於門，遂被逮。大帥者，元公同年友，諭降不從，欲以善知識禮全之，亦不許。居獄中，作明夷録以見志。既，大帥復遣騎諭降，不從，乃引出通濟門外，過水草亭，元公北面叩

〔一〕慧經，明代曹洞宗僧。法號無明，撫州（江西）崇仁人。萬曆三十六年，移住新城壽昌寺，世稱壽昌經公。

〔二〕無門關第二則謂：「百丈和尚，凡參次，有一老人，常隨衆聽法，衆人退，老人亦退。忽一日不退，師遂問：『面前立者復是何人？』老人云：『諾！　某甲非人也。於過去迦葉佛時，曾住此山。因學人問：大修行底人還落因果也無？　某甲對云：不落因果。五百生墮野狐身。今請和尚代一轉語，貴脱野狐。』遂問：『大修行底人，還落因果也無？』師云：『不昧因果。』老人於言下大悟。」

頭，坐受戮，顏色不變。行刑者憚之，舉刃輒手顫，墮其刀，易卒，亦如之。元公厲聲曰：「何不刺我心！」刺其心乃死。

先是，元公自號海岸道人，鐫石印佩之。及再出，磨去，更鐫忠孝廉節四字。南京城守時，作詩曰：

巍巍不動寰中主，一座堅城似鐵山。刀鋸在前無怯志，只緣勘破死生關。

臨死又作偈曰：

覿面絕商量，獨露金剛王。若問安身處，刀山是道場。

已而，大帥給傳，護元公柩歸新城，門下士葬之於忠孝橋側。初，元公母李孺人，賢明仁慈，信樂佛法，晚歲誦金剛經、地藏經日虔。一夕，夢趺坐山巔，佛光照身，覺謂元公曰：「西方之期至矣。」無何，示微疾，念佛而逝。而元公之妾范氏者，免喪後，薙染入麻姑山老焉。明史；建昌志；新城志；瑤光閣集；蒿菴集〔一〕

〔一〕　見明史卷二百七十五黃端伯傳，新城縣志卷十忠義，黃端伯瑤光閣集外集，馮甦蒿菴集。

黄介子，名毓祺，常州江陰人。崇禎中，以諸生貢太學。好與禪門諸老宿游，依天童密雲〔一〕禪師最久，默契法源，得密雲印可，授以衲衣。國變後，同縣人張大圓棄官歸，約介子俱隱，結白社爲終老計。介子不可，曰：「不舉事何以報國，不授命何以成人？」我師下江東，江陰典史陳明遇等起兵城守，介子與門人徐趨，集衆行塘應之。城陷，逸去。已而事露見執，當事者欲輕其罪，以盜論，介子不可，曰：「毓祺豈爲盜者！」將刑，其門人告之期，作絶命詞，遂取襲衣自斂，趺坐而化。

子晞亦繫獄。晞妻周氏，當没官，自縊，不死；絶粒數日者再，不死；赴水，不死；再吞金，不死；自刎，不死；終自縊而死。晞之姊寒輝菴主，言周氏嘗宿菴中，夜深經行琉璃燈下，顧盻英毅，絶無女子態，真法器也。晞既被繫，周日誦大悲心咒，至死神氣不亂。澹歸道人曰：文信國吞腦子不死，絶食不死，卒死於柴市，三死耳。而周乃八死，嗚呼雄哉！

〔一〕圓悟，明末臨濟宗僧。江蘇宜興人，俗姓蔣，號密雲。住持福州黄檗山萬福寺、育王山廣利寺、天童山景德寺等。

明史;餘學集;明文偶鈔[一]

黄藴生,名淳耀,蘇州嘉定人。父中年無子,日誦觀音經。一夕,夢大士抱一兒與之,曰:「念汝勤苦誦經,尋得一好秀才與汝。」已而生藴生。早歲爲諸生,緼袍糲食,研索遺經。以名節自勵,著自鑒録,書所行事及念慮純襍,夜必書之。同縣諸生唐昌全有道行,能以乩降神,吕真人感而憑焉。其所言,出入仙佛,藴生聞而信樂之。與弟淵耀,友陳俶、侯元演、元潔、夏雲蛟等十餘人俱往問法。惠雲地菩薩者,生宋仁宗時,年二十,棄家入金粟山,從師學道,參究精猛,卒證道果,時與吕真人同降。或問禪宗差別,菩薩示曰:

大道一門,不留權識。本無宗教,安有分別。吾佛出世,哀憫衆生。執心不破,自伐其根。故用止啼,權流言句。有本非真,無亦非實。兩義破除,一中爲的。佛氏真源,超乎道德。癡人索夢,尋踪肖跡。故下剗除,權機各出。總斷習心,歸於不習。不

[一] 見明史卷二百七十七黄毓祺傳;餘學集一書未見,疑爲錢謙益有學集之誤。錢氏與黄毓祺關係密切,且因黄毓祺案而下獄。有學集卷三十六天童密雲禪師悟公塔銘等述及黄毓祺事,可參考。黄毓祺事跡以清人祝純嘏孤忠後録一書記載最詳,温睿臨、李瑶南疆繹史卷二十六等亦載其事。

習者良，習者是賊。同出見聞，聖狂不一。本性天良，物必有則。倣古摹今，精神自失。不急求心，自度何日。宗門昌教，無非革習。正令日新，自明則一。執此泥彼，何異生食。物肖化工，萬不得一。化工肖物，不謀而集。其故云何，至誠惟一。一則天全，隱微莫測。求此良方，莫如除識。識空性現，識在性室。譬之夜人，空自謗日。亦猶求星，往而捫石。不見其真，惟辨其迹。性海靈光，反成六賊。一心不運，天地皆忒。吾不開宗，亦無教立。釋迦達摩，驢踪馬跡。吾有一心，萬古不識。非不可識，無形可執。澗底泉聲，碧天朗日。可見可聞，孰覩孰執。有色有聲，無象無質。靈光周徧，一理不忒。子等求心，斷莫泥跡。佛氏真詮，不在行墨。一一歸心，魔說亦得。苟二於心，佛說亦失。破此佛魔，心心無惑。

閲十年，諸弟子彙先後訓辭爲一書，名正教録。陳俶將刻板行世，蘊生疑之曰：「師以道教，道不在言，上品利根，超然言外，中根小品，反墮言中。況謗語之易興，致業因之反重，是欲度人而適成其罪也。」俶曰：「不然。『予欲無言』，猶有麟經之著；『未嘗説字』，今流大藏之文。故古人發魯壁而求書，歷鷲峰而譯典。況乎真靈伊邇，不煩負笈之勞；典誥在陳，具有叩鐘之樂。如愚可以默識，知二亦得承流。至於太陽懸燭，豈有目者弗明；時雨灑枯，豈祈年者罔戴。苟人心之不死，則此道之宜明，如其未挹真源，反嗤異學。聞道大笑，下士故常，彼則坐井之觀，吾則同胞之視而已。」蘊生善其言，從之。

蘊生自聞法後，默究向上事，益自刻厲，時與同事宣説佛法。友張子灝新持不殺戒，謂蘊生曰：「子姑現老齋公身而説法，可乎？」蘊生喜爲和蘇子瞻岐亭詩示之，詩曰：

罟師貪得魚，不惜魚化汁。屠伯恬殺牛，不見牛眼濕。嗟彼殺業多，所以遭汝得。彼債既已償，汝憂差獨急。微性憐朱朱，愚仁赦鴨鴨。三品戒庖厨，百籩謝巾冪〔一〕。獸炭與松明，入爐平等赤。象髓與韭菹，入喉平等白。深坐不横參，大歡不洿幘。敢邀天公憐，庶免佛子泣。静念古賢人，飢驅食常缺。今我餘草蔬，猶堪饗嘉客。推此告同心，暴殄非雅集。

其二曰：

昔有愚小兒，垂死思肉汁。世人與彼同，談食口常濕。大罰方後隨，無肴汝猶得。胡然一晌甘，易此八難急。列栅囚雞豚，排籖戮鵝鴨。驅驅黑業中，何由發其冪。我喜周生厨，堆盤葵蓼赤。我念唐帝庖，剖蛤毫光白。爲生雖有累，如僧但加幘。爲帝苟推心，何異下車泣。所嗟願力微，不救世界缺。鸞刀啓烝嘗，折俎供賓客。大哉食

〔一〕籩，音「邊」，古代祭祀和宴會時盛果品等之竹器。冪，音「密」，遮蓋也。

時觀，觀彼諸苦集。

崇禎十六年成進士，歸，杜門不出。福王時，諸進士悉授官，藴生獨不起。南京破，我師至嘉定，士民共推前浙江右參政侯峒曾爲主，峒曾者，元演、元潔父也。藴生與昌全、雲蛟等，並嬰城固守。且一月，大雨，城陷。峒曾挈二子沉於池，藴生入僧舍，與淵耀相對縊，昌全、雲蛟並死之，昌全妻亦從死。淵耀，字偉恭，諸生，好學敦行，如其兄。明史；陶菴文集；正教録〔一〕

知歸子曰：自古忠孝之士，大都以白淨因，現慈忍力。觸機遇緣，根種勃發，或入於仙，或歸於佛，各有由來。小生詹詹，横滋謗議，責犛牛使執鼠，誇海若以灌河，豈有當焉。蔡、劉諸先生，俱現身儒門，皎然於生死之際，其入道之由，不可誣也。經言：

〔一〕見明史卷二百八十二黄淳耀傳；正教録一書未見。黄淳耀陶菴文集十五卷，有康熙十五年刻本、乾隆二十六年刻本等，未見，四庫全書收有陶菴全集二十二卷，提要謂：「集爲其門人陸元輔所輯，見於明史者十五卷。此本爲文七卷、文補遺一卷、詩八卷、詩補遺一卷、吾師録一卷、自監録四卷，共二十二卷，乃後人續加增輯以行者也。」居士傳所引詩見卷十一。黄淳耀事跡又見吴偉業鹿樵紀聞卷上嘉定之屠，南疆繹史卷二十五等。吴偉業並作有黄陶菴文集序（吴梅村集卷二十七）。

「菩薩從初發心，精進不退，以不可説身命而爲布施。」其諸先生之謂乎？

汪大紳云：蜻蜓許是好蜻蜓，飛來飛去不曾停。被我捉來摘卻兩邊翼，恰是一枚大鐵釘。即此一枚鐵釘，是真聖種，是真佛種，是真忠孝根種。此種，人之所自具，只因喜歡飛來飛去，捨不得那雙翼，把一枚鐵釘弄壞了。諸公只是能捨，箇箇好似一枚大鐵釘也。

居士傳五十二

金正希熊魚山傳

金正希，名聲，一字子駿，湖南嘉魚〔一〕人。少從父遊於休寧，家焉。初好陽明、近溪之學，爲文洞達原本，脱棄訓故，讀者往往駭之。年二十六，學佛法，習静古刹中。一日食茄而甘，遂長齋。其友程開祚就正希飯，怪其斷肉也，問所繇。正希與之言佛法，開祚心動，曰：「是信然，向吾與子僅一世朋友耳，不知前後乃有無量世也，今與子重定交。」遂棄所學而學焉。崇禎元年，成進士，選庶吉士。明年，我師薄京城。正希慷慨上言防禦策，薦布衣申甫有將才。莊烈以甫爲副總兵，募新軍數千人，改正希御史，參其軍。既而，甫出戰，没於陣。正希言浸不用，遂謝病歸。後屢徵不起，家居益鋭志學道。嘗自言：「此生不能及

〔一〕明史卷二百七十七金聲傳，明儒學案卷五十七等皆徑作「休寧人」，趙嗣滄點校本改爲「湖廣嘉魚人」。休寧在今安徽南部。

早透徹大法，淨盡群疑，便灑然出頭，激揚此事，使萬靈被光，衆魔歸命。而兀兀縈縈，一機莫發，真是虛度，不成丈夫也。」延廬山宗寶禪師，師禮之，閉關相對。作斷五欲說，其辭曰：

細撿平生，每於此事有得力處，隨復退墮。惟茲五欲，實爲大障。從今發心，願悉禁斷。

一曰色欲。世人欲色，本爲身樂，曾不念言，油盡燈滅，髓竭人亡，大可怖畏。佛在世時，敕優婆塞姑戒邪婬，亦爲衆生欲愛深積，未能淨盡，特樹大防，令無縱濫。故斷婬者，是了義教，斷邪婬者，不了義教。余今之年，四十始衰，子壯已娶，子可生孫。及今斷之，已嗟遲暮。少生繫戀，不比於人，而況岸然稱大丈夫，圖出世事，求大光明，通天徹地。世間勝事，非全精神，無少滲漏，尚不能辦，何況出世大光明事？聞之於師，此於般若，如水與火，如冰與炭，相克相滅，不容並行。要令此心光明無蔽，拔出形骸血氣之外，七處割截，心無動摇，安可得有須臾欲樂，微繫吾念？自傷福薄，不早斷決，遲延至今，可慙可恨。

一曰食欲。智者念言，縱令世間五穀飢荒，蔬果饉乏，非食少肉，不得自活，寧自攝身，端坐俟死。割彼身肉，活我軀命，萬無此理。何況今者，肉食之外，百味俱全。

佛言飲食如病服藥，無得以意趣自增減。視我此身如一竿竹，如一根樹，欲其存立，用加灌溉，令汁流潤，無致速枯，何心揀擇？蔬穀之類，天真淡然，原有至味。業重之人，舌浸醲肥，無復舌本，真味當前，反不覺知，是則佛言可憐愍者。

一曰睡欲。嚮晦入息，人道常理。惟佛亦許夜半倒身，消日間食，乃至尸寢。早罷晏起，每自簡察，其害多種。一柔筋骨。做工夫人，要是醒時，硬峙脊梁，堅挺腰骨，其坐如山，其立如峰。睡多弛廢，坦腹伸足，便同死人。一昏神思。流水不腐，户樞不朽，一刻不運，心如死水。睡多如醉，血氣盛旺，徒長無明。一失正念。初學之人，白日醒眼，一念不端，能即覺警，猛與割斷，雖有夙習，能以醒待，不令强勁。睡多憧憧，遊思往來，舊習有力，新知未强，或現惡境，退人信心。且惱亂魔與盜精鬼，乘人熟睡，攪亂附身，豈得不防。

如上三欲，皆是衆生切身逸樂。衆生芸芸，無量劫來，孤負此心，通天徹地，偏照法界大光明幢。是無他故，生生陷溺，濃重血肉，顛倒其中，不得脱離。濃重一分，減一分光，濃重十分，減十分光，百分、千分、萬分、億分，日漸沉淪，黑業可怖。幸於今者，信有此心，盡形畢力，棄塵舍俗。廢寢忘飧，猶恐失之。但一眨眼，少圖息肩，已太下劣，全不丈夫。何忍復放少絲毫頭，令入濃重陷溺舊處？

一曰財欲。上三欲者，次第破除，此身無用逸樂享用，戕毁慧命。此身以外，何須求備？貪積不休，取諸不義。父母兄弟，亦生計較，致令家庭，傷乖争鬭。重其所輕，輕其所重，其爲迷謬，不可勝言！諺亦有之，要一文錢，不值一文。此是衆生尋常見解，不必佛祖而後明了。或謂治生畜積恒産，備窘乏時，未爲不是，要當隨緣，量入爲出。至於違心背義取財，則寧閉户，端坐餓死。世尊律儀，丐食樹栖，寄於殘生，旅泊三界。孔子疏水，顔氏簞瓢，光焰萬丈，威德千古。此非强爲，法如是故。

一曰名欲。自反平生，好文章名，徒悦耳目，無益於人，固大虚妄，此不足破。垂訓立言，有關人心，似亦當爲，實不盡然。若有真實爲己學人，古經前史，法戒昭著，不勞今日，捧土益岱，運水添海。縱有緣起，因病立方，予不得已。菩薩心行，但令此言，垂萬萬世，觸之得益。爰有衆生，掩我此言，作彼自爲，舉世誦彼，不知爲我，我無絲毫計較心念，則爲真實，我未必能。今後但起文章一念，讀書攻索，是惡邪見，障菩提道，所宜痛絶。其次有時好功業名，欲立勞績，百姓感服，天子風聞，坐取高位，此最陋劣，亦不足破。惟是我嘗丈夫自命，英雄自處，胸中磊磊不能平懷，常自念言，一事不能，一物不透，則是我者心光不到，心量不周。曾不念言，我若果爲心光不到，心量不周，密密究事，切切透物，原無不可。今伏田間，杜居一室，不周不到，甚爲多故，何不透取，何不究取？但令今者，我有功能，爲人掩取，爲彼功能，膺大封賞，我不自得，更罹重謗，我無絲毫計較動念，則爲真實，我未必能。今後但起功業一念，多方習學，動念仕進，是惡邪見，障菩提道，所宜痛絶。總之，名欲祇緣我見，真見心者，豈應有此？真見心者，密密自踐，時時自了，無喜無憂，名究竟樂。雖盡大地一切衆生，來至彼前，非毁辱駡，於此人心，不損毫末，如抓牆壁，痛癢無關。頗聞如此之人，雖盡大地一切衆生，來至彼前，禮拜稱誦，於此人心，不加毫末。雖盡大人言，借人驗我，我心何在？我既不爲逸樂利養，惟有是非。我是我非，我不能明，藉人爲明，益復顛倒。

五欲既浄，皎如明月，唯生死關，最難開破。要之死生，亦係妄見，能徹自心，浄前五欲，死生關頭，亦同一例。義當死時，貪戀不死，其人心中，隱默負慙，見人掩辨，縱戀其身，其心昭明，謂是當死。是故智者，直養此心，一切不受，身分遮障。現今生時，因緣會合，虚妄名生，我心無生，緣起非有。異日死時，因緣别離，虚妄名死，我心無死，緣滅非無。是故智者，無生可貪，無死可怖，此心光明，總不顛錯，可生則生，可死則死。緣盡强留，作意自盡，皆屬妄見，非真如法。古人有言：毫釐繫念，三塗業因，瞥爾情生，萬劫枷鎖，戒之戒之！ 智者當此，應能鋒利，如吹劍毛〔一〕。

正希爲學，決烈精進，惟日不足，然亦未嘗廢事。 時流賊日熾，煽動江左右，諸無賴者，多起應之。 正希團練鄉兵爲扞衛，申明大義，法令周備，民有固志。 福王立於南京，擢左僉都御史，不赴。 順治二年，我師破南京，徇諸州縣。 正希率兵，扼險拒守。 唐王在閩，授右都御史兼兵部侍郎，進兵下寧國、旌德諸縣。 我師間道襲破之，正希被執。 途中與長兄書曰：「生死禍福，皆有天命，我等唯順受之，不必逃避。 我家爲王事勤勞，死者死得其所。 即流離散亡者，亦流離散亡得其所。 弟日來靜觀之，殊無大悽慘，可見平昔學道得力。 聞我女前日積薪於屋，俟有急，即舉火自焚，此真學道人。 望兄仍時以佛法提撕一切，乃爲來生大留種子耳。」又與長子書曰：「我一身久如浮雲，無絲毫繫戀。 但念郡事未定，此心實不安。 倘百姓幸安堵，則我瞑目矣。 各鄉尚有好事言兵者，此實無益，徒殺百姓何辜。 孔子曰：『以不教民戰，是謂棄之。』此吾數日之所惓惓者也。」遂致命於南京。 贈禮部尚書，謚文毅。

正希女曰道照，少長齋。 長，字於唐氏。 將行，正希爲出治奩具，忽上書，願從親學道。 正希大喜，罷奩不治。 人或以爲言，正希曰：「彼方欲向上，我可抑之使下乎？」及難作，遂

〔一〕見金正希先生文集卷九語録下。

剪髮屏居。已而之靈巖，參繼起禪師〔一〕，入室，爲所棒，悶絶於地。後參靈隱巨德禪師有省，回望靈巖，拜曰：「當時若與我説明，豈有今日？」還結夏華山，依櫱菴禪師〔二〕以居云。

明文偶鈔；明史；退翁廣録；櫱菴別集〔三〕

熊魚山，名開元，亦嘉魚人也。其家故奉佛，持不殺戒。里有異僧天如者，與魚山舉業師童希孔善，嘗見魚山童時文，書其後曰：「掀天揭地男子也。」已而，成進士。就天如問所以應世者，天如曰：「汝學道未有獲，操刀不得柄，安能割物？」閉關一月，讀楞嚴經，瞥然有省。出爲崇明知縣，移吴江。禮三峰漢月禪師，稱弟子，書問往復，激發精烈。已，徵授吏科給事中，以言事爲輔臣周延儒所疾，乃以前在吴江時徵賦不及額，貶二秩，出之外，遂

〔一〕弘儲（一六〇五—一六七二），明末清初臨濟宗僧，漢月法藏弟子。江南通州人，俗姓李，字繼起，號退翁。歷住蘇州靈巖山崇報寺、堯封寶雲寺、虎丘山雲巖寺等名刹。著述有退翁弘儲禪師廣録六十卷、退翁弘儲禪師餘録三十卷、甲辰録十卷、樹泉集十卷等。今僅存南嶽繼起和尚語録十卷、南嶽單傳記五卷、南嶽勒古一卷、靈巖記略一卷。事跡見五燈全書卷六十九蘇州靈巖退翁弘儲禪師。

〔二〕櫱菴即熊開元出家後之別號，見本卷。

〔三〕見明史卷二百七十七金聲傳，弘儲退翁弘儲禪師廣録、熊開元櫱菴別集皆已失傳。金聲有金正希先生文集九卷，收入四庫禁毁叢書集部第五十册，卷首有熊開元所作金太史文集序。

乞歸。居數年，歲閉關百日，眷屬不相聞。一日，天如忽至，語魚山曰：「快薙頭好，皇帝方在籬下，又欲寄其籬下乎？」魚山愕然，不知其爲讖也。已而，起山西按察司照磨，遷光祿寺監事，既又遷行人司副。

初，魚山與同邑金正希友善，切劘大事，忠憤出於至誠。其論治，一本乎道，不回惑功利，辨邪正、賢不肖至嚴，不以禍患退屈。崇禎十三年，周延儒復相，舉錯失當。魚山疾延儒所爲，因責延儒所善孫晋、馮元飆、吴昌時，令爲延儒陳禍福，延儒日益甚。無何，大清兵入塞。魚山條上六事，不報。及畿輔被兵，詔許官民得請見言事，魚山請以軍事見，遂言輔臣不稱職，專以情面賄賂用人，壞天下人心術。帝疑其有私，徵詰再三，命具本。本上，帝方倚重延儒，惡其言切，遂下錦衣衛獄究。主使拷掠慘酷，魚山更盡摘發延儒所爲奸利事。會給事中姜埰如農亦以直言下鎮撫司獄，帝深恨兩人，手詔衛帥駱養性潛斃之。養性謀之同官，同官以爲不可，乃以獄辭上，並繳前手詔曰：「誠如聖諭，則天下祗畏臣衙門，不畏朝廷矣。請將二人付刑部擬罪。」乃移刑部。刑部尚書徐石騏擬魚山贖徒，埰杖戍。帝以爲徇縱，奪石騏及郎中劉沂春官，而逮二人至午門，杖一百，仍繫獄。魚山在獄年餘，以佛法攝獄中人，晝二時禮誦，夜演蒙山法，拔瘐死者。又爲獄中人説心經，因筆之爲心經再傳。當受杖時，魚山自分必死，乃取所預爲書，寄家人曰：「國爾忘身，義不反顧。兩年屢嬰大病，皆可死，不獨法能死人也。」受杖時，惟默誦觀世音號，自一至百，血肉糜爛，弗覺也。居常奉六齋，至是，或勸魚山暫開齋禁，不聽，曰：「患死於杖耳，死於齋乎？」如農在獄中，過魚山，見指月録，弗省。既而兩人以盛暑得保出獄。如農母欲見如農，自萊陽疾馳至京師，未到前一日，遽還獄，如農大悲慟。既已無可奈何，則問魚山曰：「子學佛久，有何方便，使吾得見母？」魚山曰：「觀世音菩薩叩必應，盍誦普門品？」如農於是誦普門品，日三十徧。不一月，夢菩薩爲説法，有省。重讀指月録，豁然開解。又一月，諸囚以疫得保出獄，兩人預焉，如農遂得出見母數日。帝聞兩人出獄，怒，復還之獄。頃之，延儒得罪賜死，言官多救魚山者，不聽，而刑部仍擬贖徒，復不許，時崇禎十六年也。明年，遣戍杭州，三月抵戍所，而流賊遂以是月陷京師矣。

如農嘗以書問法於魚山，曰：「日來參叩，於心空境空處，略知趨向，然止完得吾儒知止工夫。其於静定安慮得，搔不著痛癢。乃諸師極口詆静勝爲非，譬之日月不静，如何能明？古德云：『恰似木人見花鳥。』〔二〕到得木人地位，非静勝而何？」

〔二〕出自大慧普覺禪師語録卷二十一：「不見龐居士有言：但自無心於萬物，何妨萬物常圍遶。鐵牛不怕師子吼，恰似木人見花鳥。木人本體自無情，花鳥逢人亦不驚。心境如如衹這是，何慮菩提道不成。」指月録卷三十一等轉載。

魚山復之曰：

承示於空處略知趨向，空何物？可容人趨、容人向？既有可趨向，又得謂之空耶？總是於話頭未嘗力究，遂於塵勞暫歇，時見有空可取，止可求，静可樂。譬如澄得一泓止水，惟恐人撥動，則渣滓復生。故告子「不動心」已是有過得處，覺得古人言句，徒惑亂人，故曰「不得於言，勿求於心」〔一〕。不知纔有「不得」，其心已不静，已不定，已不安。便有不慮，即得慮，即「不得」之病，又何可以「不求」硬作主宰，謂吾已得静勝也？譬之日、月、木人，未嘗知有静勝，故不緣而照，花鳥不驚。纔知有静勝，早已不静勝，去木人、日、月，千里萬里矣。蓋静與動對，滅與生對，初向道時，覺往昔紛馳可厭，自然謂静與滅是吾人勝境。若明眼人看來，金屑瓦屑，總無殊異，須知更有向上事在。如何是向上事？唤作則觸，不唤作則背，畢竟唤作甚麽？向金剛圈裏翻身，併卻咽喉吐氣，朝餐暮宿，如鳥空行。來札所問，老僧臨死時預知時至，爲從話頭中來？爲從静勝中得？直須問取這僧始得，非愚之所得知也。所貴學道爲了生死，故當不顧危亡，向無可巴鼻處進步。若只圖順易，可以攀緣，認定有澄空一境，在非心非目之

〔一〕見孟子公孫丑上。

間，以爲近道，假饒從佛肚内坐一萬劫，亦祇是死水，澄之則是，撓之則不是矣。

唐王在閩，起魚山工科給事中，累官東閣大學士。以病乞休，寓汀州。城破，遂爲僧，更名正志，號蘗菴。得法於靈巖繼起禪師，隱蓮華峰翠巖寺，老於虞山。而如農亦與魚山同時出戍宣州，後薙髮於黄山，寓蘇州以卒。

時又有張大圓者，名有譽，江陰人。天啓二年進士，歷官至户部尚書。南京破，遁入武康山，依繼起及碩機禪師，晨夕參究，夙慧頓發。已而，繼起主靈巖，大圓從之，刳心受鍛，泮然冰釋。年七十，廣演金剛般若經。八十，重疏孝經。居靈巖二十五年，其子弟逆之歸。康熙四十五年九月，迎繼起作别。至則合掌曰：「弟子時至，明且行矣。」明日復告曰：「今佛法世間法，一齊放下，但願生生不離左右。」言訖而逝。明史；魚山剩稿；蘗菴别録〔一〕

知歸子曰：黄宗羲言：「明季士大夫學道者，多入宗門，如金先生及蔡懋德、馬世奇、錢啓忠皆是也，然皆以忠義名一世。宗門以無善無惡爲宗，如諸公者，血心未化，

〔一〕見明史卷二百五十八熊開元傳，魚山剩稿卷一奏疏、卷七雜著。

乃儒家所謂『誠不可掩』者，在宗門不謂之知性也。」[一]固哉宗羲！儒與佛有二性乎？孟子曰：「天下之言性也，則故而已矣。故者，以利爲本。」[二]誠利之則忠義，若禹之行水矣，何血心之能與焉？大慧亦言：「菩提心者，即忠義心是。」[三]余讀金、熊兩先生書，其於君臣師友間，至性激發，若水寒而火熱然，其真丈夫之雄，法門之傑乎！顧世之論魚山者頗異，予詳其行事，著於篇，俟論世者徵焉。

汪大紳云：予少時未聞道日，極服忠義之士，謂忠義之士便是聖賢，便是活佛、活菩薩，此外有甚聖賢？有甚佛菩薩？後來反覆推勘，方曉得忠義之士能了手者，實難其人。聖賢之學，當生則生，當死則死，一循乎天理，即此是忠義，即此是道，非忠義之外另有甚麼道也。但於忠義上一些也攙和不得，纔攙和一些子，便非天理，於道即有未盡也。佛菩薩之學如何是忠義？曰本來空是。如何是本來空？曰忠義是，當體即是一真實而已矣。即此是忠義，即此是道，亦非忠義之外另有甚麼道也。但於忠

[一] 黄宗羲語見明儒學案卷五十七，彭氏所引有删節。

[二] 見孟子離婁下。

[三] 見大慧普覺禪師語録卷二十四：「菩提心則忠義心也，名異而體同。但此心與義相遇，則世出世間，一網打就，無少無剩矣。」

義上一些也污染不得，纔污染一些子，便非真實，於道即有未盡也。予於道有聞而進之不勇者，坐忠義之心微故耳。忠義之微，坐爲好名好色之念所汩而已。誓當上面截斷道學佛學，不留一元字脚。下面截斷好名好色，不留一元字脚。專提忠義二字爲金剛寶杵，佛來一擊，魔來一擊。臨濟、德山何有哉，大慧、高峰何有哉！

居士傳五十三

温月峰崔應魁蔣虎臣李生傳

温月峰者，逸其名，亦不詳其里居。隱於江西宜黄扶筭峰，不婚娶，亦不去髭髮，幅巾野服，翛然而已。平居愛逃禪，暇則勤種植。給衣食稍贏，輒與人共之。一日行圃間，方有竊者，遽卻走。偶行他所，見一傭力作甚苦。詢之，曰：「無以家也。」乃攜歸，試以事輒辦。月峰喜，爲盡舉扶筭聽之。已而傭頗驕，欲遂據扶筭。月峰覺之，爲好語謝曰：「扶筭，子有也，予無事焉。」挈斗米、鐮鋤、瓦釜各一具，擔而去。去峰五里許，度阻峻處，穴而居。垂松葉自蔽，出種植如故。山中多虎，月峰豕畜之。或以爲規，微笑曰：「是身其吾有哉？」藝圃次，有虎薄而睨之。月峰拱語曰：「子欲之乎？今飼汝。」即解衣就虎，虎伏不動，則又曰：「若念我無侶乎？爲我點頭三，我與若爲友。」虎點頭者三。自是，月峰出入常與虎偕。其寢也，以茅偃地，席其上。或發視之，有蟒盤焉，亦無害也。崇禎初卒，年八十餘。

嘗著書論性學甚具，既没，而其書不傳。懸榻編〔一〕

崔應魁，北京永平人。少爲醫，人以疾請者，不論直，皆爲之盡。晚歲學佛法，下上盤山十八年，參諸老宿有省。康熙二十七年秋，示微疾，徧告常所往來者，爲期訣别。至期，衆至，環坐談笑如平日。久之，乃曰：「萬事無常，百年有限，依我行之，決不相誤。」索筆書偈而逝。其偈曰：「來去赤條條，不挂一絲毫。本來無一物，縱横任逍遥。」盤山志〔二〕

蔣虎臣，名超，金壇人。順治四年進士，官翰林院修撰，以文章自名。性寬厚好施，常以德報怨。督順天學政，持守清慎，每舉債以賑貧士。疏請復古學，禁天下有司刑責諸生，士林頌之。虎臣少時，屢夢身爲比丘。年十五，有二道人坐其門言：「虎臣有師在峨眉，慎毋忘宿因，他日當相見也。」居常斷葷肉，喜方外交。居京師時，參大博和尚〔三〕。一日入朝，

〔一〕見徐芳懸榻編卷三月峰山人傳。

〔二〕見欽定盤山志卷七流寓。

〔三〕行乾，字大博，四川達州人，俗姓胡。順治十二年，開法天津地藏、如來兩院，晚住盤山。事跡見盤山志卷九行乾傳、新續高僧傳四集卷五十六。

聞喝道聲，豁然有省。詣大博呈解，大博徵詰再三，乃可之。及督學任滿，乃告歸。過百泉，謁孫鍾元，語數日，去之匡廬，遊鹿門。遂直達峨眉，居伏虎寺。久之，有司請修峨眉志，乃一至成都。已而得疾，遺書別當事。沐浴端坐，吟詩而逝。翼日，有胡牛者，遇諸山椒，頻呼蔣先生，不應，及入寺，知虎臣已死，乃大驚。盤山志；施愚山集〔一〕

李生，江西人，不知其名字。往來江漢間三十年，常如五十許人。以一瓢自隨，遊行肆上，乞牛肉肥膏啖之，有餘，納諸敗襖中，方暑，色味不變。遇紙筆即書，不盡可曉，或雜一二字如符篆，人與之言，不答。有府丞者，異其人，邀至官舍，留數日，辭去。府丞與以葛衣文舄，爲插花滿頭，徜徉過市。市兒競奪之，輒抱頭不與。已而，葛敝縷縷，風雪中自若也。

〔一〕見欽定盤山志卷九方外。施閏章、王士禛等清初文人與蔣超交往密切。施閏章學餘堂文集有多篇贈蔣超詩文，如卷八訓蔣虎臣修撰贈別、卷十蔣虎臣修撰書至言得假遊蘇門少室諸山、卷十二過喬亭劉氏山家蔣虎臣曾遊憩山中十日、卷十七寄蔣虎臣、卷十八西江得蔣虎臣書言自吾宛陵入黄山卻寄短歌、卷三十八哭蔣虎臣修撰坐峨嵋山伏虎寺留詩卒、卷四十三蔣虎臣修撰示近詩得十韻等。王士禛漁洋山人精華録卷五有蔣虎臣修撰述天台之遊賦贈、卷七輓蔣虎臣先生等詩作。蔣超事跡又見王士禛池北偶談卷八蔣虎臣。又峨眉山志卷首有蔣超所作峨眉山舊志凡例，卷八有蔣編志餘，皆可參看。

康熙中，遂安毛際可遊漢上，與生遇於旅館，生爲書扇頭詩數首，皆可讀。際可録而傳之，詩曰：

雲有深山鶴有林，不離當處了禪心。夜來月照長廊下，一句彌陀劫外音。

又曰：

明暗全捐正眼開，一枝秀出一如來。凡夫到此皆成聖，拍手相逢一笑回。

又曰：

漫去千峰與萬峰，重重無盡又重重。何如高卧家山裏，前有幽篁後有松。

又曰：

山色溪光明祖意，鳥啼花笑悟機緣。有時獨坐臺盤上，午夜無雲月一天。

又曰：

道有道無俱漫語，是淨是禪揔强名。昧卻本來咬枯骨，溺沈苦海不知春。

又曰：

道行孤高化有緣，降龍伏虎自安然。於今喜得真三昧，月落風回緑樹邊。

又曰：

趙州布衫重七斤，失處分明得處真。山河大地都蓋卻，誰是當機截斷人。

又曰：

千崖雨濕松添老，一味秋聲菊轉新。莫謂山中無甲子，數珠粒粒紀時辰。

時又有洞庭生者，乞食洞庭山中，狀類狂者。夜則臥寺廡下，寺僧驅之，已而復來。嘗題詩壁上云：

不信乾坤大，超然世莫群。口吞三峽水，脚踏萬方雲。

又云：

有形總是假，無象孰爲真。悟到無生地，梅花滿四鄰。

又除夕詩云：

燈火輝煌慶此宵，夜深兒女不相招。破蒲團上三更夢，那管明朝是歲朝。

長洲汪琬録傳之。二生者，其後皆不知所終。安序堂集；池北偶談〔一〕

知歸子曰：觀温、李諸君子行履，類古所稱沉冥者。味其言，殆寒山、拾得之亞，與蔣先生之趣遠矣。宰官耶？比丘耶？予烏乎測之。

〔一〕見毛際可安序堂文鈔，池北偶談卷二十五洞庭丐者。

居士傳五十四

嚴仲慤宋文森畢紫嵐傳

嚴仲慤，法名大參。自號轆轢道人，嘉興人也，嗣法於天童費隱和尚〔一〕。其自叙云：參道人恒喜順風揚帆，隨緣放曠。偶遊雙徑，遇聞谷大師〔二〕，授以向上一着，苦究三載，了無所入。適閲法眼指簾公案〔三〕，忽然身心世界盡情脱落，祖師關捩徹底掀翻。再謁

〔一〕通容，明末名僧。福州府福清縣人，號費隱。俗姓何。曾住持浙江廣慧寺、福建黄檗山萬福寺等，著有禪宗燈録五燈嚴統等。

〔二〕廣印，明代臨濟宗僧。檇李嘉善人，俗姓周。字聞谷。住持杭州净慈寺等，接化弟子甚多。崇禎九年示寂。著有宗門警語一卷、語録四卷等。

〔三〕景德傳燈録卷二十四載：「因僧齋前上參，師（法眼文益）以手指簾，時有二僧，同去捲簾。師曰：『一得一失。』」

聞谷大師、憨山大師、天隱和尚〔一〕，皆承許可。復見密雲老人〔二〕，老人舉杖，便作倒身勢，老人植杖，即起身據坐，老人横杖，抽身便走。老人趕趁，轉身向曰：「咄哉老僧，又來泥裏洗土塊。」老人便休。隱居二十八載，費隱容和尚首嗣老人法席，乃往問曰：「古人道百尺竿頭進步，百尺竿頭即不問，如何是進步處？」容便打，云：「向這裏轉身！」道人云：「這猶是百尺竿，未是進步在。」容又打，云：「不知進退漢。」道人云：「山猫原是短脚的。」容云：「這畜生。」道人作虎跳勢，容云：「莫捏怪。」道人作擒僧勢，哮吼而出。容即上堂，云：「今日諸人莫撒沙，試聽山僧一指述。嘉禾有個老鼠子，偷卻上天一粒粟。慣向諸方弄爪牙，惹得清風香拂拂。獨是山僧不近情，白棒掀天直打出。且轉身一句又作麽生道？」道人掩耳出堂。後容將如意云：「付汝表信。」道人舉手接，云：「没手人得接。」容曰：「接了也。」道人展兩手。容曰：「流傳去也。」轆轢便禮拜而出。嘗自圖其影，費隱爲之贊曰：

斗笠不遮眼，鋤頭不着地。何似山中人，了了心無緒。腰束裙而寬，手露臂而冷。

〔一〕圓修，明代臨濟宗僧，號天隱。江蘇宜興人，俗姓閔。歷住江蘇磬山、法濟禪院，浙江報恩禪院，崇禎八年圓寂。

〔二〕密雲即圓悟禪師，事跡見卷五十一黄毓祺傳注。

欲行不行，前頭無門。鑿開虛空一竅，許大地人在此屙矢放溺。是轆轢平日之受用。呵呵大笑，把起鋤頭須放下，草鞋何不脱來賣？咄咄咄！明月清風得自在。仲慤禮謝，費隱不顧。便與一踢，費隱曰：「好像一隻狂狗。」仲慤曰：「早被我一口。」其友周知微病篤，仲慤往視，道及家事。仲慤云：「公一生學道得力處正在此際，不得雜念。」知微即舉拳曰：「是甚麽？」仲慤曰：「也是閒言語。」知微點首曰：「願與兄世世結爲道中骨肉。」仲慤曰：「驀直去！」知微即坐椅而逝。轆轢機緣〔一〕

宋文森，名世隆，長洲人。父學程，夢文殊抱子授之而生，故初名曰文。年四歲，聽父讀金剛經，即能誦四句偈。既長，補諸生。年五十餘，遭家多故，鬱鬱成疾。偶觸華嚴經「無著無縛解脱」句〔二〕有會，遂長齋斷慾，日誦金剛經，月餘病起。中秋夕，見堂前角燈光不透脱，不覺感慨默坐，參究久之，忽汗下通身，胸中廓然，作偈曰：「主主賓賓無主賓，分明指點愈迷津。偶然風觸燈中火，卻遇當家舊主人。」又曰：「今日方知吾喪吾，凡情聖解一

〔一〕轆轢機緣一書未見。嚴仲慤事跡又見五燈全書卷七十一嚴大參。

〔二〕見實叉難陀譯大方廣佛華嚴經卷二十七：「願一切衆生於五欲中無著無縛，心得解脱，厭離三有，住菩薩行。」

齊枯。親朋問我如何是，者也之乎隻字無。」

頃之，聞天笠珍禪師〔一〕宗風甚盛，欲往咨決。適師過蘇之大雲菴，文森往謁。既見，即云：「龍腦薄荷，香聞天下。」師云：「識得乾矢橛麽？」隨問云：「如何是乾矢橛？」文森云：「八面春風。」師云：「來此作麽？」文森云：「不求佛，不求法，要討個了當。」師厲聲曰：「萬劫千生不得了！」文森言下有省。師尋去，之杭州南磵，文森再往謁之。師曰：「向在甚麽處得這個消息？」文森曰：「向在孟夫子飯糗茹草章〔二〕，曾打一個輥。」曰：「如何？」文森曰：「龐公云：但自無心於萬物，何妨萬物常圍繞。」語未畢，師擊几云：「可惜一個龐公，尚打作兩橛。」文森頓省前過。明年，再往南磵謁師。在堂中，有問「未生前面目」者，文森應曰：「螺髻峰少頃進見。」師云：「好箇螺髻峰，只恐未肯點頭在。」因舉六祖、神秀菩提樹話，問和尚如何道。師云：「掀倒菩提樹，打翻明鏡臺。髑髏都粉碎，處處絶塵埃。」文森云：「也不過到此。」師拂衣而起，拍文森肩曰：「如今可把六祖、神秀並老僧與居士，縛做一束，抛向錢塘江裏去。」文森頓悟臨濟喫三頓痛棒意旨，遂口占偈云：「生前面目

〔一〕行珍，雲間人，俗姓陳，箬菴問禪師法嗣。事跡見五燈全書卷八十杭州理安天笠珍禪師等。「天笠」，趙嗣滄點校本誤改爲「天竺」。

〔二〕孟子盡心下：「孟子曰：『舜之飯糗茹草也，若將終身焉。及其爲天子也，被袗衣，鼓琴，二女果，若固有之。』」

絶追求，螺髻峰高解點頭。一句頓超三頓棒，凡情聖解付東流。」居三年，師過蘇，泊舟盤門，呼文森往，謂曰：「老僧九坐道場，欲求一休歇。了徹人莫如居士，老僧有末後付囑，可承當此事。」既去，遂遣兩僧齎拂子授之。師行至謝村，遂沐浴更衣坐逝。

康熙四十一年，文森得脾疾，示禪客曰：「末後何必有句，末後無〔一〕必無句。刀山劍樹上翻身，鑊湯爐炭中躲避。無端七十餘年，總是逢場作戲，今日尚要賣弄一番。咄！你看這粉碎枯髏，那有一點西來之意？」其妻疾亟，以告，文森不往，第傳語云：「子去，我且行矣。」遂後妻數刻而逝。城南遺稿〔二〕

畢紫嵐，名奇，江南歙人也。少避難之杭州，寓僧舍，閱金剛般若經，始知信向。繼閱祖師語録，疑之。有堂頭僧，教看南泉斬猫公案，久之，聞斧聲有省，頗自負。尋入馬首山，有醒愚禪師者，結茅山居，灰頭土面。紫嵐一見，以機語相接，醒愚微哂而已。明日復往見請益，醒愚徵前語，指其負墮處，令參「一歸何處」。居數月，其所親訪得之，要與俱歸，紫嵐

〔一〕「無」，光緒本作「何」。

〔二〕城南遺稿一書未見。宋世隆事跡又見五燈全書卷一百一蘇州宋文森居士。

歸，參究甚力，行止不少間。閱五年，偶閱巖頭語，大悟。再謁醒愚，醒愚笑曰：「今日始知吾不欺汝也。」自是常居僧舍，持佛戒，終日瞑坐，自號懶菴，夜卧不夢者二十年。其妻至，輒引避，子死亦弗哭也。居蘇州支硎山德雲菴最久，嘗示禪客云：

參話頭有法，不可不知。何謂法？一念真疑，無間斷是也。何謂一念真疑？如雪巖云：「盡三百六十骨節，八萬四千毛竅，並作個趙州無字，一提提起，如一團熱鐵，如一堆烈焰相似，並無昏沉散亂之相可得。」〔一〕又如高峰云：「萬法歸一，一歸何處？世間一切萬法，總歸一法，畢竟歸在何處？決定要討個分曉。」〔二〕此之謂一念真疑也。你若道趙州無字，圓同太虛，無欠無餘，若起心動念，便不是趙州無字矣。又萬法歸一，一者心也，一歸何處？乃是處而無處，無處而處，若真有處則不是不是也，如此云云，謂之第二念，盡落知解。知解愈精，去道愈遠。近世馳聲走譽者，都從第二念而入。外面看時，句句般若，其實皆是意識依通，認賊爲子，可不哀耶？何謂無間斷？

〔一〕雪巖和尚語録卷四：「山僧每每愛向兄弟道：盡三百六十骨節，八萬四千毛竅，屏作一箇無字，一提提取。」

〔二〕高峰大師語録卷上：「尋常教人做工夫，看箇『萬法歸一，一歸何處』公案。看時須是發大疑情，世間一切萬法，總歸一法，一畢竟歸在何處？向行住坐卧處、著衣喫飯處、屙屎放尿處，抖擻精神，急下手脚，但恁麼疑，畢竟一歸何處，決定要討箇分曉。」

今日也一念真疑而參，明日也一念真疑而參。不論年，那管月，但時時刻刻一念真疑而參，必要實證實悟，大法現前而後已，此之謂無間斷也。若果如是一念真疑，如是無間斷，自然有日不期而然，話頭參破，而明心見性矣。

又云：

古聖道：「涅槃心易曉，差別智難明。」此兩句最元最微，非大法現前，不知其故。而今諸方盡作世諦解會，謂打一七、二七，略有省入，即知此心爲涅槃心，從此討機緣，論公案，這則明白，那則諸訛，那則明白，這則諸訛。必要推敲，逐個透盡，此則謂之差別智，故曰「涅槃心易曉，差別智難明」也。這般的都是地獄漢，何以故？都是將意識爲涅槃心，都是學得胡言漢語爲差別智耳。所以諸方付法之後，將機緣公案揣摩得依稀彷彿，向人前拏三説七，指白道黄，以爲得大機，顯大用。冤哉冤哉！佛法安得不平沉耶？好教爾知，大凡真參話頭者，不到大徹大悟，斷不敢開口妄談佛法。一大徹大悟，縱有百千機緣，萬億公案，當下一串穿起，掛在眉邊。若也未能，則是不曾大徹大悟。而汝揣摩得依稀彷彿，向人前拏三説七，指黄道白者，盡是汝意識堆中狼藉糞穢也。是以懶菴改曰：「涅槃心一曉，差別智全明。」高流異衲，諦聽諦聽。

其他論著頗多，此其最切者。康熙四十七年，終於德雲菴。菴主如珏爲之殮，收其遺

書，有別傳録八卷行世。別傳録；畢居士傳〔一〕

知歸子曰：近世士大夫學禪者頗衆，然多掠影宗門，掉弄知解，求其真實參悟者，蓋難其人。諸方希圖外護，付囑如麻，適足爲門風玷耳。嚴、宋諸君，苦心斯道，既有歷年，邂逅因緣，卒明大法，蓋猶有楊、李之風焉。紫嵐之論禪病最爲深痛，善學者由是而求之，其於邪正之界不昭如白黑矣乎？

〔一〕別傳録、畢居士傳兩書未見。北京圖書館古籍善本書目釋家類有畢奇著懶菴奇畢居士別傳録八卷，康熙五十三年釋照晟刻本。畢奇事跡又見彭紹昇測海集節鈔處士畢奇紫嵐。

居士傳五十五

周安士傳

周安士，名夢顔，一名思仁，崑山諸生也。博通經藏，深信因果。居常念言：衆生蚩蚩，造無量罪，婬殺二業，實居大半。古今世典，懲勸頗詳。不斷其源，川壅則潰。爰竭苦衷，深惟經義。抉微洞幽，拔山搗穴。勒成二書，戒淫與殺。其戒殺書，言多深痛，大要云：

刀兵之難，在於人道，或數十年，或百餘年，僅一二見。至於畜生，無日得脱。普天之下，一遇雞鳴，無量無邊，狠心屠户，手執利刀，奮向群豕。爾時群豕，自知難到，大聲哀號，救援不至。各被彼人，裂腹刺心，抽腸拔肺。哀號未斷，又没沸湯，受大苦惱。片刻之間，閻浮世界，萬萬生靈，頭足異處。積群豕骨，過高山巔。漂群豕血，赤江水流。如是惡因，如是惡果。詰其根由，皆爲我等，口腹所致。世人動稱，我不作惡，何必持齋？豈知爾等，偃息在牀，妻孥聚首，即有素不相識之人，先爲汝等徧造惡業，無量無邊。諸佛菩薩神通天眼，見諸衆生輪回六趣，如旋火輪。或爲大身，更相殺食。或爲細身，更相殺食。或爲父母六親眷屬，更相殺食。發大悲心，説真實語，導彼迷流，開爾覺路。我勸世人，未能持齋，先須斷殺。孟子有言：仁者人也。人不信佛，何不信人？若信是人，何不斷殺？仁則不殺，殺則非仁。諦聽吾言，免入異類。

安士每過一切神祠，必祝願云：

惟願尊神，發出世心，勿受血食。一心常念阿彌陀佛，求生淨土。思仁自今二十四歲，直至壽盡，中間若殺一小魚蝦，惟願尊神是糾是殛，迅雷擊碎所著書板。思仁自今二十四歲，直至壽盡，家中眷屬，若有一人傷一蚊蟻，亦同此誓。思仁自今二十四歲，直至壽盡，中間若遇身及眷屬，嬰諸重病，忽一仙人來告之言：投一小蛤於沸湯中，飲之則生，不然則死。以貪生故，竟從其言，亦同此誓。思仁自今二十四歲，直至壽盡，倘有毒蛇，噛我垂斃，家衆憤憤，欲殺此蛇，而我不能極力救阻，亦同此誓。思仁自今二十四歲，直至壽盡，臨河見魚，仰面見鳥，不思救度，反萌殺機，亦同此誓。思仁自今二十四歲，直至壽盡，若夢寐中，見人殺生，不能至心稱佛名號，發救度心，而反歡喜贊成其事，亦同此誓。

其戒淫書，勸諸淫者，先觀胎獄，了種種苦，是謂息淫原始方便。繫以偈曰：

父母未生時，因業多掛帶。一點無明根，見慾生貪愛。淫心纔一起，忽被精血蓋。從此十月中，次第還宿債。母噉熱食時，如受鑊湯溉。母飲冷水時，若臥寒冰塊。腹中當飽滿，頂上懸鐵袋。五内如飢虛，空洞失依賴。會當出胎時，翻身若旋岱。産母忽瞑眩，眷屬盡惶駭。身逼兩山中，熱窄不可耐。穩婆牽其頭，痛極心肝碎。嫩頏扼麤手，刀劍無能賽。放聲鳴其哀，旁人乃稱快。豈知稱快人，經過忘悔艾。昧昧極思量，咄咄咤災怪。此言非臆說，五王經所載。凡夫戀慾樂，輾轉沉黑穢。生生受煩惱，曾見何人代。欲破煩惱軍，智者擒其帥。主帥是淫魔，魔死餘兵敗。我將胎形慘，屈指陳其概。珍重世間人，可一不可再。

次觀此身，諸蟲蝟集，宛轉遊行，食人腦髓，是爲初開不淨方便，繫以偈曰：

穢哉血肉軀，無量蟲所萃。潛伏四大中，其形甚微細。凡夫不覺知，天眼方能覰。靜氣一返觀，男女真兒戲。

次觀男女，膿血洟唾，惡露中滿，猶如溷厠，糞穢所都，是爲息淫對治方便，繫以偈曰：

世間苦惱事，皆從愛慾生。愛心不能斷，對色形神傾。水從骨内出，火自心中騰。平時顧禮義，或復愛聲名。到此霎時間，開眼投深阬。鬼神且不畏，名教豈能繩。茫茫五濁世，獄訟滋繁興。幸有如來教，暗室懸明燈。示以不淨觀，慾火消爲冰。我從昔年來，亦復似摩登。多方用强制，對境還復萌。自作此觀後，結習日以輕。今者稍覺悟，歸命佛法僧。誓於未來世，埽盡群魔兵。分身無量刹，普利諸有情。冰菴張夫子，誨我嘗叮嚀。其言修觀法，譬諸學庖丁。庖丁技成後，不見全牛形。用刀十九載，猶如新發硎。我此降魔劍，百鍊剛所成。斬盡妖容鬼，髑髏莽縱横。西施接膝坐，蔓草纏紫荆。三十六種物，到鼻知羶腥。此觀得成就，萬象都空明。爰述爲俚句，聞者應惕驚。齊心出苦海，濁世皎然清。

次設九想：

想初死人，正直仰卧，寒氣徹骨，一無所知，而我此身，終亦如是。又想死人，一二日往，黑氣騰溢，轉成青紫，甚可怖畏，而我此身，終亦如是。又想死人，尸停既久，黄水流出，臭不可聞，而我此身，終亦如是。又想死人，偏體生蟲，處處鑽囓，骨節之内，皆如蜂窠，而我此身，終亦如是。又想死人，皮肉已盡，惟筋在骨，如繩束薪，而我此身，終亦如是。又想死人，筋已爛盡，骨節縱横，不在一處，而我此身，終亦如是。又想死人，被火所燒，焦縮在地，或熟或生，而我此身，終亦如是。又想死人，冢破骨出，日暴雨侵，其色轉白，或復黄朽，人獸踐踏，而我此身，終亦如是。

次想經要，深自策發，經言：「菩薩修於死想，觀是壽命常爲無量寃讎所繞，念念損滅，無有增長，猶山瀑水，不得停住，亦如朝露，勢不久停。如囚趣市，步步近死，如牽牛羊，詣於屠所。」繫以偈曰：

人想死亡日，慾火頓清涼。愚人若聞此，愁眉歎不祥。究竟百年後，同入灰燼場。菩薩九想觀，苦海大津梁。

次念法華所説因緣，生相滅相與不生滅，是爲斷淫窮源方便，繫以偈曰：

衆生畏苦果，菩薩斷惡因。惡因既已斷，苦果無遺根。譬如猛獅子，利鏃中其身。急顧發的處，獵户群波奔。犬若遭人擊，但向棒頭呻。一智視一愚，不啻霄壤分。又如止沸湯，爨者去其薪。十二因緣内，無明爲之君。一斷一切斷，浄掃鄰虚塵。

次當觀佛坐寶蓮華及諸種種莊嚴瑞相，發願往生西方極樂，是爲究竟解脱方便，繫以偈曰：

修行無别法，出世爲究竟。出世有多途，浄土爲捷徑。述此觀想法，言言宗大乘。托質上品蓮，永遠脱淫穽。

他諸辨難，究析因果，語多造微，不能具載。安士既殁，其書漸湮，表而出之，以勸來

者。慾海回狂；萬善先資〔一〕

知歸子曰：予讀安士書，因樂訪安士生平行事。久之，得其宗人言：安士通世務，習知吴中田賦水利原委得失，著書甚具。康熙三十八年，仁皇帝南巡，安士迎駕揚州九龍橋，上疏請減蘇松浮賦事，雖未遽行，然安士之心至今猶可見也。其後應巡撫張公聘，校録宋元明先儒書，老於家，其大概如此。張冰菴者，名立廉，嘗序安士書稱尊之，予訪之崑山，人無知者〔二〕。

汪大紳云：悲猛極矣！如從吾佛世尊金口宣揚而得，六種爲之震動。

〔一〕綜合有關資料，對周氏事跡概述如下：周夢顔，又名思仁，字安士，號懷西居士，崑山人。感於衆生造罪，多因婬、殺二業而起，乃著萬善先資集四卷，闡論戒殺；又著慾海回狂三卷，闡論戒婬；又著西歸直指四卷，爲淨土教理之重要學説；又著陰騭文廣義三卷，明因果之理，爲善之要。乾隆四年逝世，世壽八十四。後世將周夢顔所著之四書輯爲安士全書。民國以來，得印光法師等宏揚，翻刻甚多，影響極大。其著作皆收入卍續藏第六十二册。

〔二〕有關張立廉事跡，參看嘉興藏第二十九册達變權禪師語録，卷首有靈峰達變禪師語録叙，署名爲「同門法弟鹿城冰菴張立廉」；卍續藏第二十四册大般若經綱要卷首「小序」，署名爲「濟宗學人法同學弟張立廉」；嘉興藏第二十六册弘覺忞禪師語録卷首「序」，署名爲「鹿城門弟子張立廉」。據此可大體推知其生平。

居士傳五十六

知歸子傳

知歸子者，不傳其姓名。平生落落自喜，人莫識也。嘗與空空子遊，空空子異之。知歸子世爲儒，其父兄皆以文學官於朝。知歸子年未冠，用儒言取科第。既益治古經注疏及世間文字，窮晝夜不自休。嘗慕古抗直士如洛陽賈生之爲人也，思欲考鏡得失之故，陳治安之書，赫然著功名於當世。久之，自省曰：「此非吾務也。」於是端默静思，反己修德，非禮弗履。久之，復自省曰：「吾未明吾心，奈何？」以問空空子，而空空子默然無言也。或告以道家修鍊術，習之三年，不效。其後讀佛書心開，以爲道之所歸在是矣。聞西方有無量壽佛，放大光明接引五濁衆生往生净土，意怆然慕之，日面西而拜焉。空空子曰：「是可不謂知歸者乎？」年三十，有司下檄，召作七品官，知歸子辭焉，作偈曰：「緑草庭前，好風林下。樂我太平，無冬無夏。」頃之，遂斷肉食，絶婬慾，作偈曰：「我身爾身，爾肉我肉。大德曰生，與爾並育。」又作偈曰：「從妄有愛，萬死萬生。猛然斫斷，天地清寧。」未幾，隱去，遺一偈曰：「來無所從，去無所至。極樂非遥，當念即是。」空空子曰：「或言知歸子往來城市間，時與人遇，然予嘗求之，弗見也。」

羅臺山贊曰：予與知歸子游，舊矣。吾不知其始，渺然相失，逖而萬里。乾隆三十年，歲昜〔一〕耑蒙，歲名作噩，乃相遇於京師。且月炎天，冰光滿屋，脉脉心歡喜。談丹鼎，考故章，晝暮追戀，爾我都忘。邀我閉關延壽寺街長洲館，圓覺經一部，莊子一卷，或趺坐之幽幽，或説空之侃侃。出關行，省其兄汶上縣，於汶上縣寄我書，書辭短短無他語，要我素貧賤，砥礪其廉隅。我時得書，贊歎謂奇特，如聽朝陽鳳咮，雝雝鳴高梧。彼時我心，刻刻有一知歸子，彼時我欲徹究儒釋黄老之原與其氏，涼涼求耦，欲奮而未奮。自得知歸子，我膽廓廓斗覺新寬粗。知歸子，文章根性如梅如青蓮，寒香寂静和祥扇，爲人慈竺貌臞然，畏避利勢疑懦頑。聞一善言，見一善行，意而有勇，健若霜中鳶，慊慊乎其如有求也。貪夫之徇財，好色者歒色，渴夫之思飲，周飢者索食，日皇皇而不息，夜鰥鰥以冰眸。最後聞無量壽佛名字，遂積念焉不休。其志灝然，若

〔一〕「昜」似爲「陽」之誤。「歲陽」爲干支紀年法術語，指十干。

迦樓羅王之闢海水而吞龍也；其身飄然，若不繫之舟，蓮海無邊而嵯峨乎中流。憺乎其幾於不憂也，閔乎嘵嘵，唇敝舌焦，其嘯侶而命儔也。吾之不見知歸子三歲矣！一日十二時，十二時百刻，睇睞送遥睛，喉間長格磔。自今以往，倘得相於茅屋三間，危峰鏡湖，好華一瓶，名香一鑪，一箇蒲團，一箇盋盂，佛號數萬聲，華嚴一兩卷，不亦樂乎！不亦樂乎！紓水瀰瀰，日往月來，云何不思？

乾隆四十一年歲易〔一〕涒灘，歲名柔兆，陬月吉日造

〔一〕趙嗣滄點校本謂「易」字乃「陽」字之誤，全句應作「歲陽柔兆，歲名涒灘」，其説可從。

居士傳跋

儒佛之道，泥其跡若東西之相反，然循其本則一而已矣。知歸子之學，出入儒佛間，初未嘗强而同之，而卒不見其有異，所謂知本者非耶？既以自利，又欲利人。上下數千百年，凡偉人碩士，有契斯道者，采其言行，比以史法，合爲一書，名曰居士傳。事提其要，句鉤其元，真法門班馬也。

僕少失學，耽著五欲，順流忘返。年三十，宦遊京師，偶於市上得靚雲棲法彙，惕然心動，捧歸卒業，始知信向，歸田以往。客居吴門，於勤息菴曉峰老人處，熟知歸子名，後接晤於文星閣中，服其持律之堅，向道之切，不覺惘然自失。知歸子顧以予之能不背於道也，於是往還無間。頃之，出此書示予，予讀之竟，作而歎曰：自爲儒佛之學者，迷不知本，黨同伐異，泣岐無歸。知歸子起而救之，是書之作，蓋欲學者除去異同之見，反循其本，而致力焉。至於一旦豁然，還問其所爲儒佛者，如水中月，如空中華，復何異同之有？予既樂玩其書，爰授之梓人，以廣其傳，兼誌其緣起如此。

乾隆四十年秋八月養空居士王廷言跋

附録一　彭紹昇傳記資料

一行居集卷首知歸子傳後空空子跋

空空子曰：予觀知歸子行事，殆所稱「遯世無悶，不見是而無悶」者歟！然予讀知歸子所著書而悲之。知歸子嘗撰海内諸名公事狀，其人類皆磊磊軒天地者，又嘗爲儒行述、良吏述，或出或處，亦各有以自見者也。以知歸子厠身其間，不難如宫商之協應，而顧退然如不及，豈誠果於忘世者耶？雖然，知歸子嘗一試於鄉矣，開近取堂，釀金萬兩，權出入息，以周士族孤寡之無依者。又以其餘創佛宫、飯僧衆、施冬衣、放生族，積二十餘年而不懈。又嘗一試於家矣，置潤族田，盡捐己田以益之，合五百餘畝。豫爲終制，俾無立後。人或以此多之，知歸子曰：「一切有爲法，如夢幻泡影，此又安足道耶？」

年二十餘，治先儒書，以明道先生爲的，而兼通考亭、象山、陽明、梁谿之説。治古文，出入於韓、李、歐、曾，尤長於叙事，儕輩中推爲承祚、蔚宗之匹，知歸子亦未嘗自喜也。既而遊心竺教，好方山、永明之書，尤推蓮池、憨山爲浄土之前導。年二十九，始斷肉食，又五年，受菩薩戒，不復近婦人。嘗言志在西方，行在梵網。著一乘决疑論，以通儒釋之閡；著華嚴念佛三昧論，以釋禪浄之諍；著浄土三經新論，以暢從上蓮宗未竟之旨；其居士傳、善女人傳、浄土聖賢録，隨機接引，世多傳而誦之。晚而屏居僧舍者，垂十餘年，日有程課，不以病輟，遂終老於文星閣。其逝也，西向念佛而蜕，年五十七。予既與之習，遂論次其人如此，乃其中之所存，有非予所得而窺者矣，姑俟論定於後之君子焉。案，此是先生西歸後，他人書知歸子傳後文也。舊刻誤入集中，今移列於此，閲者詳之。

（據清彭紹昇撰一行居集，臺北新文豐出版公司，一九七三年版）

國朝宋學淵源記卷下附記彭尺木居士

尺木居士，又號知歸子，名紹升，字允初，大司馬芝庭公之四子也。八齡躋於户閾，損一目。早歲舉於鄉，乾隆己丑，成進士，例選知縣，不就。生性純厚，禀家教，讀儒書，謹繩尺。初慕洛陽賈生之爲人，思有以建白樹功名。後讀先儒書，遂一志於儒言儒行，尤喜陸、王之學。及與薛、汪二先生遊，乃閲大藏經，究出世法，絶欲素食，久之，歸心浄土，持戒甚嚴。好作有爲功德，鳩同人施衣施棺、恤嫠放生，鄉人多化之。修浄業後，一切屏去，惟讀古德書。閒作漢隸，收弆金石文字。嘗謂予曰：「朱子亦愛金石碑版。此論語所謂『游於藝』，非玩物喪志也。」治古文，言有物而文有則。熟於本朝掌故，所著名臣事狀、良吏述、儒行述，信而有徵，卓然可傳於後世。論學之文，精心密意，紀律森然。談禪之作，亦擇言爾雅，不涉禪門語録惡習。其解大學「格物」，訓「格」爲「度量」，本之倉頡篇。宋以後儒者自撰詁訓，豈知此哉！其讀古本大學一首，有裨於經傳，文曰：

大學一書，古聖人傳心之學也。傳心之學，「明明德」一言，盡之矣。「親民」者，明德中自然之用，非在外也。民吾同體，親之云者，還吾一體而已矣。故下文不曰「親民」，而曰「明明德於天下」，心量所周，蕩然無際。民視民聽，即吾視聽，民憂民樂，即吾憂樂，如明鏡，物無不鑒，如太虛，物無不覆，是謂「明明德於天下」，故曰「一日克己復禮，天下歸仁焉」。仁，非在外也，亦還吾一體而已矣。「至善」者，明德中自然之矩，所謂「天則」也。見龍無首，乃見天則，聖人以此洗心退藏於密，所謂「至」也，故道莫先於知止矣。知者，明德之所著察，止外無知，知外無止。止外無知，是謂「知本」，知外無止，是謂「知至」。「知至」云者，外觀其物，物無其物，物無其物，是謂「物格」。内觀其意，意無其意，意無其意，是謂「意誠」。進觀其心，心如其心，心如其心，是謂「正心」。由是以身還身，以家還家，以國還國，以天下還天下，不役其心，不動於意，不殺於物，是謂「身修」、「家齊」、「國治」、「天下平」，而其機莫切於知本。家國天下以身爲本，而身以知爲本，故反復於本末之辨，而終之曰：「此謂知本，此謂知之至也。」知本則知止，知止則知至，不其然乎！雖然，本末易知也，知本矣，而其功莫精於誠意。蓋亂吾知者，意也，意之動，而好惡形焉，是不可得而遽泯也，慎之於獨而已矣。慎之於獨，「無有作好」、「無有作惡」而已矣。「如惡惡臭，如好好色」，言無作也，無作則無意矣，「心廣體胖」，此其徵也。淇澳烈文，德之所被，民不能忘，一誠之所貫浹也，所謂「誠於中，形於外」也。何以誠之？反之於獨而已矣。反之於獨，不昧其知，謂之「自明」，「用其極」者，自明之極，本斯在是矣。「緝熙敬止」，其功也；「仁」、「敬」、「孝」、「慈」、「信」，一止也，極也；「大畏民志」，通天下之志也。意既誠矣，知斯至矣，「知本」之說也。然則學者宜知所以事心矣。心本無所，有所，不可也；本無不在，有不在，不可也。善事心者，納之於一矩而已矣，所謂「正」也。自身而家，自家而國，自國而天下，納之於一矩，而無不修且齊焉，治且平焉。「矩」也者，所謂「極」也，「至善」也。「絜矩」云者，即本以知末，「止於至善」，「明明德於天下」之實也。君子先慎乎德，反本而已矣。彼好惡拂人之性者，豈其性異人哉！捨本而逐末，卒爲天下僇，本其可勿務乎？故曰：「自天子以至於庶人，壹是皆以修身爲本。」

居士蓋本陽明之説而推廣之，如「意無其意」，「心本無所」，語近於禪。然其言爲學之次第，知所本矣。又有論語集註疑、大學章句疑、中庸章句疑、孟子集註疑四篇。居士深於陸、王之學，故於朱子不能無疑焉，亦各尊其所聞而已。乾隆四十九年，大司馬卒後，往深山習静，參究向上第一義。自云：「當沈舟破釜，血戰一番，埽盡群魔，以還天明。」作蓼語，示諸兄子。久之，又復家居，尋卒。

（據清江藩著、鍾哲整理國朝宋學淵源記，中華書局，一九八三年版）

浄土聖賢録續編卷二彭紹昇傳

彭紹昇，法名際清，字允初，一字尺木，蘇州長洲人。幼聰穎，年十六，爲諸生，明年舉於鄉。又明年，捷南宫，以名進士終於家。

初不信佛，好世間文字，志存利濟。忽自省曰：「吾未明吾心，奈何？」或告以道家修鍊法，習之三年，不效。後讀佛書，爽然曰：「道之所歸在是矣。」始信向佛乘。慕梁谿高忠憲、廬山劉遺民之爲人，故又號曰二林，以兩公修學地同名東林也。

性純孝，居母喪，宿殯側者三年。父殁，建念佛道場，又願以平日所誦華嚴經十部、彌陀經一千部、金剛經一千部、佛號一千萬聲，代父回向西方。已而盡棄所習，專心竺教。好方山、永明之書，尤推蓮池、憨山，爲净土之前導。年二十九，斷肉食。又五年，從聞學定公受菩薩戒。自是不復近婦人，以知歸子自稱。嘗言志在西方，行在梵網。其自誓文云：

若我際清，既受戒已，還復破戒，增長惡法，毀壞善根，唯願護法諸天，速行誅殛，爲世鑒戒。若我際清，克厲身心，護持戒品，盡此形壽，必生安養，十方三寶，爲我證明，俾我速得，念佛三昧，臨命終時，遠離塵垢，親見彌陀，脱然西邁，更無遮障。見者聞者，如我發心，生極樂國，獲無生忍，回入娑婆，普度有情，俱成正覺。

後閉關文星閣，修一行三昧，顔所處曰「一行居」。作閉關詩十首，一云：

福德門頭事孰真，脚邊狼籍幾多春。而今回向無生國，蜨夢龕中瞌睡頻。

二云：

我佛真身徧十虚，塵塵寂滅更無餘。休將知見重分別，一念回光識得渠。

三云：

輪珠一串無頭尾，念念明時粒粒圓。六字打開無盡藏，拈來放去只如然。

四云：

園居深處悄如山，長日何人更扣關。報與諸公勤護惜，休從門外苦追攀。

五云：堯峰山下雲深處，聞説幽人策短藜。多事東風輕漏泄，經聲又度小樓西。

六云：一枝梅萼破寒林，得意春風枝上禽。聲色堆中休錯過，焚香爲爾念觀音。

七云：舉首低頭放下看，蓮池不隔一毫端。迦陵音裏分明説，常寂光中休自瞞。

八云：閒話閨中破寂寥，人傳此夕是元宵。法華課罷無餘事，龍井新茶試一瓢。自注：時爲二女子授法華經。

九云：重向尼山訪舊盟，鏗然點瑟話無生。蓮華脚下如輪大，沂水春風掉臂行。

十云：香山老子最清真，每到歧涂一問津。莫悵華原消息斷，谿邊依舊十分春。

又令畫工繪極樂世界圖，悉本淨土三經，依正莊嚴。凡四易稾，閱半載乃成。自題偈曰：

若人欲了知，三世一切佛，應觀法界性，一切唯心造。我讀華嚴偈，信入浄土門，由諸佛浄願，成就妙莊嚴。浄願如虚空，不拒種種相，無邊功德水，涌現寶蓮華。一華一衆生，具有如來藏，寶池及寶樹，圍繞寶闌楯。重重妙樓臺，充滿虚空界，或浴香水流，或享上妙味。或趺坐經行，或誦經聽法，或衣裓盛華，供養十方佛。或上善同會，畢入菩提場。衆鳥共天樂，暢發和雅音。從聞入思修，一念總超越，況乃無量壽，安坐寶華臺。慈雲覆人天，諸根普一雨，聞法得解脱，直至次補處。如斯利益事，思議何可窮，亦如彼畫師，一心所轉變。不離毫端量，現此寶王居，非我復非渠，一即徧一切。畫與能畫人，畢竟了無有，願見者聞者，如我所發心。憑兹一念功，自致不退轉，何論萬億程，當處悉具足。

又憫末法衆生，不具正眼，互相抵觸，著一乘決疑論，以通儒釋之閡。著華嚴念佛三昧論，以釋禪浄之諍。著浄土三經新論，以暢從上蓮宗未竟之旨。其居士傳、善女人傳、浄土聖賢録，隨機接引，世多傳而誦之。又嘗醵金萬兩，權入出息，以創佛宫，刊教典，飯僧衆。開近取堂，以周窮乏。置潤族田，以贍貧族。舉恤嫠會，以濟孀居。立放生會，以全物命。各有發願文，回向浄土。

於蘇、杭僧舍屏居十餘年，日有課程，預爲終制，俾無立後。乾隆六十年秋，下痢，仍居文星閣。入冬，精神漸耗，將諸善會貲，一一屬付其姪祝華，令以後永久勿替。有僧真清，問曾見瑞應否，紹昇曰：「有何瑞應？我大事在來年開印日耳。」至嘉慶元年正月二十日清晨，作辭世偈云：「出没閻浮塵點身，流離瑣尾竟何因。而今驀直西方去，瞥眼收回萬劫春。」遂西向趺坐，念佛而脱，時果爲署中開印日，年五十七。居士傳；二林居集；一行居集；觀河集；彭氏家譜；僧真清述

西史氏曰：余聞「二林」不若「一林」好，就了廬山去錫山，竊深然其語。及讀一行書，而歎其去就之得宜；讀決疑、念佛兩論，覺非一非二，無我無渠，乃爽然自失矣。

（據清胡珽編淨土聖賢録續編卷二，卍續藏第七八册）

附録二　校注參考書目

（按書名首字音序排列）

阿彌陀經通贊疏，窺基撰，大正藏第三七册，臺北新文豐出版公司，一九八三年版（本書所用大正藏皆爲此版本，以下不再注明）

安序堂文鈔，毛際可撰，四庫全書存目叢書集部第二二九册，齊魯書社，一九九七年版（本書所用四庫全書存目叢書皆爲此版本，以下不再注明）

白氏長慶集，白居易撰，文學古籍刊行社，一九五五年版

白蘇齋類集，袁宗道撰，錢伯城點校，上海古籍出版社，一九八九年版

般舟三昧經，支婁迦讖譯，大正藏第一三册

北夢瑣言，孫光憲撰，賈二强點校，中華書局，二〇〇二年版

北齊書，李百藥等撰，中華書局，一九七二年版

北史，李延壽等撰，中華書局，一九七四年版

北行日譜，朱祖文撰，筆記小説大觀第五輯，廣陵古籍刻印社，一九八四年版

辯正論，法琳撰，大正藏第五二册

蘖菴别録，熊開元撰，中國國家圖書館藏康熙刻本，二〇〇一年縮微文獻
補續高僧傳，明河撰，卍續藏第七七册，東京國書刊行會，一九八九年版（本書所用卍續藏皆爲此版本，以下不再注明）
測海集節鈔，彭紹昇撰，卍續藏第六二册
禪林僧寶傳，惠洪撰，卍續藏第七九册
常熟縣志，楊振藻編，康熙二十六年刻本，中國國家圖書館藏
成都文類，扈仲榮、程遇孫編，文淵閣四庫全書本，臺灣商務印書館影印，一九八六年版（本書所用四庫全書皆爲此版本，以下不再注明）
成唯識論俗詮，明昱撰，卍續藏第五〇册
成唯識論證義，王肯堂撰，卍續藏第五〇册
池北偶談，王士禛撰，勒斯仁點校，中華書局，一九八二年版
重修曹溪通志，馬元等編，大藏經補編第三〇册，華宇出版社，一九八四年版（本書所用續修四庫全書皆爲此版本，以下不再注明）
出三藏記集，僧祐撰，蘇晉仁等點校，中華書局，一九九五年版
春渚紀聞，何薳撰，張明華點校，中華書局，一九八三年版
詞苑萃編，馮金伯編，續修四庫全書集部第一七三三册，上海古籍出版社，二〇〇二年版（本書所用續修

四庫全書皆爲此版本,以下不再注明)

從先維俗議,管志道撰,四庫全書存目叢書子部第八八册

達變權禪師語録,顯權撰,嘉興藏第二九册,臺北新文豐出版公司,一九八七年版(本書所用嘉興藏皆爲此版本,以下不再注明)

答四十八問,袾宏撰,卍續藏第六一册

大阿彌陀經,王日休輯,大正藏第一二册

大安般守意經,安世高譯,大正藏第一五册

大般涅槃經,曇無讖譯,大正藏第一二册

大寶積經,菩提流支譯,大正藏第一一册

大乘入楞伽經,實叉難陀譯,大正藏第一六册

大方廣佛華嚴經,實叉難陀譯,大正藏第一〇册

大方廣佛華嚴經,般若譯,大正藏第一〇册

大方廣佛華嚴經感應傳,惠英撰,大正藏第五一册

大方廣佛華嚴經隨疏演義鈔,澄觀撰,大正藏第三六册

大方廣圓覺修多羅了義經略疏,宗密撰,大正藏第三九册

大佛頂首楞嚴經疏解蒙鈔,錢謙益撰,卍續藏第一三册

大慧普覺禪師年譜，祖詠編，嘉興藏第一册
大慧普覺禪師語録，蘊聞編，大正藏第四七册
大明高僧傳，如惺撰，大正藏第五〇册
大唐内典録，道宣撰，大正藏第五〇册
大藏聖教法寶標目，王古撰，乾隆大藏經第一四七册，中國書店，二〇〇七年版
澹園集，焦竑撰，李劍雄點校，中華書局，一九九九年版
道鄉集，鄒浩撰，文淵閣四庫全書本
道院集要，晁迥撰，文淵閣四庫全書本
東都事略，王稱撰，文淵閣四庫全書本
東海若解，實賢撰，卍續藏第六二册
東林十八高賢傳，不著撰人，卍續藏第七八册
東林書院志，高廷珍等撰，四庫全書存目叢書史部第二四六册
東坡禪喜集，徐長孺編，四庫全書存目叢書集部第一三册
東坡全集，蘇軾撰，文淵閣四庫全書本
東坡志林，蘇軾撰，王松齡點校，中華書局，一九八一年版
東軒筆録，魏泰撰，李裕民點校，中華書局，一九八一年版

峨眉山志，蔣超撰，中國佛寺史志彙刊第一輯第四五册，明文書局，一九八〇年版（本書所用中國佛寺史志彙刊皆爲此版本，以下不再注明）

法藏碎金録，晁迥撰，文淵閣四庫全書本

法華經持驗記，周克復撰，卍續藏第七八册

法華靈驗傳，了圓撰，卍續藏第七八册

法集要頌經，法救集，大正藏第四册

法鏡經，安玄譯，大正藏第一二册

法苑珠林校注，道世撰，周叔迦等校注，中華書局，二〇〇三年版

梵網經，鳩摩羅什譯，大正藏第二四册

方山薛先生全集，薛應旂撰，續修四庫全書集部第一三四三册

佛法金湯編，心泰編，卍續藏第八七册

佛法金湯徵文録，姚希孟編，明崇禎七年姚氏紫薇堂刻本，中國國家圖書館藏

佛母般泥洹經，慧簡譯，大正藏第二册

佛説觀無量壽佛經，畺良耶舍譯，大正藏第一二册

佛祖綱目，朱時恩撰，卍續藏第八五册

佛祖歷代通載，念常撰，大正藏第四九册

佛祖統紀，志磐撰，大正藏第四九册
高僧傳，慧皎撰，湯用彤校注，湯一介整理，中華書局，一九九七年版
孤忠後録，祝純嘏撰，收入三朝野記，北京古籍出版社，二〇〇二年版
古清涼傳，慧祥撰，大正藏第五一册
古尊宿語録，賾藏主編，蕭萐父等點校，中華書局，一九九四年版
觀音經持驗記，周克復撰，卍續藏第七八册
觀音義疏，智顗撰，大正藏第三四册
廣弘明集，道宣撰，大正藏第五二册
廣仁品，李長科輯，四庫全書存目叢書子部第一五〇册
廣陽雜記，劉獻廷撰，汪北平等點校，中華書局，一九九七年版
歸潛志，劉祁撰，崔文印點校，中華書局，一九八三年版
國朝漢學師承記附國朝經師經義目録、國朝宋學淵源記，江藩著，鍾哲整理，中華書局，一九八三年版
國朝耆獻類徵初編，李桓編，廣陵古籍刻印社，一九九七年版
憨山老人夢遊集，福善、通炯編，卍續藏第七三册
寒山誌傳，趙宧光撰，叢書集成續編史部第三九册，上海書店，一九九四年版
漢書，班固撰，中華書局，一九六二年版

漢魏兩晉南北朝佛教史，湯用彤撰，中華書局，一九八三年版
弘覺忞禪師語録，顯權編，嘉興藏第二六册
弘明集，僧祐撰，大正藏第五二册
弘贊法華傳，慧祥撰，大正藏第五一册
虎丘山志，顧詒禄編，乾隆三十二年刻本，中國國家圖書館藏
護法録，宋濂撰，袾宏輯，錢謙益補訂，嘉興藏第二一册
護法論，張商英撰，大正藏第五二册
華嚴經合論，李通玄撰，卍續藏第四册
畫禪室隨筆，董其昌撰，印曉峰點校，華東師範大學出版社，二〇一二年版
淮南子，高誘注，諸子集成第七册，中華書局，一九五四年版
雞肋集，晁補之撰，文淵閣四庫全書本
集神州三寶感通録，道宣撰，大正藏第五二册
嘉泰普燈録，正受編，卍續藏第七九册
建中靖國續燈録，惟白編，卍續藏第七八册
建州弘釋録，元賢編，卍續藏第八六册
江南通志，趙弘恩、黄之雋編，文淵閣四庫全書本

教外别傳，黎眉等編，卍續藏第八四册
解迷顯智成悲十明論，李通玄撰，大正藏第四五册
金剛般若經集驗記，孟獻忠撰，卍續藏第八七册
金剛般若經靈驗傳，（日本）浄慧編，卍續藏第八七册
金剛經感應故事分類輯要，王澤泩編，卍續藏第八七册
金剛經新異録，王起隆編，卍續藏第八七册
金光明經，曇無讖譯，大正藏第一六册
晋書，房玄齡等撰，中華書局，一九七四年版
景德傳燈録，道源等編，大正藏第五一册
浄土晨鐘，周克復編，卍續藏第六二册
浄土全書，俞行敏等編，卍續藏第六二册
浄土聖賢録，彭希涑編，卍續藏第七八册
浄土聖賢録續編，胡珽編，卍續藏第七八册
浄土十疑論，智顗撰，嘉興藏第四册
浄土指歸集，大佑編，卍續藏第六一册
浄土資糧全集，莊廣還編，卍續藏第六一册

舊唐書，劉昫等撰，中華書局，一九七五年版
居士分燈録，朱時恩編，卍續藏第八六册
開元釋教録，智昇撰，大正藏第五五册
珂雪齋集，袁中道撰，錢伯城點校，上海古籍出版社，一九八九年版
快雪堂集，馮夢禎撰，四庫全書存目叢書集部第一六四册
獪園，錢希言撰，續修四庫全書子部第一二六七册
懶菴奇畢居士别傳録，畢奇撰，康熙五十三年刻本，中國國家圖書館藏
樂邦文類，宗曉編，大正藏第四七册
樂邦遺稿，宗曉編，大正藏第四七册
冷齋夜話，惠洪撰，文淵閣四庫全書本
李温陵集，李贄撰，續修四庫全書集部第一三五二册
禮記集解，孫希旦撰，沈嘯寰等點校，中華書局，一九八九年版
歷代名畫記，張彦遠撰，范祥雍點校，人民美術出版社，二〇〇二年版
歷世真仙體道通鑑，趙道一撰，道藏第五册，文物出版社、上海書店、天津古籍出版社，一九八八年版（本書所用道藏皆爲此版本，以下不再注明）
聯燈會要，悟明編，卍續藏第七九册

梁書，姚思廉撰，中華書局，一九七三年版
梁谿集，李綱撰，文淵閣四庫全書本
了凡四訓白話解釋，袁黄撰，黄智海演述，臺北佛陀教育基金會，二〇〇〇年版
列朝詩集，錢謙益編，續修四庫全書集部第一六二三、一六二三册
林間録，惠洪撰，卍續藏第八七册
臨濟録，慧然編，楊曾文點校，中州古籍出版社，二〇〇一年版
靈峰蕅益大師宗論，智旭撰，嘉興藏第三六册
柳河東集，柳宗元撰，文淵閣四庫全書本
六度集經，康僧會譯，大正藏第三册
龍舒增廣浄土文，王日休撰，大正藏第四七册
廬山記，陳舜俞撰，大正藏第五一册
廬山蓮宗寶鑑，普度編，大正藏第四七册
鹿樵紀聞，吴偉業撰，叢書集成初編第三九九〇册，中華書局，一九八五年版
欒城集，蘇轍撰，文淵閣四庫全書本
論語正義，劉寶楠撰，諸子集成第一册，中華書局，一九五四年版
羅湖野録，曉瑩撰，卍續藏第八三册

吕氏春秋，高誘注，諸子集成第六册，中華書局，一九五四年版

履園叢話，錢泳撰，筆記小説大觀第三輯，廣陵古籍刻印社，一九八四年版

毛詩正義，孔穎達撰，中華書局，一九五七年版

孟子正義，焦循撰，諸子集成第一册，中華書局，一九八七年版

夢溪筆談校證，沈括撰，胡道静校證，上海古籍出版社，一九八七年版

彌勒經遊意，吉藏撰，大正藏第三八册

密藏開禪師遺稿，道開撰，嘉興藏第二三册

名公法喜志，夏樹芳編，卍續藏第八八册

明名臣琬琰録，徐紘編，文淵閣四庫全書本

明儒學案，黄宗羲撰，沈芝盈點校，中華書局，一九八五年版

明史，張廷玉等撰，中華書局，一九七四年版

明州阿育王山志，郭子章撰，中國佛寺史志彙刊第一輯第一一、一二册

冥報記，唐臨撰，卍續藏第八八册

冥祥記，王琰撰，收入魯迅古小説鉤沉，人民文學出版社，二〇〇五年版

墨客揮犀，彭乘撰，孔凡禮點校，中華書局，二〇〇二年版

墨莊漫録，張邦基撰，孔凡禮點校，中華書局，二〇〇二年版

墨子閒詁，孫詒讓撰，諸子集成第四册，中華書局，一九五四年版
牧齋初學集詩注彙校，錢謙益撰，卿朝暉點校，上海古籍出版社，二〇一二年版
牧齋有學集，錢謙益撰，錢仲聯點校，上海古籍出版社，一九九六年版
南村輟耕録，陶宗儀撰，中華書局，一九五九年版
南疆繹史，温睿臨等撰，道光十年刻本，中國國家圖書館藏
南齊書，蕭子顯撰，中華書局，一九七二年版
南史，李延壽撰，中華書局，一九七五年版
南宋元明禪林僧寶傳，自融撰，卍續藏第七九册
念佛三昧寶王論，飛錫撰，大正藏第四七册
龐居士語録，于頔編，卍續藏第六九册
平湖縣志，高國楹等編，乾隆十年刻本，中國國家圖書館藏縮微文獻，二〇〇五年
千頃堂書目，黄虞稷撰，瞿鳳起、潘景鄭點校，上海古籍出版社，一九九〇年版
乾隆紹興府志，李亨特等撰，乾隆五十七年刻本，中國國家圖書館藏
欽定盤山志，蔣溥等編，中國佛寺史志彙刊第一輯第二六至二八册
清涼山志，鎮澄編，山西人民出版社，一九八九年版
清獻集，趙抃撰，文淵閣四庫全書本

瓊樓吟稿節鈔，陶善撰，卍續藏第六二册
全蜀藝文志，周復俊編，文淵閣四庫全書本
全唐文，董誥等編，中華書局，一九八三年版
全唐文補遺，吴鋼主編，三秦出版社，一九九四年版
人天寶鑑，曇秀編，卍續藏第八七册
容臺集，董其昌撰，四庫禁毁書叢刊集部第三二册，北京出版社，二〇〇五年版（本書所用四庫禁毁書叢刊皆爲此版本，以下不再注明）
如如居士三教大全語録，顔丙撰，日本京都建仁寺藏本
三洞群仙録，陳葆光撰，道藏第三二册
三峰藏和尚語録，弘儲編，嘉興藏第三四册
三岡識略，董含撰，四庫未收書輯刊子部第二九册，北京出版社，二〇〇〇年版
三教平心論，劉謐撰，大正藏第五二册
山菴雜録，無愠撰，卍續藏第八七册
山谷集、别集、外集，黄庭堅撰，文淵閣四庫全書本
善慧大士語録，樓穎編，卍續藏第六九册
尚書正義，孔穎達等撰，黄懷信點校，上海古籍出版社，一九九〇年版

神僧傳，不著撰人，大正藏第五〇册
詩話總龜，阮閲撰，周本淳點校，人民文學出版社，一九八七年版
史諱舉例，陳垣撰，中華書局，二〇〇四年版
世説新語箋疏，劉義慶撰，余嘉錫箋疏，中華書局，一九八三年版
首楞嚴經如説，鍾惺撰，卍續藏第一三册
首楞嚴義疏注經，子璿撰，大正藏第三九册
死後之審判，彭紹昇編，上海大雄書店，一九四三年版
四庫全書總目提要，紀昀等撰，中華書局，一九六五年版
四明尊堯集，陳瓘撰，續修四庫全書史部第四四八册
四書章句集注，朱熹撰，中華書局，一九八三年版
嵩山文集，晁説之撰，文淵閣四庫全書本
宋高僧傳，贊寧撰，范祥雍點校，中華書局，一九八七年版
宋史，脱脱等撰，中華書局，一九七七年版
宋史翼，陸心源編，中華書局，一九九一年版
宋書，沈約撰，中華書局，一九七四年版
宋學士文集，宋濂撰，四部叢刊初編本，上海書店，一九八九年版（本書所用四部叢刊初編皆爲此版本，

以下不再注明）

宋元學案，黄宗羲、全祖望撰，陳金生、梁運華點校，中華書局，一九八六年版

隋天台智者大師别傳，灌頂撰，大正藏第五〇册

隨園詩話，袁枚撰，顧學頡點校，人民文學出版社，一九八二年版

孫公談圃，孫昇撰，文淵閣四庫全書本

太平廣記，李昉等編，汪紹楹點校，中華書局，一九六一年版

太史楊復所先生證學編，楊起元撰，四庫全書存目叢書子部第九〇册

太子瑞應本起經，支謙譯，大正藏第三册

唐文粹，姚鉉編，文淵閣四庫全書本

陶菴全集，黄淳耀撰，文淵閣四庫全書本

天聖廣燈録，李遵勖編，卍續藏第七八册

天台山方外志，傳燈撰，大藏經補編第三〇册

天樂鳴空集，鮑宗肇撰，嘉興藏第二〇册

苕溪漁隱叢話，胡仔撰，廖德明點校，人民文學出版社，一九六二年版

鐵琴銅劍樓藏書目録，瞿鏞撰，瞿果行點校，上海古籍出版社，二〇〇〇年版

王右丞集箋注，王維撰，趙殿成箋注，上海古籍出版社，一九八四年版

往生集，袾宏編，大正藏第五一册
往生西方浄土瑞應傳，不著撰人，大正藏第五一册
維摩詰所説經，鳩摩羅什譯，大正藏第一四册
渭南文集，陸游撰，文淵閣四庫全書本
魏書，魏收撰，中華書局，一九七四年版
文昌帝君陰騭文講記，鍾茂森撰，團結出版社，二〇一二年版
文憲集，宋濂撰，文淵閣四庫全書本
文獻通考，馬端臨撰，上海師範大學古籍研究所等點校，中華書局，一九八六年版
文心雕龍校注拾遺，楊明照撰，上海古籍出版社，一九八二年版
文中子中説，王通撰，上海古籍出版社，一九八九年版
吴都文粹，鄭虎臣編，文淵閣四庫全書本
吴江縣志，丁元正等撰，江蘇古籍出版社，一九九一年版
吴梅村全集，吴偉業撰，李學穎點校，上海古籍出版社，一九九〇年版
吴越春秋，趙曄撰，徐天祜音注，江蘇古籍出版社，一九八六年版
無量壽經優波提舍願生偈，菩提流支譯，大正藏第二六册
無門關，宗紹編，大正藏第四八册

五燈會元，普濟編，蘇淵雷點校，中華書局，一九八四年版
五燈全書，超永編，卍續藏第八一册
五苦章句經，竺曇無蘭譯，大正藏第一七册
武林藏書録，丁申撰，古典文學出版社，一九五七年版
武林梵志，吴之鯨撰，文淵閣四庫全書本
武林舊事，周密撰，文淵閣四庫全書本
武夷新集，楊億撰，文淵閣四庫全書本
悟真篇集注，張伯端撰，仇兆鰲注，上海古籍出版社，一九八九年版
西方合論，袁宏道撰，大正藏第四七册
西舫彙征，瑞璋輯，卍續藏第七八册
西山文集，真德秀撰，文淵閣四庫全書本
西塘集，鄭俠撰，文淵閣四庫全書本
先覺宗乘，郭凝之編，卍續藏第八七册
現果隨録，戒顯編，卍續藏第八八册
孝經注疏，邢昺撰，文淵閣四庫全書本
歙菴集，陶望齡撰，續修四庫全書集部第一三六五册

新城縣志，張瓚等撰，康熙十二年刻本，中國國家圖書館藏
新華嚴經論，李通玄撰，大正藏第三六册
新唐書，歐陽修等撰，中華書局，一九七五年版
新續高僧傳四集，喻謙等編，大藏經補編第二七册
鐔津文集，契嵩撰，大正藏第五二册
修習止觀坐禪法要，智顗撰，大正藏第四六册
續傳燈録，居頂編，大正藏第五一册
續燈存稿，通問編，卍續藏第八四册
續燈正統，性統編，卍續藏第八四册
續法喜志，夏樹芳編，四庫全書存目叢書子部第二五五册
續高僧傳，道宣撰，大正藏第五〇册
續清涼傳，張商英編，大正藏第五一册
續湘山野録，文瑩撰，鄭世剛等點校，中華書局，一九八四年版
續夷堅志，元好問撰，四庫全書存目叢書子部第二四六册
續指月録，聶先編，卍續藏第八四册
續資治通鑑綱目，商輅撰，文淵閣四庫全書本

玄沙師備禪師廣録，智嚴編，卍續藏第七三册
懸榻編，徐芳撰，四庫禁毁書叢刊集部第八六册
學佛考訓，浄挺編，嘉興藏第三四册
學餘堂文集，施閏章撰，文淵閣四庫全書本
雪樓集，程鉅夫撰，文淵閣四庫全書本
雪巖和尚語録，昭如等編，卍續藏第七〇册
荀子集解，王先謙撰，諸子集成第二册，中華書局，一九五四年版
顔魯公集，顔真卿撰，文淵閣四庫全書本
瑶光閣集，黄端伯撰，四庫全書存目叢書集部第一九三册
一行居集，彭紹昇撰，臺北新文豐出版公司，一九七三年版
夷堅志，洪邁撰，何卓點校，中華書局，一九八一年版
遺教經（佛垂般涅槃略説教誡經），鳩摩羅什譯，大正藏第一二册
虞德園先生集，虞淳熙撰，四庫禁毁書叢刊集部第四三册
漁洋山人精華録，王士禛撰，四庫全書存目叢書集部第二二五册
玉清金笥青華秘文金寶内煉丹訣，張伯端撰，道藏第四册
玉芝堂談薈，徐應秋撰，文淵閣四庫全書本

御選語録，清世宗編，卍續藏第六八册
寓林集，黄汝亨撰，四庫禁毁書叢刊集部第四二册
豫章黄先生文集，黄庭堅撰，四部叢刊初編本，上海書店，一九八九年版
元詩選，顧嗣立編，中華書局，一九八七年版
元史，宋濂等撰，中華書局，一九七六年版
願學集，鄒元標撰，文淵閣四庫全書本
閲藏知津，智旭撰，嘉興藏第三一册
雲棲法彙選録，袾宏撰，嘉興藏第三三册
增集續傳燈録，文琇編，卍續藏第八三册
湛然居士文集，耶律楚材撰，謝方點校，中華書局，一九八六年版
昭明文選，蕭統編，李善注，中華書局，一九七七年版
趙文肅公文集，趙貞吉撰，四庫全書存目叢書集部第一〇〇册
正法華經，竺法護譯，大正藏第九册
正法眼藏，宗杲編，卍續藏第六七册
正源略集，際源等編，卍續藏第八五册
鄭思肖集，鄭思肖撰，陳福康點校，上海古籍出版社，一九九一年版

止觀輔行傳弘決，湛然撰，大正藏第四六册

止觀大意，湛然撰，大正藏第四六册

指月録，瞿汝稷編，卍續藏第八三册

中國佛教史籍概論，陳垣撰，上海世紀出版集團，二〇〇一年版

中州集，元好問編，四部叢刊初編本

忠介爈餘集，周順昌撰，文淵閣四庫全書本

鍾伯敬先生遺稿，鍾惺撰，明天啓七年刻本，中國國家圖書館藏

周忠介公年譜，殷獻臣編，北京圖書館出版社，一九九七年版

朱文公文集，朱熹撰，四部叢刊初編本

朱子語類，黎靖德編，王星賢點校，中華書局，一九八六年版

竹窗隨筆、二筆、三筆，袾宏撰，大藏經補編第二三册

注四十二章經，迦葉摩騰、竺法蘭譯，宋真宗注，大正藏第三九册

莊子集解，王先謙撰，諸子集成第三册，中華書局，一九五四年版

緇門警訓，永中、如巹編，大正藏第四八册

紫柏老人集，真可撰，嘉興藏第二二册

宗忠簡集，宗澤撰，文淵閣四庫全書本

祖堂集，静、筠二禪師撰，孫昌武等點校，中華書局，二〇〇七年版
祖庭事苑，善卿編，卍續藏第六四册
尊聞居士集，羅有高撰，續修四庫全書集部第一四五三册

人名索引

説　明

一、本索引收録全書各傳傳主，並收録正文及部分注釋中與佛教或傳主有關聯的人名。凡作爲背景人物出現、與佛教無涉者，以及佛教經典中所列佛、菩薩名號等不予收録；佛教傳入中國前之人物如孔子、莊子等，亦不列入索引。但作爲歷史人物異稱的佛、菩薩等名號，予以收録，如錢象祖之稱“慈濟菩薩”。

二、原書傳記一般以字號稱呼，間有名、字、號混用現象。索引一律以正式或通行的名字作主詞條，書中出現的字號、别號、謚號、外來僧人的不同譯名等異稱，列爲參見詞條。如原書謂：“劉彦和，名勰……遂於寺變服，改名慧地。”以“劉勰”爲主詞條，以“劉彦和”、“慧地”列爲參見詞條。對於文中僅出現異稱的人物，仍以正式或通行的名字作主詞條，其字號等則以括注形式附於主詞條之後，如“發凡”提及“王子安《釋迦成道記》”，但全書並未出現“王勃”字樣，則詞條列爲“王勃（王子安）”，以“王子安”爲參見詞條。原文中對人名的略稱，如“什公”，亦以補足的人名“鳩摩羅什”立目，“什公”以括注形式附於主詞條之後。同名者以方括號標注時代等以區别。限於編者學力，個别無法考證出正式或通行名字的人物，照原文編録。

三、主詞條下的數碼，斜綫前爲卷數，斜綫後爲頁數。有＊號者爲傳文所在。

四、索引按人名首字音序排列。

A

安禄山
16/146
19/161
32/283
安世高
1/13
1/21
安玄(安元)
1/13*
1/23
安陽　見沮渠京聲
安元　見安玄
安藏(國寶、龍宫老人、秦國公、文靖)
36/311*
36/312

B

白公　見白居易
白居易(白樂天、香山居士、白公)
發凡/4
13/128
19/165*
19/166
19/168
24/208
白樂天　見白居易
白雲端公　見守端
百泉居士　見李贄
百丈　見懷海
寶幢居士　見顧源
寶積實公
24/203
24/216
24/217
寶覺　見祖心
寶印明　見楚明
寶掌千歲
42/364
寶誌(誌公)
7/72
10/89
鮑性泉　見鮑宗肇
鮑宗肇(鮑性泉、天鼓居士)
42/363*
42/364
北固壽涯　見壽涯
本逸(正覺逸公)
25/219
25/220
畢奇(畢紫嵐、懶菴)
54/488*
54/489
54/490
54/491
畢士穎
2/25
畢紫嵐　見畢奇
别峰　見楚明
伯淳　見程顥
博山無異　見元來
檗菴　見熊開元
不久道人　見蔡承植
布袋
46/416

C

蔡承植(蔡槐庭、不久道人)
42/357*
42/358
42/359
蔡槐庭　見蔡承植
蔡京
27/240
27/242
27/243
28/250
28/251
蔡懋德(蔡維立、忠襄)
51/453*
51/454
51/455

52/476
蔡樞(蔡子應)
31/272*
31/273
蔡維立 見蔡懋德
蔡允忠
51/453
蔡子應 見蔡樞
蒼雪 見讀徹
曹翰
47/425
曹思文
10/87
曹溪 見惠能
岑大蟲 見景岑
長水法師 見子璿
常總(東林總、照覺總公)
25/219
28/248
晁補之(晁無咎)
26/234*
26/235
26/236
26/237
晁迥(晁明遠、文元)
13/128
21/176*
21/178
21/183
26/234
晁明遠 見晁迥
晁説之(晁以道、天台教僧、洧上老法華)
26/237*
晁無咎 見晁補之
晁以道 見晁説之
晁載之
26/235
陳參軍 見陳鍼
陳操
18/157*
18/158
陳俶
51/461*
51/462
陳得全 見陳允昌
陳瓘(陳瑩中、華嚴居士、忠肅)
27/243*
27/245
27/246
陳貴謙
34/293*
34/295
34/298
陳季常 見陳慥
陳景星
24/217
陳君璋
24/217*
陳體常 見陳易
陳廷祼 見陳瓚
陳易(陳體常)
25/225*
25/226
陳瑩中 見陳瓘
陳用拙 見陳至善
陳允昌(陳得全)
30/263*
陳瓚(陳廷祼、莊靖)
40/341
42/354*
陳慥(陳季常)
26/229
陳則梁
42/356
陳鍼(陳參軍)
4/41*
陳至善(陳用拙)
48/436*
陳尊宿
18/156

18/157
程伯子　見程顥
程顥(明道、伯淳、程伯子、程子)
6/67
40/339
44/380
44/393
程季清　見程文濟
程鉅夫　見程文海
程開祚
52/466
程文海(程鉅夫)
35/308
程文濟(程季清、通慧、十願居士)
48/437*
48/438
48/439
程頤(伊川)
7/72
35/300
40/340
45/400
程子　見程顥
澄觀(清涼國師)
16/150
重顯(雪竇)
25/219
重元(華嚴洞老)
21/180
臭菴　見臭菴宗
臭菴宗(臭菴)
31/278
初祖　見菩提達摩
楚峰
38/325
38/326
楚明(寶印明、别峰)
32/281
楚圓(石霜楚圓、慈明)
20/173
28/250
慈恩　見窺基
慈湖　見楊簡
慈濟菩薩　見錢象祖
慈明　見楚圓
慈雲式公　見遵式
此菴元公　見景元
從諗(趙州)
20/172
31/268
31/269
31/270
31/272
31/273
31/274
31/276
34/296
38/323
46/407
54/489
從源　見耶律楚材
從悦(兜率悦)
28/248
28/249
28/250
崔恭
13/122
崔浩
發凡/5
崔應魁
53/480*

D

達觀
20/174
20/175
達觀　見真可
達摩　見菩提達摩
大博　見行乾
大參　見嚴仲懿
大慧　見宗杲
大鑒　見惠能
大朗　見僧朗

大力 見朱鷺
大慶居士 見鄭俠
大喊 見聞子與
大圩 見孫叔子
大心嵩
5/52
大鋮 見王在公
大智
24/203
大珠 見大珠慧海
大珠慧海(大珠)
發凡/5
發凡/6
岱宗 見心泰
戴安道 見戴逵
戴衮
50/451
戴逵(戴安道)
1/22*
5/45
戴升之
42/364
戴顒
1/22
10/86
丹霞然 見天然
澹歸道人
51/460
到溉(到茂灌)
5/49*
5/55
到茂灌 見到溉
道光
19/161
道開(密藏開公)
40/341
44/388
44/392
45/397
道謙(開善謙公、謙)
30/265
31/275
道全(黄檗全)
26/231
道鄉居士 見鄒浩
道宣(宣律師)
發凡/2
1/18
道一(馬祖)
13/129
17/153
18/158
19/166
21/181
21/182
31/271
32/282
51/457
道源
發凡/3
道圓
13/125
德清(憨山德清、憨山清公)
37/321
42/355
48/429
48/431
48/433
48/434
54/485
德山 見宣鑒
德園居士 見虞淳熙
鄧善之 見鄧文原
鄧石陽
43/366
鄧文原(鄧善之)
35/308
丁貴嬪
9/77
9/81
丁劍虹 見丁明登
丁明登(丁劍虹、蓮侶)
48/430*

丁謂
20/170
20/172
東萊　見吕祖謙
東林總　見常總
東溟先生　見管志道
東坡居士　見蘇軾
東陽小威
13/121
13/122
董安仁
35/303
董國華　見董文甫
董吉
4/39*
董其昌(董元宰、文敏)
44/392*
董文甫(董國華)
35/303*
董元宰　見董其昌
洞山曉聰　見曉聰
洞庭生
53/483*
兜率悦　見從悦
讀徹(蒼雪)
49/447
杜甫(老杜)
17/155
19/169
杜居士
41/348*
杜祁公　見杜衍
杜順
14/135
杜衍(杜祁公)
24/216
斷殘　見鍾惺
斷言
49/440
轆轢道人　見嚴仲愨

E

二祖　見慧可

F

發願學人　見馮子振
法本(幻余、幻予)
44/388
45/397
法寵
9/79
9/80
法達
44/373
法度
5/53
10/87
法會(雲谷、棲霞雲谷)
42/355
45/394
45/395
法朗(惠朗)
5/52
法琳
1/17
法全(無菴全公)
31/276
31/277
法秀(圓通)
26/232
26/235
47/418
法雲
9/78
9/80
10/87
法藏(漢月、三峰)
51/453
51/456
51/458
52/472
樊元智
14/135*
范儼
24/207*
范曄(蔚宗)

發凡/5
范縝
10/87
44/384
44/385
44/386
范子喬
42/362
方會(楊岐)
22/191
方山人
38/324
飛錫
1/18
費隱　見通容
汾陽　見無業
豐干
46/416
馮袞
10/94*
馮楫(馮濟川)
31/271*
31/272
31/279
馮濟川　見馮楫
馮開之　見馮夢禎
馮夢禎(馮開之)
40/341*
馮甦
51/459
馮子振(發願學人、海粟居士)
35/307*
佛大先(佛陀斯陀、佛陀斯那)
4/37
佛果　見克勤
佛海　見慧遠[宋]
佛慧法泉(慧來)
21/183
佛舍　見徐坤
佛圖澄(圖澄)
5/45
13/113
佛陀斯那　見佛大先
佛陀斯陀　見佛大先
佛眼遠　見清遠
佛印(了元)
24/208
25/225
福巖佑公
31/276
傅大士　見傅翕
傅光宅
44/388
傅翕(傅大士、善慧)
7/69*
7/72
25/220
傅宜事　見傅綷
傅奕
發凡/5
13/113
傅毅
1/9
傅綷(傅宜事)
5/52*
5/55
富弼(富彥國、鄭國公、富公、文忠)
發凡/6
21/180*
21/181
21/184
富公　見富弼
富彥國　見富弼

G

甘行者　見甘贄
甘贄(甘行者)
18/158*
18/159
31/268
高峰　見原妙
高拱

39/332
高彙旃　見高世泰
高世泰（高彙旃、高子）
12/109*
12/110
12/111
高原昱公　見明昱
高子　見高世泰
戈以安（廣泰）
41/346*
葛繁
22/194*
葛謙問　見葛鄴
葛鄴（葛謙問、信齋）
31/276*
31/277
耿定向（耿天臺）
43/366
44/380
耿天臺　見耿定向
古溪澄公
38/322
38/323
谷隱
20/173
顧歡
5/51
10/87
顧清甫　見顧源
顧源（顧清甫、寶幢居士）
42/355*
42/356
顧智旺　見劉智旺
管登之　見管志道
管東溟　見管志道
管志道（管登之、管東溟、東溟先生）
40/337
44/369*
44/372
44/384
44/393
灌頂
13/121
13/122
廣初
24/205
廣定　見郝熙載
廣慧　見元璉
廣寧王　見耶律楚材
廣泰　見戈以安
廣印（聞谷）
48/429
54/484
54/485
廣寓　見鏡吾居士
圭峰　見宗密
圭山　見宗密
龜山　見楊時
歸有光（歸震川）
19/168
19/169
歸震川　見歸有光
郭大林
41/347*
41/348
郭功父　見郭祥正
郭功甫　見郭祥正
郭凝之
發凡/3
郭祥正（郭功父、郭功甫、浄空居士）
發凡/5
25/224*
25/225
國寶　見安藏

H

海岸道人　見黄端伯
海粟居士　見馮子振
海舟
38/322
憨山德清　見德清
憨山清公　見德清

寒輝菴主
51/460
寒山
17/155
53/483
韓退之 見韓愈
韓侂胄
24/215
韓愈(韓退之)
發凡/4
19/162
19/165
19/169
漢明帝
1/9
漢月 見法藏
郝熙載(廣定)
41/348*
何充
1/23
何點(何子晳)
5/46*
5/47
何遁
5/46*
何晃
4/39
何求(何子有)
5/46*
何善山 見何廷仁
何尚之(何彦德、簡穆)
5/44*
5/45
5/46
5/47
5/55
何曇遠
4/40*
何廷仁(何善山)
42/352
何蘧
26/231
何彦德 見何尚之
何胤(何子季)
5/46*
5/47
5/48
5/49
何準
1/23
何子季 見何胤
何子晳 見何點
何子有 見何求
荷澤 見神會
賀中男
44/390
横浦居士 見張九成
横渠 見張載
衡陽王 見劉義季
弘辯(宏辨)
46/406
弘儲(繼起、退翁)
52/472
52/476
宏辨 見弘辯
洪昉思 見洪昇
洪昇(洪昉思)
19/169
洪州順 見上藍順
侯朝宗 見侯方域
侯峒曾
51/464
侯方域(侯朝宗)
19/168
19/169
侯景
5/50
8/73
侯元潔
51/461*
51/464
侯元演
51/461*
51/464

胡達夫　見胡闓
胡汲仲　見胡長孺
胡闓(胡達夫)
24/207*
胡長孺(胡汲仲、石塘)
35/305*
35/306
護國元公　見景元
華嚴洞老　見重元
華嚴居士　見陳瓘
華嚴論主　見李通玄
懷海(百丈)
32/282
51/457
51/458
懷西居士　見周夢顔
圜悟　見克勤
環禪師
20/172
幻予　見法本
幻余　見法本
黄檗　見希運
黄檗全　見道全
黄承惠(黄元孚、浄明)
48/432*
48/433
黄淳耀(黄藴生)
51/461*
51/462
51/463
51/464
黄端伯(黄元公、海岸道人)
51/453
51/457*
51/458
51/459
黄輝(黄平倩)
42/361*
42/362
黄介子　見黄毓祺
黄溍
37/314
黄龍慧南　見慧南
黄龍南公　見慧南
黄魯直　見黄庭堅
黄平倩　見黄輝
黄汝亨
發凡/3
黄攝六　見黄翼聖
黄庭堅(黄魯直、山谷道人、文節)
26/232*
26/233
26/234
26/237
26/238
39/333
黄偉恭　見黄淵耀
黄晞
51/460
黄翼聖(黄子羽、蓮蘂居士、黄攝六)
48/434*
黄毓祺(黄介子)
51/460*
51/461
黄淵耀(黄偉恭)
51/461
51/464*
黄元孚　見黄承惠
黄元公　見黄端伯
黄藴生　見黄淳耀
黄子羽　見黄翼聖
黄宗羲
52/476
52/477
晦菴　見朱熹
晦山顯公　見戒顯
晦堂　見祖心
惠光　見慧光
惠洪(慧洪、覺範洪)
21/180
25/222

28/250

惠朗　見法朗

惠能（曹溪、大鑒、六祖、盧行者、盧能、能公）

發凡/4

6/68

9/83

13/129

18/160

22/194

22/195

22/196

28/251

28/252

31/276

40/335

40/336

40/339

42/354

44/372

44/373

44/393

49/443

慧超

9/77

慧地　見劉勰

慧觀

16/151

慧光（惠光）

10/94

10/95

慧亨（清照）

24/207

24/208

慧洪　見惠洪

慧經（壽昌經公）

51/458

慧濬

4/38

慧開（無門開公）

31/277

31/278

慧可（二祖、可公、僧可、神光）

10/92

10/93

25/221

44/375

慧來　見佛慧法泉

慧林冲公　見若冲

慧明

16/146

16/149

慧南（黃龍慧南、黃龍南公）

22/191

25/222

26/231

慧日

37/316

慧遠［晋］（遠公、遠師）

2/25

2/27

2/28

3/29

3/30

3/31

3/35

3/36

5/45

10/91

10/92

22/192

24/212

慧遠［宋］（佛海、瞎堂遠）

31/277

慧約（智者）

12/103

慧震

5/52

奯上座　見巖頭全奯

J

吉藏

5/52
5/53
計公
24/216*
濟禪師　見普濟
繼起　見弘儲
迦葉摩騰
1/9
簡穆　見何尚之
江乘縣公　見陸法和
江紑(江含潔)
12/103*
12/111
江公望(江民表)
22/194
27/242*
27/243
27/246
江含潔　見江紑
江禄
12/103
江民表　見江公望
江蒨
12/103
江總
發凡/5
姜埰(姜如農)
52/473*
52/474
52/476
姜如農　見姜埰
蔣超(蔣虎臣)
53/480*
53/481
53/483
蔣虎臣　見蔣超
蔣湋
26/234
椒山　見楊繼盛
焦竑(焦弱侯、文端)
42/361
44/375
44/379*
44/380
44/381
焦弱侯　見焦竑
介　見鄭俠
戒環(温陵)
42/353
戒顯(晦山顯公)
48/434
戒珠
22/192
金道照
52/471
金聲(金正希、金子駿、文毅)
51/453
52/466*
52/471
52/472
52/473
52/476
金正希　見金聲
金子駿　見金聲
晋安王　見梁簡文帝
晋雲威
13/121
13/122
荆公　見王安石
荆山居士　見陸法和
荆王夫人
22/190
24/205
荆溪　見湛然
荆溪然公　見湛然
景岑(岑大蟲)
46/406
景元(護國元公、此菴元公)
24/214
24/215
净空居士　見郭祥正
净樂居士　見張掄

净明 見黄承惠
净嚴
21/180
净圓
24/206
徑山 見宗杲
竟陵王 見蕭子良
敬夫 見張栻
敬脱
9/79
静齋 見劉謐
鏡吾居士(廣寓)
41/346
41/347
鳩摩羅什(什公)
1/15
2/26
沮渠京聲(安陽)
4/37*
4/38
沮渠蒙遜
4/37
聚沙居士 見錢謙益
覺範洪 見惠洪
覺海 見若冲

K

開善謙公 見道謙
鎧菴居士 見吴克己
康樂 見謝靈運
康僧會
1/15
康王 見宋高宗
考亭 見朱熹
可公 見慧可
可公 見真可
可久
24/205
克勤(圜悟、佛果)
30/264
31/267
31/268
克文(真净文、雲菴)
26/230
28/250
空空子
56/498
56/499
空山
31/276
孔生
45/394
45/395
寇準
20/172
窺基(慈恩)
22/188
44/391

L

懶安
34/296
44/375
懶菴 見畢奇
老杜 見杜甫
泐潭澄 見靈澄
樂全先生 見張方平
雷次宗(雷仲倫)
2/25
3/35*
3/36
雷仲倫 見雷次宗
黎允儒
44/372
離垢先生 見劉慧斐
李翺(李習之、李文公)
發凡/4
34/293
35/300
44/393
李白齋
41/348
李邴(李漢老、文敏)
31/269*
31/270
31/272

31/273
31/279
李秉
24/212*
24/213
李伯紀　見李綱
李伯時
發凡/3
47/418
李參軍　見李士謙
李昌齡
21/178
李長科(李小有)
44/382
44/383
44/384
47/427
李純甫(李之純、屏山居士)
發凡/5
35/299*
35/301
35/302
李德遠　見李浩
李都尉　見李遵勖
李端愿
20/174*
李綱(李伯紀、李忠定)
發凡/5
27/246
29/253*
29/254
29/258
30/262
李公武　見李遵勖
李公擇
26/230
李觀(李虔觀)
12/105*
李漢老　見李邴
李浩(李德遠)
31/268*
31/269
31/279
李華
13/122*
李夔(龍圖)
29/253
李彌遜(李似之、李彌遠、普現居士)
31/267*
31/268
31/279
李彌遠　見李彌遜
李模(李子木)
47/426*
李虔觀　見李觀
李嶠
11/100
李如松
45/396
李孺人
51/459
李山龍
14/134*
14/135
14/138
李詵
13/128
李生
53/481*
53/483
李師政
13/113*
13/118
13/129
13/130
李士材
發凡/3
李士謙(李子約、李參軍)
10/95*
10/96
10/97

李似之 見李彌遜
李愬
32/283
李通玄(李長者、李通元、華嚴論主)
發凡/5
偈/8
15/140*
15/144
39/333
42/363
44/392
李通元 見李通玄
李維(李維勉、李仲方)
20/170
20/172
李維勉 見李維
李文公 見李翱
李文進
38/324*
38/325
38/326
38/328
李習之 見李翱
李小有 見李長科
李彥弼
33/290*
李元賓
12/105
李元長
24/213
李長者 見李通玄
李之純 見李純甫
李知遥
14/138*
李贄(李卓吾、温陵居士、百泉居士、龍湖、秃翁)
39/333
43/366*
43/367
43/368
46/404
46/415
49/447
李忠定 見李綱
李仲方 見李維
李卓吾 見李贄
李子木 見李模
李子約 見李士謙
李遵勖(李公武、李都尉)
發凡/3
20/172
20/173*
20/174
蓮池宏公 見袾宏
蓮侶 見丁明登
蓮蘖居士 見黄翼聖
濂溪 見周敦頤
梁簡文帝(晋安王)
4/41
10/91
梁敬之 見梁肅
梁肅(梁敬之)
13/118*
13/122
13/129
梁王 見梁武帝
梁武帝(蕭衍、梁王)
5/46
5/49
5/53
7/69
7/70
7/72
9/77
9/81
10/87
10/91
12/103
12/106
31/276
梁元帝(蕭繹、湘東王)

8/73
8/74
8/75
8/76
諒監寺
20/172
了元　見佛印
蓼洲　見周順昌
林必高
48/437
臨濟　見義玄
靈澄（泐潭澄）
25/223
靈峰　見智旭
靈和先生　見袁宏道
靈祐（溈山、祐公）
18/157
34/296
46/406
劉安世（元城）
35/301
劉長倩　見劉道貞
劉程之（劉遺民、劉仲思）
發凡/5
2/25*
2/26
2/27
3/30
劉道貞（劉長倩、劉濟斌）
51/455*
51/456
51/457
劉公旦　見劉曙
劉海蟾
21/176
23/197
劉慧斐（劉宣文、劉文宣、離垢先生）
10/91*
10/92
劉濟斌　見劉道貞
劉霽（劉士烜）
12/104*
12/111
劉經臣（劉興朝）
25/219*
25/220
25/222
劉靈預　見劉虯
劉謐（静齋）
35/301*
劉謙之
4/42*
劉虯（劉靈預）
10/85*
10/86
10/97
劉士光　見劉歊
劉士深　見劉杳
劉士烜　見劉霽
劉曙（劉公旦）
47/426*
劉通志
41/348*
劉文宣　見劉慧斐
劉錫元（劉玉受）
47/425*
47/426
47/427
劉歊（劉士光、貞節先生）
10/89*
10/90
劉勰（劉彦和、慧地）
5/51*
5/52
5/55
劉興朝　見劉經臣
劉訏（劉彦度、元貞處士）
10/90*
劉宣文　見劉慧斐

劉彥度　見劉訏
劉彥和　見劉勰
劉彥修(劉子羽)
31/273*
31/274
劉杳(劉士深)
5/50*
劉遺民　見劉程之
劉義季(衡陽王)
3/31
劉禹錫(夢得)
發凡/4
劉玉受　見劉錫元
劉裕　見宋武帝
劉之亨
5/50
劉之遴
5/49
劉智旺(劉祖庭、顧智旺)
38/322*
38/323
38/328
劉仲思　見劉程之
劉子羽　見劉彥修
劉祖庭　見劉智旺
柳貫
37/314
柳河東　見柳宗元
柳柳州　見柳宗元
柳子厚　見柳宗元
柳宗元(柳子厚、柳河東、柳柳州)
發凡/4
發凡/5
19/162*
19/163
19/165
19/168
19/169
42/362
六祖　見惠能
龍宫老人　見安藏
龍湖　見李贄
龍舒居士　見王日休
龍樹
5/53
22/188
22/192
46/408
46/413
龍圖　見李夔
龍谿　見王畿
婁堅(婁子柔)
48/431*
婁子柔　見婁堅
盧能　見惠能
盧氏(智福)
48/438
盧行者　見惠能
魯公　見曾公亮
陸伯貞　見陸基忠
陸法和(荆山居士、江乘縣公)
8/73*
8/74
8/75
8/76
42/360
陸光祖(陸與繩、五臺居士、莊簡)
40/339*
40/341
40/342
40/343
40/344
42/363
陸基忠(陸伯貞)
40/341*
40/342
40/343
陸九淵(象山)
44/393
陸俊　見陸浚

陸浚(陸俊)
24/204*
陸康成
14/138*
陸氏(卿子)
47/425
陸游
24/214
陸與繩　見陸光祖
陸沅(陸子元、省菴居士)
24/213*
24/214
陸子元　見陸沅
鹿園居士　見萬表
潞國公　見文彥博
羅達夫　見羅洪先
羅洪先(羅達夫)
38/323
38/324
羅近溪　見羅汝芳
羅汝芳(羅近溪)
43/366
44/372
44/374
44/375
44/380
52/466
羅生　見羅有高
羅臺山　見羅有高
羅有高(羅臺山、羅生)
發凡/6
8/76
37/321
43/368
47/428
56/499
駱見於　見駱鳴雷
駱鳴雷(駱見於)
48/437*
吕大防(吕微仲)
32/281
吕公　見吕惠卿
吕公著
28/250
吕惠卿(吕公)
發凡/4
25/227
27/239
29/253
吕師説
33/291
吕鐵船
31/276*
吕微仲　見吕大防
吕元益
33/290
吕真人
51/461
吕祖謙(東萊)
35/301

M

馬邦良
50/449*
50/451
馬經綸
43/367
43/368
馬亮(忠肅公)
24/205
馬鳴
22/192
馬世奇
52/476
馬圩(馬仲玉)
24/205*
24/206
馬永逸
24/206*
馬仲玉　見馬圩
馬子雲
14/137*
馬祖　見道一
毛際可

53/482
53/483
孟頵
4/38
夢得　見劉禹錫
彌光
31/274
米和尚
18/156
密菴傑公　見咸傑
密雲　見圓悟
密藏開公　見道開
妙喜　見宗杲
妙應
24/203
明本(中峰本)
35/307
51/455
明承烈　見明僧紹
明道　見程顥
明穆宗
39/331
39/332
明僧紹(明休烈、明承烈、質)
發凡/5
10/86*
10/87
10/89
10/97
明山賓(明孝若)
10/87*
10/88
明世宗
39/331
明太宗
44/387
明太祖
37/314
37/318
37/319
37/321
44/387
明孝若　見明山賓
明休烈　見明僧紹
明昱(高原昱公)
44/391
明智　見中立
明仲璋
10/87*
牟融(牟子)
1/10*
1/11
1/12
1/13
1/23
牟子　見牟融

N

那羅窟學人　見瞿汝稷
南康郡王　見韋皋
南泉　見普願
南軒　見張栻
能公　見惠能
念常
發凡/3
聶先
44/389
牛思遠　見牛騰
牛騰(牛思遠)
14/136*

O

歐陽德(歐陽南野)
42/352
歐陽南野　見歐陽德
歐陽修(歐陽永叔)
發凡/4
19/169
歐陽永叔　見歐陽修
藕益　見智旭

P

潘興嗣(潘延之、清逸居士)
25/222*
25/223

潘延之　見潘興嗣
龐道元　見龐蘊
龐公　見龐蘊
龐居士　見龐蘊
龐靈照
17/154
龐蘊(龐居士、龐公、龐道元)
發凡/5
偈/8
17/153*
17/154
17/155
22/185
25/222
49/443
裴迪
19/161
裴公美　見裴休
裴幾原　見裴子野
裴㕚
13/127
裴休(裴公美)
13/123*
13/124
13/127
13/128
13/129
13/133
21/178
裴子野(裴幾原、貞子)
5/50*
5/55
彭際清　見彭紹昇
彭紹昇(彭際清、彭允初、知歸子、彭氏)
序/1
發凡/3
偈/8
1/18
1/23
2/27
2/28
3/36
4/38
4/42
4/43
5/55
6/65
6/66
6/67
6/68
7/72
8/76
9/82
10/97
11/101
12/105
12/109
12/111
12/112
13/128
13/129
14/138
14/139
15/144
15/145
16/152
17/154
17/155
18/160
19/163
19/168
20/174
21/183
22/194
23/200
24/213
24/217
25/227
26/237
27/246
28/251
29/258

30/266
31/279
32/286
33/291
34/298
35/308
36/312
37/321
38/328
39/333
40/343
41/350
42/365
43/368
44/393
45/403
46/414
46/415
47/427
47/428
48/439
49/447
50/451
51/464
52/476
53/483
54/491
55/497
56/498*
56/499
56/500
跋/501
彭氏　見彭紹昇
彭希涑
發凡/3
彭信宇　見彭有源
彭有源(彭信宇)
12/108*
12/109
彭允初　見彭紹昇
屏山居士　見李純甫
破菴先公　見祖先
菩提達摩(達摩、初祖)
6/67
7/72
9/82
9/83
10/92
23/198
25/221
28/251
28/252
31/276
34/294
37/318
40/339
40/340
46/407
普濟(濟禪師)
發凡/3
40/340
普現居士　見李彌遜
普願(南泉)
18/158
22/185
31/268
31/274
42/365
54/488

Q

棲霞雲谷　見法會
齊高帝
10/86
齊武帝
6/56
6/65
契嵩
16/149
謙　見道謙
乾元大聖光天文武孝感皇帝　見唐肅宗
潛溪先生　見宋濂
錢炳(錢伯韞)

48/434*
48/435
錢伯韞　見錢炳
錢端禮
24/214
錢啓忠
51/453
52/476
錢謙益（聚沙居士）
12/109
42/353
51/461
錢世雄
26/231
錢同伯　見錢象祖
錢象祖（錢同伯、慈濟菩薩）
24/214*
24/215
錢元冲
48/438
譙定
30/264
秦國公　見安藏
秦檜
24/210
24/211
31/267
32/282
32/284
青草堂
46/408
卿子　見陸氏
清涼國師　見澄觀
清素
28/250
清逸居士　見潘興嗣
清源（源公）
25/222
清遠（佛眼遠）
31/271
清照　見慧亨
慶餘
29/253
慶諸（石霜）
18/159
秋溟居士　見殷邁
瞿汝稷（瞿元立、那羅窟學人）
40/337
44/384*
44/389
瞿元立　見瞿汝稷
闕公則
1/17*
1/18
1/23

R

任灌
13/125
任孝恭
5/50*
如珏
54/490
如滿
19/166
19/168
如如居士　見顏丙
阮士宗　見阮孝緒
阮孝緒（阮士宗）
10/92*
阮裕
1/23
若冲（慧林冲公、覺海）
25/219
26/235

S

三峰　見法藏
散木　見圓澄
僧可　見慧可
僧朗（大朗、攝山）
5/53
僧詮
5/52

5/53
僧顯
22/192
僧祐(祐法師)
發凡/2
5/51
僧遠
10/86
僧肇(肇公)
2/26
山谷道人　見黄庭堅
善慧　見傅翕
善權清
32/281
商居士
14/136*
上蔡　見謝良佐
上藍溥
25/223
上藍順(洪州順)
26/231
上生居士　見袁中道
上行先生　見庾詵
韶山杲公
25/219
25/220
紹隆
30/264
30/265
攝山　見僧朗
神光　見慧可
神會(荷澤)
13/125
13/129
44/374
神考　見宋神宗
神照
24/206
沈士榮
35/301*
沈束
39/331
沈約
發凡/5
省菴居士　見陸沅
省菴實賢
19/163
省常(圓净)
22/190
24/204
省聰(聖壽聰、壽聖聰)
26/230
聖安澄公
36/309
聖壽聰　見省聰
尸利密多羅
1/23
施閏章
53/481
師備(元沙、玄沙)
44/381
師觀(月林)
34/293
師戒(五祖戒)
26/230
46/408
十如居士　見吴繼勛
十願居士　見程文濟
什公　見鳩摩羅什
石簣居士　見陶望齡
石霜　見慶諸
石霜楚圓　見楚圓
石塘　見胡長孺
石頭　見希遷
石頭居士　見袁宏道
史阿誓(史呵擔)
14/134*
14/135
史呵擔　見史阿誓
史彌遠
24/215
世親　見天親
守端(白雲端公)
25/224

守寧
24/208
壽昌經公　見慧經
壽聖聰　見省聰
壽涯(北固壽涯)
35/306
舒王　見王安石
碩機
52/476
司馬光(涑水)
28/250
35/300
司馬喬卿
12/105*
思齊
24/210
死心禪師　見悟新
松杏老人
38/326
嵩公　見嵩頭陀
嵩頭陀(嵩公)
7/69
7/71
宋高宗(康王、太上光堯壽聖皇帝)
24/211
24/212
29/253
30/261
30/262
32/282
宋徽宗
26/234
27/240
27/242
28/250
28/251
29/253
宋景濂　見宋濂
宋濂(宋景濂、潛溪先生、無相居士、文憲)
37/314*
37/315
37/317
37/318
37/319
37/320
37/321
宋明帝
5/47
宋寧宗
34/292
宋仁宗
21/177
宋神宗(神考)
25/222
26/228
26/229
27/239
宋世隆(宋文森)
54/486*
54/487
54/488
宋太宗
20/170
宋文帝
5/44
5/46
宋文森　見宋世隆
宋武帝(劉裕)
2/25
3/31
3/34
宋學程
54/486
宋哲宗
27/240
27/242
宋真宗
20/170
21/176
蘇東坡　見蘇軾
蘇軾(蘇東坡、東坡居

士、蘇子瞻、文忠)
發凡/4
12/106
12/107
21/181
21/182
22/190
26/228*
26/229
26/230
26/231
26/234
26/237
26/238
27/240
35/300
39/333
46/408
蘇頲
14/137
蘇轍(蘇子由、文定)
26/230
26/231*
蘇子由　見蘇轍
蘇子瞻　見蘇軾
涑水　見司馬光
孫汴　見孫忭
孫忭(孫汴、無諍居士)
24/208*
孫綽(孫興公)
1/18*
1/20
1/21
5/45
孫良
24/203*
孫權
1/14
1/15
孫十二郎　見孫忠
孫叔子(大圩)
41/346*
41/347
孫興公　見孫綽
孫忠(孫十二郎)
24/205*

T

太上光堯壽聖皇帝　見宋高宗
曇華(應菴)
31/268
31/269
湯臨川　見湯顯祖
湯顯祖(湯臨川)
19/169
唐昌全
51/461*
51/464
唐穆宗
19/165
唐時(唐宜之)
44/382*
44/384
唐順之(唐應德)
38/323
唐順宗
19/162
唐肅宗(乾元大聖光天文武孝感皇帝)
16/146
16/148
唐體如　見唐廷任
唐廷任(唐體如)
41/346*
唐文獻
44/388
唐憲宗
19/165
唐宣宗
12/106
唐宜之　見唐時
唐應德　見唐順之
唐中宗
11/101

唐子張
44/380
陶八
16/152
陶潛(陶淵明)
2/27
2/28
43/367
陶如耀
48/437
陶奭齡
44/375*
44/379
陶望齡(陶周望、石簣居士、文簡)
38/326
38/327
42/361
44/374*
44/375
44/376
44/379
44/381
陶淵明　見陶潛
陶周望　見陶望齡
提婆
5/53
天池山樵　見嚴澂
天鼓居士　見鮑宗肇
天后　見武則天
天笠珍　見行珍
天親(世親)
22/188
天然(丹霞然)
21/181
21/182
天如
52/472
52/473
天台教僧　見晁説之
天童　見圓悟
天衣　見義懷
天隱　見圓修
田敦
13/122
鐵鞭　見允韶
通慧　見程文濟
通容(費隱)
54/484
54/485
54/486
通潤(一雨)
48/436
通隱先生　見周續之
禿翁　見李贄
圖澄　見佛圖澄
退翁　見弘儲

W

萬表(萬民望、鹿園居士)
38/323*
38/324
38/328
萬敬儒
12/106*
萬民望　見萬表
萬松老人　見萬松行秀
萬松行秀(萬松秀公、萬松老人)
36/309
36/310
萬松秀公　見萬松行秀
汪大紳　見汪縉
汪鈍翁　見汪琬
汪縉(汪大紳、汪生)
序/1
發凡/6
1/24
2/28
5/55
6/66
6/68
7/72
8/76

9/82
9/83
9/84
12/112
13/129
13/130
13/131
14/139
15/145
16/152
17/155
19/168
20/175
21/184
22/195
23/201
24/218
25/227
26/238
27/246
28/251
29/259
30/266
31/280
32/286
33/291
34/298
35/308
36/312
37/321
39/333
40/343
41/350
43/368
45/403
46/415
49/447
50/452
51/465
52/477
55/497
汪生　見汪縉
汪琬(汪鈍翁)
19/168
19/169
53/483
王安石(王介甫、荆公、舒王)
21/181
21/182
25/222
26/228
27/239
27/243
28/247
35/300
王邦叔
23/199*
23/200
王伯安　見王守仁
王勃(王子安)
發凡/4
王中(王簡栖)
發凡/4
王醇(王先民)
48/435*
48/436
王旦(文正)
22/190
22/191
王導
1/23
5/45
王道安　見王爾康
王定國
26/230
王爾康(王道安、性海居士)
38/326*
38/327
38/328
王方麓　見王樵
王艮(心齋)
44/393

王古(王敏仲)
13/128
21/176
22/186
22/189
22/190*
22/191
22/192
22/193
22/194
24/205
王固
10/97
王顧亭　見王廷言
王顧庭　見王廷言
王畿(王汝中、龍谿)
38/323
43/366
王季常
42/364
王儉
5/48
王簡栖　見王中
王介甫　見王安石
王縉
19/161
19/162
王敬初
18/156*
18/157
王肯堂(王宇泰)
44/388
44/390*
44/391
44/392
王孟夙　見王在公
王珉
1/23
30/264
王敏仲　見王古
王摩詰　見王維
王平仲　見王志長
王齊之　見王喬之
王起隆
42/364
王喬之(王齊之)
2/26
3/30*
3/31
王樵(王方麓)
44/390
44/391
王日休(王虚中、龍舒居士)
26/231
33/287*
33/288
33/289
33/290
33/291
王汝中　見王畿
王弱生　見王志堅
王韶
25/226*
王士禛
53/481
王守仁(王陽明、王伯安)
38/328
42/352
42/360
44/393
51/453
52/466
王叔文
16/151
19/162
王隨(王子正、章惠)
21/178*
21/179
21/183
王坦之
1/23
5/45

王闐(王無功)
24/209*
24/210
王廷言(王顧庭、王顧亭、養空居士)
發凡/6
發凡/7
跋/501
王通(文中子)
9/82
13/133
王維(王摩詰、王右丞)
發凡/4
發凡/5
19/161*
19/162
19/168
39/333
王文　見王彧
王無功　見王闐
王無咎　見王彧
王羲之
1/23
王先民　見王醇
王虚中　見王日休
王珣
1/23
30/264
王陽明　見王守仁
王右丞　見王維
王宇泰　見王肯堂
王與遊　見王志慶
王育仁
38/326
王彧(王文、王子文、王子彧、王知非、王無咎、照了居士)
35/302*
35/303
王在公(王孟夙、大鏚)
48/429*
48/431
王知非　見王彧
王志長(王平仲)
44/390*
王志堅(王弱生)
44/390*
48/432
王志慶(王與遊)
44/390*
王衷
24/210*
王仲回
22/190*
王子安　見王勃
王子文　見王彧
王子彧　見王彧
王子正　見王隨
王宗稷
26/231
韋城武　見韋臯
韋臯(韋城武、韋公、南康郡王、忠武)
16/149*
16/150
16/151
16/152
韋公　見韋臯
韋執誼
19/162
惟白
發凡/3
惟尚
32/282
惟儼(藥山)
18/158
18/159
31/271
34/293
潙山　見靈祐
洧上老法華　見晁説之
蔚宗　見范曄
衛士度
1/17

衛仲達
45/399
45/400
魏處士
19/161
魏國公　見張浚
魏世子
4/40*
魏收
發凡/5
魏孝明帝
11/98
魏孝文帝
4/42
魏忠賢
49/440
49/441
49/442
温陵　見戒環
温陵居士　見李贄
温月峰
53/479*
53/483
文　見楊億
文定　見蘇轍
文定　見張方平
文端　見焦竑
文公　見文彦博
文惠太子　見蕭長懋
文簡　見陶望齡
文節　見黄庭堅
文靖　見安藏
文靖　見嚴訥
文恪　見朱國祚
文寬夫　見文彦博
文敏　見董其昌
文敏　見李邴
文肅　見趙貞吉
文憲　見宋濂
文宣　見蕭子良
文偃(雲門)
21/181
21/182
31/273
文彦博(文寬夫、潞國公、文公、忠烈)
發凡/6
21/180*
21/184
文毅　見金聲
文毅　見姚希孟
文元　見晁迥
文湛持　見文震孟
文震亨
49/441
文震孟(文湛持)
49/441
49/442
49/447
文正　見王旦
文正　見耶律楚材
文中子　見王通
文忠　見富弼
文忠　見蘇軾
文忠　見張商英
文忠　見真德秀
聞谷　見廣印
聞生　見聞子與
聞喜公　見蕭子良
聞仲子　見聞子與
聞子與(大瞰、聞仲子、聞生)
48/432
48/433*
48/434
吴秉信(吴信叟、吴子才)
24/210*
24/211
吴大恩(仰竹)
41/349*
吴德夫　見吴恂
吴復之　見吴克己
吴觀我　見吴應賓

吴繼勛(吴用卿、十如居士)
41/349*
吴君平
12/108*
吴克己(吴復之、鎧菴居士)
24/216*
24/217
吴萊
37/314
吴履齋 見吴潛
吴敏(吴元中)
29/254
吴潛(吴毅夫、吴履齋)
34/295*
34/296
34/297
34/298
吴尚之 見吴應賓
吴十三
31/275*
吴體中 見吴用先
吴惟明
44/388
吴偉明(吴元昭)
31/274*
31/279
吴信叟 見吴秉信
吴恂(吴德夫)
25/226*
25/227
吴毅夫 見吴潛
吴應賓(吴尚之、吴觀我)
44/392*
吴用卿 見吴繼勛
吴用先(吴體中)
44/391*
吴元昭 見吴偉明
吴元中 見吴敏
吴瞻樓
48/435*
吴璋
12/107*
12/108
吴子才 見吴秉信
無菴全公 見法全
無垢居士 見張九成
無盡居士 見張商英
無門開公 見慧開
無爲子 見楊傑
無聞
37/319
無相居士 見宋濂
無業(汾陽)
21/181
21/182
無諍居士 見孫忭
五臺居士 見陸光祖
五祖戒 見師戒
武則天(則天、天后)
11/99
11/100
悟明
發凡/3
悟新(死心禪師)
26/234

X

西空居士 見朱鷺
希遷(石頭)
17/153
18/158
31/271
希運(黄檗)
13/123
13/124
18/158
郗超
1/22
5/45
郗愔
1/22
習鑿齒

1/23
瞎堂遠　見慧遠[宋]
夏樹芳
發凡/2
夏竦
發凡/4
25/227
夏雲蛟
51/461*
51/464
咸傑(密菴傑公)
31/278
現聞　見姚希孟
香光居士　見袁宗道
香光子　見袁宗道
香林　見香林澄遠
香林澄遠(香林)
46/407
香山居士　見白居易
香巖　見香嚴智閑
香嚴智閑(香巖)
28/249
44/392
湘東王　見梁元帝
向居士
10/92*
10/94
10/97
象山　見陸九淵
蕭琛
10/87
蕭德施　見蕭統
蕭謨之
5/44
5/45
蕭士瑋
51/453
蕭統(昭明太子、蕭德施)
9/77*
9/82
蕭衍　見梁武帝
蕭曄
9/78
蕭繹　見梁元帝
蕭瑀
13/113
蕭長懋(文惠太子)
5/48
6/57
蕭子良(竟陵王、文宣、雲英、聞喜公)
6/56*
6/57
6/65
6/66
6/67
8/76
10/85
小本
24/210
小法華
22/191
小壽
21/178
曉聰(洞山曉聰)
25/223
曉師　見宗曉
曉瑩
21/181
謝安
1/23
5/45
謝敷(謝慶緒)
1/21*
1/22
5/45
謝鯤
1/23
2/25
謝良佐(上蔡)
35/301
謝靈運(康樂)
3/36

謝慶緒　見謝敷
心泰(岱宗)
發凡/2
44/371
心齋　見王艮
辛替否(辛協時)
11/101*
11/102
辛協時　見辛替否
信齋　見葛郯
邢卲(邢子才)
10/96
邢子才　見邢卲
行乾(大博)
53/480
53/481
行珍(天笠珍)
54/487
醒愚
54/488
性海居士　見王爾康
雄俊
22/188
熊開元(熊魚山、蘗菴、正志)
發凡/6
44/392
52/472*
52/473
52/474
52/475
52/476
52/477
熊魚山　見熊開元
修顒
21/181
徐成民　見徐坤
徐春門　見徐洪澤
徐芳
53/480
徐洪澤(徐春門)
42/364
徐驥生
50/450
徐九一　見徐汧
徐坤(徐成民、佛舍)
44/390
50/450*
50/451
徐汧(徐九一)
47/426*
徐孝克
10/97
徐琰
44/388
許衡(許魯齋)
37/321
許魯齋　見許衡
許式(許叔矜)
25/223*
25/224
許叔矜　見許式
許詢
1/23
5/45
宣恭　見張普惠
宣鑒(德山)
9/84
28/249
49/448
51/457
52/478
宣律師　見道宣
玄沙　見師備
玄奘
1/15
5/47
薛大春(薛元初)
38/327*
38/328
薛嚴
14/135*
薛元初　見薛大春
雪竇　見重顯

雪峰　見義存
雪峰然公
31/275
雪嶠　見圓信
荀生
4/43*

Y

延壽(永明)
37/321
42/363
49/445
閻邦榮
24/214*
顔丙(如如居士)
31/275*
顔公　見顔真卿
顔顒碩
16/149
顔清臣　見顔真卿
顔延之
5/44
顔真卿(顔清臣、顔公)
16/146*
16/148
16/149
16/152
顔之推
10/97
嚴澂(嚴道徹、天池山樵)
40/337*
40/338
嚴道徹　見嚴澂
嚴道行　見嚴濟
嚴法華　見嚴恭
嚴佛調
1/13
1/15
嚴恭(嚴法華)
4/43*
嚴濟(嚴道行)
40/338*
嚴峻
16/146
16/149
嚴開宗　見嚴澤
嚴康朝
31/268*
嚴老佛　見嚴訥
嚴敏卿　見嚴訥
嚴訥(嚴敏卿、嚴老佛、嚴青天、文靖)
40/335*
40/337
40/338
40/343
40/344
42/354
嚴樸
40/337*
40/338
嚴青天　見嚴訥
嚴拭(嚴子張)
40/338*
嚴嵩
39/331
40/335
42/354
嚴澤(嚴開宗)
40/338*
嚴仲慤(大參、轆轢道人)
54/484*
54/485
54/486
嚴子張　見嚴拭
巖頭全奯(奯上座)
18/159
21/181
21/182
28/249
30/264
羊元保
5/44

5/45
楊邦華　見楊嘉禕
楊次公　見楊傑
楊大年　見楊億
楊大濴(楊子澄)
47/426*
楊復所　見楊起元
楊公幹　見楊廷楨
楊繼盛(椒山)
49/447
49/448
楊嘉禕(楊邦華)
41/345*
楊簡(慈湖)
44/393
楊傑(楊次公、無爲子)
22/185*
22/186
22/190
22/194
24/206
楊岐　見方會
楊起元(楊貞復、楊復所)
44/372*
44/374
44/393
楊時(龜山)
35/301
楊時泰
50/451
楊廷樞(楊維斗)
47/426*
楊廷楨(楊公幹)
47/426*
楊維斗　見楊廷樞
楊億(楊大年、文)
20/170*
20/171
20/172
20/173
20/174
21/183
22/186
22/191
32/281
楊貞復　見楊起元
楊子澄　見楊大濴
仰竹　見吴大恩
養空居士　見王廷言
姚察
10/97
姚孟長　見姚希孟
姚文初　見姚宗典
姚希孟(姚孟長、現聞、文毅)
發凡/2
25/223
47/425
49/442*
49/443
49/447
49/448
姚宗典(姚文初)
47/426*
藥山　見惟儼
耶律楚材(耶律晋卿、湛然居士、從源、廣寧王、文正)
35/301
36/309*
36/310
36/311
36/312
耶律晋卿　見耶律楚材
一拂居士　見鄭俠
一是居士　見鄭思肖
一雨　見通潤
伊川　見程頤
義存(雪峰)
21/181
21/182
義懷(天衣)
22/185

義玄(臨濟)
9/84
18/157
20/175
28/248
32/283
49/448
51/457
殷邁(殷時訓、秋溟居士)
42/352*
42/353
殷時訓　見殷邁
殷獻臣
49/442
應菴　見曇華
雍正
23/201
永明　見延壽
湧泉　見湧泉景欣
湧泉景欣(湧泉)
46/407
優填王
1/9
祐法師　見僧祐
祐公　見靈祐
于昶
14/136*
于頔
17/154
于湖居士　見張孝祥
于玉立
44/388
余放牛
31/277*
31/278
庾冰
1/23
庾亮
1/23
5/45
庾詵(庾彥寶、上行先生、貞節先生)
10/90*
10/91
庾彥寶　見庾詵
虞伯生　見虞集
虞淳熙(虞長孺、德園居士)
42/359*
42/360
42/361
虞淳貞(虞僧孺)
42/359*
42/360
42/361
虞集(虞伯生)
35/308
虞僧孺　見虞淳貞
虞長孺　見虞淳熙
元城　見劉安世
元德秀(元紫芝、元魯山)
12/105*
12/106
元來(博山無異)
48/437
元璉(廣慧)
20/171
20/172
20/175
元魯山　見元德秀
元沙　見師備
元世祖
36/312
37/321
元素
41/346
元太宗
36/309
元太祖
36/309
元照(圓照)
26/228

元貞處士　見劉訏
元紫芝　見元德秀
袁伯長　見袁桷
袁伯修　見袁宗道
袁登
46/414*
袁宏道(袁中郎、石頭居士、靈和先生)
44/375
46/404*
46/405
46/411
46/412
46/413
46/414
46/415
袁黄(袁了凡、袁學海)
44/388
45/394*
45/395
45/396
45/397
45/398
45/403
袁桷(袁伯長)
35/308
袁了凡　見袁黄
袁小修　見袁中道
袁學海　見袁黄
袁儼
45/396
45/402
袁中道(袁小修、上生居士)
43/368
46/404*
46/412
46/413
46/414
袁中郎　見袁宏道
袁宗道(袁伯修、香光居士、香光子)
46/404*
46/405
46/411
46/414
46/415
原妙(高峰)
42/360
48/437
54/489
圓澄(散木)
42/363
圓極居頂
發凡/3
圓浄　見省常
圓通　見法秀
圓悟(密雲、天童)
51/458
51/460
54/485
圓信(雪嶠)
48/437
圓修(天隱)
54/485
圓照　見元照
源公　見清源
遠公　見慧遠
遠師　見慧遠
願公
10/91
約齋居士　見張鎡
月林　見師觀
雲菴　見克文
雲法師
5/50
雲谷　見法會
雲門　見文偃
雲棲宏公　見袾宏
雲英　見蕭子良
允韶(鐵鞭)
34/293

Z

眢定國(眢省齋)

24/216*
晳省齋　見晳定國
則天　見武則天
曾大奇(曾端甫)
47/417*
47/424
47/427
曾端甫　見曾大奇
曾鳳儀
44/388
曾公亮(魯公)
46/408
曾乾亨
44/388
湛然(荆溪、荆溪然公)
13/118
13/121
13/122
13/129
湛然居士　見耶律楚材
章惇
發凡/4
27/240
27/243
章惠　見王隨
張愛
41/349*
41/350
張安道　見張方平
張安國　見張孝祥
張冰菴　見張立廉
張伯端(張平叔、張用誠、紫陽)
23/197*
23/199
23/200
23/201
張大圓　見張有譽
張德遠　見張浚
張迪
24/204*
張方平(張安道、樂全先生、文定)
21/181*
21/182
21/184
張功父　見張鎡
張功甫　見張鎡
張果
4/41
張洪賑　見張普惠
張九成(張子韶、無垢居士、横浦居士)
32/281*
32/282
32/283
32/284
32/285
32/286
35/301
張居正
42/352
44/369
張浚(張德遠、魏國公、忠獻)
30/263*
30/264
30/265
30/266
張㮣　見張鍾㮣
張萊民　見張野
張立廉(張冰菴)
55/497
張掄(浄樂居士)
24/211*
24/212
張平叔　見張伯端
張普惠(張洪賑、宣恭)
11/98*
11/99
張欽夫　見張栻
張詮(張秀實)
2/25

3/29*
張融
5/47
5/51
張商英(張天覺、文忠、無盡居士)
發凡/5
21/182
28/247*
28/248
28/249
28/250
28/251
28/252
張時可 見張鎡
張栻(張欽夫、敬夫、南軒)
35/301
35/306
張天覺 見張商英
張廷珪(貞穆)
11/99*
11/101
11/102
張綰
5/49
張文逸 見張孝秀
張孝始 見張元
張孝祥(張安國、于湖居士)
33/287
33/288*
張孝秀(張文逸)
10/91
10/92*
張秀才 見張拙
張秀實 見張詮
張野(張萊民)
2/25
3/29*
張用誠 見張伯端
張有譽(張大圓)
51/460
52/476*
張元(張孝始)
12/104*
張載(橫渠)
35/300
張鍾馗(張馗)
22/188
張拙(張秀才)
18/159*
18/160
張鎡(張功甫、張功父、張時可、約齋居士)
31/278*
31/279
張子灝
51/463
張子韶 見張九成
昭明太子 見蕭統
照覺總公 見常總
照了居士 見王彧
照明
15/144
趙抃(趙忭、趙閱道、趙清獻)
21/180
21/182*
21/183
21/184
趙忭 見趙抃
趙表之 見趙令衿
趙大洲 見趙貞吉
趙凡夫 見趙宧光
趙宧光(趙凡夫)
47/424*
47/425
47/427
趙令衿(趙表之)
31/268*
趙蒙吉(趙小洲、趙仲通)

39/329*
39/333
趙孟頫(趙子昂)
35/308
趙孟静　見趙貞吉
趙清獻　見趙抃
趙挺之
22/193
26/233
26/234
趙小洲　見趙蒙吉
趙閲道　見趙抃
趙貞吉(趙大洲、趙孟静、文肅)
發凡/5
發凡/6
39/329*
39/331
39/332
39/333
趙仲通　見趙蒙吉
趙州　見從諗
趙子昂　見趙孟頫
肇公　見僧肇
貞節先生　見劉歊
貞節先生　見庾詵
貞穆　見張廷珪
貞子　見裴子野
真德秀(真希元、真西山、文忠)
34/292*
34/295
34/298
真浄文　見克文
真可(紫柏、達觀、可公)
39/333
40/341
40/342
40/343
40/344
42/363
44/388
44/391
44/392
50/450
真西山　見真德秀
真希元　見真德秀
鎮澄
13/128
正覺逸公　見本逸
正受
發凡/3
正志　見熊開元
鄭國公　見富弼
鄭介夫　見鄭俠
鄭牧卿
14/137*
鄭思肖(鄭所南、一是居士)
35/303*
35/304
35/305
鄭所南　見鄭思肖
鄭俠(鄭介夫、大慶居士、一拂居士、介)
27/239*
27/240
27/246
鄭興裔
24/213
支識　見支婁迦讖
支道林　見支遁
支遁(支道林)
1/17
1/18
1/23
支法度
1/13
支恭明　見支謙
支紀明　見支亮
支亮(支紀明)
1/14*
支婁迦讖(支讖)

1/14*
支謙(支恭明、支越)
1/13*
1/15
1/23
支越　見支謙
知歸子　見彭紹昇
志磐
發凡/3
智福　見盧氏
智旭(藕益、靈峰)
42/364
48/438
智顗(智者)
4/41
13/121
22/188
24/217
27/244
智者　見慧約
智者　見智顗
誌公　見寶誌
質　見明僧紹
中峰本　見明本
中立(明智)
26/237
27/243
27/244
忠介　見周順昌
忠烈　見文彦博
忠肅　見陳瓘
忠肅公　見馬亮
忠武　見韋皋
忠獻　見張浚
忠襄　見蔡懋德
鍾伯敬　見鍾惺
鍾離瑾
24/202*
24/203
鍾離景融
24/203*
鍾離松
24/203*
24/217
鍾惺(鍾伯敬、斷殘)
44/389*
44/390
周安士　見周夢顔
周必大
33/291
周楚峰　見周廷璋
周道祖　見周續之
周敦頤(周茂叔、濂溪、周元公、周子)
發凡/4
13/129
35/300
35/306
40/339
44/370
44/393
周海門　見周汝登
周景文　見周順昌
周茂叔　見周敦頤
周夢顔(周安士、周思仁、懷西居士)
47/424
55/492*
55/493
55/496
55/497
周汝登(周海門)
44/375
周尚文
39/331
周順昌(周景文、蓼洲、忠介)
發凡/6
49/440*
49/441
49/442
49/447
周思仁　見周夢顔
周廷璋(周楚峰、周玉

宇）
42/357*
周續之（周道祖、通隱先生）
2/25
2/27
2/28
3/34*
周延儒
52/472
52/473
52/474
周彦倫　見周顒
周顗
1/23
5/45
周顒（周彦倫）
發凡/5
1/23
5/47*
5/48
5/49
5/55
47/419
周玉宇　見周廷璋
周元公　見周敦頤
周知微
54/486*
周子　見周敦頤
朱白民　見朱鷺
朱綱
41/347*
朱國祚（朱兆隆、文恪）
44/389*
朱進士
24/208*
24/209
朱康叔　見朱壽昌
朱鷺（朱白民、西空居士、大力）
48/429
48/430*
48/431
朱時恩
發凡/3
朱壽昌（朱康叔）
12/106*
朱文公　見朱熹
朱熹（朱子、朱文公、晦菴、考亭）
6/66
6/67
7/72
9/83
13/132
13/133
35/301
35/305
35/306
37/321
38/324
38/325
40/340
朱元英
8/73
朱元正
42/356*
朱兆隆　見朱國祚
朱子　見朱熹
朱祖文
49/442
袾宏（蓮池宏公、雲棲宏公）
發凡/3
37/320
38/326
40/337
40/343
40/344
41/346
41/347
41/348
41/350
42/358

42/359
42/360
42/361
42/362
42/363
44/376
44/382
44/390
44/392
46/414
48/429
48/430
48/431
48/432
48/433
48/436
49/440
50/450
竺長舒
1/16*
1/17
1/23
竺法護
1/15
1/17
竺法蘭
1/9
1/15
竺佛調
1/13
竺叔蘭
1/15*
1/16
莊復真　見莊廣還
莊廣還(莊復真)
42/362*
42/363
莊簡　見陸光祖
莊靖　見陳瓚
莊平叔　見莊嚴
莊嚴(莊平叔)
48/431*
48/432
資福
18/158
子璿(長水法師)
21/178
21/179
紫柏　見真可
紫陽　見張伯端
自得
24/212
自平法主
48/438
自然
38/323
宗寶
52/467
宗炳(宗少文)
2/25
3/31*
3/34
5/44
宗達
30/264
宗杲(大慧、妙喜、徑山)
30/265
30/266
31/269
31/270
31/271
31/272
31/273
31/274
31/275
32/282
32/283
32/284
33/288
34/295
44/375
44/380
51/455

51/456
52/474
52/477
宗泐
37/316
宗林
13/128
宗密(圭峰、圭山)
13/124
13/125
13/129
51/458
宗汝霖　見宗澤
宗少文　見宗炳
宗曉(曉師)
40/337
40/338
宗澤(宗汝霖、宗忠簡)
發凡/6
30/260*
30/261
30/262
30/263
30/266
宗忠簡　見宗澤
鄒浩(鄒志完、道鄉居士)
27/240*
27/241
27/242
27/246
鄒珉
30/265
鄒志完　見鄒浩
祖先(破菴先公)
31/279
祖心(晦堂、寶覺)
22/191
25/226
26/233
遵式(慈雲式公)
24/202
24/205
左伸
24/206*
左溪朗公
13/121
13/122